LA VIA CAMPESINA

비아캄페시나

LA VIA CAMPESINA by Annette Aurélie Desmarais
First published by Fernwood Publishing, Halifax - Canada
Copyright ⓒ 2007 by Annette Aurélie Desmarais
All rights reserved.

Korean translation copyright ⓒ 2011 Hantijae Publishers
Korean translation rights arranged with Fernwood Publishing
through Milkwood Agency, Seoul, Korea.

이 책의 한국어판 저작권은 밀크우드에이전시를 통해
Fernwood Publishing과 독점계약을 맺은 도서출판 한티재에 있습니다.
저작권법에 따라 한국 내에서 보호를 받는 저작물이므로 무단전재와 복제를 금합니다.

비아캄페시나

세계화에 맞서는 소농의 힘

아네트 아우렐리 데스마레이즈 지음
박신규·엄은희·이소영·허남혁 옮김

한티재

한국의 독자들에게

이 책이 처음 영어판으로 출판된 이후 지난 5년 동안 너무도 많은 일들이 발생했다. 이 책에서 지적했던 사실들에 대한 진정한 해결책의 필요성이 그 어느 때보다 절실하다. 2007~2008년 사이 지구적인 식량위기로 인해 수많은 나라에서 식량폭동이 발생했다. 그때의 식량위기는 오늘날까지도 이어지고 있으며 현재 지구상에서 굶주리고 있는 사람들의 수는 10억 명에 달하고 있는데, 그들 중 대다수가 농촌지역에서 살아가고 있다. 자본과 정부에 의한 토지 강탈이 전세계 많은 국가들에서 진행 중이다. 국제사회는 인간에 의한 기후변화와 지구온난화에 대해 충분한 책임감을 느끼며 그에 따라 행동해야 한다는 목소리를 지속적으로 무시하고 있다. 더 많은 석유, 가스, 토지에 목말라 하는 채굴 산업들은 농민과 토착민들의 땅과 물에 대한 접근권을 강탈하면서 이들의 생계를 위협하고 있다. 현재의 식량과 환경위기에 대한 해법은 무엇이란 말인가? 농촌공동체와 소작농과 소농 집단의 운동이 사회정의를 요구할수록 이들에게 가해지는 더 많은 인권 침해에 대한 해법은 무엇이란 말인가?

다수의 중앙정부들과 세계은행이나 WTO와 같은 국제기구들의 공식적인 대응은 '평상시와 다름 없이' 혹은 '같은 것을 더 많이'의 방식을 유지하는 것이다. 다시 말해, 농업부문에서의 지구적인 생산 및 생산력 증대, 자유무역 강화, 더 많은 유전자조작기술의 사용을 통한 또 다른 녹색혁명의 추구와 같은 것들이 그것이다. 하지만 이들의 대척점에 비아캄페시나가 있다. 비아캄페시나는 경제적 위기와 환경 위기가 상호연계된 현재의 식량위기를 신자유주의에 기초한 산업 및 기업 주도 농업모델의 세계화를 추동해온 지난 수십 년간의 파괴적 정책들의 직접적인 결과로 바라보며 "식량주권의 시대가 도래해야 한다"고 주장하고 있다.

비아캄페시나는 현재 세계에서 가장 정치적으로 유의미한 국제적인 농민운동이다. 신자유주의적 농업모델의 세계화와 그것이 지속적으로 확장되는 방식에 대한 비아캄페시나의 저항이 매우 급진적이기 때문이며, 이들은 저항을 넘어 식량주권이라는 사고와 그에 대한 실천을 정의하고 이를 퍼뜨리기 위해 노력하고 있기 때문이다.

한국 농민조직의 존재와 참여, 그들의 기여는 지구적인 식량주권을 위한 투쟁의 매우 중요한 부분이다. 한국의 전여농과 전농은 동남아시아 및 아시아 지역뿐 아니라 지구적인 수준에서 비아캄페시나의 공고화에 기여해왔다. 한국의 농민조직들은 특유의 문화적·조직적 역동성을 발판으로 비아캄페시나가 국제무대에서 정치적 공간을 만들어나가는 데 기여해왔다. 전세계 농민들은 바로 이 공간에서 자신들의 경험과 아이디어를 교환하고 토론하며 집단적인 분석을 통해 사회변화를 위한 구체적인 실천과제들에 합의해왔다. 또한 전여농은 (윤금순이라는 대표자를 통해) 비아캄페시나의 국제조정위원회의 위원으로 활동함으로써 비아캄페시나 내에서 여성의 참여와 대표성 획득을 신장시켜온 공로가 있다. 앞으로도 한국의 소농들이 남반구와 북반구의 다른 수많은 농민운동 조직들과 연대하며 식량주권에 기초한 근본적으로 다른 농업모델을 만들어내기 위한 싸움을 지속하리라 기대한다.

식량주권이라는 아이디어가 지닌 잠재력은 무궁무진하다. 하지만 식량주권이 만개할 수 있는 정치적인 필요조건을 만들어내기까지 우리가 겪어야 할 어려움을 간과해서도 안 될 것이다. 식량주권에 대한 장애물은 도처에 있으며, 이것은 여전히 강력하고 종종 폭력적이기까지 하다. 하지만 농식품 기업들이 주도하는 신자유주의적이며 산업적인 농업모델의 토대에서 유의미한 균열들이 나타나고 있다. 오늘날 일상적인 수준에서 자연이 스스로 드러내고 있는 각종 징후들이 바로 그것이다. 식량주권을 통해 우리는 "전세계 민중들을 먹여 살리고 우리의 행성을 시원하게 만들 수 있는" 새로운 농업을 위한 저항의 공동체를 상상하고 만들어나갈 수 있다. 이 두 가지의 필요성은 이제 절대적이다.

연대의 마음을 담아
2011년 6월 13일
아네트 아우렐리 데스마레이즈

추천의 글

투쟁 속에 만난 비아캄페시나에서 대안을 찾다

비아캄페시나는 우리말로 '농민의 길'이다. 우리나라에서 비아캄페시나는 아직도 낯선 이름이다. 어떤 이들은 비아캄페시나는 단지 남미만의 농민조직이라고 생각해왔다. 사실 한국의 농민운동은 오래 전부터 비아캄페시나와 만나왔지만 조직적 연대운동으로 발전시키지 못하였고, 비아캄페시나는 제대로 알려지거나 소개되지 못했다. 그 후 농민운동이 비아캄페시나에 조직적으로 참여한 지 여러 해가 지났다. 이제 한국에서도 비아캄페시나를 알고 있는 사람들이 많이 생겼고, 비아캄페시나와 많은 활동들을 함께하고 있다. 이런 상황에서 비아캄페시나를 제대로 알리고 이해할 수 있는 책이 출판되는 것은 매우 고무적이다.

현재 세계의 농민들은 남반구와 북반구를 가릴 것 없이 매우 어려운 처지에 놓여 있다. 전세계적인 신자유주의의 가속화는 초국적 거대 농식품 복합체들을 만들어내고 세계 도처에서 토지수탈을 통한 농업연료 생산은 물론 식량에 대한 투기까지 자행되고 있다. 이는 전세계적 식량위기를 불러와 농민들을 기아로 내몰고 있으며, 각국의 신자유주의적 농업정책은 남반구, 북반구를 가리지 않고 소농민들을 죽음으로 내몰고 있는 것이 현실이다.

분단 이후 1960년대에 싹을 틔운 우리 농민운동은 초기의 농민권익 실현운동을 거쳐 80년대 군사정권하에서 '소 수입개방 반대투쟁'을 통하여 대중적으로 확산되기 시작했다. 이후 외국농산물 수입개방으로 인한 농산물 가격 폭락에 대응하는 농민들의 농산물 가격보장요구와 개방농정 반대투쟁은 끊임없이 이어져 쌀 수입 반대와 우루과이라운드 반대투쟁으로, 2000년대 들어서는 WTO, FTA 반대를 넘어 신자유주의 반대투쟁으로 이어져왔다.

신자유주의와 WTO에 맞서 싸워온 한국의 농민운동이 투쟁을 세계화하고, 희망을 세계화하고자 했던·비아캄페시나와 만난 것은 어쩌면 너무나도 당연한 일이었다. 낯선 이름만큼이나 다양한 전세계 농민들과의 만남은 그러나 너무나 같은 전세계 농민들의 처지 속에서 하나가 되었다.

비아캄페시나에는 매우 다양한 인종과 소농, 목축인, 여성, 남성, 청년, 이주자, 땅 없는 농민, 원주민 등 매우 다양한 사람들이 참여하고 있다. 그리고 매우 다양한 언어가 있다. 그러나 그것은 문제가 되지 않는다. 비아캄페시나는 수많은 언어와 문화적 다양성 속에서 늘 의사소통을 조직하기 때문이다. 또한 비아캄페시나는 늘 저항과 함께 대안을 고민하고 제시하고 있다. 전세계적인 기아와 굶주림, 식량문제에 대한 대안으로서의 '식량주권'은 단지 식량문제의 대안만이 아니라 기후변화와 생태환경, 지역과 사회발전의 대안이 되고 있다. 또한 농민인권헌장은 농민의 인권에 대한 다양하고 광범한 내용을 제시하고 있다.

내가 비아캄페시나와 만나게 된 것은 내 입장에서는 아주 우연한 일이었다. 2003년 비아캄페시나는 칸쿤에서의 WTO 각료회의 저지투쟁을 준비 중이었다. 이 투쟁을 준비하기 위해 비아캄페시나의 ICC 위원인 헨리 사라기가 한국에 와 있었다. 2003년 당시는 한-칠레 자유무역협정의 국회비준을 막기 위한 투쟁이 연일 국회 앞에서 벌어지던 시기였다. 6월 13일, 한-칠레 FTA의 상임위 상정을 막기 위해 한창 농번기임에도 전국의 여성농민 대표자들이 모여 국회 앞에서 대회를 열었다. 이 대회에서 전국여성농민회총연합 지도부는 삭발을 하고 국회진격투쟁을 벌였다.

이 광경을 모두 지켜본 헨리 사라기는 후에 많은 감동을 받았다고 이야기했다. 그해 9월 칸쿤에서 함께 활동하며 비아캄페시나에 대해 더욱 잘 알게 되었고, 그 후 전농과 전여농은 내부 논의를 거쳐 2004년 상파울로에서 열린 제4차 국제총회에서 비아캄페시나에 정식 회원국으로 가입하였다.

얼마 전 민중의 벗 정광훈 의장께서 우리 곁을 떠나셨다. 정광훈 의장은 비아캄페시나를 매우 좋아해서 비아캄페시나의 초록색 모자를 즐겨 쓰고 다니시기도 하였다. 정광훈 의장은 2003년 칸쿤, 2005년 홍콩 WTO 각료회담 저지투쟁과 브라질 포르투알레그레 세계사회포럼에도 참가하여 비아캄페시나와 함께 했고, 2008년에는 아프리카 모잠비크에서 열린 비아캄페시나 제5차 국제총회에도 참가하였다. 지난 5월 17일 광주 금남로에서 열린 정광훈 의장의 영결식에 참석했던 헨리 사라기는 2003년 한국에 처음 왔을 때 정광훈 의장을 만났는데 얼마나 열정적인지 밤새도록 식당을 옮겨가며 새벽 다섯 시까지 여러 이야기를 나누었다고 회고하였다.

내게 비아캄페시나는 매우 특별하게 다가왔다. 우루과이라운드협상으로 시작된 신자유주의적 세계화의 진전은 WTO, IMF, FTA로 끝없이 이어지며 우리 농민들의 상황은 날로 악화되기만 하였다. 이어지는 정부의 일방적 신자유주의적 정책 질주로 농민들의 신자유주의적 개방 반대투쟁 역시 악화되는 농가경제 사정과 함께 매우 힘들게 이어지고 있었다. 한국의 농민들에겐 신자유주의에 대한 대안과 연대하며 투쟁할 동지가 필요했다. 이런 상황에서 비아캄페시나는 각자 열악한 자신들의 처지와 조건 속에서도 굴하지 않고 대안을 토론하며 투쟁하는 전 세계 농민들을 만나게 해주었고 연대함으로써 힘을 얻고 눈을 뜨게 해주었다.

또한, 비아캄페시나는 여성에 대한 동등한 권리를 보장함으로써 여성에 대한 존중을 사회운동이 어떻게 표현하고 실현할 수 있는지도 제시하고 있다. 무엇보다 열정적으로 겸손하게 일하는 많은 활동가들과 함께 토론하고 실천할 수 있는 비아캄페시나를 만나 함께 일하는 것은 '오래된 미래'를 만나는 일이고 새로운 세계에 대한 창조이며 매우 의미 있는 일이다.

이 책의 원본이 출판된 것은 몇 년 전의 일이다. 하지만 그 이후에도 그리고 오늘날에도 비아캄페시나는 계속해서 나아가고 있다. 책을 번역하느라 애써주신 박신규, 엄은희, 이소영, 허남혁 선생님들께 감사를 드리고, 기꺼이 출판을 맡아준 도서출판 한티재에도 감사드린다. 또한 이 책을 쓴 아네트 데스마레이즈에게도 감사와 안부를 전한다.

2011년 5월 24일
윤금순

■ 윤금순은 전前 전국여성농민회총연합 회장(2003.2~2007.1)이며, 현재는 민주노동당 최고위원으로 일하고 있다. 또한 비아캄페시나 국제조정위원회의 동아시아 및 동남아시아 지역 여성임원이다.

| 차례 |

005   한국의 독자들에게
008   추천의 글 · 윤금순
021   서문 · 월든 벨로

제1장 "소농들은 다 어디로 갔는가? 오랜 시간이 흘렀다"
030   비아캄페시나의 맥락
034   안에서부터 농민운동 살펴보기
049   비아캄페시나와 시민사회
060   "다양성 속에서 단결하기"
071   식량주권—대안적 전통, 상이한 근대성

제2장 근대화와 세계화: 농업의 엔클로저
088   농업의 근대화
094   고도 근대주의 농업의 세계화
102   농업과 생명기술
111   세계화의 주체들과 승리자들
121   농업 세계화의 영향
134   대안발전의 탐색

제3장 세계화하는 소작농과 농민들

149 '땅의 사람들'이라는 공동의 기반 구축하기
154 농민조직들, 국제연대를 벼리다
167 한 농부의 목소리를 넘어서
　　　—국제적으로 농민의 목소리에 힘을 싣다
177 NGO의 온정주의적 포용
181 산고 끝에 탄생한 비아캄페시나
191 국제적 농민 공간을 개척하다

제4장 "WTO가 언제 어디에서 모이든 우리 또한 그곳에 있을 것이다"

206 농민들과 WTO: 갈라진 입장
218 WTO, 전세계 농업운동에 자극제가 되다
225 WTO에 대한 지역별, 국가별 저항
230 농민들의 또 다른 전략: 참여와 동원
238 선택된 NGO들과의 전략적 제휴
251 끈질긴 권력투쟁

제5장 섬세한 균형: 로컬의 현실과 지구적 행동

- 264 지역과 국가 조직의 중요성
- 271 지구적인 것을 지역으로 가져오기
- 279 다양성을 관리하는 UNORCA
- 286 국내 갈등의 영향
- 290 국가 수준에서의 긴장과 책임감
- 294 지역의 현실과 국제적 행동
- 297 4월 17일—국제농민투쟁의 날
- 304 뿌리는 지역적으로, 활동은 국제적으로

제6장 협동, 공동작업 그리고 공동체

- 313 비아캄페시나와 성평등
- 317 산살바도르에서 여성위원회가 만나다
- 323 식량주권의 최전선에 선 여성들
- 328 아시아 여성농민 워크숍
- 331 국제여성총회
- 337 성평등을 위한 투쟁은 계속된다
- 350 권력으로의 결집—가장 강하거나 가장 약한 연대
- 358 "땅과 식량과 존엄과 삶을 위해 투쟁을 조직하자"

제7장   비아캄페시나의 의미에 대한 성찰

369   특별한 정치적 순간
375   소작농이라는 존재의 의미
381   희망의 세계화

부록

389   부록 A 니카라과와 캐나다 여성농민 간의 유사점과 차이점
392   부록 B UNAG와 NFU에 소속된 여성들의 공동이슈와 공동투쟁
394   부록 C 비아캄페시나 성평등 성명서

401   **주요약어**
405   **주註**
412   **참고문헌**
457   **옮긴이의 말** · 엄은희

나에게
여성농민, 소작농, 농부들, 농업노동자들
그리고 토착 농업공동체의 삶과 지혜를
일부나마 경험토록 허락해준 비아캄페시나에 이 책을 바친다.
이들 모두는
비아캄페시나를 통해 실현될 비전과
사회정의를 위한 헌신, 리더십, 인내를 갖춘 자들이다.
'땅의 사람들'인 이들의 경험과 생각과 행동들,
이것이 이 책의 뿌리이다.

서문

월든 벨로

우리 시대를 지배하는 양대 근대주의 이데올로기들은 소작농들에게 임종성사를 강요했다. 고전적인 의미의 사회주의에서 소작농은 한물 간 생산양식의 유물쯤으로 비춰졌으며 국가가 소유하고 운영하는 집단농장에서 생산을 담당하는 농촌형 노동계급으로 변혁될 것을 요구받았다. 다양한 변종으로 발전해온 자본주의 이데올로기가 농업생산의 효율성을 유일한 목표로 내세우면서, 소작농의 수는 〔자본주의에서도〕 극적으로 줄어들었고 기계에 의한 노동력 대체도 가속화되었다. 그 어느 편에도 소작농에게는 미래가 없었다.

　도시의 지식인들에 의해 설파된 이러한 근대주의 비전이 가져온 사회적 변화는 혹독했다. 북반구의 대부분의 지역에서 농업종사자의 수는 전체 노동인구의 5% 남짓 혹은 그 이하로 줄어들었다. 거대한 농업비즈니스가 생산을 독점하고, 무엇을 소비할지를 결정하며, 완벽하게 농업

기술을 통제하게 되었다. 자본주의든 사회주의든 관계없이 대부분의 산업화된 국가들에서 무거운 세금이나 시장 기제를 통한 농민의 잉여에 대한 탈취는 신속한 자본 축적을 위한 핵심 메커니즘으로 활용되었고, 그렇게 축적된 자본은 산업에 투자되었다. 오늘날 남반구 전역에서는 토지합병, 부유한 나라들의 남아도는 농업상품의 덤핑 수입, 녹색혁명과 유전자조작기술들이 동시적으로 진행되면서, 수많은 소작농들을 자살로 내몰거나 대규모의 농촌인구를 도시로 쫓아버렸다. 도시에서 그들은 거대한 판자촌에 묶인 채 실업과 반실업 상태의 대규모 '잉여 상비군'을 형성하고 있다.

이러한 사회적 비극은 집약적인 화학농업에 의존하는 농업기술, 산림파괴, 통제되지 않는 산업오염에 따른 생태적 비극으로 이어진다. 기후변화는 오만한 근대적 꿈의 종착점이 될 것이다. 근대적 사고는, 소규모 농업에 기초한 공동체와 생명권과의 조화로운 관계에 뿌리내리고 있던 자연 생태계 대신에 제국주의적 산업 과정에 기초한 인공 환경을 창조하려 했던 것이다.

20세기가 소작농의 비극을 가져왔다면, 21세기는 진보로 가장한 동일한 근대적 비극을 더 많이 예고하고 있다. 그러함에도 소작농과 농민들의 봉기운동은 일어나지 않았다. 너무나 오랫동안 농민들은 역사의 객체로만 존재했다. 이제 그들이 분노로 조금씩 움직이기 시작한다. 비아캄페시나는 아마도 오늘날 역사의 주체가 되기를 원하는 민중들의 운동 중 가장 영향력 있는 운동일 것이다. 비아캄페시나는 단지 소작농의 권리와 토지개혁을 위해서 싸우는 것이 아니다. 비아캄페시나는 또한 영겁의 시간 동안 그 가치를 증명해온 삶의 방식을 위해 싸운다. 이것은 또한 근시안적인 산업 우선 전략들로 인해 단절되었던 민중들과 그들의 환경 간의 관계를 복원하기 위한 싸움이다. 사회주의적 가면 아래서도 신자유주의적 자본주의하에서도 이러한 싸움은 지속되고 있다.

아네트 아우렐리 데스마레이즈가 쓴 이 책은, WTO와 다국적기업이 주도하는 세계화에 대항하는 싸움의 최전선에서 스스로의 차별성을 실천해온 농민운동의 성과에 대한 두툼하고 훌륭한 보고서이다. 스스로를 농민운동가라 말하는 데스마레이즈는 이 운동을 이끌고 있는 주요 지도자들과 참여자들의 신뢰를 얻었고, 이들은 그녀에게 자신들의 삶의 방식을 보호하기 위해 투쟁해온 한 공동체에 대한 역동적이고 생생한 그림을 그리도록 허락하였다. 데스마레이즈는 비아캄페시나의 회원들이 겪고 있는 문제들과 꿈과 도전과제들에 대해 그들의 목소리로 말하게 하였다. 그녀는 자신의 분석 내에 이들의 목소리를 적절하게 배치하였을 뿐 아니라 세계화의 시대 농업비즈니스에 의해 잠식당하고 있는 불안과 혼란의 원인과 과정에 관한 주의 깊은 관찰을 곁들였다. 오래 전 마르크스가 '소작농들의 어리석음'에 대한 글을 썼을 때, 그는 틀림없이 나쁜 근대로의 여행을 하고 있었을 것이다. 하지만 자본주의가 스스로 제 무덤을 파고 있다는 그의 지적은 옳았다. 오늘날 비아캄페시나를 위해 다양한 집단들이 뭉쳐 있든 흩어져 있든 관계없이 자신들이 공동의 조건과 현실을 공유하고 있다는 것을 자각하고 하나로 모일 수 있게 만든 것은 세계화 시대 이 행성의 구석구석까지 자본의 손길이 미쳤기 때문이다.

신자유주의와 WTO에 저항하는 공동의 투쟁의 장에서, 나는 비아캄페시나 소속의 네티 위베, 라파엘 알레그리아, 조제 보베, 헨리 사라기, 후앙 페드로 스테딜, 폴 니콜슨과 같은 열정적이며 존경할 만한 수많은 활동가들을 만날 수 있었던 것을 기쁘게 생각한다. 그들의 정치적 역동성과 그들의 헌신과 그들의 명민한 분석에 나는 늘 감탄했다. 아네트 데스마레이즈의 책은 함께 투쟁하는 나의 친구들과 동지들을 더 잘 이해할 수 있게 도와주었다. 이 책을 읽으며 나는, 식량주권의 원칙에 기초한 풍부하고 다양성이 존재하는 농촌 사회에 대한 비아캄페시나의 비전은 충분히 싸워서 쟁취할 만한 가치를 지녔으며, 다국적기업이 주도하는 세계화가 퍼뜨리고 있는 심각한 사회생태적 곤궁에서 벗어날 수 있는 유일한 방법일 수 있음을 깨닫게 되었다.

월든 벨로
2007년 2월 14일
마닐라에서

■ 월든 벨로는 2003년 대안 노벨상인 바른생활상 The Right Livelihood Award을 수상하였다. 남반구의 입장에서 반세계화운동을 전개하는 포커스온더글로벌사우스 Focus on the Global South의 상임대표이자 필리핀국립대학 사회학과 교수이다.

01

"소농들은 다 어디로 갔는가?
오랜 시간이 흘렀다"

우리가 진정으로 단결하는 이유는 휴머니즘에 대한 근본적인 헌신을 공유하기 때문이다. 그 반대에는 개인주의와 물질주의가 있다. 비아캄페시나에 속한 우리들에게 인간의 면모는 근본적인 원칙이며, 그래서 우리는 사람을, 남자와 여자를, 우리의 존재 이유의 핵심이라고 보며, 이것이 바로 우리가 투쟁을 통해 얻으려는 것이다. 우리는 공통의 문제들 때문에 단결하였다. … 그러나 우리가 공유한 거대한 열망은 우리의 단결을 더욱 공고하게 만든다. … 변혁과 투쟁의 정신이 우리를 단결케 한다. … 우리는 더 나은 세상을, 보다 공정한 세상을, 보다 인간적인 세상을, 진정한 평등과 사회정의가 존재하는 세상을 꿈꾼다. 농촌에서의 이러한 열망과 연대가 우리들을 비아캄페시나로 단결하게 한다.

라파엘 알레그리아, 비아캄페시나 운영사무총장(1996-2004)

온두라스에서 온 농민지도자와 나눈 이 대화는 최근에 등장한 가장 의미있고 거대한 농민운동인 비아캄페시나에 대해 많은 것을 말해주고 있다. 1994년 GATT의 우루과이라운드 서명 이래로 전세계 동서남북의 농촌조직들의 대표들이 비아캄페시나로 조직되어 제네바, 파리, 시애틀, 워싱턴, 퀘벡시티, 로마, 방갈로르, 포르투알레그레, 칸쿤, 홍콩의 거리를 함께 걸었다. 세계무역기구WTO, 세계은행, 유엔식량농업기구FAO 같은 국제기구들이 농업과 먹을거리 사안을 논의하기 위해 회의를 개최할 때마다, 그리고 개최하는 곳마다, 비아캄페시나도 거기에 있다. 비아캄페시나는 또한 온두라스, 멕시코, 브라질, 과테말라, 인도네시아, 유럽, 캐나다 등 다양한 지역들에서 농민과 농가들이 유전자조작 종자의 확산에 저항하거나, 아니면 도시 확장, 골프장, 집약적 새우양식장, 대규모 돼지사육장, 유칼립투스 농장의 개발로 인해 자신의 땅에서 쫓겨날 때 지역사회와 함께 싸워왔다.

많은 관찰자들에게 이런 수준의 활동은 놀라운 것이다. 지난 백 년 동안 전세계 농촌에서 일어나고 있는 일을 알고 있다고 생각한 사람들은 모두가 소농 계급이 사라질 것으로 예측하였다. 그 관측이 맞았다면, 농민들은 분명 지금쯤이면 몽땅 사라져야 할 것이다! 하지만 농민들은 비아캄페시나로 뭉쳐서 어느 곳에서나 나타나면서, 세계화의 찬양합창에 골치 아픈 불협화음을 엮어넣고 있다.

비아캄페시나의 존재는 주목받을 수밖에 없었다. 비아캄페시나는 아시아, 아메리카, 유럽, 아프리카에서 소작농, 중소 규모의 농민, 농촌여성, 농업노동자, 토착 농업공동체의 조직들을 포괄하는 초국적 운동이다. 이러한 단체들은 땅과의 밀접한 관련성을 통해 모두 연결되어 있다. 이들은 자신과 가족의 노동력을 소규모 생산에 사용한다. 짙은 녹색 모자와 파뉴엘로스pañuelos라는 이름의 녹색 스카프와 흰 티셔츠를 갖춰 입고, 밝은 색 로고로 장식된 녹색 깃발을 흔들며, 힘찬 구호를 외치는 비아캄페시나는 점점 더 주목받고 있으며, 신자유주의적 기업형 농업모델의 세계화에 대한 이들의 급진적인 반대의 목소리도 점점 더 강경해지고 있다.

이러한 저항은 멕시코 칸쿤에서 열린 WTO 제5차 각료회의의 첫날인 2003년 9월 10일 한국의 농업지도자 고故 이경해 열사의 비극적인 죽음으로 극화되었다. 그는 120명의 한국인들과 함께 WTO 협상에서 농업을 제외시키기 위해 칸쿤의 비아캄페시나 대표단에 참여했다. 'WTO가 농민을 죽인다'는 구호가 적힌 옷을 입은 이경해 열사는 무역협상가들을 시위대로부터 '보호'하기 위해 세워진 높은 철조망 위로 올라가서 자결했다.

이러한 저항의 행동은 비아캄페시나가 말해왔던 것들을 상징적으로 보여준다. 즉, 농업 자유화는 농민에 대한 전쟁이라는 것이다. 이는 농촌공동체를 고사시키고 농민 가족들을 파괴한다. 이경해 열사의 절박

〈표 1-1〉 비아캄페시나 회원조직들의 권역별 분포 및 증가비율 (2004)

비아캄페시나 권역	2000년 조직 수	2004년 가입 조직 수	총 조직 수
아프리카	1	4	5
유럽	22	1	23
중앙아메리카*	19	1	20
카리브 해	10	1	11
남미	20	10	30
북미	7	4	11
남아시아	3	17	20
동아시아 및 동남아시아	19	4	23
총계	101	42	143

* 제4차 국제총회 2개월 뒤에 중앙아메리카 권역은 공식적으로 기존의 ASOCODE를 해체하고 새로운 권역 조직인 '비아캄페시나 중앙아메리카' Via Campesina Centroamericana를 창설하였으며, 현재 26개 조직이 함께하고 있다.

한 변화의 외침은 비아캄페시나를 강화하는 데 결과적으로 기여했다. 이후 비아캄페시나는 9월 10일을 '국제 WTO 반대 시위의 날'로 선언하였다. 이날 많은 나라의 농민단체들은 식량주권을 외친다. 분명 이경해 열사의 죽음은 결코 헛되지 않았다.

비아캄페시나가 지역공동체에 점점 더 강하게 뿌리내리면서 동시에 국제무대의 더 많은 사안에 보다 노련하게 참여하게 되자, 핵심적인 행위자로 비아캄페시나의 존재감도 가시화되어갔고, 대안을 모색하던

〔전세계의〕많은 농업조직들이 비아캄페시나에 관심을 갖게 되었다. 2000년에서 2004년 사이에 이 운동은 41% 성장했다. 2004년 6월 브라질의 이타이시에서 열린 비아캄페시나 제4차 국제회의에는 42개 조직이 추가로 참여했다(표 1-1). 비아캄페시나는 현재 69개국의 148개 조직을 포괄하고 있다〔비아캄페시나가 제공하는 최근 자료(2008. 10. 21)로 정정하였다 — 옮긴이〕. 이 중 거의 절반은 전세계 소농의 대다수가 살고 있는 아시아의 농민조직들이다. 더 최근에는 또 다른 두 개의 조직이 비아캄페시나와의 결합에 착수했다. 일본의 '노민렌' NOUMINREN(일본가족농운동)과 미국의 '농촌연맹' Rural Coalition 이다.

비아캄페시나의 맥락

농업과 먹을거리에 대한 기업들의 장악력이 소리 없이 높아져가고 농촌빈곤과 기아가 증가하는 상황에서 남반구의 소작농과 북반구의 자작농들은 분명 공통의 관심사를 중심으로 연합할 수 있다. 이는 남과 북의 농촌주민들이 공통점을 많이 가질 수 없을 것이라는 상식적인 믿음에 반하는 것이다. 1994년 GATT의 우루과이라운드가 종료되자, 일군의 학자들은 농민들이 농촌에서 벌어지고 있는 극적인 변화들에 대해 어떻게 대응할 것인지 의문을 가졌다.

농업은 과연 어디에서부터 위기를 탈출해야 하는가? (…) 벨기에, 네덜란드, 프랑스, 이탈리아, 미국, 우루과이, 브라질, 뉴질랜드의 농민들이 연합하여 푼타델에스테〔우르과이의 대표적 휴양지로 국제회의가 많이 개최된 곳으로 유명하다—옮긴이〕의 GATT 회의장 앞에서 행진하는 모습을 상상할 수 있는가? 그리고 이들 모두가 서로서로 경쟁하고 있다는 점을 고려할 때, 이들 농민들이 모두에게 혜택이 되는 무엇을 요구할 수 있을 것인가? (Bonanno et al., 1994: 8)

학자들은, 자작농과 소작농들은 점차 농업과 먹을거리에 대한 정책을 좌우하는 힘이 커지고 있는 WTO, FAO, OECD에 효과적으로 압력을 가할 수 있는 조직능력을 갖고 있지 못하다고 주장했다. 오히려 농민들의 유일한 방도는 점차 약화되고 있는 중앙정부들과 계속 협상하는 것이었다. 중앙정부만이 이들에게 허용된 유일한 정치적 공간이었기 때문이었다.

하지만 2001년 1월 과테말라에서 내가 브라질의 포르투알레그레에서 열린 세계사회포럼World Social Forum에 관한 TV 뉴스를 보고 있을 때, 거리에 나온 시위자의 상당수가 비아캄페시나의 녹색 모자를 쓰고 스카프를 하고 있었다. 그것은 초국적 농민운동의 범위를 보여주는 시각적인 기록이었다. 보나노 등은 당시에 일어나고 있던 농민운동의 결정적인 전환점을 포착하는 데 실패한 것이다. 1990년대와 21세기에 걸쳐 라틴아메리카에서 펼쳐진 농촌사회운동의 활동들은 신자유주의적 농업 발전모델에 반대하는 농민운동이 여전히 살아있으며 강력하다는 분명한 증거를 제공해주고 있다. 1990년대 초반 등장한 대륙 수준의 농민조직들 — 예컨대 라틴아메리카농촌단체연합CLOC과 '협력과 발전을 위한 중앙아메리카농민단체연합'ASOCODE은 이미 전세계 다른 지역의 농민단체들과 긴밀하게 연결되어 협력하고 있었다. 이는 새로운 집단행동과 대안적 비전의 구조가 등장하고 있음을 보여주는 것이었다. 농업부문의 경제자유화는 남과 북의 농민지도자들로 하여금 국경과 대륙을 뛰어넘어 조직하도록 추동하였다. 달리 말하면, 이들 조직들은 초국적화되면서, 협상과 집단행동의 새로운 공간을 만들어 나갔다.

우루과이라운드가 개시된 1986년의 상황에서는 푼타델에스테의 GATT 회담장에 다양한 나라에서 온 농민들이 함께 행진하는 광경을 상상하는 것은 아마도 어려운 일이었을 것이다. 그러나 몇 년이 지나자 그러한 상황을 상상할 필요가 없어졌다. 1993년 5월 전세계 농민지도자들은 벨기에의 몽스에서 '비아캄페시나' — 스페인어로 '농민의 길' — 라는 새로운 글로벌 농민운동의 기치 아래 집결하였다.

비아캄페시나가 공식적으로 출범하고 정확히 7개월 후에 유럽, 캐나다, 미국, 일본, 인도, 중남미에서 온 농민들을 비롯하여 5천 명이 넘는 시위대가 제네바의 GATT 회의장 앞에서 행진하였다. 3년 후인 1996년 11월 로마에서 비아캄페시나는 FAO가 주최한 세계식량정상회의WFS에서 능동적이고 가시적인 정치적 행위자로 등장했다. 회원들은 FAO에게 전세계적으로 가장 큰 농민운동단체이자 농민들의 대표자로서 비아캄페시나의 정당성을 인정해주고 공식 참가단의 지위를 부여할 것을 요구하였다. 비아캄페시나의 지도자들은 또한 WTO 각료회의가 열린 제네바(1998), 시애틀(1999), 칸쿤(2003), 홍콩(2005) 등지에서 반신자유주의 세계화 행진을 주도했다. 이들은 프라하, 워싱턴, 퀘벡시티, 키토, 제노바에서 열린 신자유주의 세계화, IMF, 세계은행, G8에 반대하는 대규모 시위에도 참여했다.

비아캄페시나의 국제적인 노력은 농업과 먹을거리 관련 논쟁에서 중요한 전환점들을 이끌어냈다. 비아캄페시나의 '식량주권'food sovereignty (식량안보 개념의 급진적인 확장) 개념은 폭넓게 확산되어 이제는 전세계적으로 지역, 국가, 국제운동들이 포용하고 있다. FAO 같은 국제기구들도 이 개념을 검토하고 있으며, 최근 유엔인권위원회에 제출된 보고서들은 식량주권을 먹을거리와 먹을거리 보장에 대해 인권을 확보하는 수단으로서 옹호하고 있다. 농민권peasants' rights 개념은 2004년 봄 인도네시아농민조합연합FSPI의 선도하에 비아캄페시나가 유엔인권위원회에 대해 농민권 헌장이나 의정서를 만들 것을 청원하면서, 다시금 국제적인 영역에 등장하였다. 지난 25년 동안 국가별 중앙정부와 국제적인 계획에서 사라졌던 농업개혁이 또 다시 의제가 되고 있으며, 세계은행의 '시장 지원형 토지개혁 프로그램'은 현재 의문시되고 있다. 2006년 3월 10일 350명의 정부 대표단과 농민단체 및 NGO 대표자 70명이 FAO가 주관한 농업개혁 및 농촌개발 국제회의장에 집결하였고, 기아와 빈곤 타파에 있어서 농업개혁의 역할이 필수적임을 공식적으로 인정받게 되었다.

분명히 비아캄페시나는 중요한 공백을 메워나가고 있다. 존재 자체가 농촌에서 새로운 집단행동의 구조가 등장하고 있다는 증거가 된다. 이들의 전략은 농촌부문의 전통적인 조직패턴에서 벗어난다. 그리고 엄청난 국제적 존재감—역동적 성격, 문화적 다양성, 광범위한 지리적 분포—은 이들이 갖고 있는 변혁적인 잠재력을 대변해주고 있다(표 1-2 ~ 표 1-10을 보라).

어떻게 소작농과 소농들이 이런 일을 할 수 있는가? 이들은 자신의 권력과 영향력으로 중앙정부의 정책을 점차 지배하고 있는 초국적 농기업과 국제기구들에 맞설 수 있는 조직능력과 강점을 과연 어디에서 찾았는가? 무엇이 비아캄페시나를 불가능해 보이는 일들에서 성공할 수 있게끔 만들었는가? 이 책은 이러한 의문들에 답해 가면서 비아캄페시나가 갖는 사회적, 정치적 의미를 탐색하려는 시도이다. 이를 통해 나는 비아캄페시나의 주된 이슈, 전략, 집단행동을 탐색해보고, 신자유주의적 경제 세계화의 강력한 힘에 맞서는 대안을 건설하는 데 있어서 기여한 점을 집중적으로 보여줄 것이다. 그 과정에서 비아캄페시나의 첫 10년간의 존재를 주의 깊게 살펴봄으로써 농촌발전을 재구성하고 있는 농촌 사회운동의 역할에 대해, 그리고 발전에 있어서 농업의 역할을 어떻게 재고할 것인지에 대해 더 잘 이해할 수 있을 것이라는 희망을 가져본다.

안에서부터 농민운동 살펴보기

이 책은 소작농, 농촌여성, 농민들 자신의 경험, 목소리, 비전을 우선시함으로써, 비아캄페시나의 내부자적 관점을 제공하고자 한다. 권력과 목소리의 중심을 전환하려는 관심에 기초하여, 나는 이 책을 가능한 그

〈표 1-2〉 아프리카 1권역의 비아캄페시나 조직

	소속 국가	조직명
1	모잠비크	전국농민연합 (UNAC)
2	콩고공화국	콩고소농연합 (COPACO/PRP)
3	마다가스카라	마다가스카라농민연맹 (CPM)
4	남아프리카공화국	무토지민중운동 (LPM)
5	탄자니아	소농그룹전국네트워크 (MVIWWATA)
6	앙골라	농민조합과농업협동조합연맹

〈표 1-3〉 아프리카 2권역의 비아캄페시나 조직

	소속 국가	조직명
1	말리	전국농민단체조정기구 (CNOP)
2	니제르	니제르농민플랫폼 (PFPN)
3	세네갈	전국농민단체조화협력위원회 (CNCR)
4	토고	토고농민단체조정기구 (CTOP)
5	콩고브라차빌 자치정부	농민및농업노동자조직전국협회 (CNOP_BP)

〈표 1-4〉 북아메리카의 비아캄페시나 조직

	소속 국가	조직명
1	멕시코	지역별농민자치조직전국연합 (UNORCA)
2	미국	전국가족농연합 (NFFC)

	소속 국가	조직명
3	멕시코	농업경영인전국연합 (ANEC)
4	멕시코	농업노동자및소작농독립센터 (CIOAC)
5	멕시코	농민조합민주조기연맹 (CODUC)
6	멕시코	아얄라계획전국연맹 (CNPA)
7	멕시코	치와와주농민민주전선 (FDCC)
8	캐나다	퀘벡농민연합 (UP-Q)
9	캐나다	전국농민연합 (NFU)
10	미국	국경농장노동자프로젝트 (BFWP)
11	미국	플로리다농업노동자연합 (FAF)
12	미국	농촌연맹 (Rural Coalition)
13	미국	라틴계농민과목축거래전국연합 (NALFRTA)

〈표 1-5〉 남아메리카의 비아캄페시나 조직

	소속 국가	조직명
1	브라질	토지 없는 농민운동 (MST)
2	볼리비아	볼리비아 '바르톨리나 시사' 여성농민전국연합 (FNMCB)
3	브라질	여성농민운동 (MMC)
4	브라질	댐피해자운동 (MAB)
5	브라질	소농운동 (MPA)
6	칠레	여성농민과토착민전국연합 (ANAMURI)
7	칠레	란낄자치구연합 (Conderderacion Ranquil)
8	콜롬비아	전국농업조정기구 (CNA)

	소속 국가	조직명
9	콜롬비아	농업협동조합전국연합 (FENACOA)
10	콜롬비아	전국통합농업조합연합 (FENSUAGRO-CUT)
11	아르헨티나	코르도바동남부소규모생산자연합 (APENOC)
12	아르헨티나	농민토착민농업노동자조정기구 (COCITRA)
13	아르헨티나	토착민자문위원회 (CAI)
14	아르헨티나	산티아고델에스떼로농민운동 (MOCASE)
15	페루	페루농민연합 (CCP)
16	페루	전국농업연합 (CNA)
17	볼리비아	볼리비아농민농업노동자단일조합연합
18	볼리비아	안데스코카생산자위원회
19	볼리비아	토지 없는 농민운동 (MST)
20	에콰도르	농촌사회적협동조합조합원전국연합
21	에콰도르	전국농민과토착민조직연합 (FENOCIN)
22	베네수엘라	에제퀴엘자모라를따르는농민조정기구 (CANEZ)
23	베네수엘라	에제퀴엘자모라를따르는농민연합전선 (FNCEZ)
24	파라과이	여성농민조직전국연합 (CNOMTR)
25	파라과이	농민조직조정위원회 (MCNOC)
26	파라과이	파라과이농민운동 (MCP)
27	파라과이	토지를위한투쟁조직 (OLT)
28	우루과이	우루과이여성농민네트워크 (RMRU)
29	브라질	유벤투드농촌구역 (PJR)
30	아르헨티나	전국농민과토착민운동 (MNCI)
31	에콰도르	에콰도르농민·토착민·흑인조직전국연합 (FENACLE)

⟨표 1-6⟩ 동아시아 및 동남아시아의 비아캄페시나 조직

	소속 국가	조직명
1	인도네시아	인도네시아농민조합연합 (FSPI)
2	한 국	전국여성농민회총연합 (KWPA)
3	태 국	빈민연합 (AOP)
4	필리핀	진정한토지개혁을바라는민중연대-여성위원회 (PARAGOS-Women)
5	필리핀	필리핀농민운동 (KMP)
6	동티모르	동티모르지속가능농업강화 (HASATIL)
7	한 국	전국농민회총연맹 (KPL)
8	말레이시아	탐비랏해안마을호혜조합 (PANGGAU)
9	베트남	베트남전국농민조합 (VNFU)
10	일 본	일본가족농운동 (NOUMINREN)
11	태 국	북부농민연대 (NPF)
12	캄보디아	농민과자연네트워크 (FNN)
준회원	필리핀	농민자치지역조직연합 (UNORKA)

⟨표 1-7⟩ 남아시아의 비아캄페시나 조직

	소속 국가	조직명
1	인도	인도농민연합 하리야나 (BKU_Haryana)
2	네팔	네팔농민총연합 (ANPFA)
3	네팔	네팔농업노동자연합
4	네팔	네팔전국양석어민연합
5	네팔	네팔여성농민연합

	소속 국가	조직명
6	방글라데시	방글라데시 종족연합 (BAS)
7	방글라데시	방글라데시 무토지여성농민연대 (BKS)
8	방글라데시	방글라데시 무토지농민연대 (BKF)
9	인도	인도농민연합 마디아 (BKU_Madhya)
10	인도	인도농민연합 마하쉬트라 (BKU_Maharshtra)
11	인도	인도농민연합 뉴델리 (BKU_New Delhi)
12	인도	인도농민연합 펀잡 (BKU_Punjab)
13	인도	인도농민연합 라자스탄 (BKU_Rajasthan)
14	인도	인도농민연합 우타란찰 (BKU_Uttaranchal)
15	인도	인도농민연합 우타 (BKU_Uttar)
16	인도	카르나타카주농민연합 (KRRS)
17	인도	케랄라 코코넛농민연합
18	인도	난디아라이타사마키아 안드라프라데쉬
19	인도	타밀나두농민연합
20	스리랑카	토지와농업개혁을위한전국운동 (Monlar)

〈표 1-8〉 중앙아메리카의 비아캄페시나 조직

	소속 국가	조직명
1	온두라스	온두라스농민조직조정위원회 (COCOCH)
2	니카라과	농업노동자연합 (ATC)
3	코스타리카	전국소농연합 (UPA NACIONAL)
4	파나마	파나마소중규모농업생산자조합 (APEMEP)

	소속 국가	조직명
5	벨리즈	벨리즈생산자조직연합 (BAPO)
6	엘살바도르	농업민전국연합 (ANTA)
7	코스타리카	코스타리카농민전국위원회 (MNC-CR)
8	과테말라	전국농민조직조정기구 (CNOC)
9	과테말라	농민조합위원회 (CUC)
10	과테말라	토착민과농민전국연대 (CONIC)
11	과테말라	과테말라미망인전국연대 (CONAVIGUA)
12	코스타리카	코스타리카농업생산자전국연합
13	니카라과	농업과산림위원회 (MAF)
14	온두라스	온두라스여성농민연합 (CHMC)
15	엘살바도르	지역별농업개혁을위한중앙협력연대 (FECORACEN)
16	엘살바도르	여성농민상임위원회 (MPMR)
17	엘살바도르	농업민중전국연합 (UNATA)
18	엘살바도르	엘살바도르게릴라전퇴역군인연합 (AVEGSAL)
19	엘살바도르	협동조합진흥연대 (FUNPROCOP)
20	엘살바도르	농업생산협동조합연합전국연대 (FENACOPAZ)
21	엘살바도르	농업생산협동조합연대 de R.L. (FEDECOPADES)
22	엘살바도르	아라랏산악지대농업연합

〈표 1-9〉 쿠바 및 카리브 지역의 비아캄페시나 조직

	소속 국가	조직명
1	아이티	파파야농민운동 (MPP)
2	도미니카공화국	여성농민전국연합 (ANAP)

	소속 국가	조직명
3	쿠바	소농전국연합 (ANAP)
4	아이티	파파이전국농민민중운동 (MPNKP)
5	윈드워드	윈드워드아일랜드농민연합 (WINFA)
5	사탕수수농동자연합(그레나다), 윈드워드도미니카지부(도미니카), 전국농민연합(세인트루시아), 전국농민연합(세인트빈센트)	
6	아이티	소농지도자다함께 (TK)
7	도미니카공화국	마마 팅고■를 따르는 독립농민연합 (FECAMAT)
8	도미니카공화국	전국농민연대 (CONFENACA)
9	도미니카공화국	농업민중운동 '커뮤니티다함께' (MCCU)
10	도미니카공화국	빛과희망여성농민중앙연합 (ACALEN)
11	도미니카공화국	남부농업과근린조직연합 (RETONO)
12	도미니카공화국	남부농민연대 (FEDECARES)
13	도미니카공화국	보스크세코지역생산자연대 (FEPROBOSUR)

〈표 1-10〉 유럽의 비아캄페시나 조직

	소속 국가	조직명
1	스페인	농업과목축조직조정기구 (COAG)
2	스페인	안달루시아농업노동자조합 (SOC)
3	터키	농민조합연대 (CIFCTI-SEN)
4	독일	농업농촌연합 (ABL)
5	이탈리아	이탈리아농촌연합 (ARI)

■ 마마 팅고: 본명은 Florinda Soriano Munoz로 1974년 암살당한 소농과 여성농민의 지도자이다. (옮긴이)

제1장 "소농들은 다 어디로 갔는가? 오랜 시간이 흘렀다"

	소속 국가	조직명
6	벨기에	목축과농업단체연합연대 (FUGEA)
7	포르투칼	전국농업연대 (CNA)
8	프랑스	가족농조합전국연대 (MODEF)
9	프랑스	농민연맹
10	스웨덴	노드브룩 (Nordbruk)
11	노르웨이	노르웨이농민과소농조합 (NBS)
12	오스트리아	오스트리아산악농민조합 (ÖBV)
13	스페인	라브레고갈레고조합 (SLG)
14	바스크지방 (스페인)	에스칼헤리꼬 농민조합연대 (EHNE)
15	스위스	유니테레 (Uniterre)
16	벨기에	농민행동운동 (MAP)
17	말타	농민연합 (ATB)
18	벨기에	가톨릭청년농민국제운동 (MIJARC-Eoroup)
19	덴마크	자유농민 (Frie Boender)
20	그리스	그리스새로운농업운동 (NEAK)
21	이탈리아	이탈리아생명농업연합 (AIAB)
22	네덜란드	네덜란드곡류농업조합
23	스위스	또다른 조합
24	스코틀랜드 (영국)	스코틀랜드소농연대
25	루마니아	생태농촌 (Ecoruralis)
26	핀란드	남부핀란드유기농연합 (Esvy Ry)

■ 표1-2～표1-10의 자료는 2008년 10월 21일 모잠비크의 마푸토에서 개최된 비아캄페시나 총회에서 새롭게 정리된 명단에 근거하여 대륙별로 재정리하였다. (옮긴이)

들의 언어로 채우고자 했다. 그것도 인용하기보다는 직접적으로 말이다. 이런 방식으로 나는 자신들의 필요, 이익, 요구를 자신들의 목소리로 표출할 수 있는 국제적인 공간을 확립하고자 하는 농민들의 열망과 협력적인 노력을 존중하고자 한다. 별도로 출처를 밝히지 않은 인용문은 2000년에서 2002년 동안 내가 수행한 인터뷰(대부분 직접 면담을 통해, 몇몇은 전화나 이메일)에서 따온 것들이다. 나는 스페인어로 진행된 인터뷰를 영어로 번역하였고, 인도에 있을 때는 통역사를 대동하여 인터뷰를 진행했다.

여러 가지 측면에서 나는 이 연구를 수행하는 데 있어서 매우 특별한 위치에 있었다. 1993년 비아캄페시나의 창립 때부터 기술자문으로 일해왔기 때문이다. 그러한 위치 덕분에 나는 전세계의 수많은 농민지도자들을 만나고 모든 종류의 모임, 회의, 토론, 문서들에 접근할 수 있었다. 보다 중요하게 그 시간 동안 나는 진정으로 중요한 자원, 바로 비아캄페시나 지도자들의 신뢰를 얻을 수 있었다.

사회변화를 위한 농민들의 비전을 보여주기 위해 이 책은 가능한 다양한 자원을 근거로 활용하였다. 비아캄페시나가 근본적으로 국제적인 영역에서 목소리를 낼 수 있었던 위상을 얻기까지 그 이면의 논쟁과 논리들을 이해하기 위해, 나는 공식 문서와 내부 문서 모두를 살펴보았다. 보도자료, 성명서, 회의 발표문, 참여단체 간의 내부회람문서 등은 이 운동의 수많은 활동과 행위들을, 그리고 그것이 작동하는 상이한 수준들 — 지역, 국가, 국제적인 — 을 엿볼 수 있게 해주었다. 이를 통해 나는 또한 비아캄페시나 내부에 존재하는 일치된 의견뿐 아니라 불협화음을 목격할 수도 있었다. 비아캄페시나의 여러 회의와 집회에 참여하면서, 나는 우선 전면에 부각된 이슈들을 보았고, 그뿐 아니라 이러한 이슈들이 어떻게 부상하고 논의되는지, 그리고 궁극적으로 어떤 결정이 내려지는지를 관찰할 수 있었다.

멕시코, 캐나다, 인도에서 활동하는 지도자들과의 인터뷰는 지역, 국가, 국제 수준이 어떻게 비아캄페시나 내부에서 연결되는지에 관한 수많은 예들을 잘 보여주었다. 이 세 나라의 전국 농민조직들과의 인터뷰를 통해 나는 농민단체들이 '글로벌로 향하게 되는' 이유, 그 과정에서 성공이나 실패를 좌우하는 요인, 그리고 이러한 종류의 일을 추구하는 데 필요한 조건과 자원은 무엇인지에 대하여 비판적으로 성찰할 수 있었다. 나는 또한 비아캄페시나 국제조정위원회ICC의 대부분의 위원들, 그리고 기술지원 스텝들과 이야기를 나누면서 국제농민운동의 강화에 관한 이들의 경험을 기록하였다.

세계화의 맥락 안에서 농촌발전에 대한 이해를 높일 수 있는 다양한 접근법을 차치하고 나는 어째서 농민운동에 초점을 맞추게 되었는가? 나의 관심은 개인적인 것이기도 하고 정치적인 것이기도 하다. 나는 여동생과 함께 14년 동안 캐나다 서스캐처원 주에서 곡물과 가축을 기르는 농사꾼으로 지냈다. 우리는 관행농의 방식으로 농사일을 배웠고, 서스캐처원 주 농업과 산하의 농촌지도소가 모범농사관행으로 권장해 준 화학물질의 대부분을 사용했다. 그러나 차차 우리는 점차 가축을 팔아버리고 채식주의자가 되었고, 유기농으로 전환했다. 농민으로서 나는 옥스팜캐나다농민단Oxfam Canada Farmers Brigade의 일원이 되어, 농기계

예방관리방법을 가르치기 위해 캐나다 농민들을 니카라과의 협동조합에 보내는 프로젝트에 참여할 기회를 얻게 되었다. 니카라과에 머무는 시간 동안 나는 조직된 농민의 중요성을 이해하게 되었다. 당시 나의 핵심적인 멘토가 니카라과의 전국농목축업연합UNAG 여성부 지역지도자였던 마르타 발레였다.

캐나다로 돌아오면서 나는 먹을거리 정치에 점차 관심을 갖게 되었다. 결국 나는 농사를 접고 옥스팜의 글로벌 농업 프로젝트의 담당자로 일하기로 하는 어려운 선택을 하게 되었다. 이 일은 캐나다 전국농민연합NFU과 전세계 농민조직들의 연결고리를 만드는 것을 촉진하는 것이었다. 1989년부터 98년까지 이 일을 통해 나는 결국 비아캄페시나의 기술자문 일을 시작하게 되었다(1993년 NFU는 비아캄페시나의 창립에 기여하였다).

1997년경에 글로벌 농업 프로젝트를 처음부터 후원했던 이 국제개발기관이 갑작스럽게 태도를 바꾸었다. 이러한 성격의 정치적 풀뿌리 작업은 더 이상 우선권을 갖지 못했고, 내게는 캠페인과 기금모금이라는 새로운 일거리—내가 보기엔 농촌지역의 다급한 사회변화의 필요성에 직접적으로 기여하지 않는 일—가 주어졌다. 어떻게 하면 비아캄페시나를 계속 지원할 수 있을 것인가, 라는 문제에 직면하게 된 나는 운동과 박사학위 논문을 위한 연구를 병행해보자는 아이디어를 가지고 비아캄페시나 운동에 접근하였다. 당시 비아캄페시나 운동은 5년차에 접어들었고, 지도부는 운동에 초점을 맞춘 연구가 운동의 장단점을 찾아내고 미래의 방향성에 대한 아이디어를 제공하는 데 유용할 것이라는 의견에 동의해주었다.

적당한 대학원을 찾던 중에 나는 이상한 경험을 하게 되었다. 한 인류학자와 토론을 하게 되었는데, 그는 글로벌 농민운동에 대해 연구하겠다는 내 생각을 듣고 나서는 의심의 눈초리로 나를 바라보며 "하지만 소작농은 더 이상 존재하지 않아!"라고 말했다. 그는 또한 이를 증명하는 수많은 학문적 근거들을 내게 보여주었다.[1] 그것은 너무나 아이러니한 상황이었다. 그때까지 약 10년 동안 나는 전세계에서 스스로를 소작농이라 부르는 사람들과 함께 일하고 있었기 때문이다. 실제로 오랫동안 나는 그가 제시한 학문적 증거들과는 상반되는 말과 상황들을 경험해왔던 것이다. 그 중엔 멕시코 농민지도자인 마르셀 카레온 문도도 있었다. 하루는 우리가 지역의 회의에 가기 위해 차로 킨타나 루의 한적한 길을 함께 달리고 있을 때 그가 내게 말했다. "소작농은 농촌에서 나옵니다. 이들은 항상 있어왔습니다. 투자자, 자본가, 정당 같은 것들이 그 전에는 없었던 것들이지요. 소작농은 항상 존재했고 앞으로도 그러할 것입니다. 소작농은 절대 없어지지 않을 겁니다."

정치를 포괄적으로 권력(존재하고 규정하고 말하고 행동할 수 있는 힘)을 위한 투쟁으로 재정의한다면, 사회운동에 초점을 맞추는 행위는 심오한 정치적 실천일 수 있다. 이는 특히 소작농들의 농민운동의 경우 그러하다. 여기에 참여하는 사람들은 몇몇 논자들에 따르면 더 이상 존재하지 않는 사람들이기 때문이다. 소작농들은 '세계화로 인해 거의 멸종상태에 이른 종'으로 기술되어왔다(Feder, 1978을 Welch 2001: 1에서 재인용). 제라르도 오테로(Otero, 1998)는 멕시코에 대한 연구에서, 소작농들은 이제 '반+프롤레타리아'가 되었다고 주장한다. 몇몇 논자들은 계속적인 '탈소작농화' depeasantization(Araghi, 1995) 과정을 언급했지만, 마크 에델만(Edelman, 2001a: 2) 같은 다른 논자들은 "소작농을 더 이상 존재하지 않는 개념으로 만든 것은 너무 성급했다"고 반박했다.[2] 페루의 소작농 지역사회와 작업해온 인류학자 오린 스탄(Starn, 1992)은 연구자들이 이제 소작농을 현재의 집단행동에 대한 분석에 거의 기여하지 못하는 머나먼 과거의 산물로 간주하고 있는 것 같다고 말한다. 멕시코 학자 로저 바르트라(Bartra, 1992: 17)가 말하듯이 "소작농들을 근대사회에 대한 향수와 우울의 긴 그림자 안에 가둬두는 습관 속에서나 그들이 존재하기" 때문일 수도 있다.

몇몇 논자들은 소작농 생존전략의 변화를 검토하면서, 소작농들이 고집스럽게 사라지길 거부한다는 점을 밝히고 '소작농을 다시 생각할' 필요성을 강조한다(Bryceson, Kay and Mooij, 2000). 에델만(Edelman, 1999)은 코스타리카의 소작농들이 소작농의 정체성을 재표출하고 '소작농다움' peasant-ness에 새로운 의미를 부여하며 발전을 재규정하는 문화적 투쟁에 나서면서 어떻게 세계화에 저항하고 있는지를 보여주었다. 클리프 웰치(Welch, 2001)의 중남미 연구는 '일정 정도 변모되었지만' 소작농 집단이 지속하고 있음을 확인해주고 있다. 실제로 그는 세계화의 격랑 속에서 능동적인 '재소작농화' 과정이 진행되고 있음을 언급한다. 절대적인 소작농의 수가 늘어나고 있고, 소작농운동이 새로운 저항의 형태를 보이고 있으며, 현장에 뿌리박은 대안을 구축하고 있다는 것이다. 리처드 로드리게스는 일자리를 찾아 미국 국경을 넘는 멕시코 농민들의 탈

주를 논의하면서, 소작농들의 지혜를 무시하지 말자고 제안한다. "불법이민자는 우리들 중에서도 가장 용감한 사람들이다. 또한 가장 근대적인 사람들이다. 선지자는 어떠한가. (…) 소작농들은 캘리포니아의 교외 거주자들보다 수십 년 앞서 우리 세상의 현실을 알고 있다."(Urrea, 1996: 2에서 재인용)

구조조정프로그램SAPs, 대륙 단위의 자유무역협정, WTO의 농업협정과 '무역관련 지적재산권에 관한 협정'TRIPs, 그리고 1996년 세계식량정상회의WFS와 2002년 '세계식량정상회의: 5년 후'WFS: Five Years Later의 결과로 농업의 재구조화를 통해 농촌에서 일어나고 있는 중대한 전환들을 감안한다면, 우리는 농촌에서의 조직화의 역동성을 좀 더 잘 이해할 필요가 있다. 소작농 단체 같은 전통적인 행위자들은 여전히 변화를 꾀하는 데 있어서 결정적인 역할을 계속하고 있다. 실제로 아시아, 아프리카, 아메리카 대륙의 많은 나라들에서 소작농 단체들은 신자유주의 반대투쟁의 선봉에 서 있다. 이 조직들은 생산자원에 대한 접근과 통제를 더 많이 확보하기 위한 노력의 일환으로서뿐만 아니라, 지역사회와 다양성을 수호하는 핵심 행위자이다.[3) 이 같은 국내 투쟁만큼이나 중요한 것으로, 나는 점차 국제적인 농업경제 속에서 농업운동이 국경을 넘나드는 방식을 탐구하는 것이 꼭 필요하다고 믿는다. 이것은 바로 몇몇 분석가들이 농민들은 할 수 없는 일이라고 말했던 일이다.

아마 가장 중요한 것은, 만약 이제껏 세계화가 우리가 알고 있는 바로 그 '발전'의 본질적인 틀이 되었다면, 그리고 전세계 빈민의 4분의 3이 농촌에서 살고 있으며 생존을 위해 농업에 의존하고 있다면, 발전에 있어서 중요한 것이 무엇인지에 관한 농촌단체의 요구와 생각들을 우리가 조심스럽게 고려할 필요가 있다는 것이다. 게다가 농촌여성들이 농촌지역에서 살고 있는 가장 빈곤한 계층이라면, 농촌여성들이 변화를 위해 어떻게 조직하고 있는지 살펴보는 것 또한 매우 중요한 일이다.

비아캄페시나와 시민사회

비아캄페시나는 진공 속에서 나타난 것도, 작동하는 것도 아니다. 집단적인 정체성, 위상, 전략은 WTO에 대한 반대와 다른 시민사회 단체들 예컨대, 국제농업생산자연맹IFAP이나 국제개발 NGO들과의 상호작용을 통해 더욱 정교해졌다. 기존 구조와 좀 더 밀접하게 연결되어 있거나 의존적인 운동 — '내부' 운동 — 과, 존재양식이 세계화로 인해 위협받는 운동 — '외부' 운동 — 을 서로 구별하는 것이 사회변화의 한계나 가능성을 이해하는 데 도움이 된다. 기존의 현실을 수용하고 강화하는지, 아니면 급진적으로 새롭게 상상하거나 구성하는지를 살펴봄으로써 사회변화의 의미를 되새길 수 있다.

    비정부 행위자들을 지칭할 때 많은 국제기구, 국가정부, 작가들은 이제 '시민사회' 아니면 최근에는 '글로벌 시민사회' 같은 포괄적인 용어를 선호한다. 나는 이러한 용어는 명확함보다는 혼동을 야기시킨다고 본다. NGO, 전문조직, 연구기관, 민족운동, 인권단체, 농민단체, 여성운동단체, 도시 지역사회 자조단체 등 모든 비정부 행위자들을 단일한 범주로 몰아넣는다. 캐서린 에슐(Eschle, 2001b: 71)은 이것이 "시민사회 내에 존재하는 위계적이고 억압적인 관계를 보지 못하게 만든다"고 지적한다. 그는 다양한 행위자들이 정확히 누구이고 어떤 이해관계를 대표하는지에 대한 분석이 결여된 상태에서 내재적인 계급적 차이와 권력의 불균형은 완벽하게 가려진다고 주장한다. 이는 농민운동이 기능하고 있는 실제 세계를 덮어버리고, 사회변화를 가져오려는 이들의 노력을 체계적으로 훼손한다는 점에서 심히 문제가 될 수 있다.

비아캄페시나의 경험을 자세히 들여다보면 시민사회 내부의 권력과 자원의 불평등한 분배와 그 속의 권력투쟁을 엿볼 수 있게 된다. 그리고 강력한 다자기구와의 협상에 참여하는 것이 갖는 실질적인 한계 역시 분명해진다. 강자와의 협상에서 어떤 것도 얻을 수 없다는 것이 분명해졌을 때, 특별한 전략적인 입장에서 비아캄페시나는 비타협을 통한 정당성 거부의 중요성을 입증하기도 했다. 이 전략은 거의 한 세기 전에 간디가 처음으로 보여준 것과 같은 전략이다.

따라서 나는 시민사회를 구성하는 매우 상이한 요소를 서로 분명하게 구별하고자 한다. NGO와 농민단체 또는 민중단체가 그것이다. 일반적으로 NGO들은 농민단체들과 비교했을 때 상이한 목표, 목적, 이해관계, 조직문화, 구조, 그리고 의사결정 메커니즘과 책임성을 갖는다. 단순화의 위험은 있지만, 나는 대중 기반의 단체를 지원하는 개발 프로젝트들을 위해 민간 기구, 정부, 기업, 국제기구로부터 재원을 마련하는 개발 관련 비영리단체들을 가리켜 NGO라는 용어를 사용하고자 한다. 이 범주에는 주변화된 사람들에 관한 이슈들에 대해 연구를 수행할 수 있는 상당한 자원을 갖춘 단체들도 포함된다. NGO들은 대체로 교육수준이 높은 중산층 전문가들로 스텝이 구성된다. 이러한 단체의 존재 근거는, 주변화되고 불이익을 받는 사람들을 위한 특정 개발 프로젝트나 캠페인을 위해 특정 국가나 국제적 재원 제공자로부터 재원을 확보할 수 있는 능력에 대개 의존한다는 점에서, 프로젝트 주도형 단체이다.

디터 루흐트(Rucht, 1999: 218-20)는 국제 수준에서 활동하는 NGO들이 수행하는 역할이 얼마나 다양한지를 보여준다. 몇몇은 '문제의 감시자, 비판자, 도전자, 고발자'인 반면에 몇몇은 지배세력에 대해 '동지', '조언자', '행정가'의 역할을 수행한다는 것이다. 그는 국제 NGO들이 급속한 성장과 전문화, 제도화를 경험하면서 이들이 "자신들의 주장이 갖는 급진성을 누그러뜨리는" 경향이 있으며, NGO들이 점차 국가 또는 국제기구의 재원에 의존하게 되면서 포섭과 체제순응화의 기회는 점점 많아진다고 주장한다. 이러한 전환은 상상할 수 있는 대안들을 심각하게 제한할 수도 있다. 이러한 단체들이 기존 구조의 외부를 사고하는 것이 불가능하진 않다 하더라도 매우 어려워지기 때문이다(Pollack, 2001: 197). 국제적인 영역에서 이러한 전환은 아론 폴락이 명명한 '근대성의 인식론적 헤게모니'로 이어진다. 대안적 시각을 탐색할 수 있는 공간은 거의 없어 보이기 때문이다. 또 다른 일군의 논자들(Amoore et al., 2002: 19)은 "이와 같은 세계화의 '주변을 수리하는 일'은 (…) 세계화 기획을 도와서 이를 더욱 공고화하는 의도하지 않은 효과가 있다"고 지적한다.

NGO들은 적어도 부분적으로는 목소리를 내지 못하는 사람들을 대변하기 위해 만들어졌다. 이들의 임무 중 하나는 항상 말이 없는 행위

NGO: 신매판계급?

NGO들은 정당성과 책임성에 관한 논쟁적인 사안들을 중심으로 극우부터 극좌에 이르기까지 신랄한 (그리고 매우 유사한) 비판을 받아왔다. 신자유주의의 열렬한 지지자인 『이코노미스트』는 1999년 NGO들이 거대한 비즈니스가 되었으며, "선출되지 않고 책임지지 않는 특수한 이해집단으로의 위험한 권력 이동을 대표한다"고 선언하였다(The Economist, 1999b: 18). 제임스 페트라스와 헨리 벨트마이어는 세계화의 만행을 고발한 책에서, NGO들이 '신매판계급'을 형성하게 되었다고 주장하였다(Petras and Veltmeyer, 2001: 129; 번역본: 원영수 옮김, 『세계화의 가면을 벗겨라』, 메이데이, 2008).

오늘날 수천 명의 NGO 대표들은 4만 달러에 달하는 4륜구동 SUV를 타고 최신유행의 교외 주택이나 아파트에서 고급가구를 갖춘 빌딩 숲의 사무실로 출근한다. 그 사이 자녀들이나 집안들은 하인의 손에 맡겨져 있고 정원사는 그들의 앞마당을 손질한다. 그들은 자국 내에 있는 진흙탕의 마을보다 해외에서 열리는 빈곤에 관한 국제회의에 훨씬 익숙하고, 그 회의장들(워싱턴 D.C., 방콕, 도쿄, 브뤼셀, 로마 등)에서 더 많은 시간을 보낸다. 그들은 저임금의 시골학교의 교사들의 시위에 함께하며 경찰의 공격에 머리가 깨질 위험을 감수하기보다 '전문가로서 당연한' 충분한 현금을 받을 수 있는 새로운 프로포절을 작성하는 데 훨씬 더 능숙하다. NGO 지도자들은 재산권이나 정부 자원이 아니라 제국주의적 재원에서 떨어지는 콩고물과 주요 대중집단들을 통제할 수 있는 스스로의 능력에 기초한 새로운 계급이다. NGO 지도자들은 유용한 상품은 전혀 생산하지 않지만 개인적인 혜택을 위해 자국의 빈곤을 거래하며 공여국들을 위한 서비스를 생산하는 데 기여한다는 점에서 일종의 신매관계급으로 봐도 좋다.

다른 비판가들은 NGO들이 상이한 목적과 이데올로기적 지향, 대표 메커니즘, 조직적 관행 등에 있어서 다양한 모습을 보이고 있음을 인정한다. 어떤 NGO들은 다른 곳보다 진보적이고 '관심을 갖고' 있으며, 민중조직들의 노력을 지원하는 중요한(직접적이지는 않지만) 역할을 할 수 있다(Tadem, 1996). 그러나 엘리자베스 젤린은 다음과 같이 경고한다(Jelin, 1998: 412).

빈민을 대신하는 '권위주의적 기술관료'(당신에게 좋은 것을 우리는 알고 있고, 당신이 이에 따를 것을 확신한다)의 사례는 수도 없이 많다. (…) 문제는 NGO들이 (…) 책임성을 담보할 수 있는 내부 메커니즘을 갖고 있지 않다는 점이다. 이들은 '주권자 시민들'로 구성된 대의제나 회원 제도를 갖고 있지 않다. 이들은 재정적으로 재원을 제공하는 곳에 대해, 그리고 '선한' 가치와 연대, 열정과 헌신에 기초하여 자신의 이데올로기와 양심에 대해 (그렇게 희망하지만) 책임성을 갖는다. 이처럼 제도적이고 사회적인 책임성이 상대적으로 결여되어 있다는 점을 감안하면, 자의적인 행위, 조작, 목적과 실천에 있어서 투명성의 결여의 위험이 상존하고 있다.

자들이 효과적으로 목소리를 찾을 수 있도록 도와주는 것이었다. 불행하게도 그 과정에서 많은 NGO들은 '이전에 목소리가 없던 사람들'이 스스로 말하는 상황을 탐탁하게 여기지 않는다. 많은 NGO들은 필요할 때에 침묵을 지키는 방법을 배우지 못했다.

반면에 소작농조직들은 노조, 어민조직, 도시빈민조직, 여성조직들을 비롯한 민중조직 또는 대중조직, 지역사회 기반 조직, 또는 사회운동으로 가장 잘 범주화될 수 있다. 민중조직은 지역사회나 부문에 기반한 자원자들의 풀뿌리 조직들로, 대중 회원들의 이익을 위해 일한다. 많은 조직들은 민주적으로 선출된 지도부를 가지며, 회원이나 대의원들에게 직접적이고 즉각적으로 책임을 진다.

이러한 소작농조직들은 기존 정치적, 사회적, 경제적 권력구조의 급진적 변화를 위해 투쟁하는 '비판적', 또는 '급진적' 사회운동 흐름의 일부이다. 이들의 비전은 민족과 성별의 평등성을 비롯한 사회·경제적 정의의 원칙에 근거하고 있다. 동원과 대중시위는 여전히 비판적 사회운동이 생산자원에 대한 접근 및 통제력 강화를 위한 투쟁에서 활용하는 가장 중요한 전략으로 남아있다.

물론 모든 사회운동들이 수평적인 구조와 민주적, 포용적 관행을 채택하는 것은 아니다. 그러나 월든 벨로의 말처럼, "우리의 조직방식은 우리의 목표를 반영한다"(Bello, 2002: 5에서 재인용). (1980년대 초반부터 조장되어 온) 신자유주의적 발전모델이 갖는 배타적 성격은 많은 나라들에서 하층 사회계급의 생활수준을 지속적으로 하락시켰고, 빈부격차를 확대시키고 있다. 하지만 글로벌 자본주의에서 버림받고 강탈당하고 배제된 사람들이 단지 수동적인 희생자인 것은 아니다. 세계화의 무자비한 힘은 다양한 새로운 사회적 행위자들의 등장에 기여하였다. 이는 또한 소작농조직을 비롯한 전통적 사회적 행위자들 간에 새로운 집단행동의 구조를 낳았다. 도시 및 농촌여성조직, 토착공동체, 환경단체, 지역사회 공동주방에서부터 인권단체와 소작농조직들에 이르기까지 모두가 존재감을 확립해 가면서, 세계화에 대한 이의 제기와 발전에 대한 지속적인 논쟁 속에서 자신들의 관심과 요구가 표출되고 협상되고 수용될 수 있는 대안적인 정치적 공간을 창출하려고 노력하고 있다.

현 세계에 대한 서로 다른 두 가지 비전 사이에 투쟁이 벌어지고 있다. 한편에서는 신자유주의적 경제세계화의 힘은 다양성을 말살하고 동질화하며, 소비주의와 서구 과학기술의 채택에 근거한 하나의 글로벌 경제와 글로벌 문화를 창출하고 있다. 이러한 과정은 케네스 갈브레이스가 '사회적으로 황폐화된' 것이라 명명한 무역정책 틀 위에 구축된 전지전능한 글로벌 시장의 공고화를 통한 '모든 것의 상품화'를 수반한다. 다른 한편에는 차이를 강조하고 다양성을 포용하는 사회적 저항의 힘들이 있다. 이들은 다양한 가치들의 종합에 근거한 세계에 관한 상이한 비전을 통해 '사람을 다시 고려하고', '지역사회와 발전을 재규정'하고자 한다(Gills, 2000: 3, 6). 비아캄페시나와 다른 사회운동들이 사용하는 구호 몇 가지는 이러한 대안적 비전을 분명하게 보여준다. 가령, 세계사회포럼의 '또 다른 세계는 가능하다'와, 반WTO 연대의 '세계는 상품이 아니다'가 그것이다.

이들의 투쟁은 발전의 의미 그 자체에, 그리고 이를 규정하고 시행하는 데 누가 나서야 하는지에 대해 의문을 제기한다. 이들의 투쟁에서 변화의 핵심 주체는 급진적 사회운동이다. 이들은 신자유주의의 모든 측면들에 의문을 제기하는 대안을 구상하고, 새로운 규범과 담론을 도입함으로써 논쟁의 조건을 전환하고 국제적 정책과정에 영향을 미치기 위해 노력하며, 구체적인 대안을 지금 여기에서 건설할 수 있는 장소로 저항의 불씨를 옮겨간다.

그 과정에서 많은 사람들이 주장하듯이, 급진적 사회운동은 문화정치에 개입하게 된다. 대안적 정체성, 새로운 연대, 대안적 사회 공간, 대안적 정치문화를 창출하기 때문이다(Eschle, 2001a). 전세계적으로 급진적 사회운동은 기존 정치구조와 지배적인 문화에 '포함'되려고 노력하는 것이 아니다. 대신 이들은 "자신들이 작동되는 정치적 질서 자체를 변혁하려 싸운다"(Alvarez, Dagnino, and Escobar, 1998: 8). 동시에 비판적 사회운동은 세상 속에서 새로운 의미와 존재방식을 찾고 있다. 이들은 권력의 장소와 구조를 민주화하고, 그러한 장소와 구조의 힘을 제한하려고 하며, 사회변화의 비전은 때로는 포용과 사회정의의 원칙과 실천에 근거한 정치적 문화를 발전시키는 것까지 포괄한다(Stammers, 1999: 86).

그렇다고 전세계 모든 사회운동이 이러한 똑같은 목표를 갖고 있다고 말하려는 것은 아니다. 그러나 비아캄페시나는 이러한 종류의 문화정치에 개입하는 급진적인 운동인 것이 분명하다. 비아캄페시나는 전세계 농가들에게 생산자원에 대한 접근과 통제력을 높이고자 싸우고 있다는 점에서, 또 다른 세계질서를 규정하는 데 개입하고 더 많이 참여하기 위해 싸우고 있다. 급진적 사회운동의 다양한 원칙들을 구현하는 데 성공하는가의 여부가 이 운동의 성공과 실패를 좌우하는 중요한 기준이다.

이에 따라 비아캄페시나는 IFAP 같은 좀 더 개혁적이거나 혹은 온건한 농민운동과는 상당히 다르다. 두 운동은 근본적으로 서로 다른 이데올로기의 틀 속에서 기능하며, 상이한 지지자와 이해관계를 대변하고 상이한 전략을 사용한다.

많은 학자들이 사회운동과 NGO가 세계화의 과정을 관리하고 확대해온 세계은행, IMF, WTO 같은 주요 다자경제기구들과 어떻게 상호작용하는지 탐구해왔다. 이러한 기구들과의 관계 속에서 모든 사회운동들이 동등하게 만들어진 것은 아니다. 로브트 오브라이언과 동료들에 따르면, 어떤 형태의 글로벌 사회운동은 "국제 경제기구들에 대해 일상적인 기반으로 개입할 수 있고 또 그렇게 하고자 한다". 게다가 "누가 안에 있고 누가 밖에 있는지를 좌우하는 요인은 이데올로기, 위치, 전문성, 영향력에 따라 달라질 수 있다"(O'Brien et al., 2000: 224).

WTO에 대한 접근을 확보하고 유지할 수 있는 사회운동들은 물론 자유화의 범위나 속도, 강도에 대해서는 동의하지 않는다 하더라도 이데올로기적으로 세계화의 기본 전제들을 수용하는 경향이 높다. 즉, 순응적이거나 개혁주의적인 시각은 WTO 내에서 수용되기 쉽지만, 좀 더 비판적인 시각을 지닌 풀뿌리 사회운동은 설령 접근한다 하더라도 수용가능성은 거의 없다(Scholte et al., 1998: 19). 유럽연합EU이나 미국 같은 강대국들의 정치체계에 영향력을 행사하는 것처럼, 권력의 핵심부(제네바, 워싱턴)에 가까운 것은 또한 접근성과 개입을 촉진한다. 오브라이언

NGO와 WTO

다자적 경제기구들은 스스로가 자신들과 협의하여 지속적인 관계를 발전시키고자 하는 시민사회 단체들을 선별하여 고르고 있다. 이들은 자신들과 '같은 언어를 말하는' 사회운동단체와 대화에 나서는 경향이 있다. 이는 특히 경제학과 무역법을 이해하거나, 자신들이 결여하고 있는 전문지식을 지닌 단체들에 대해 그러하다(O'Brien et al. 2000: 224). 가령, 『이코노미스트』지는 시애틀에서 열린 WTO 각료회의의 파산을 분석하는 글에서, WTO는 대체로 성공적이었던 세계은행의 NGO 포섭전략으로부터 많이 배울 것을 제안하였다(The Economist, 1999b: 190).

1994년 [세계은행을 겨냥했던] '50년이면 충분하다'라는 캠페인은 (활동가들이 회의장에 난입한다는 점에서) 시애틀의 원형이었다. 이제 NGO들은 세계은행에 대해 놀라울 정도로 조용하다. 그 이유는 세계은행이 이들을 포섭하기 위해 엄청난 노력을 기울여왔기 때문이다.
세계은행의 총재 제임스 울펀손은 NGO와의 '대화'를 기관의 핵심적 업무로 만들었다. 70명 이상의 NGO 전문가들이 세계은행의 현장부서들에서 일하고 있다. 작년 세계은행 프로젝트의 절반 이상이 NGO들을 끌어들였다. 울펀손 총재는 종교단체에서부터 환경주의자에 이르기까지 모든 사람들과 연대를 구축했다. 그의 노력은 '동원 네트워크'의 강점을 희석시키고, 기술적 NGO들(대부분이 세계은행이 포섭한 단체들)의 힘을 상대적으로 키워주었다.

WTO는 같은 방식으로 발전하진 않을 것이다. (…) 그러나 시애틀에서 자신을 공격한 광범위한 연합을 약화시키기 위해 주류 NGO와 기술적 NGO들과 연결하는 등의 노력은 할 수 있을 것이다.

등(O'Brien et al., 2000: 225)이 지적하듯이, "운동이 핵심 국가에 압력을 얼마나 가할 수 있는지, 그리고 가장 강력한 이해 당사자들을 침해하지 않으면서도 관심사가 얼마나 수용될 수 있는지의 여부가 국제 경제기구들과의 관계를 좌우하는 데 핵심이 된다".

IFAP는 국제 경제기구들과 대화를 나눌 수 있는 좋은 여건과 상황을 갖추고 있다. 이는 농민들의 이익에 더 잘 봉사할 수 있도록 무역협정과 개발 접근법을 개정하기 위한 노력에 있어서 주된 전략 중 하나이다. 이로 인해 우리는 왜 비아캄페시나가 그토록 강고하게 WTO에 반대하는지를 이해할 수 있게 된다. IFAP와 비아캄페시나는 같은 언어를 사용하지 않는다. 실제로 이들은 미래에 대해 완전히 상반된 비전을 공언하고 있다. 비아캄페시나를 구성하고 있는 농민단체들은 농촌의 위기를 다루기 위해서는 더욱 급진적인 전략과 입장이 절실히 필요하다고 확언한다. 비아캄페시나를 건설할 때 이들은 실질적으로 IFAP에 대한 진보적인 대안을 목표로 수립하였다.

비아캄페시나의 주된 목표는 식량주권 개념에 입각한 근본적으로 다른 농업모델을 건설하는 것이다. 농민운동 진영은 이것이 전세계의 엄청나게 다양한 농민조직들 속에서 단결과 연대를 구축할 때만 가능할 것이라고 믿는다. 비아캄페시나는 연대와 단결을 통해 '땅의 사람들'이라는 집단적인 농민 정체성을 확고히 하고, 국제기구들에 대해 급진적인 반대의 날을 세우며, 농촌사회 관련 핵심 사안들에 대해 대안적인 정책을 수립하고, 식량주권을 확립하기 위한 집단적인 노력을 수행한다.

"다양성 속에 단결하기"

보나노 등은 농민들의 다양성이라는 점 때문에, 농민들이 국제적으로 조직을 건설할 수 있는 능력에 대해 회의적이었다. 비아캄페시나는 국제조직의 장애물로 파악한 '다양성'을 핵심적인 강점으로 바꾸어 놓았다. 초국적 운동은 서로 다른 지지자들을 대표하는 조직들을 한데 모은다. 지리적으로 폭넓게 분포되어 있는 대부분의 회원조직들은 엄격하게 농촌 기반인데, 몇몇은 도시에서 적극적으로 활동하고 있다. 가령 브라질의 '토지 없는 농민운동' MST은 주로 농촌의 토지 없는 농민들과 일을 하지만, 시 경계 근처나 그 안에 있는 작은 땅 위에 도시 기반의 가정들을 정착시켜서, 파벨라favela〔브라질의 빈민층 집단주거단지 — 옮긴이〕에서 '도농복합적' rurban 주거를 형성하기 시작하였다(*New Left Review*, 2002: 92). 멕시코 지역별농민자치조직전국연합 UNORCA은 푸에블라 주에서는 도시 노점상들 comerciantes ambulantes을 조직하고 있으며, 베라크루스에서는 운송

업자들을 조직하는 데 중요한 역할을 하고 있다. 새로 만들어진 퀘벡 주의 농민연합Union Paysanne은 농민들과 함께 '저질 먹을거리'malbouffe와 산업농업에 대한 대안을 건설하고자 노력하는 연구자, 학생, 소비자단체, 생태관광업체 등의 부문을 끌어들이고 있다.

비아캄페시나 회원단체가 가장 적은 곳이 아프리카이지만, 이건 단지 시간문제일 뿐이다. 1998년 11월 비아캄페시나 국제조정위원회ICC는 다카르[세네갈의 수도―옮긴이]에서 열린 아프리카 농민총회에 초대받았다. 거기서 아프리카의 대표들은 개별조직으로 가입하기보다는 아프리카 수준에서 먼저 조직을 만들고 후에 대륙조직으로 비아캄페시나에 가입할 것이라고 결의하였다.

비아캄페시나는 또한 농민조직들이 조직되는 방식의 다양성을 보여준다. 대개는 국가 및 국제적 수준에서의 행동들에 나서고 있지만, 인도의 카르나타카주농민연합KRRS 같은 몇몇 조직들은 주 수준에서만 조직되어 있다. 캐나다 NFU는 전국적인 조직이지만, 멕시코의 UNORCA는 23개 주에서 활동하는 전국적 연맹체이다. 유럽농민연합CPE이나 '협력과 발전을 위한 중앙아메리카농민단체연합'ASOCODE 같은 조직들은 국가적 조직들을 포괄하는 대륙 단위 대표체이다. 상이한 이들 조직구조들의 각각은 회원들 간에 협상을 하는 데 있어서 특수한 기술과 경험, 지식을 필요로 한다. 이들 각각은 자신만의 독특한 조직문화를 갖고 있으며, 이는 다문화적이고 다양한 국제적 운동 속에서 잘 기능할 수 있는 능력을 결과적으로 지원하거나 방해하기도 한다.

비아캄페시나의 주된 강점 중 하나는 자신의 특수한 정치적, 경제

"출처 없는 먹을거리"

말부프malbouffe — 나쁜 음식을 의미하지만, 통상적으로 정크푸드로 번역된다 — 는 프랑스농민연합이 산업농업의 세계화에 대한 투쟁 속에서 발전시킨 개념이다. 이 단어는 프랑스농민연합의 카리스마 넘치는 지도자 조제 보베를 통해 전세계적으로 알려졌다. 그는 1999년 작은 소읍인 미요Millau에서 공사 중이었던 맥도날드 매장을 부수는 시위를 주도한 혐의로 투옥되었다.

보베가 설명하듯이, 말부프는 "어디에서도 온 것이 아닌, 출처 없는 먹을거리"이다. "전세계 어디서나 똑같은 맛이 난다"고 설명한다. 말부프는 "맛, 건강, 문화적·지리적 정체성"이 빠져버린 음식이다. 정크푸드는 수확과 이익을 극대화하기 위해 토지를 집약적으로 착취한 결과물이다(Bové and Dufour, 2001: 54-55; 번역본: 홍세화 옮김, 『세계는 상품이 아니다』, 울력, 2002).

주류의 지배적인 퀘벡 생산자연맹Union de Producteurs du Québec에 대한 진보적인 대안으로 2001년 5월 퀘벡농민연합Union Paysanne이 창립되고 얼마 되지 않아, 보베는 퀘벡으로 가서 새 조직의 지도자들을 만나서 프랑스 농민정치에 대해 논의하고 조직전략에 대해 의견을 교환했다. 그러한 방문의 결과 퀘벡의 조직은 자신들의 변화에 대한 비전의 일환으로 말부프 거부를 받아들이게 되었다. 농민연합은 인간적 규모의 농업과 활력 넘치는 농촌공동체를 수반하는 소작농 농업을 강조한다(Union Paysanne, 연도 미상).

새 조직은 분명 먹을거리체계에 대한 대중들의 커가는 불신을 잘 활용했다. 창립 첫해 퀘벡농민연합은 3천 명 이상의 회원을 확보했다. 이 단체는 행동 중심이다. 또한 집약적 가축사육에 대한 투쟁의 선두에서 목소리를 내었고, 그 결과 퀘벡 주정부는 대규모 돼지 사육장의 건립 중단조치를 발표했다. 퀘벡 주의 농민연합은 2004년에 비아캄페시나에 정식으로 가입했다.

적, 사회적, 문화적 맥락 속에 뿌리박고 있는 단체들을 한데 엮어내는 방식에 있다. 즉 다양성 속에서 단결하기를 강점으로 한다. 잘 규정된 대의제도, 그리고 회원을 구성하고 있는 수많은 농민단체들에 대한 엄격한 책임절차에 의존함으로써 그것이 가능하다. 전세계 수백만의 농가들을 대표하는 비아캄페시나는 수평적인 구조를 활용하고 있다. 비아캄페시나의 창립멤버인 폴 니콜슨(비아캄페시나 유럽지역 조정단체 소속이자 스페인 바스크 출신)에 따르면, 이 구조 때문에 의사결정이 늘어나고 시간이 많이 걸리며 때로는 지루한 과정이 되기도 한다. 협의와 책임제도가 핵심이다. 이는 대표성과 민주적 의사결정을 위한 잘 정의된 구조와 절차에 의해 촉진된다. 비아캄페시나는 9개 권역으로 나뉜다. 동아시아 및 동남아시아, 남아시아, 북아메리카, 중앙아메리카, 남아메리카, 카리브해, 유럽, 아프리카 1권역, 아프리카 2권역. 모든 권역의 대표단들은 3년이나 4년마다 여성총회와 국제총회에 모여서 전반적인 방향, 정책, 전략

아프리카와 중동에서의 운동

비아캄페시나 단체와 아프리카 회원단체들 간에 다양한 교류들이 발생하고 있다. 비아캄페시나는 '동아프리카 농민·농업생산자단체네트워크' ROPPA와 함께 다양한 식량주권 사안들에 대해 협력하고 있으며, 아프리카의 대표자들은 비아캄페시나의 국제회의들에 참석하고 있다.

2002년 6월 로마에서 열린 '세계식량정상회의: 5년 후'에서, 비아캄페시나와 ROPPA는 식량주권 NGO/CSO포럼의 국제계획위원회의 멤버로서 긴밀하게 협력하였다. 식량주권 포럼의 일환으로 이들은 또한 농업과 시장접근에 대한 워크숍을 공동으로 조직하였다. 더욱 최근에는 아프리카 단체들과 비아캄페시나는 2002년 8월 말 요하네스버그에서 열린 '지속가능발전세계정상회의'의 틀 속에서 회의와 공동행동들을 가진 결과 이들 간의 유대는 더욱 강화되고 공고화되었다. 비아캄페시나의 전세계 36명의 대의원 중에는 모잠비크의 전국농민연합UNAC에서 온 12명도 포함되어 있다.

남아프리카에서는 비아캄페시나 대의원들이 일련의 행사들에 참가하였다. 남아프리카 '무토지 민중운동'의 첫 번째 공식 전국총회, 연대의 날, 주요 시위(무토지 행진), 그리고 '무토지 민중운동'과 '남아프리카 전국토지위원회'가 조직한 무토지 민중 콘서트 등이었다(Via Campesina, 2002g). 하루 전체가 비아캄페시나 대의원들과 다양한 아프리카 소작농 및 무토지 단체들 간의 상호교류를 위해 할애되었다. 서로의 현실을 더 잘 이해하고 추가적인 협력을 모색하기 위한 것이었다.

이 같은 협력은 몇 가지 중요한 성과를 낳았다. 가령, 비아캄페시나는 다수의 다른 사회운동단체 및 지역 기반의 아프리카 농민단체들과 같이 2007년 2월 말리에서 열린 식량주권 국제행사를 조직하였다. '닐레니 식량주권 포럼'Nyeleni Forum for Food Sovereignty은 전세계 사회운동과 NGO 대표자들, 그리고 몇몇 정부의 지도자들도 참석하여, 식량주권의 의미와 실제 정책적 함의를 더욱 정교화하였다. 이 행사와 관련 활동들은 비아캄페시나에서 아프리카의 존재감을 강화해주었다.

2002년 초 비아캄페시나는 팔레스타인에 4명의 대의원 ─ 폴 니콜슨(CPE), 도리스 쿠트에레스 데 에르난데스(비아캄페시나 운영사무총장), 마리오 릴(MST), 조제 보베(프랑스농민연합, CPE) ─ 을 파견하면서, 아랍 단체들과의 향후 협력에 대한 관심이 급부상하였다. 비아캄페시나는 농민단체들과 연락처를 확립하고자 했으며, 아랍과 이스라엘 농민들의 상황을 이해하고자 했다. 또한 농업 종사 가구들의 권리를 보호하기 위한 협력 작업 장기 전략을 발전시키는 것을 지향하였다. 3월 30일 '국제 지구의 날'에, 대의원단은 한 베두인 공동체를 방문하여 팔레스타인 농민들이 자신의 땅에서 쫓겨나고 이 지역에서 계속되는 폭력에 반대하는 5천 명에 달하는 대규모 시위에 참여하였다.

며칠 뒤 비아캄페시나 대의원 2명이 이스라엘 공격을 중단시키기 위해 포위 당한 팔레스타인 지도자의 거점인 라말라 시에서 40명의 국제평화주의자그룹에 참여하여 인간방패가 되었다. 그 후 4주에 걸쳐 비아캄페시나는 팔레스타인 농민가구들의 절망적인 상황을 묘사하고 식량주권 원칙을 존중하고 팔레스타인 사람들에게 자신의 땅에 남아서 먹을거리를 생산할 권리를 허용할 것을 요구하는 수많은 보도자료를 내보냈다. 비아캄페시나는 이스라엘의 공격을 비난하고, 각국 정부와 유엔이 이스라엘의 폭력 중단을 요구할 것을 주장하기 위한 국제적인 움직임을 요청하였다.

을 결정한다. 권역별 총회는 비아캄페시나의 작업이 지역의 현실에 뿌리내리고 있는지 보장하기 위해 국제총회 전에 열린다. 권역별로 남녀 2명의 대표자로 구성되는, 18명의 위원으로 구성된 국제조정위원회ICC는 다양한 농민단체들을 서로 연결시켜주는 가장 중요한 연결고리이다(표 1-11을 보라). 국제총회를 제외하면 ICC는 비아캄페시나의 핵심적인 의결 및 조정기구이다. 모든 중요한 결정들은 18명의 위원들과 협의하여 내려진다.

핵심 사안들에 대한 협의과정은 ICC를 넘어선다. 각각의 권역별 조정위원들이 자신 권역 내의 단체들의 필요, 관심사, 결정들을 반영해야 하기 때문이다. 비아캄페시나에게 있어 각 권역들은 지역사회와 국가, 국제적인 투쟁들 간의 핵심적인 교차점이다.

비아캄페시나는 출범 초기에서부터 전세계 여러 지역들에서 네 차례의 국제회의를 조직하고 권역별 회의와 여성 워크숍을 여러 차례 개최하였다. 또한 비아캄페시나 대표단들은 다음과 같은 중요한 회의들에서 상당한 존재감과 힘을 보여왔다. FAO 50주년 기념으로 퀘벡시티에서

⟨표 1-11⟩ 국제조정위원회

국제운영사무총장	헨리 사라기 (인도네시아농민조합연합FSPI, 인도네시아)	
동아시아 및 동남아시아	헨리 사라기 (인도네시아농민조합연합FSPI, 인도네시아)	
	윤금순 (전국여성농민회총연합KWPA, 한국)	
남아시아	유드비르 싱 (인도농민연합BKU, 인도)	
	샨타 마나비 (네팔농민총연합ANPFA, 네팔)	
유 럽	하비에르 산체스 (비아캄페시나 유럽조정위European coordination Via Campesina)	
	호시에 리파우드 (비아캄페시나 유럽조정위European coordination Via Campesina)	
아프리카 1	호아오 헤날도 칭고르 (전국농민연합UNAC, 모잠비크)	
	알폰신 응우바 (콩고소농연합COPACO/PRP RD Congo, 콩고)	
아프리카 2	이브라히마 코울리발리 (전국농민단체조정기구CNOP Mali, 말리)	
	파티마토우 히마 (니제르농민플랫폼PFPN Niger, 니제르)	
북아메리카	알베르토 고메즈 (지역별농민자치조직전국연합UNORCA, 멕시코)	
	데나 호프 (전국가족농연합NFFC, 미국)	
중앙아메리카	라파엘 알레그리아 (온두라스농민조직조정위원회COCOCH, 온두라스)	
	욜란다 아레아스 블라스 (농촌노동자연합ATC, 니카라과)	
카리브 해	차바네스 장 밥티스티 (파파야농민운동MPP, 아이티)	
	후아나 페레르 (전국여성농민연맹CONAMUCA, 도미니카 공화국)	
남아메리카	이텔비나 마시올리 (토지 없는 농민운동MST, 브라질)	
	레오니다 주리타 바가스 ('바르톨리나 시사' 여성농민전국연합FNMCB, 볼리비아)	

■ 표 1-11의 자료는 2008년 10월 21일 모잠비크의 마푸토에서 개최된 비아캄페시나 총회에서 새롭게 정리된 명단에 근거하여 대륙별로 재정리하였다. (옮긴이)

열린 세계식량안보총회(1995), 로마에서 열린 세계식량정상회의, 제네바, 시애틀, 도하, 칸쿤, 홍콩에서 열린 WTO 각료회의를 둘러싼 여러 사건들, 드레스덴에서 열린 세계농업연구포럼GFAR(2000), 포르투알레그레에서 열린 세계사회포럼(2001~2003, 2005), 요하네스버그에서 열린 지속가능발전세계정상회의(2002) 등이다. 이러한 회의들을 통해 비아캄페시나는 자신들의 주요 목적의 하나를 추구할 수 있게 되었다. "조직의 다양성 속에서 단결하기"이다(Via Campesina, 연도 미상). 이러한 행사들에서 농민지도자들은 차이를 인정하고, 공통의 기반을 확립하기 위해 움직였으며, 집단적인 정체성을 공고화하고, 전략과 행동에 대한 합의에 도달하였다.

이러한 집단적 정체성과 공동목표는 1996년 4월 18~21일까지 틀락스칼라에서 열린 비아캄페시나 제2차 국제총회에서 분명하게 표출되었다. NFU의 의장(1995~1998)인 네티 위베는 다음과 같이 연설하였다.

> 그리고 여기 우리는 멕시코의 틀락스칼라에 있습니다. 공동의 목적을 위한 대규모의 다양하고 놀라운 모임입니다. (…) 우리의 차이는 실제로 존재하지만 극복될 수 있으며, 정말 중요한 것은 우리의 다양성이 갖는 풍부함을 우리는 이해하고 있다는 것입니다.
> 우리는 각자의 특수한 장소들에서 왔습니다. 그리고 우리 여성들은 여러 문화들 속에서 종속적이고 보조적인 존재였던 여성의 오랜 역사를 뼈저리게 느끼고 있습니다. 우리는 이 점을 극복하고 앞으로 나아가기 위해 엄청난 선의를 보여왔습니다. 우리는 남성과 여성이 함께 평등하고 자유롭게 이 운동 속에서 일할 것이라는 확신을 느낍니다. (…)

우리는 엄청난 강점을 갖고 있습니다. 전세계적으로 최초로 우리, 땅의 사람들은 몇몇 공동의 목적을 중심으로 스스로를 모으고 있고, 이러한 목표를 성취하기 위해 서로가 연대를 통해 헌신하고 있습니다.

이는 우리가 씨앗을 뿌리는 것과 같은 것입니다. 나는 겨울이 길고 추운 곳에서 왔습니다. 그리고 나는 우리가 씨앗을 뿌렸고 지금은 우리의 봄이라는 것을 느끼고 있습니다. 몇몇 씨앗은 아직도 깊이 묻혀 있지만, 나는 그 중 많은 씨앗들에서 싹이 나고 있는 것을 보았습니다. 그리고 우리, 절기를 알고 있는 땅의 사람들은 성장을 바라보고 희망을 느끼고 있습니다.

(Via Campesina, 1996b: 51-52)

농민단체들은 분명 적극적으로 국가 수준에서 세계화에 저항을 계속할 것이지만, 비아캄페시나를 결성하면서부터 그들의 노력은 이제 국제화를 지향하게 되었다. 1996년부터 2004년까지 비아캄페시나의 운영사무총장을 역임한 라파엘 알레그리아는 다음과 같이 강조한다.

비아캄페시나의 입장에서 신자유주의 모델은 소농 경제의 몰락을 가져오고 있다. 이 모델은 자연자원과 환경을 파괴한다. 또한 전세계 농민운동을 훼손하고 있다. 이러한 이유로 우리가 비아캄페시나 같은 국제적인 조직을 갖고 있다는 것은 매우 중요하다. 그래서 우리가 직면하고 있는 사안들을 중심으로 한데 모이고 이 세상에서 아직 사라지지 않은 우리의 이상과 열망을 한데 모을 수 있다. (…) 비아캄페시나의 우리들은 전세계 농민들을 위한 전지구적인 해법을 찾아낼 필요가 있다고 믿는다. 전지구적인 대

응을 창출하는 것이 바로 비아캄페시나의 존재 이유이다. (Via Campesina, 1996b: 8-9)

제2차 국제총회를 마무리하는 자리에서 알레그리아는 다음과 같이 말을 이어갔다. "우리는 국제적인 자본주의 체제와 매일 대면하면서 이렇게 한데 모였습니다. 우리는 여전히 이러한 체제와 대면하고 있지만, 오늘 우리는 또한 모든 수준에서 협상할 수 있는 능력을 갖게 되었습니다. 이는 국제적인 수준에서 엄청난 성취가 아닐 수 없습니다.(Via Campesina, 1996b: 53)"

비아캄페시나가 거둔 성공의 대부분은 성평등, 인종, 계급, 문화, 남북관계처럼 잠재적으로 분열을 초래할 수도 있는 사안들을 공개적으로 다루면서 회원단체들의 다양한 이해관계들을 균형 잡아왔기 때문이다. 프랑스농민연합Confédération Paysanne 지도자이자 CPE 회원인 프랑수아 뒤푸르는, 시애틀의 WTO 각료회의에서 비아캄페시나 대표단의 일원으로 참여했던 자신의 경험을 토대로 다음과 같이 말한다.

누구도 비아캄페시나 내의 분파들에 대해 말할 수 없다. 비아캄페시나는 오늘날 가장 중대한 사안들이라고 간주되는 것들을 보호하기 위한 전세계적인 농민조직이다. 산티아고나 바마코[말리의 수도—옮긴이]에 들어맞는 일이 반드시 로마나 파리에 들어맞지는 않는다. 의견과 경험의 교환을 통해 이는 교육과 논쟁을 위한 놀라운 네트워크로 발전한다. 비아캄페시나의 대의원단은 시장의 정복이 아니라 무엇보다도 상호존중의 발전을 증진시키기 위해 협상한다. 이같은 '농민 인터내셔널'은 북반구 국가와 남반구 국가 간의 새로운 관계를 보여주는 생생한 사례를 대표한다.
(Bové and Dufour, 2001: 158에서 인용)

비아캄페시나에 따르면 갈등은 선진국 농민(자영농)과 개도국 농민(영세소농, 소작농)들 간에 일어나는 것이 아니다. 그보다는 갈등은 두 가지가 서로 경합하는—많은 경우 서로 반대되는—사회경제적 발전모델을 두고 발생하고 있다. 한편에는 농업을 수익창출 벤처로서만 바라보면서 생산자원을 점차 농산업계의 손에 집중시키는, 세계화되고 신자유주의적인 기업주도적 모델이 있다. 다른 한편에는 농가의 '생산적인 문화'와 '생산적인 직업'에서 비롯하는 '발전윤리의 재발견'에 기초한, 매우 상이한 인간적이고 농촌적인 모델이 있다(Managua Declaration, 1992). 두 번째 모델의 농업은 농민 주도적이고 소농의 생산에 기반한다. 지역자원을 사용하며, 국내 시장에 초점을 맞춘다. 농업은 중요한 사회적 기능을 수행할 뿐만 아니라, 경제적으로 활력있고 생태적으로 지속가능하다.

식량주권 — 대안적 전통, 상이한 근대성

식량주권이라는 개념은 비아캄페시나의 대안적 농업모델의 핵심이다. 비아캄페시나는 처음에 식량주권을 '각 국가들이 문화적 · 생산적 다양성을 존중하면서 기본적인 먹을거리를 생산할 수 있는 생산능력을 유지, 발전시킬 수 있는 권리'로 규정했었다(Via Campesina, 1996c). 이후에 비아캄페시나는 이 개념을 더욱 정교화하여 '민중이 자신의 농업 및 먹을거리 정책을 규정할 권리'까지 포함시켰다(Via Campesina, 2000e).

비아캄페시나에 따르면 식량주권은 식량안보와는 구별된다. 국가적으로 충분한 양의 먹을거리 생산과 모든 사람이 이용할 수 있도록 보장하는 문제뿐만이 아니다. 어떤 먹을거리를 생산하는가, 어떻게 생산하는가, 어떤 규모로 생산하는가의 문제도 똑같이 중요하다. 비아캄페시나는 식량주권을 다음과 같은 의미로 사용한다(Via Campesina, 2000e).

- 주로 국내시장을 위해 건강하고 양질의 문화적으로 적절한 먹을거리를 생산하는 데 우선순위를 둔다. 국민들의 자립과 식량주권을 보장하기 위하여 다양화된 농민중심의 생산체계 — 생물다양성, 농지의 생산능력, 문화적 가치, 자연자원 보전을 존중하는 — 에 기반하여 먹을거리 생산능력을 유지하는 것이 근본적으로 중요하다.
- (남성, 여성) 농민에게 충분한 보상이 되는 가격을 제공한다. 이를 위해서는 저가 공세의 수입 농산물로부터 내수시장을 보호할 수 있는 힘이 필요하다.
- 과잉생산을 피하기 위해 내수시장에서의 생산을 규제한다.
- 생산방식의 산업화 과정을 중단하고, 지속가능한 생산에 기반한 가족농을 발전시킨다.
- 모든 직·간접적 수출보조금을 철폐한다.

오늘날 세계화, 자유화된 무역의 시대에 비아캄페시나의 식량주권 개념은 혁명적인 것일 수밖에 없다. MST 지도자이자 비아캄페시나 남미지역 조정관 후앙 페드로 스테딜은 다음과 같이 말한다.

이 개념은 자유무역을 원하는 국제자본과 충돌할 수밖에 없다. 우리는 아무리 규모가 작더라도 모든 민족들은 자신의 먹을거리를 생산할 권리를 갖고 있음을 천명한다. 농업무역은 이러한 상위의 권리에 복속되어야 한다. 오로지 잉여 농산물만 무역되어야 하며, 그것도 양자 간의 무역이어야 한다. 우리는 WTO에 반대하며, 다국적기업들의 세계 농업무역 독점에 반대한다. 호세 마르티가 말했듯이, 자신의 먹을거리를 생산할 수 없는 민족은 노예이다. 이들 민족은 약간의 자유도 갖지 못한다. 만약 어떤 사회가 자신들이 먹는 것을 생산하지 않는다면, 다른 사람에 항상 의존해야 할 것이다. (*New Left Review*, 2002: 100에서 인용)

조제 보베는 다음과 같이 지적하면서, 이러한 접근방식을 좀 더 보완한다.

우리의 주권 개념은 민중들이 어떤 강요된 농업이나 사회 모델 없이 스스로를 위해 생각하도록, 그리고 서로 연대하며 살 수 있도록 해준다. 이러한 주권은 먹을거리에 대한 독립적인 접근, 즉 먹는 것을 자급하면서 선택할 수 있다는 것을 뜻한다. 우리는 공정무역, 문화적 교류, 연대를 환영한다. 우리는 실질적인 민주주의하에서의 존엄하고 자유로운 삶을 지지한

다. (Bové and Dufour, 2001: 159)

식량주권의 목표에 도달하기 위해서는 광범위한 농업개혁이 또한 필요하다. 비아캄페시나에게 농업개혁은 토지 재분배보다 훨씬 포괄적인 개념이다. 즉, 소농 생산과 판매에 유리한 농업체계의 포괄적인 개혁을 수반하는 것이다. 몇몇 비아캄페시나 소속 단체들에게 농업개혁은 토지와 다른 생산자원들을 시장으로부터 격리하고 토지에 대한 사회적 소유 원칙을 실천함으로써, 땅에서 일하는 농가들이 사용권을 갖는 것을 뜻한다. 스테딜은 다음과 같이 설명한다.

비아캄페시나에서 우리는 각국 내의 농민운동들의 특수한 경향에 좌우되지 않는 토대를 건설하고 있다. 국제적인 수준에서 우리가 동의하는 한 가지 항목은, 정치적 민주주의의 토대이자 또 다른 종류의 농업을 건설하는 토대가 되는 토지를 민주화하는 일종의 농업개혁이 이루어져야 한다는 것이다. 이는 커다란 함의를 갖는다. 멕시코의 사파타Zapata〔멕시코 치아파스 주의 전설적인 혁명가 에밀리아노 사파타. 사파티스타 민족해방군(EZLN)은 그의 이름을 딴 것이다—옮긴이〕나 브라질의 훌리오Julio의 시도 이래로, 농업개혁의 열망은 토지는 그 위에서 일하는 사람들에게 속한다는 생각이다. 오늘날 우리는 이를 뛰어넘어야 한다. 우리가 토지 위에서 일한다면 그에 대한 재산권을 갖는다고 주장하는 것만으로는 충분치 않다. 베트남과 인도 농민들은 이에 대한 우리의 논쟁에 많은 부분을 기여했다. 이들은 농업과 자연에 대한 다른 시각을 갖고 있으며, 이에 대응하여 우리는 비아캄페시나 내에서 동조하고자 노력해왔다. 우리는 농민을 토지의 수호자로 바꾸어주는 농업적 실천을, 그리고 생태적 균형을 보장하고 토지가 사적 소유가 아님을 보장해주는 상이한 농업방식을 원한다. (*New Left Review*, 2002: 100에서 인용)

과테말라의 마야 원주민 여성지도자인 콘수엘로 카브레라 로살레스는 비아캄페시나의 몇몇 토착민 단체들은 토지에 대해, 그리고 토지 속에 포함되고 토지가 지탱할 수 있는 것들에 대해 더욱 전일적으로 접근하는 영토적 자율권 개념을 구상하고 있다고 내게 말해주었다. 토지 재분배가 정확히 수반하는 것이 무엇인가—토지가 수용당할 수 있는지, 어떤 보상이 주어질지, 누가 토지를 어떤 조건으로 사용할 것인지—라는 사안은 많은 농민단체들에게는 중요한 관심사이다. 비아캄페시나는 이상적인 토지 재분배 프로그램에 대한 중앙집중적인 비전을 제시하기보다는 회원 단체들의 지역 또는 국가단위 법제화 노력을 지원하려고 한다.

그와 동시에 비아캄페시나는 농업개혁을 '빈곤과 사회적 차이를 일소하고 공동체의 발전을 증진할 수 있는 수단'으로 보는 집단적인 입장에 도달하였다. 비아캄페시나(2000d)에게,

토지는 모두의 복지를 위해 사용되어야 할 자연의 선물이다. 토지는 금전적 수단을 가진 자가 얼마든지 취득할 수 있는 판매가능한 재화가 아니며, 그럴 수도 없다. 우리는 각국의 현실에 따라 가족당 사회적 토지소유 규

모의 극대화란 원칙을 방어한다.

농민의 토지 접근은 생존의 보장과 문화의 가치화, 공동체의 자율성, 인류와 미래세대를 위한 자연자원 보전의 새로운 비전으로 이해되어야 한다. 토지는 가정의 재산이며, 토지를 남성의 이름으로만 등록하는 일은 피해야 한다.

농업개혁은 토지분배에 더하여, 물, 종자, 신용, 교육 같은 모든 생산자원들에 대한 민주적 접근과 통제를 수반한다. 이는 또한 먹을거리를 생산하는 사람에게 공정한 가격을 보장할 수 있도록 하는 공급관리와 규제시장을 수반한다(Via Campesina, 2000d: 1-4).

나아가 식량주권은 먹을거리체계에 대한 민주적 통제와 '문화적 유산과 유전자원은 모든 인류의 것'이라는 인식과 결합될 때만 가능하다(Via Campesina, 1996b: 22). 이는 동식물을 비롯한 모든 생명체는 특허로부터 자유로워야 한다는 것을 뜻한다. 비아캄페시나(Via Campesina, 2000g: 2-4)에게, "종자는 토지, 물, 공기 다음으로 자연이 인간에게 부를 창출해주는 네 번째 자원이다". 종자는 주된 생산수단이며, 최근까지도 농민들의 손에 대부분 남아있던 것이었다.

동식물과 그 구성요소에 대한 특허는 농민과 토착공동체들이 우리가 전통적으로 사용하고 알아왔던 자원에 대한 통제력을 상실한다는 것을 뜻한다. 이는 유전자원에 대해 제한적이고 통제된 접근만이 허용된다는 것을 의미한다. 그리고 국가와 국민들에 대해 새로운 형태의 통제를 부과하게 될 것이다. 농민들의 특허물질 사용은, 종자가 기술적 패키지와 함께 구매되며 이는 농업 생태계와 가정경제의 지속가능성을 끊어놓는 것을 의미한다. 이것이 전부가 아니다. 이는 또한 다음 경작을 위해 종자를 저장하고 농민과 지역들이 서로 종자를 교환하며 자연자원 관리 관행과 연관된 지식을 발전시켜왔던 농촌의 전통을 파괴한다. (Via Campesina, 2000g: 2-4)

비아캄페시나는 농민공동체들이 생물다양성을 보전하고 증진하는 데 해온 핵심적인 역할을 인정하면서, WTO의 TRIPs가 규정하는 지적재산 개념을 거부하고, 국제적으로 인정받는 집단적인 농민권 peasants' rights에 대한 잘 정리된 제안을 옹호한다. 농민권에는 다른 무엇보다도 다음과 같은 것들이 포함된다.

- 생물다양성을 보호할 수단에 대한 권리.
- 자원 및 관련 지식에 대한 권리.
- 유전자원의 미래를 결정할 권리.
- 자원 이용·보전·관리로 인한 편익의 통제와 사용을 규정할 권리.
- 유전자원의 사용·선택·저장·자유로운 교환의 권리.

(Via Campesina, 2000g: 3)

이러한 권리들은 생물다양성에 대한 비아캄페시나의 폭넓은 비전과 잘 들어맞는다.

생물다양성은 근본적인 토대이다. 인간의 다양성을 인정하고, 우리는 서로 다르며, 모든 사람과 각각의 개인들은 생각하고 존재할 자유를 지닌다는 것을 수용한다. 이렇게 보면 생물다양성은 단순히 동식물, 흙, 물, 생태계일 뿐만이 아니라, 또한 문화이자, 생산체계이며, 인간관계이자 경제관계이며, 통치의 형태이다. 본질적으로 이는 자유다. (Via Campesina, 2000g: 3)

이처럼, 비아캄페시나의 식량주권 개념은 농민과 소작농의 이해관계와 역할을 중심에 둔다. 이 운동은 먹을거리와 관련된 지식, 연구, 기술, 과학, 생산, 무역의 목적과 조건을 규정하고 좌우하는 주체가 근본적으로 바뀌어야 함을 주장한다. 비아캄페시나는 도덕적 명령과 의무, 공정성, 사회정의, 인권, 사회적 책임 등과 같은 '아직까지 완전히 사라지지 않은' 원칙에 의거하여 농민문화와 경제를 구축할 필요성을 역설하고 있는 것이다(Via Campesina, 1996b). 비아캄페시나에 따르면 이는 바로 농촌공동체와 문화를 구축하는 것이다.

비아캄페시나가 공동체의 근원에 대해 낭만적인 개념을 갖고서 근대성을 부정함으로써, 구체적인 사회적 대안 제기를 포기하고 공동체를 물신화할 우려가 과연 있는가? 나는 그렇지 않다고 생각한다. 공동체는 성별, 계급, 민족적 구분을 따라 표출되며 서로 경합하는 주장과 이해관계라는 특징을 갖는 다양성, 차이, 갈등, 분화의 장으로 보아야 한다. 여기서, 초기 독일 공동체들에 대한 작업을 통해 '담론으로서의 공동체'라는 개념을 제시한 데이비드 워런 사뱅의 연구가 도움이 될 것이다.

공동체를 가능케 하는 것은 그것이 일련의 매개된 관계를 수반한다는 사실이다. (…) 관계를 강조함으로써, 공동체에는 부정적이고 긍정적인 요소 모두가, 그리고 공유와 갈등 모두가 포함되어 있다는 것이 확인된다. (…) 공동체는 단지 사랑뿐만 아니라 좌절과 분노가 존재하는 장이다. (…) 공동체에 공통된 것은 공유된 가치나 공통의 이해라기보다는, 공동체 성원들이 동일한 주장, 동일한 논리…… 동일한 담론에 참여하고 있다는 사실이다. 그 속에서 대안적인 전략, 오해, 갈등하는 목표와 가치들이 철저하게 검증된다. (…) 공동체를 만드는 것은 담론이다(Sabean, 1984: 28-30).

사뱅은, 문화는 '사람들 간에 일상생활 공통의 관심사에 관한 일련의 주장'이 된다고 주장한다(95쪽). 이는 비아캄페시나가 대안적 소작농 모델의 성격과 실체를 규정하기 위한 투쟁 속에서 개입하고 있는 과정을 잘 포착하고 있다. 알레그리아는 다음과 같이 설명한다.

우리 모두가 한 가지 생각만을 가질 수도 없고, 그렇게 하고자 해서도 안 된다. 우리는 너무 많고, 너무 크기 때문이다. 중요한 것은 토론하고 논쟁에 참여하고 그러한 방식 안에서 합의해나가는 것이지, 우리 스스로를 구속하는 것이 아니다. 모순이나 차이가 있는 것은 당연하다. 우리가 비아캄페시나에서 반드시 해야 할 일은, 항상 서로의 말을 경청할 능력을 갖고 있으며, 항상 각각 조직들의 생각에 대해 깊은 존경심을 갖고 행동하며, 항상 공개적이고 투명한 방식으로 논의하고 앞으로 나아가는 것을 보장하는 것이다. 비아캄페시나가 생각이나 수직적인 통일성을 강요하고자 하는 날엔, 우리들은 더 이상 대안적인 모델을 건설하는 데 진정으로 헌신하는 독특한 사회운동이 아닐 것이다.

비아캄페시나가 옹호하는 소농 모델은 전원적 전통에 흠뻑 젖은 낡은 과거로의 낭만적인 회귀에서 보이는 근대성이나 기술, 무역에 대한 거부를 수반하지 않는다. 오히려 비아캄페시나가 제시하는 대안적 모델은 문화와 사회정의가 중시되고 굶주림 없는 미래를 보장하기 위한 구체적인 메커니즘이 작동되는 것처럼 특정한 윤리와 가치에 근거해야 한다고 주장한다. 비아캄페시나의 대안 모델은 전통·지역·농민의 지식이 갖고 있는 측면들을 새롭게 포착하고, 적절한 때와 장소에서는 그러한 지식을 새로운 기술과 결합한다. 이 운동은 모든 것이 사유화되고 지역 지식이 설 자리가 없는 근대성의 전통을 거부한다. 이러한 근대성의 비전은 도전받아야 한다고 주장한다. 분명히, 비아캄페시나는 회원단체들 각각의 대안적이고 깊이 뿌리박은 전통으로부터 상이한 근대성 개념을 확립하면서, 현대 세계에서 새로운 생활양식을 탐색하는 과정 위에 존재한다.

전세계의 소작농과 농민들은 전통적인 관행의 교훈을 조심스럽게 체화하고 스스로 역사로부터 교훈을 재확인하면서, 농민들에게 혜택이 돌아가는 농촌 경관을 새롭게 만들어가고 있다. 어떤 먹을거리를 생산하고, 어떻게 생산하며, 어디서 누구를 위해 생산하는지를 집단적으로 재규정하는 것이다. 가령, 우리는 멕시코 농민단체들의 실천을 바라보기만 하면 된다. 이들은 [한편으로는] 정부가 후원하는 밀파 마야 메호

기본적 먹을거리를 재배하는 전통적 방식들

텃밭으로 번역될 수 있는 '트라스파시오'traspatio의 전통은 과일, 채소, 약초를 기르고 가축 몇 마리를 집에서 먹을 용도로 키우는 것이다. '밀파' milpa는 적당한 번역어를 찾기 어렵지만, 옥수수, 콩, 호박의 혼작을 토대로 하는 전통적인 중미 토착민들의 소농 농업을 가리킨다. 밀파 메호라다 milpa mejorada(개량된 밀파)라는 개념은 분명 오랜 역사를 갖고 있지만, 여기서 나는 특히 마야 농민들이 멕시코의 킨타나 루 지역에서 사용한 생산체계를 지칭하려 한다. 이처럼 우리는 '밀파 마야 메호라다'라는 혼작과 산림농업 방식을 사용한다. 25%에 해당하는 작은 땅은 먹을거리를 재배하는 데 쓰고 나머지 75%는 나무를 심는 것이다(UNORCA, 2000a).

라다─개량종자와 몇 가지 화학물질의 사용을 필요로 한다─와 연결되어 있는 '트라스파시오'라는 농민 전통을 통해 먹을거리의 자급을 보장하기 위해 노력하고 있으며, 다른 한편으로는 캐나다 및 유럽 농민조직들과 농민간 직거래 무역망을 확립하고자 노력하고 있다.

비아캄페시나는 남반구와 북반구에서 공통의 목적을 중심으로 만들어졌다. 신자유주의적 농촌 발전모델을 명백히 거부하고, 농업정책 개발에서 배제된 데에 대해 분명하게 반대를 표명하며, 힘을 합쳐 농민의 목소리에 힘을 싣기 위한 굳은 결의를 보이는 것이다. '다양성 속에서 단결을 구축'하는 전략과 식량주권 개념을 통해, 전세계 농민조직들은 힘을 합쳐 농촌공동체의 복리를 보장하기 위해 힘쓰고 있다. 이를 위해 특히 가족 단위 소농들에 토대를 두는 대안적인 농촌 발전모델을 확립하는 것이 가장 큰 관건이다.

02

근대화와 세계화: 농업의 엔클로저

세계화는 확실히 우리의 삶과 우리의 국부國富에 영향을 미치고 있다. 세계화는 농촌을 향한 지구적 수준의 공격이다. '효율적' 농촌 즉, 근대화된 농촌이라는 논리를 갖추지 못한 소규모 생산자와 농민 가족들에 대한 지구적 공격이다. 또한 세계화는 자원 관리, 생물 다양성 등의 이슈에 있어 소작농이나 소규모 생산자들의 비전과 대립하는 지구적 수준의 진보라고 설명된다. … 이러한 세계화의 과정 안에서 우리 모두가 마주하는 적들은 동일하다. 이 모든 적들의 이름의 마지막에는 큰 회사들, 즉 다국적기업들이 포함된다. 따라서 처한 상황들은 다르더라도 우리 모두는 대규모 다국적기업들의 이윤을 보장하려는 부유한 국가의 정부들이 추진하는 지구적 경향성에 동일하게 직면하고 있다.

알베르토 고메즈 플로레스, 2000, UNORCA 상임코디네이터

비아캄페시나는 토지와 종자에 대한 통제력을 유지해왔던 전세계 농민들과 소작농들의 능력이 침해당할 수밖에 없었던 특수한 경제적, 정치적, 사회적 맥락에서 등장했다. 이 조직은 지역의 지식을 하찮게 만들고 농촌문화를 퇴락시키면서 농촌의 경관을 바꾸어 놓는 특수한 농촌개발 모델이 지배하던 시기에 등장했다. 이 새로운 현상의 중요한 의의는 근대적인 농산업모델의 세계화에 균열을 낸 것이며, 다른 한편 그 와중에 만연한 혼란으로 가장 많이 피해를 입은 사람들을 위한 대안적 발전 접근법을 탐색하는 것이다.

1974년 초 각국 정부의 수장들과 농업관련 각료들이 유엔의 세계식량회의World Food Conference에 참석하기 위해 로마에 모였다. 당시 세계의 곡물가격은 치솟고 있었으며 일부 학자들의 임박한 식량부족에 대한 우려는 점점 증가하고 있었다. 1974년 회의의 최우선 안건은 빈곤과 영양부족으로부터의 해방이었고, 이 회의에서는 향후 10년 안에 '굶주린 채 잠자리에 드는 아동과 다음날의 끼니를 구하지 못할까 두려워하는 가족이 더 이상 없을 것'(FAO, 1974)이란 선언이 채택되었다. 이 목표에 도달하기 위해 각국 정부는 몇 가지 전략에 동의했는데, 여기에는 집약적 녹색혁명을 통한 생산성 증대, 농촌 인프라 구조에 대한 투자를 통한 농촌 발전 지원, 형평성 있는 토지임대료·신용·시장 시스템의 창출, 무역 장벽의 철폐와 무역의 자유화 등이 포함된다.

20여 년이 지난 1996년 11월, 각국 정부 대표단들은 세계식량정상회의를 위해 로마에 다시 모였다. 이 회의의 안건은 식량안보의 높아진 수준을 어떻게 다룰 것인가에 집중되었다. 흥미롭게도 이 회의에서 옹호된 전략들 중 일부는 20여 년 전에 언급된 것과 놀랄 만큼 유사했다. 세계식량정상회의는 '새로운 녹색혁명'을 통해 생산성 증대의 필요성을 다시 한번 언급했는데, 이번에는 농업생명기술, 특히 유전자기술의 훨씬 광범위한 사용을 포함하고 있었다. 또한 '식량안보 달성을 위한 주요 요소들'(FAO, 1996)로 보다 형평성있는 자원에 대한 접근권과 분배 그리고 더 많은 자유화와 무역 증대가 옹호되었다. 세계식량정상회의의 공식 문서들은 지구무역 증대와 농업생명기술의 진보를 위한 지원이라는 목표하에 WTO와 TRIPs와 같은 기존의 구조와 메커니즘을 분명하게 강조하고 있지만, 그 문서 어디에서도 자원의 형평성 있는 분배를 위한 메커니즘을 적시하지는 않았다.

2002년 6월 각국 정상들은 세계의 식량안보를 위한 세계식량정상회의의 「로마 선언」과 「행동계획」에서 수립된 목표들에 대해 얼마만큼의 진보가 있었는지 평가하기 위한 '세계식량정상회의: 5년 후'WFS: fyl를 위해 로마로 다시 소집되었다. 전세계적인 기아와 빈곤을 해결하기 위한 진전은 거의 없었다. 2001년 발표된 FAO의 자료에 따르면, 약 8억 1,500만 명 이상의 사람들이 영양실조 상태에 있으며, "대부분의 개발도상국가들에서 기아로 고통 받는 이들의 수는 심지어 지난 10년과 비교해도 증가하였다". '세계식량정상회의: 5년 후'를 앞둔 몇 달 동안, FAO의 사무총장 자크 디오프는 절망스러운 목소리로 "굶주림이라는 '스캔들'과 '비극'은 더 이상 감내할 수 있는 수준이 있지 않다"고 선언하며 정치적 행동으로 전환될 것을 호소하였다(FAO, 2001a, 2001b). 하지만 '세계식량정상회의: 5년 후'는 5년 전 결정의 기본적인 근거와 전제들에 대해 의문을 제기하지도, 이를 수정하지도 않았다. 이 회의는 불평등한 농촌사회 구조에 대해서는 강조하지 않은 채 생산을 강화하고 무역을 증대시키겠다는 약속만을 되풀이했다.

1974년의 제1차 세계식량회의와 2002년의 '세계식량정상회의: 5년 후' 사이에 수많은 변화가 있었다. 아마도 28년의 동안에 우리가 식량을 '가치화하는' 방식에서 중대한 전환이 벌어진 것이 가장 중요할 것이다(Goodman and Watts, 1997). 1974년 식량은 기본 인권으로 간주되었고 정부들은 10년 안에 기아 근절을 약속했었다. 1996년에 세계식량정상회의는 기아를 절반으로 '줄이자'는 선택으로 옮겨갔으며, 세계 최강대국 중 하나인 미국은 식량은 권리라는 개념에 동의하기를 거부하였다. 미국은, 식량은 기본 인권 중 하나이며 국민국가는 그것을 보장할 의무가 있다고 보는 대신 적절한 식량은 '목표'이거나 '열망'이라 주장하였고, 식량 분야에서 국제적 의무를 개선하기 위한 노력을 무시하였다. 미국의 입장은 아마도 자유무역협정이 식량에 대한 개인과 공동체의 접근을 침해한다는 것을 인정할 경우에 닥칠 수 있는 경제적 보복에 대한 공포에서 유래하는 듯하다. 실제로 2002년 세계식량회의에서 결정은, 식량권을 위해 세계가 기여할 수 있도록 각국 정부는 적정 식량에 '접근'할 수 있는 권리의 실현을 위해 일련의 '자발적 가이드라인'을 개발한다는 행동강령 채택의 수준으로 격하되었다. 「세계식량정상회의: 5년 후의 선언」은 자발적 가이드라인이 국제적인 것을 의미하지 않는다는 것을 명시하는 데까지 나아갔다. 가이드라인은 결국 국가의 식량안보 이슈로 제한되었다(FAO, 2002, 10조).

농업의 근대화

서구 세계에서, 농업의 근대화는 우리가 식량과 농업에 가치를 부여하는 방식을 근본적으로 바꾸어 놓았다. 20세의 전환기에 대부분의 생산과 소비는 밀접하게 연계되어 있었으며, 농민들은 필요한 투입물들을 농장 내 자원들로 충당하였다. 농민들은 생산의 모든 단계를 실질적으로 통제하였다. 농민이 시장에 개입하는 것은 대체로 지역 시장에 자신들의 생산물을 판매하러 가져가는 선에서 제한되었다. 하지만 근대의 산업적 식품시스템은 생산을 소비로부터 탈각시켰고, 새로운 행위자들이 개입하여 생산의 다른 단계들에 대한 통제권을 획득하는 것을 허용하였다.

이러한 조건을 이해하는 가장 좋은 방법은 농업식량 시스템을 하나의 긴 수평적 사슬─해가 갈수록 길이가 길어져왔다─로 상상하는 것이다. 농업의 근대화 혹은 산업화 과정에서 생산은 점점 더 소비로부터 멀어졌으며 농산업 기업들이 생산의 다양한 단계에 침투하였다. 새롭게 농장 밖 단계들과 생산 단계 — 예컨대 투입물의 조달, 식품 가공, 운송, 마케팅 — 가 창출되고 계속해서 확대되었다(Boyd and Watts, 1997).

서구에서 농업의 근대화의 이면에 놓인 주된 동력은 민간 기업들인데, 이들은 전유와 대체의 프로젝트를 수반하는 기술 혁신들을 통해 '자연'을 통제하고 개조하기 위해 — 종종 이 과정은 정부가 후원하는 과학 연구와 개발을 통해 이루어진다 — 합심하여 노력해왔다(Goodman and Redclift, 1991: 87-132). 데이비드 굿맨은 전유appropriation란 '분산된 활동들을 농산업의 자본축적 영역으로 변형시키고 농업 투입물의 형태로 그것을 농업으로 재결합시키는 것'(Goodman, 1991: 40)이라 설명한다. 예를 들면, 트랙터가 농장의 축력을 대신하고, 합성비료가 거름을 대신하고, 육종된 종자가 농부의 종자를 대신하는 것 등이 전유의 형태라 할 수 있다. 대체substitution는 "농업생산물들이 산업 투입으로 환원되고 이어서 조작되거나 합성된 비농업 요소들이 농제조업에 의해 대체되는"(Whatmore, 1995: 42) 과정이다. 예를 들어 설명하자면, 마가린이 버터를 대체하고, 고과당옥수수시럽이 사탕수수를 대체하는 것을 들 수 있겠다.

산업적 농업모델의 발전은 산업화된 생산을 지지할 수 있는 값싼 식량정책으로 개조하려는 정부의 이해관계와 잘 들어맞는다. 이러한 과정에서 농민들은 스스로 농산업 기업들에 의존하게 되기 때문에 농민의 자율성은 (완파되지는 않더라도) 침해당한다. 고수확변종 종자를 개발해 온 역사는 이러한 전환의 좋은 사례를 제공한다. 1950년대 수행된 연구들은 분명하게 자연수분과 반복선택을 통해 수세기 동안 해왔던 농민의 수확방법과 대조되는 실험실에서 이뤄지는 행동들을 보여준다(Marglin,

1996). 종자회사들은 과거의 농민들의 방법 대신 각종 투입물, 기계화, 관개시설을 포괄하는 전일적인 기술적 패키지와 결합된 과학적으로 생산된 고수확변종종자를 개발함으로써 생산 과정에 직접 개입해왔다. 이러한 일련의 과정은 농산업 기업들이 농민들의 손에서 종자를 효율적으로 탈취하여 산업 자본의 축적을 부양하는 일종의 쿠데타로 설명될 수 있다.

두 명의 경제학자 더글라스 알렌과 딘 루엑(Allen and Lueck, 1998)은 농산업 기업들과 투자자들이 농업에서 '자연을 제거하거나' 최소한 그것을 더 잘 통제하는 데 성공했던 영역에서 가장 큰 이윤을 얻는 데 성공하였고 주장한다. 예를 들어, 가축의 질병통제, 영양, 육종 분야에서의 과학의 발전은 집단사육 기술과 돼지와 닭을 키우는 공장식 축사의 건설로 이어졌다. 이는 또한 농민을 생산 계약으로 묶어두고, 식량 사슬 내에 새롭고 다양한 사업 주체들의 진입을 도왔으며, 다양한 식품 영역에서 농기업의 독점을 심화시켰다. 1990년대 미국의 농무부는 미국 가금류 농장의 89%가 생산계약에 묶여 있으며, 가금류의 생산 총가치의 86% 역시 유사하게 생산계약하에 놓여 있다고 보고하였다(USDA, 1998: 61). 2002년까지 육계(broiler 구이용으로 키워지는 영계 — 옮긴이) 생산의 거의 98%가 계약생산의 몫으로 추정되었었다. 더 나아가 미국의 양계산업은 상위 4대 기업이 전체 닭의 56%를 생산할 정도로 고도로 집중화되어있다(Hendrickson and Heffernan, 2005). 이러한 조건하에서, 농민들은 생산 결정에 대해 거의 말할 것이 없기 때문에 자율성을 완전히 상실하였다. 하지만 농민들은 지속적으로 위험에 대한 불균형적인 몫을 감당해야만 했다.

예일대학교 농학프로그램의 관리자인 제임스 스캇(Scott, 1998)은 농업의 변화는 종종 '고도 근대주의'high modernism라는 이데올로기에 의해 크게 추동되었다고 말한다. 그가 꼽는 고도 근대주의의 특징은 과학과 기술에 관한 '근육이 된' 신념을 가지고 있으며, 선형적인 진보의 과정에서 열정적인 자기만족을 드러낸다. 고도 근대주의는 미래지향적이며, 전통과 과거로부터의 근본적인 단절을 요구한다. 그것은 생산의 확장과 집약화 그리고 자연에 대한 더 많은 통제의 행사에 집중한다. 스캇은 이러한 경로—그것을 고도 근대주의 농업이나 고기술 농업, 또는 고도투입 농업이라 부르든 관계없이—는 지역 농민의 메티스mētis에 대한 과학지식의 에피스테메episteme의 점유에 관한 이야기라고 주장한다.

에피스테메라는 개념은 르네 데카르트(1595-1650)로까지 거슬러올라가는데, 그는 불확실성과 의심을 무질서와 동일시했다. 에피스테메는 지적인, 비인격적인, 분석적, 절합적, 이론적인 과학 기반 지식 시스템을 적용함으로써 이성적 질서에 도달하기 위해 노력한다. 그것은 추상, 논리적 감환, 증명, 단순화, 표준화, 응집, 체계화를 동반한다. 에피스테메는 객관성과 보편성을 주장한다. 메티스는 실질적이며 지역적 지식과 관련된다. 그것은 실천적 경험과 지역 환경에 대한 친숙한 이해를 통해 도달 가능한 단순하고 있는 그대로의 '수완' savoire faire 혹은 상식이다. 메티스는 다양성과 다원성에 근거하며 보편성을 주장할 필요가 없다. 자연과 환경은 개념 그대로 지역적이고 복잡한 것에 비해, 농업에서 에피스테메를 보편화하려는 것은 자연을 체계적으로 길들이고 메티스를 타락시키거나 혹은 억압할 것을 요구한다. 에피스테메는 또한 지식이라는 유일한 정당한 형식으로 간주될 수 있는 것의 우위성을 주장한다. 과학적 수단에 의해 설명 혹은 증명될 수 없는 것들은 '미신', '전통', '후진적' 혹은 '원시적'인 것으로 여겨져서 폐기된다(Scott, 1998: 262-306).

고도 근대주의 농업은 지식을 정의하고 보급하는 책임을 과학연구소들에게 부여한다. 이런 구도에서, 농민들은 더 이상 지식의 생산자로 간주되지 못한다. 무경운·유기농 영농에서 지식 체계의 역할에 대한 비교연구를 수행한 마리 베키(Beckie, 2000: 35)는 관행농에서 '농민은 전문가 지식의 수혜자이며' 따라서 영농 행위는 '과학기술의 혁신을 통해 개조되고 개선될 수 있는 기술적 생산 실험'이 되었다. 수년간 학계와 농업 조직들의 연계를 담당해온 로버트 스터링(Stirling, 1999:10)은 고투입 농업은 산업 투입물에 대한 의존도를 높여 농민들을 생산자가 아닌 '소비자'로 만들었으며, "농민들이 택할 수 있는 영농 행위의 범위는 다국적 농산업이나 국가가 그들에게 제공한 투입 선택권과 상품시장에 둘러싸여 있다"고 주장한다.

『파머스인디펜던트위클리』*Farmers' Independent Weekly*의 기자인 라우라 랜스(Rance, 20002: 9)는 농민들의 지식 상실을 집중 조명한 마니토바의 농촌에 관한 기사를 썼다. "농민들의 집합적 의식에서 그들이 하던 일에 어떤 일이 있어났는지에 관한 이해가 완전히 사라졌다. — 빵틀에서 찍어낸 듯한 영농 시스템과 원스톱 쇼핑 해결책들이 그 자리를 차지했다." 랜스는 한 곡물영양 상담사를 인터뷰하면서 한때 다양한 문화적 관리 행위들을 활용했던 토지관리 지식들이 캐나다의 평야에서 거의 전부 사라졌음을 알게 되었다. 상담사는 다음과 같이 말했다. "'시스템에 기반한' 접근법은 농장에 기반한 해결책들을 스스로 깨닫는 과정을 적극적으로 가로막았다. 생각하는 사람들에 대한 부정적 태도가 있었던 듯하다."

농업의 근대화는 산업화, 기계화, 단작, 집약적 자본투입, 전문화를 수반한다. 기업 이윤이란 이해관계 안에서 농민들의 작물은 들판에서 사라졌다. 들판은 해체되고 식품제조업자들에 의해 재구성되었다. 식료품가게의 선반에는 '○○○ 등이 함유되어 있을 수 있음'이라는 밝은 색 라벨을 부착한 압축진공 포장된 식품들이 나타났다. 이러한 근대적 농업 안에서, 자연은 기계에 적합하도록 개조되었고, 소위 '과학적' 지식들이 농민들의 현장 지식과 지역적 행위들을 대체하였다. 기업의 이해관계가 농업을 더 많이 관통하고 그것에 집중된다는 것은 농민들이 점차 산업적 투입물에 의존하게 되고 가족농은 자연에 가까운 생산 단계만을 책임지게 된다는 것이며, 그에 따라 농부들의 자율성 다시 말해, 생산을 결정하는 능력은 파괴된다는 것을 의미한다.

농업 근대화의 가장 가시적인 결과 중 하나는 농업인구의 급감과 더불어 기본 생산 즉, 농업 중에서 '농장에서' 수행되는 작업의 역할이 실질적으로 감소하게 된 것이다. 예컨대 1920년대 미국에는 650만 개의 농장이 있었지만, 2002년에 213만 개로 줄었다(USDA, 1998). 현재 미국에는 농민보다 감옥에 갇힌 죄수들이 더 많은 지경이다. 1940년대 초반 캐나다에는 731,000개 가족농이 있었지만, 1966에는 단지 430,522만 남았다. 1996년에서 2001년 사이 캐나다 농가의 수는 또 다시 276,548개에서 246,923개로 줄어들었다(Statistics Canada, 2001).

고도 근대주의 농업의 세계화

이 같은 근대적 농업모델은 세계의 빈곤제거를 목표로 한 '발전'이라는 외피를 쓰고 전세계로 수출되었다. 많은 비평가들은 현재 주류가 빈곤을 이해하는 방식은 '저발전'underdevelopment이라는 개념에 뿌리를 두고 있으며, 이 용어는 1949년 1월 20일 해리 트루먼대통령의 취임사에서 네 번째로 강조되었다. 트루먼은 세계가 일정 수준의 풍요와 성장을 특징으로 하는 '발전된' 국가들과 적절한 생활수준에 아직 도달하지 못했기 때문에 '후진적'이며 '가난한 저발전된' 국가들과 사람들로 양극화되어 있다고 규정했다(Rist, 1997: 76). 그러한 관점은 빈곤을 특수한 경제적 이해를 추구하는 세력들에 의해 규정된 고도로 왜곡된 권력관계에 내재된 역사적 역학관계의 결과로 설명하는 대신, '부재'not having의 함수, 다시 말해 충분한 수입, 소비, 생산이 부족한 것으로 단순화시켰다. 빈곤에 대한 이러한 단선적인 관점에 따르면 가능한 해법은 오직 하나만 존재한다. 빈곤은 서구의 과학과 기술의 이전 그리고 서구 소비재에 대한 욕구의 창출을 통한 생산, 소비, 경제성장에 의해서만 해결될 수 있다. 또한 경제성장은 국민총생산GNP으로 양화되어야 한다. 다시 말해, 발전을 통해 시장에 더욱 통합됨으로써 남반구는 북반구를 '따라잡아야' 한다. 게다가 저발전되거나 가난한 사람들은 스스로 자신들의 이해관계, 필요, 해결책을 규정할 능력이 없기 때문에, 사회경제적 진보는 발전 '전문가'들이 개입할 때, 가장 잘 달성될 수 있다고 전제되었다 (이 전제는 현재도 유지되고 있다). 여기서 전문가들은 필요한 경험과 지식을 가진 사람이며 따라서 지역 주민들의 요구를 규정하도록 잘 준비된 사람들이다.

시장의 창출, 통합, 확장을 통해 (물질적, 경제적 진보로 간주되는) 따라잡기의 목표는 식민지 경제 정책들을 정당화하는 데 활용되었고 근대화라는 역사적 과정의 핵심을 차지했다. 보다 최근에 동일한 목표가 신자유주의화와 세계화의 확대를 위한 주장에서도 재활용되고 있다(Rist, 1997: 25). 지난 50여 년 동안 농촌발전 전략에서 약간의 변화가 있었지만, 근대화의 근본적인 목표는 변함없이 유지되었다. 다시 말해 농촌발전은 기술 개선, 생산성과 생산의 증대와 그에 따른 농민들의 소득 증대, 그리고 구매력의 증가를 목적으로 한 프로그램을 통해 발전의 혜택을 확장시킴으로써 농촌의 빈곤을 줄이려는 노력들로 구성되어왔다(Barraclough, Ghimire, and Meliczek, 1997: 10). 빈곤을 이렇게 정의하게 되면 (주로 농촌의) '가난한' 경제주체들이 더 많이 생산하고 소비하게 만드는 데 관심을 가진 발전정책은 두 가지 아이디어와 자연스럽게 연결된다. 농촌에서 도시와 산업계로 잉여 인구를 이전시키는 것, 그리고 농업의 근대화가 그것이다.

유럽의 번영의 뿌리를 추적한 베스트셀러에도 바로 이러한 생각이 반영되어 있다. 윌리암 번스타인(Bernstein, 2004: 21)은 다음과 같이 경고한다. "농촌 생활을 낭만화하는 사람들은 근대 세계에서 농업에 종사하는 인구 비율이 곧 빈곤의 강력한 지표라는 점을 마음 속 깊이 새겨야만 한다." 또한 번스타인은 한 나라 인구의 대다수가 농업에 종사할 때 그리고 그 나라가 농업생산물의 상당수를 수출하지 않을 때, 그 사회는 세계에서 가장 가난한 나라 중 하나인 부르키나파소에 해당하는 생계 경제의 삶을 유지하고 있는 것이라 주장했다.

일부 학자들은 발전이란 정치, 경제, 문화적 지배하의 하나의 실험으로 이해하는 것이 옳다고 주장하기도 하는데, 여기서 지역의 지식, 문화, 사회 시스템은 전적으로 저평가된다(Apffel-Marglin and Marglin, 1990, 1996). 이미 40여 년 전에 사디는 발전의 필요조건을 다음과 같이 설명하였다.

> 저개발국의 사람들이 자신들의 관습과 습속을 유지하면서 동시에 스스로 경제발전을 이루는 것은 양립할 수 없다. 전자와의 결별이 경제적 진보를 위한 필요조건이다. 사회, 문화, 종교 제도들과 습관들 전체에서의 혁명이자 그들의 심리적 태도, 철학, 삶의 방식에서의 혁명이 필요하다. 그에 따른 현실에서의 사회 혼란은 필연적이다. 어느 순간 더 많이 가지고 싶은 마음에 불행과 불만족이 느껴질 때 비로소 발전이 나타난다. 그 과정에서 발생할 수 있는 고통과 혼란은 불쾌할 수 있겠지만, 그것은 경제발전을 위해 지불되어야 하는 비용이다. 경제발전의 조건인 것이다. (Berhoud, 1992: 72-73에서 재인용)

농업의 근대화는 발전의 필요조건인 '고통과 혼란'을 만들어내는 주요 도구였다. 농업의 근대화는 다른 문화에—뿐만 아니라 서구 스스로에게도—서구식 농업모델을 이식하는 것으로 이해되는 것이 가장 적절할 만큼 매우 정치적이었다.

구조적 발전의 위험들

종종 인플레이션 통제를 목적으로 한 경제 안정화를 동반하는 구조조정 프로그램은 다음의 정책 수단을 통해 정부가 자국의 경제를 재구조화 하도록 강요하였다. 1) 정부 규모의 축소와 경제, 정부 경제 정책에 대한 상당한 제한, 국영기업의 사유화, 보건, 교육, 기타 사회 프로그램에 대한 정부 지출의 삭감을 통해 공공 부문 개혁하기 2) 수출용 생산 증대, 무역자유화, 외국 투자 유치를 통해 외부지향적 경제 만들기 3) 금융, 노동, 환경 규제와 같은 주요 측면들의 탈규제화. 산업화된 국가들 역시 경제 재구조화를 통해 동일한 과정들을 경험하였다.

구조조정프로그램은 (대부분의 경우에) 인플레이션을 통제하는 데는 성공하였지만, 다수의 연구들은 많은 국가에서 이 프로그램들이 빈곤의 확대, 실업율의 증가, 비공식 경제의 현상적 증가에도 기여했음을 보여준다(Mohan et al., 2000). 보통 사람들, 특히 농촌에서 생활하는 인구처럼 주변화 된 사람들에게 이러한 변화가 파괴적이었음이 증명되었다.

락쉬만 야파가 말하였듯이, 농업의 근대화는 '식량, 기술, 자연, 문화, 사회를 바라보는 특별한 방식'(Yapa, 1996: 69)을 드러내는데, 여기서 농업은 거의 전적으로 이윤을 위해 생산을 증대하는 것에만 관심을 갖는다. 이러한 세계관은 녹색혁명이라는 가장 분명한 형태로 다른 문화권에 수출되었으며 수십 년 동안 미국의 핵심 외교정책이었다. 세계 전역에서 녹색혁명은 소작농 공동체의 '후진적'이며 '원시적인' 영농 행위에 대한 근대적이며 과학적인 해결책으로 제안되었다(Yapa, 1996: 80). 이 혁명이라 불리던 정책은 본질적으로 고수확종자군과 화학비료, 제초제, 살충제와 같은 산업적 투입물, 관개, 기계화, 단작을 포함하는 기술 패키지였다. 이 모든 것은 생산과 소비를 동시에 증대시키기 위해 설계되었다.

사실 농업의 근대화는 자급자족했던 농민의 자율성을 약화시키는 '자급에 대한 전쟁'이었다(Robert, 1992: 185). 그것은 지역문화와 지식에 기초한 전통적인 영농 행위를 전적으로 폄하하였다. 그리고 그것은 농민들을 서구 기술과 지식 양자 모두에 보다 의존적으로 만들고 산업적 투입물과 상품들을 수입하게 함으로써 농민들이 생계형 농업에서 상업적 농업으로 전환하도록 '도왔다'(Marglin, 1996: 234).

구조조정과 새로운 농업 무역 규제는 산업 농업의 확산을 부추겼다. 1980년대 내내 전례 없는 채무 위기에 직면한 북반구와 남반구의 정부들은 경제성장과 더 많은 외환을 확보하기 위해 구조조정프로그램 SAPs을 단행하였다. 구조조정프로그램은 이들 국가들이 자신의 채무를 변제하도록 해주었다. 하지만 본질적으로 이 프로그램의 기초가 된 것은 IMF와 세계은행이 계획한 내핍 프로그램austerity program이었으며, 이 프로그램의 중심에는 근대화, 자본화, 탈규제, 자유화와 같은 신자유주의적 원칙들이 자리하고 있었다.

농업부문에서의 구조조정프로그램과 재구조화는 내수용 생산을 희생해서라도 수출작물의 다각화와 비전통적 농업 수출을 위한 생산을 강조했다. 또 다른 주요 변화는 외국 투자자에게 유리한 환경을 만드는 것이다. 여기에는 또한 국내 농산물시장과 농민들 생활을 지원하고 강화하도록 설계된 (보조금이나 가격 통제와 같은) 정부 주도 프로그램과 메커니즘과 같은 지원 인프라 구조의 체계적인 해체가 포함된다. 이것은 아마도 농업 구조조정의 가장 치명적인 측면일 수도 있다. 구조조정 프로그램의 가장 분명한 결과 중 하나는 채무국들의 경제를 지구적 수준의 치열한 경쟁 경제에 통합시킨 것이다.

제2차 세계대전 이후 세계은행의 지원과 더불어 IMF, GATT와 세계의 각국 정부들은 '발전'을 위해 시장 이데올로기를 추구하였다. 하지만 구조조정프로그램을 포함한 다수의 지역간 무역협정과 더불어 1994년 GATT의 우루과이라운드에 서명한 것은 국가를 시장의 힘의 손아귀에 자리하도록 준비시키기는 조건에서 가장 중요한 전환을 상징한다.[1]

우루과이라운드 이전까지 각국정부들은 농업과 식품의 자유화에는 거의 관심을 표명하지 않았기 때문에, GATT 규정은 대부분 공산품과 산업용 생산재에만 적용되었다. 농업분야의 보호주의는 강력했고, 정부는 농지 개혁, 공급 관리, 주문제 마케팅 시스템과 같은 국가 프로그램들과 정부 주도 기관들을 자랑스럽게 지키고 있었다. 이러한 제도들은 수년간의 투쟁을 통해 농민조직들이 얻은 성과이기도 했다. 녹색혁명 기술들과 같은 농업발전 정책들은 기본적으로 국가의 농업부문을 강화하고, 생산을 증대시키며, 국가의 식량 자급을 보장하기 위해 설계되었다. 따라서 농업분야는 GATT에서 중요한 예외 규정—11조와 16조에 드러난다—을 통해 특별한 취급을 받았고 국가들은 보조금, 수입

쿼터, 관세 등을 조합한 정책을 통해 자국의 농업부문을 지원하고 보호할 수 있었다.

1980년대 말이 되자 유럽과 미국은 증대된 생산, 비축분의 증가, 시장 확대를 하려는 기업의 이해관계로 인해 다수의 다른 국가들과의 무역 관계에서 점점 더 수출에 의존하게 되었다. 결과적으로 1986년 우루과이라운드가 개시되자, 유럽연합EU과 미국과 새롭게 구성된 캐언즈 그룹Cairns Group[2] (농업분야에서 공정한 자유무역fair and free trade을 추구하는 주요 농업수출국들의 모임. 제대로 된 자유화가 경제성장에 필수적이라 믿는다 — 옮긴이)들은 농업 무역의 자유화를 소리 높여 외치게 되었다. 미국과 EU의 농업 무역에 대한 입장의 주요한 차이로 인해 수년 동안 대화는 효과적으로 진행되지 못해왔다. 하지만 1992년 11월 EU와 미국은 블레어하우스협정 Blair House Accord(블레어하우스는 백악관 인근에 있는 미 대통령의 영빈관이다. 블레어하우스협정의 최대 산물은 우루과이라운드 농산물협정 초안의 보조금 감축 등에 대한 수정에 합의한 것이다 — 옮긴이)에 서명함으로써 상호 간의 차이를 해소하였으며 곧 농업협정이 빠르게 진행되는 계기가 되었다.

1994년 4월 GATT의 마라케쉬 회의의 결정은 인류의 일상생활에 근원적인 영향을 미쳤다. 8년간을 끌어왔던 우루과이라운드가 실질적으로 종료되면서, 각국 정부의 수장들은 GATT 최종법안에 서명하였고 초국가적인 독립 법인격으로 세계무역기구WTO의 창설에 합의하였다. 1995년 1월 1일 출범한 WTO는 농업과 서비스로부터 지적재산권과 유전자원까지를 포괄하는 22개 합의사항에 대한 이행을 책임지게 되었다. 마라케쉬 결정은 보다 통제된 경제를 벗어나 거의 배타적으로 시장 주도적인 경제로의 확연한 전환의 신호가 되었다. WTO의 창설과 더불어, 세계의 지도자들은 시장 자유화라는 세계화의 의무 이행에 착수하였다.

WTO의 농업협정의 세 기둥은 시장접근성, 수출 경쟁, 정부 지원의 삭감이다. 이 협정의 목표들은 다음의 세 가지이다. 1) 관세 축소와 내수용 식품수입에 의무 비중을 부여함으로써 시장접근성을 높인다. 2) 수출 보조금 삭감을 통해 시장접근성을 높인다. 3) 직간접 정부 보조를 삭감한다.

구조조정 프로그램, 지역간 무역협정, 나아가 WTO에 농업이 포함된다는 것은 분명히 농업과 식품을 여타의 산업들과 다르지 않은 방식으로 취급하겠다는 것을 의미한다. 데이비드 굿맨과 마이클 와츠(Goodman and Watts, 1997: 1)는 다음을 강조한다.

> (1990년대는) 전례 없는 농업의 탈규제(원조에서 무역으로의 전환), 전문가 지향적인 신자유주의 발전전략의 헤게모니(소위 '신현실주의' new realism의 이름으로), 세계 농식품 경제의 세계화— 이 용어는 로마정상회담Rome summit〔12차 나토 정상회담으로, 1991년 11월 세계적 지도자들이 로마에 모인 것을 말한다—옮긴이〕때까지 사용된 적이 없던 신조어였다—가 빠른 속도로 시작되고 있음을 인식하게 된 순간이었다.

동유럽의 사회주의 진영의 붕괴 역시 공공정책 이슈를 위해 배타적으로 시장 해결책을 추구하려는 움직임을 촉발시켰다. 이 사건은 '새로운 세계 질서'를 도입시켰으며, 규제 없는 자본주의의 확장을 위한 수문을 개방하였고, 오직 자유 민주주의만이 번영을 누릴 수 있으리라는 기대가 확산되는 조건을 만들었다. 프랑스 학자 제럴드 버트하우드(Berthoud, 1992: 73)의 말을 들어보자면, 신자유주의는 정부가 더 이상 규제자나 후원자가 될 수 없는 시간으로의 전환이다. 대신 '점점 더 발전을 추구할 수 있는 유일한 수단으로 시장이 스스로 부각되는' 시간이다.

농업과 생명기술

> 우리는 이제 막 시작했고 내 생각에 우리의 미래는 매우 성공적일 것이다. (…) 농부가 되기에 가장 좋은 때가 시작되었다. (…) 정말이지 그러하다!
>
> — 프레드 퍼랙 박사, 몬산토의 면화 프로젝트 책임자[3]

유전공학과 생명공학의 진보는 오늘날 농업에 대해 매우 중요한 영향력을 행사하고 있다. 이러한 기술들을 통해 기업은 식량 시스템에서 더 많은 통제력과 이윤을 얻는 최고의 기회가 되었다. 르원틴(Lewondtin, 1998: 79)은 생명기술을 통해 농업생산에 대한 더 많은 통제권을 획득하는 데 성공하기를 원하는 기업은 다음의 세 가지 조건을 충족시켜야 한다고 주장하였다. 1) 연구와 개발은 비용효율적일 것. 2) 개발행위는 정치적·사회적으로 수용가능할 것(아마도 가장 중요할 듯하다). 3) "생명기술의 생산품에 대한 소유권과 통제권을 농부의 손으로 넘기지 말고 투입물을 상업적으로 공급할 사람들에게 남겨두어야 한다."(강조는 원저자) 다국적기업들은 이러한 조건을 맞추기 위해 분투하고 있으며, WTO의 '무역관련 지적재산권에 관한 협정' TRIPs을 통해 유전자조작 종자에 대한 소유권을 둘러싼 투쟁은 분명한 그 증거이다.

"씨앗을 지배하는 사람이 농부를 지배한다"는 옛 격언이 말하듯, 종자는 농업에서 기본적인 생산수단이다. 1990년대 이래로 화학, 식물 생명기술, 종자회사들 간에 이루어진 전반적인 일련의 인수합병은 결코 놀라운 일이 아니다. 유엔무역개발회의 UNCTAD가 준비한 한 연구는 농화학 산업 분야에서 벌어진 전례 없는 합병과 통합을 보여준다. 세 개의 회사(바이엘 Bayer, 신젠타 Syngenta, 바스프 BASF)가 세계 시장의 거의 절반을 점유하고 있다. 2004~2005년 종자 산업은 세계에서 가장 큰 생물기술과 농약 회사들(몬산토, 듀폰, 신젠타)이 종자회사 사냥 경쟁을 펼치면서 또 다른 약탈의 시기를 경험하였다. 극히 소수의 복합기업인 몬산토, 듀폰, 신젠타, 다우, 바이엘 등이 농업 특허권의 거의 대다수를 소유하고 있다(UNCTAD, 2006: 1, 9, 26).

또한 산업에 있어 종자의 중요성은 어째서 생명기술 분야의 대다수의 연구와 개발이, 종자부터 최종 생산물에 이르기까지 농부들을 기업들에 효율적으로 연계시키기 위한 '기술 패키지'에 적합하도록 설계된 종자의 유전자 기술에 집중되어 있는지 그 이유를 설명해준다. 예컨대, 농업생명기술 산업에서 대부분의 연구와 개발은 살충제 내성을 지닌 종자의 개발에 투여되고 있는데, 몬산토의 라운드업 레디[라운드업은 몬산토가 지적재산권을 소유한 제초제이며, 라운드업 레디는 라운드업 제초제에 저항력을 가질 수 있도록 설계된 유전자변형 콩의 종자이다—옮긴이), 레디카놀라, 레디소이빈, 레디면화나 Bt 감자, 면화, 옥수수와 같은 살충식물들이 대표적이다. 이러한 연구를 통해 다국적기업들은 농부들에게 '상호 연계된 한 상표의 꾸러미 패키지'를 제공하는 좋은 위치를 선점할 수 있다(UNCTAD, 2006: 7).

국제연구기관들과 정부들은 지적재산권IPRs을 식물생물자원 보전과 유전적 다양성을 보호하고 증진시키기 위한 가장 효과적인 메커니즘으로 적극 옹호한다. 우리가 지식을 '공공재'로 유전적 다양성을 '공공의 유산'으로 생각한다면, IPRs 체제는 본질적으로 우리에게 한때 공공의 자원이었던 것의 사유화와 상품화를 가능케 한다. 현재 공공 자산, 환경, 문화자원과 사회자원에 대한 보호와 관리에 관한 대다수의 개발 관련 생각들과 정책 개발은 근 40여 년 전 가렛 하딘(Hardin, 1986)이 쓴 비관적 편견이 담긴 '공유지의 비극'으로 거슬러 올라갈 수 있다. 사실 관행 발전의 관점에서는 지역의 공유자산 시스템은 여전히 '후진적'이거나 '발전이 지연되었다'고 간주된다(Vivian, 1992: 60). 주류적 발전 내에서 공유재는 개방적 접근성 혹은 '무한경쟁'이라는 하딘식의 방식으로 여전히 해석되면서, 비효율적이고, 비생산적이며, 환경 악화의 주된 원인으로 지목된다. 결과적으로 개별업계는 사유화와/혹은 정부 소유를 통해 지역 자산 시스템에 대한 해체와 재규정을 시도한다. 보다 최근에 우리는 지역의 공유자산은 지구적 공유자산으로 포섭된다는 생각, 즉 지구적 관리자나 WTO와 같은 지구적 기구들에 의해 가장 잘 관리될 수 있다는 생각을 확산시키기 위한 합심된 노력들을 관찰할 수 있다(Goldman, 1998). 이러한 입장은 지역의 권한을 약화시키고 환경에 심각한 악영향을 끼친다.

　식물 유전자원의 관리를 위해 시장 메커니즘을 사용하는 것 역시 동일한 의심스러운 가정에 기초하고 있다. 하딘과 마찬가지로 유전자원들에 대한 공유자산에 기초한 접근을 비판하는 입장은 (주권이든 지적재산권의 형식이든 관계없이) 사적 소유권과 통제가 없다면, '개방되고 비규제적' 시스템 본연에 깔린 과잉착취의 요소로 인해 생물자원의 손실은 불가피하다고 주장한다. 그들은 공유자산이란 개방적 접근성, 다시 말해 어떠한 규범, 규칙, 규제도 전혀 없는 상태를 의미한다고 가정한다. 이러한 입장은 현재 생물자원을 관리하는 양분된 공유자산 접근에 대한 비판으로 이어진다. 개방적 접근성 대 통제부재 모델이냐, 혹은 주권 대 시장의 방식이냐가 그것이다. 비판적 입장도 가난한 공동체에서는 지역의 자연자원에 대한 과잉착취와 같고 또한 유전적 다양성의 상실과 동일하다고 전제한다. 그들은 지적재산권을 통해 특허가 보장되면, 공동체에 대한 적절한 보상이 이루어지게 될 것이고, 빈곤 근절과 유전자원에 대한 보호와 활용도 증진될 것이라 기대한다(Dove, 1996: 46). 그들은 또한 유전자원에 대한 권리 소유권자들도 쉽게 규정될 수 있을 것이라 가정한다(Brush, 1996b: 145-147).

　이러한 가정들은 총체적으로 새로운 문제들을 불러일으킨다. 대표적으로 지적재산권 관련 법률의 제정은 지금처럼 가난한 토착민이나 농촌공동체에 이익이 될 것이며 유전적 다양성의 보존으로 이어질 것이라는 주장에 대한 우려가 심화되고 있다. 이러한 이슈들에 대해 폭넓게 연구해온 마이클 플리트너(Flitner, 1998: 155)는 반대로 그것은 '자연의 상업화에 대한 가속 페달을 밟는' 길을 열어놓는 것이며, '수백만의 농부들의 본질적 생산수단에 대한 몰수'로 이어질 것이라 경고한다. 1992년 리우데자네이루에서 개최된 유엔환경개발회의에서 「생물다양성 협약」과 함께 도입된 지적재산권 해법은 심각한 논쟁의 구도 안에서 진행 중이다. '발전과환경에관한세계위원회'의 보고서인 『우리 공동의 미래』*Our Common Future*와 리우회의에서 빈곤이 환경에 대한 가장 큰 위협으로 다루어진 것과 마찬가지로, 빈곤은 유전적 다양성 손실의 원인이라는 논쟁 말이다. 결과적으로 이러한 접근법에 대한 옹호는 국내 및 국제 시장 안에서 토착민과 농촌공동체에 대한 금전적 보상과 통합이 생물다양성의 보호와 보존에 핵심적이라고 주장한다(Brush, 1996b). 물론 이것은 생물다양성의 손실은 환경적으로나 문화적으로 파괴적인 개발모델—이윤 축적을 촉진하기 위해 자연을 지속적으로 통제하고 조작하려는 모델—의 직접적인 결과라는 사실을 인정하지 않는다. 이런 점에서, 지적재산권 메커니즘의 진짜 목표는 아마도 유전자원들에 대해 (공동체가 아니라) 산업계의 접근권과 통제를 촉진시키는 것이다. 지적재산권은, 정부는 기업이 유전자원을 탈취할 수 있도록 법적 메커니즘을 도입할 필요가 있다고 강변하면서 정부의 통제를 강화한다. 국제사회도 생물자원의 보호와 증진이라는 담론 안에 이러한 열망을 숨기고 있는데, 이들은 그 무엇보다도 중요한 질문, 즉 "문화 지식과 문화 다양성을 어떻게 보호하고 증진시킬 것인가?"에 아직까지 답하지 않고 있다.

생물유전 자원들에 대한 배양과 보호만큼 지역 지식, 문화 다양성, 전통적 자원관리 시스템 사이의 연계를 강력하게 보여주는 장은 없다.

생물 다양성은 전적으로 문화 다양성에 의존하며, 문화 다양성은 다양한 지역지식 시스템에 의존한다. 생계와 생존을 환경에 의존하는 많은 공동체들이 공유자산 시스템을 지속적으로 사용하고 관리하기 위해 고도로 정교한, 지역에 기초한 제도의 조합들을 만들어왔다(Baden and Noonan, 1998; Kothari and Parajuli, 1993). 전통적인 자원관리 시스템은 일련의 광범위한 제도적 장치들을 포함하는데, 종종 자원에 대한 접근권과 사용, 토착지식의 전수를 관장하는 사회적이며 종교적 행위들과 엄격한 통제와 규율 시스템이 포함된다. 피크렛 버크스와 타이 파바는 공유재를 어떻게 관리하는가는 그것이 발견되는 문화, 사회, 정치, 경제, 생태적 맥락만큼이나 다양하다는 점을 강조한다. 그들은 또한 지역적 통제가 공유자산 시스템에 대한 효율적인 관리의 핵심이라는 점을 강조한다.

> 공유자산 시스템은 지역 문화의 일부분이다. (…) 〔그것은〕 단순한 생계 수단 이상의 삶의 방식이라 할 수 있다. (…) 커뮤니티 구성원들은 공동의 문화, 자원에 대한 지식, 자원 활용에 관한 지식을 공유하는데, 이것의 "당신은 이 커뮤니티에서 이 자원을 사용해서 살아야만 한다"는 간단한 규칙에 의해 강화된다(Berkes and Farvar, 1989: 12).

지역적 통제는 공유자산 시스템에 관한 효율적인 관리의 핵심에 위치한다. 공유재에 대한 지역의 지속가능한 관리는 지역 생태계에 대한 커뮤니티의 친근한 지식에 기초하며, 그것은 또한 자신들의 영역과 공동체 구성원에 대한 권한을 유지할 수 있는 능력을 지속시키는 기초가

캐나다 서부의 돼지사육방식의 변화와 지역의 권한 약화

알베르타 주의 경우, 공유자원에 대한 지역의 권력 상실의 대표적인 사례를 제공한다. 캐나다의 돼지 축산은 다수의 지방정부들이 산업적 규모의 돼지축사의 건설을 완전하게 지원함에 따라 급속도로 팽창하고 있다. 미국의 가금산업과 마찬가지로 대규모 양돈시설들은 실질적으로 소규모 돼지 농장들을 몰아내었고, 이 산업은 고도로 집중화되었다. 그 결과, 1996년까지 캐나다의 돼지 축산은 상위 5%의 농가가 전체 생산의 64%를 점유하게 되었다(Stirling, 1999: 9).

2001년 알베르타 주정부는 지역 자치단체의 집약적 가축사육에 관한 의사결정 과정을 박탈하고 그 권한을 직접 수용하였다. 이러한 결정은 집약적 가축사육으로 인한 다수의 지역사회 갈등들을 이러한 변화가 해결할 수 있을 것이라는 주장과 지역공동체들은 이처럼 정교한 기술관련 지식과 수처리 능력을 요하는 '고도의 기술적' 이슈들을 다룰 전문성을 가지지 못했다는 주장에 의해 부분적으로 정당화되었다(Duckworth, 2001: 3). 하지만 자신의 공동체에서 집약적 가축 사육의 설치에 반대하는 시골 사람들은 이러한 새로운 법령이 '지역의 권리와 커뮤니티의 환경을 보호할 수 일련의 기준들'을 효율적으로 제거하려는 발상이라고 주장했다. 알베르타 지역자치단체연합의 의장인 잭 헤이덴의 말을 빌리자면 "토지이용에 관한 결정들은 그 결정에 따라 살아야만 하는 지방과 공동체 수준에서야 적절하게 결정될 수 있다"(Duckworth, 2001: 3에서 재인용).

알베르타에서 집약적 가축사육을 관장하는 결정은 현재 커뮤니티에서 살고 있지 않은 사람들에 의해 결정된다. 이들은 집약적 가축 사육의 환경 파괴적 속성들—수질과 토양 오염, 신체에 유해하고 숨 막힐 듯한 악취 등—을 처리할 수 없을 것이며 또한 이러한 집약적 생산시설이 농촌 커뮤니티들에 미치게 될 금전적·사회적 영향을 막아낼 수도 없을 것이다. 과잉영양(특히 인 성분)에 따른 오염원인 대규모 집약적 돼지 축사가 초래한 심각한 환경문제에 대한 이 산업의 대응은 겔프 대학University of Guelph의 연구자들이 개발한 'EnviropigTM' 프로젝트이다. 이 사업은 쥐와 박테리아의 유전자를 결합한 유전자조작 돼지를 개발하는 것으로, 겔프 대학 연구진에 따르면 돼지 배설물의 인 함량을 60%까지 효과적으로 통제할 수 있다고 한다. 현재 이 사업의 최대 난관은 유전자조작 돼지고기를 섭취하는 것의 장점과 안정성을 의심하고 있는 대중들을 어떻게 설득할 것인가이다. 〔이러한 조치는〕 본질적으로 집약적 가축사육이라는 생산모델을 문제로 인식하는 대신, 이 산업은 그 모델 자체에서 유래하는 환경문제들을 생명기술적 해법으로 조정하려는 것이다.

• 출처: 돼지 축업의 증가와 캐나다 평원지역에서의 그것의 영향에 대한 탁월한 견해는 Qualman(2001)과 Ervin et al.(2003)을 참고했으며, 캐나다 전반에 관한 것은 Yakabuski(2002)를, 미국 아이오와 주의 사례는 Page(1997)의 연구를 참고했다.

된다. 본질적으로 공유재 체제의 성공에 이르는 핵심은 주로 공동체 엘리트들의 권력 혹은 공동체 안에서 특정인의 지속적인 권력 획득을 제한할 수 있는 공동체의 역량에 달려 있다. "공동 소유와 공동 책무라는 개념의 붕괴와 연계된 공동체의 파괴는 공유자원의 질 저하로 가는 경로를 만들어낸다."(Berkes and Feeny, 『에콜로지스트』The Ecologist, 1992: 129-30에서 재인용)

기본적으로 광범위하고 집약적인 자원 추출을 통해 기업의 이윤을 증대시키는 것에 관심을 가지는 이러한 개발중심 접근법이 환경 악화를 중단시키는 대신 실제로 그러한 파괴의 주요한 원인 중 하나임을 보여주는 증거가 속속 등장하고 있다(Vivian, 1992; Shiva, 1997a, 1997b). 자연자원의 감소와 환경악화는 지역공동체의 잘못된 관리에서 비롯되는 것이 아니다. 더 많은 경우에 공유자산인 자원의 급감은 직접적인 외부압력의 결과, 즉 공동체와 환경의 장기적인 안녕에 관심을 두지 않는 외부자들의 침투가 증가하는 것과 지역적으로 배태되어 있으며 문화적으로 특수한 공동체의 구조와 사회적 관계의 결과적인 해체로 인해 발생한다(Vivian, 1992: 72; Gibbs and Bromley, 1989: 30).

주류의 발전(개념)이 하딘의 논리에 그처럼 오랫동안 깊게 고착되어 있었던 것은 그의 개념에 반영된 잘 정립된 몇 가지 가치들에 대한 근본적 지향으로부터 기인한다.[4] 전체적으로는 공동체에 손해가 되더라도 공공의 자원으로 이익을 취하고자 하는 이기적 개인들에 관한 하딘의 사고는 특히 영국에서 발전해온 오래된 학문 경향에 잘 들어맞는다. 예컨대, 다윈의 경쟁 개념 — 경쟁은 곧 '적자생존'을 둘러싼 투쟁으로 설명된다—을 사회와 인간계에 잘못 적용하는 것뿐 아니라 '합리적' 개인주의와 자기 이익의 장점을 강조한 아담 스미스나 사유재산의 우선성을 주장한 제레미 벤담의 논리까지 거슬러 올라갈 수 있다. 최근 개발진영의 사고는 또한 영국의 역사적 경험 혹은 최소한 영국의 역사적 경험에 대한 지배적인 해석에 의해서도 영향을 받는다. 관행적 해석에 따르면, 영국의 농업은 17세기와 19세기의 엔클로저를 통해 '근대화' 되었으며 공유지의 사유화가 훨씬 극적으로 효력을 발휘하게 되었다. 엔클로저는 농업에서 더 많은 효율성을 허락했을 뿐 아니라 영국의 산업화의 기초가 될 이농자의 집단을 제공하였다. 영국의 역사는 프랑스의 그것과 종종 대비되는데, 프랑스에서는 소작농들이 자신들의 토지에 대한 소유권과 공유재에 대한 접근권을 유지하도록 보장하는 정치적 지원이 점점 강화되었고 그 결과 프랑스 농업의 비효율성과 빈곤이 오랫동안 지속되었다는 해석이 지배적이다(Aston and Philpin, 1985). 이러한 사고방식은 서구적 근대성뿐 아니라 지난 세기 동안 개발의 과정을 추동해온 정부의 역할의 측면에서도 핵심이 되었다.

세계화의 주체들과 승리자들

GATT 협정의 최종 안에 포함된 '시장접근성', '국내 지원', '동식물의 위생관리 조처', '지적재산권'과 같은 불명확한 용어들 뒤에는 식량에 관한 권력에 대한 완전한 재편의도가 숨어있다. 민중들의 손에서 권력을 빼앗아 소수의 농산업 이해당사자들의 손으로 집중시키려는 것이다. 갈등의 축은 북반구의 농민과 남반구의 농민들 사이에 있는 것이 아니라 세계 전역의 소농들과 다국적기업 사이에 존재한다.(Shiva, 1993a: 231)

비아캄페시나가 1993년 등장했을 때, 국제무대는 물론 빈 공간이 아니었다. 사실 그 공간은 기업들, 보다 정확하게 세계화의 원동력인 다국적기업들이 대부분 점유하고 있었다. 기업들이 우루과이라운드 추진에서 독보적인 역할을 수행하였고 궁극적으로 WTO의 창립과 함께 국제무역 체제를 재구성했다는 사실은 너무도 자명하다. 주로 다국적기업들로 대표되는 기업부문의 이해관계는 지속적인 무역협상에서 적극적이며 지배적인 행위를 펼치게 하였다.

다국적기업들은 두 가지 주된 방식으로 국제 농업무역 논의에 영향을 미쳤다. 첫째, 무역의 당사자는 정부가 아니라 다국적기업이다. 선택된 소수의 다국적기업들이 세계 농업 무역의 대부분을 지배한다는 것은 그들이 압도적인 시장지배력을 갖는다는 것이다. 예컨대, 전세계 밀, 옥수수, 커피, 파인애플 거래의 90%와 바나나와 쌀 시장의 70%를 소수의 다국적기업들이 지배하는데, 그 중에서도 다섯 개의 농산업 기업들이 세계 곡물거래의 70%를 지배한다(Torres et al., 2000: 14, 40). 최근 'ETC 그룹'이 수행한 연구(2001, 2005)는 오늘날 농업과 식품 시장의 집중도가 훨씬 증가했음을 명징하게 보여준다.

지구적 수준에서 높은 집중도의 증거는 국가 수준에서도 발견된다. 예를 들어, 필레몽 토레스와 그의 동료들(Torres et al., 2000: 14-15)에 따르

기업권력의 집중

- 수의학 : 상위 10개 기업이 세계 수의약품 시장의 55%를 통제함.
- 생명기술 : 공식적으로 상위 10개 상장된 생명기술 기업들이 지구 생명기술 시장의 거의 3/4을 점유함.
- 종자 : 상위 10대 종자 기업들이 상업적 종자 시장의 거의 절반을 통제함.
- 유전자조작 종자 : 2004년 전세계에 식재된 유전자조작 곡물의 88%가 몬산토의 종자이다. 몬산토는 세계적으로 유전자조작 콩의 91%, 유전자조작 옥수수의 97%, 유전자조작 면화의 63.5%, 유전자조작 유채의 59%의 종자를 공급한다.
- 농약 : 상위 10대 기업이 전세계 농약 시장의 84%를 통제함.
- 식품 소매업 : 2004년 세계 10대 식품 소매상의 시장 점유율은 24%이며, 매출액은 3조 5,000만 달러로 추정된다.
- 식품 및 음료 가공업 : 상위 10대 기업이 세계 포장식품 시장의 24%를 차지한다. 또한 세계 100대 식품 및 음료 기업이 벌어들인 연간 수익 중 이들 10개 기업의 비중은 36%이다.

- 출처: ETC Group(Action Group on Erosion, Technology and Concentration), "Globalization, Inc: Coincentraion in Corporate Power: The Unmentioned Agenda", ETC Group Communiqué 71(2001)과 Oligopoly, Inc."Concentration in Corporate Power" ETC Group Communiqué 91(November/December, 2005).

면, 코스타리카에서 한 기업이 채소사업을 50% 이상 독점하고 있으며, 상위 3대 기업들의 총 지배율은 70%에 달한다. 온두라스 역시 동일한 패턴을 보이는데, 최대기업이 생산의 40%를 통제하며 상위 3대 기업의 시장 지배율은 80%에 달한다. (표 2-1을 볼 것. 유사한 상황을 보여주는 지표가 미국에도 존재한다.)

TRIPs와 연계된 농업무역의 자유화는 1990년대 내내 농화학기업, 종자 및 농약 기업, 농식품기업, 농업소매업체들 간의 인수합병 물결의 원동력이었다. 'ETC 그룹'의 대표 연구자인 패트 무니(Mooney, 1999: 90)는 1980년대 영업 중이던 세계적인 식품 및 음료기업이 180개 업체였다면, 근 20년 만에 단 60개만이 남아 있었음을 밝혀냈다. 더 높은 이윤을 보장하기 위해, 기업과 투자자들은 식품사슬 안의 생산 및 마케팅 단계에서 가능한 한 많은 지분을 소유하기 위해 경쟁한다. 시장권력은 수평 및 수직적 계열화와 합병 및 병합, 생산 및 마케팅 계약, 세계화를 포함하는 다양한 기업 전술의 조합을 통해 시장 점유율을 높이고 있다(Heffernan and Costance, 1994; Heffernan, 1998). 농산업 기업들은 식품사슬의 거의 모든 위아래 단계들 — 투입 요소들의 조달, 운송, 식품 가공에서 마케팅에 이르기까지 — 에 대한 더 많은 소유권과 통제권을 획득함으로써 소비자들이 지불하는 최종 식품비에서 더 많은 '부가가치'를 추구했으며 동시에, 이러한 전략들은 산업화된 농업모델의 세계화를 촉진하였다.[5] 세계화의 확고한 지원군인 『이코노미스트』(The Economist, 2000b: 1, 6)조차도 기업의 통합, 합병, 병합의 전술을 통해 산업이 '사슬을 벗어나 토양에서 저녁식사까지 식품의 이동경로 전체를 통제하는 복잡한 그물망 혹

〈표 2-1〉 미국 농업시장의 집중도

최상위 기업들이 전체 100% 안에서 차지하는 상대적인 집중비율CR, concentration ratio을 통해 집중도를 살펴볼 수 있다. 상위 4대 기업의 집중도는 통상 CR4로, 상위 5대 기업의 경우는 CR5 등으로 표기된다.

쇠고기 정육업체 CR4=83.5%	타이슨Tyson, 카길Cargil, 스위프트앤코Swift&Co., 내셔널비프패킹 National Beef Packing Co.
	CR4의 역사적 변화 72%(1990) ➡ 76%(1995) ➡ 79%(1998) ➡ 81%(2000)
돼지고기 정육업체 CR4=64%	스미스필드 식품 Smithfield Foods, 타이슨 식품 Tyson Foods, 스위프트앤코 Swift and Co., 호멜 식품 Hormel Foods
	CR4의 역사적 변화 36%(1987) ➡ 34%(1989) ➡ 40%(1990) ➡ 44%(1992) ➡ 59%(2001)
육계 산업 CR4=56%	타이슨 식품 Tyson Foods, 필그림스 프라이드 Pilgrim's Pride, 골드키스트 Gold Kist, 퍼듀 Perdue
	CR4의 역사적 변화 35%(1986) ➡ 44%(1990) ➡ 46%(1994) ➡ 49%(1998) ➡ 50%(2001)
밀가루 가공 CR4=63%	카길/CHS, ADM, 콘아그라 ConAgra, 시리얼푸드프로세서 Cereal Food Processors
	CR4의 역사적 변화 40%(1982) ➡ 44%(1987) ➡ 61%(1990)
식품 소매업 CR5=46%	월마트 Wal-Mart Stores, 크로거 Kroger Co., 앨버트슨 Albertsons, Inc., 아홀 Ahol USA, Inc.
	CR4의 역사적 변화 24%(1997) ➡ 38%(2001)

- 출처: Mary Hedrickson and Wiliam Heffernan, "Concentration of Agricultural Markets", Department of Rural Sociology, University of Missouri, Columbia, Mo., 2005.

은 식품클러스터로 변형' 되었음을 인정하였다. 본질적으로 자유화는 소수의 다국적기업들이 전세계로 자신들의 도달범위를 확장시키는 것을 가능하게 만들어왔다. 현재 농산업 다국적기업은 어떤 식품을, 어디서, 누가 어떤 가격으로 생산할지를 결정하는 데 훨씬 유리한 지위에 서 있다. 이 과정 안에서 농부들의 의사결정력의 수준은 급감하였다. 미주리 대학의 농촌 사회학자는 이를 다음과 같이 묘사하였다.

> 식품사슬 클러스터 안에서, 식료 생산품은 단계를 따라 이동하지만 소유권과 의사결정의 위치는 거의 변화하지 않았다. 정부가 생명기술 기업에게 부여한 지적재산권에서 시작된 식량상품은 언제나 기업 혹은 기업들의 클러스터의 자산으로 남아있다. 농부는 노동과 아주 가끔씩 자본의 일부를 투여하는 단순 재배자가 되었다. 상품이 식품체계를 통해 이동하게 되면서 그들은 그 상품에 대한 소유권과 주요한 관리상의 결정들을 내릴 기회를 상실했다(Heffernan, Hendrickson, and Gronski, 1999: 3)

농민들의 수만큼 농민들의 이윤 역시 감소되었다. 다국적기업 — 이들은 정부들이 WTO를 통해 만들어낸 풍부한 자유화된 환경 안에서 번성하게 되었다 — 의 성공적 추격은 과점적 구조로 이어졌는데, 경제학자들의 독특한 전문용어로 표현하자면 '불완전' 시장에서 농부들에겐 실패만이 있었을 뿐이다. 이 시나리오 안에서 다국적기업은 엄청난 시장권력을 행사하고 최고 이윤율 기록을 경신하는 반면, 세계의 농민들은 심각한 재정위기에 직면한다. 캐나다 농부들과 기업들 간의 이윤율 수익을 비교한 NFU(2000a, iii-iv)는 '놀랍도록 뒤틀린 상대적 이윤의 구조'를 발견했다.

> 1998년 농부들의 수익은 총 이윤의 0.3%에 지나지 않았지만, 농산업 기업들은 각각 5%, 20%, 50%, 심지어 그 이상을 벌어들였다. (…) 밀, 오트밀, 옥수수 등의 곡류 작물을 재배하는 농민들은 심지어 마이너스 수익으로 파산 가까이 몰린 반면, 모닝시리얼을 만드는 회사들은 엄청난 이윤을 거둬들였다. 1998년 켈로그, 퀘커오츠Quaker Oats, 제너럴 밀스와 같은 회사들은 각각 56%, 165%, 222%의 수익 상승을 즐겼다. 옥수수 1부셸이 4달러 이하로 판매되었다면, 콘플레이크 1부셸의 판매가는 133달러이다. 1998년 시리얼 회사들이 얻은 이윤은 농가들의 186~740배에 달한다. 농민들의 소득이 형편없는 것은 아마도 다른 이들이 너무 많이 벌어갔기 때문일 것이다.

다국적기업의 엄청난 시장권력은 상당한 정치권력과도 상응한다. 관행적인 농업모델은 정치적으로 설계되었다. 기업의 이해와 정부의 지원이 매우 밀접하게 상호작용하면서 기업 이윤의 증가와 확대를 촉진시키기 위한 집약적인 연구개발과 우호적인 정책들이 발전해왔다(Goodman and Redclift, 1991). 국제개발기구들과 정부들은 혼신의 힘을 다해 그러한 모델을 고취시켰고, 그 결과 녹색혁명을 통해 생태적 접근이 아닌 산업적 농업모델이 세계 전역으로 수출되면서 기업과 정치의 관계는 훨씬 가시화되었다. 또한 국제무역협상의 역사는 기업의 이해가 어떤 영향을

WTO 각료회의의 캐나다 대표단

2001년 카타르 도하에서 열린 제4차 WTO 장관급 회의에 참석한 캐나다 대표단 중 비정부 위원들은 다음과 같다.

1. 리암 맥키리:
캐나다농식품무역연맹CAFTA의 의장. 웹사이트의 설명에 따르면, CAFTA는 "농식품 시장의 자유화를 지지하는 연합, 조직, 회사들의 전국연합으로, CAFTA는 연방, 주, 국제 수준의 정부들과 산업계와의 협력을 통해 국제 무역협상에서 회원들의 이해관계를 효과적으로 대변하기 위해 창설되었다". CAFTA의 이사회에는 카길, 아그리코어Agricore, 캐나다육류평의회Canadian Meat Coucil(포장업체와 가공업체 포함), 캐나다비프엑스포트Canada Beef Export, 캐나다목축업주연합Canadian Cattlemen's Association, 캐나다설탕협회Canadian Sugar Institute(제조업체 포함), 맥아산업조합Malting Industry Association of Canada, 캐나다유채유종자가공연합Canada Oilseed Processors Association(소분 및 가공업체 포함)의 대표들이 포함되어 있다. CAFTA는 완벽한 자유무역체제를 강하게 옹호한다.

2. 돈 너어:
캐나다농업연맹CFA 전前의장 및 '농업, 식품, 음료부문 국제무역자문그룹'SAGIT 의장. 이 조직은 벌크단위 상품과 부가가치 상품 분야를 대변하는 사적부문 자문위원회로, 농업 및 농식품 장관과 국제무역 장관에게 국제무역과 사업 개발에 대한 조언을 제공한다.

3. 윌리암 다이몬드:
무역정책및무역법센터Centre for Trade Policy and Law 사무처장. 다이몬드의 두 가지 중요한 업적은 캐나다 미국 간 자유무역협정을 위한 무역협상위원회의 상임 고문으로 참여한 것과 OECD 다자간투자합정Multilateral Agreement on Investment, MAI의 캐나다 협상대표로 참여한 것이다.

4. 피터 클락:
그레인클락쉬스어소시에이츠Grey Clark Shish and Associates의 대표. 국제무역 분야 전문 법률회사.

5. 브라이언 올슨:
캐나다밀위원회Canadian Wheat Board의 선임경제학자. 농장주의 이해관계를 대변하여 국제시장에서 곡물의 판매사업을 담당하는 국영무역회사.

6. 앤 웨스튼:
남북연구소North-South Institute 부소장. 시민사회 성향의 독립연구소.

7. 밥 프레센:
캐나다농업연맹CFA의 의장. 친자유화 농장 조직임(신중하기는 함).

미치는지 명확하게 보여주는데, 프랑스와 미국의 무역정책들이 대표적이다(Milner, 1988). 그러한 행태들은 오늘날에도 여전히 유지되고 있다.

미국에서 WTO에서 활약하는 가장 힘 있는 선수군인 산업계는 워싱턴에서 활동하는 로비스트들이나 무역정책협상자문위원회Advisory Committee for Trade Policy and Negotiations의 협상대표들을 통해 미국 무역협상단들과 연계되어 있다(Korten, 1995: 177-181). 기업의 이해는 특히 공식 무역 대표단의 구성에서 잘 드러난다. 한 연구는 TRIPs의 마지막 협상에서 "미국 대표단 111명 중 96명이 기업부문 출신"(Green, 2001: 4)임을 밝혀냈다. 유사하게 도하에서 열린 제4차 WTO 장관급 회담의 공식 캐나다 대표단 중 농산업의 이해관계(육류 포장 및 가공업체, 유채 씨앗기름 착즙업체, 제조업자들, 곡물기업들, 맥주용 맥아제조회사)가 과도하게 대변되었다.

농식품 다국적기업인 카길은 국제무역협상을 지배할 수 있는 엄청난 기업의 영향력을 보여주는 극명한 사례를 제공한다. 이 회사의 부사장인 윌리암 퍼스는 닉슨정부의 무역 자문관 대표를 역임하였다. 카길의 또 다른 이사인 다니엘 암스터츠는 1987년 레이건 정부가 GATT에 보낸 제안서를 썼으며 뒤이어 미국정부의 농업협상 대표로 고용되었다. 카길의 사장과 CEO들은 레이건, 부시, 클린턴 행정부 내내 미국 정부의 GATT 자문위원회에서 일했다.

싱가포르에서 열린 첫 번째 WTO 장관급 회담에서 승인된 비정부기구의 65%를 기업계가 차지했다(Scholte, O'Brien, and Williams, 1998: 17). WTO에 관한 상업적 이해관계는 제네바, 시애틀, 도하에서 차례로 개최되었던 WTO 장관급 회의에 참석한 구성원들의 면면에서 더 잘 드러나는데, 기업의 로비스트, 상공회의소, 기술무역자문위원회, 보험회사, 산업계에서 수많이 인사들이 파견되었었다.

하지만 회의에 참석했다는 기록은 무역협상에서 다국적기업의 상당한 역할과 영향력을 그저 피상적으로만 보여줄 뿐이다. 많은 경우 다국적기업들은 특별한 방식으로 이익을 추구하는 것은 확실하지만, 무역협상의 담론의 장에서 가시적으로 드러나지 않는다. 무역협상은 국제시장에 영향을 미칠 수 있는 국가의 정책을 직접 겨냥한다. 하지만 미국의 농업및무역정책연구소Institute for Agriculture and Trade Policy의 연구원인 소피아 머피(Murphy, 2002: 19)가 지적하였듯이, 개별 국가들은 세계시장에서 더 많은 몫을 차지하기 위해 다른 나라와 경쟁하는 것이 아니다. 오히려 국가들은 거대 다국적기업의 더 많은 투자를 유치하기 위해 서로 경쟁한다. 머피는 다국적기업(과 그들의 전략들)이 국제무역의 실질적인 운전자로 인식되는 것을 피함으로써, WTO의 규범은 편리하게 현실의 문제들 즉, 농업시장에서 시장파워의 엄청난 권력 집중을 무시할 수 있다고 주장한다.

농업 세계화의 영향

세계인구의 절대 다수, 특히 가난한 농촌인구들은 세계화의 혜택을 전혀 받지 못한다. 오히려 많은 경우 그들은 부정적인 영향을 받아왔다. 세계화와 관련된 전문화(전문가 지배)가 생계에 관한 공동체의 통제를 약화시키고 민중들이 생계유지 방안의 선택 폭이 줄어들었기 때문이다. (Torres et al., 2003: 3)

구조조정프로그램SAPs, 지역 및 양자 간 무역협정, WTO의 농업관련 협정들의 이행과 더불어, 많은 정부들이 국제적인 시장주도 경제로의 통합을 촉진시키기 위해 자국의 농업정책과 법률을 정비함에 따라, 남과 북의 농촌 경관에는 빠르고 근원적인 변화가 진행 중이다. 기존의 농업 및 마케팅 구조들은 해체된 반면 토지소유권, 토지이용, 마케팅 시스템의 재구조화를 목적으로 한 새로운 농업 법률들이 생산(대부분은 수출용)을 증가시키고 농업분야의 근대화와 자유화를 심화시키기 위해 공표되었다.

라틴아메리카에서 그러한 법률 변화에 대한 몇 가지 사례를 나열해보자. 온두라스는 '농업부문의 근대화 및 발전 법안' Law of Modernization and Development of the Agriculture Sector을 1992년 발표하였고, 멕시코는 헌법 27조 ─ 에히도ejido〔멕시코에서 주민들이 공동으로 소유하고 공동으로 경작하는 협동조합농장 ─ 옮긴이〕의 사유화를 목적으로 한다 ─ 의 수정을 승인하였으며, 에콰도르는 농업발전법 Agrarian Development Law을 1994년 신규 제정하였다. 인도에서도 유사한 사례를 볼 수 있다. 중앙정부 차원에서 1998년 '토지취득(수정)법'이 통과되었는데, 이 법은 투자와 '개발'을 위해 기업(국내자본과 외국자본 양자 모두)의 토지접근권을 용이하게 하는 것이다. 주정부 차원에서는 1995년 카르나타카에서 공표된 토지수정법

Land Amendment Act으로 농업용지의 산업용 전용이 용이해졌고, 토지소유상한제한이 높아졌으며, 비非농민의 토지소유와 토지임차가 허용되었다. 2002년 여름 캐나다에서는 서스캐처원 주정부가 서스캐처원농장안보수정법Saskatchewan Farm Security Amendment Act을 신규 제정하였는데, 이 법은 부재지주, 외국인, 기업의 농장용 토지 소유 제한을 실질적으로 제거하였다. 이 법은 '근대화'와 더 '투자자 친화적'이며, '시장순응적'이고 '역동적'인 농업 시장의 창조를 강조한다.

지역의 자유무역협정과 WTO는 농촌지역 거주자를 물론 포함하는 만인을 위한 경제성장과 번영을 약속해왔다. WTO는 농업협약의 세 기둥인 시장접근성, 국내 지원, 수출 보조금을 통해 총무역량과 활동 장의 범위를 넓히기 위해 노력함으로써, 세계의 모든 생산자들이 국제적인 시장 안에서 더 효과적으로 경쟁할 수 있도록 만들 것을 약속한다. 최소한 이론적으로는 그러하다. 자유화와 지구적 수준의 자유경쟁 농업경제의 창조는 수십 년 동안 농촌 문제의 온상이 되어온 높은 수준의 빈곤과 식량불안에 대한 해결책으로 추진되었다. 하지만 점점 더 많은 연구들이 농촌의 빈곤이 늘어나고 있음을 분명히 보여준다.

일례로 국제농업발전기금IFAD이 113개 나라를 대상으로 수행한 연구에 따르면, 1965년에서 1988년 사이 — 이 시기는 많은 국가들이 농업의 근대화를 위해 구조조정프로그램을 발의한 시기이다 — 에 "빈곤의 수준이 인구대비 상대적 비율과 절대적 인구규모 양자 모두에서 심각할 정도로 증가되었다"(Jazairy, Alamgir, and Panuccio, 1992: 2-3). 이 연구는 볼리비아 농촌인구의 97%가 극빈의 수준에 처해 있으며, 온두라스의 경우 그 수치는 93.4%에 이른다고 보고하였다(ibid.: 17). 1960년에서 1980년 사이 브라질의 농촌이 집약적인 근대화의 시기를 보내는 동안 2,900만 명의 농민이 일을 찾아 도시로 이동하였다(ibid.: 72).

보다 최근의 연구들도 자유화의 증가가 농촌에 번영을 가져올 것이라는 예측에 상반되는 결과를 내놓고 있다. 농촌 빈곤에 대한 한 종합연구는 "1970년대 말 이래로 농촌 사람들을 훨씬 광범위하고 깊은 수준의 빈곤과 문맹과 건강악화로 몰아넣었던 지구적 수준의 도시편향성이 정정되었다는 증거를 전혀 찾을 수 없다"(IFAD, 2001: 3)고 밝혔다. 또한 1980년대 이래로 다수의 전환경제 국가(사회주의 체제에서 자본주의로 돌아선 국가들 — 옮긴이)들에서 농촌 빈곤이 가파르게 증가하였으며, 세기의 전환기에는 12만 명의 사람들이 극빈의 수준에 처하게 되었음이 증명되었는데, 이 중 농촌에서 일하거나 거주하는 비율은 75%에 달한다(Jazairy, Alamgir, and Panuccio, 1992: 15-16). 1990년대 동안 농업에 대한 지원은 3분의 2 수준까지 떨어졌으며, 1990년대 말에는 다수의 라틴아메리카 국가들의 농촌 빈곤은 10~20%씩 증가하였다(Gonzalez, 2000: 2). 전반적으로 농촌 빈곤은 지속되었으며 때로 그 수치는 전인구의 절반에 이르는 경우도 있었다(Torres et al., 2000: 12). FAO가 펴낸 『2004 세계 식량불안 상태』 *The State of Food Insecurity in the World 2004*는 2000년에서 2002년 사이 전세계적으로 8억 5,200만 명이 영양결핍 상태에 있다고 보고했다. 이는 전년과 비교해 1,000만 명이 증가된 것이다.

농업의 세계화는 또한 비만의 세계화라는 왜곡된 효과를 낳기도 한다. 현재 비만 인구의 수는 영양결핍 인구의 수와 맞먹는다. 최근 전세계적인 비만의 증가는 농업의 변화와 대량생산된 산업화된 먹을거리의 가용량 및 관련 소비 증대와 직접적으로 관련된다(Picard, 2002: A12). 2002년 범아메리카보건기구PAHO가 수행한 연구는 브라질과 아르헨티나의 저소득 지역에서 빈곤의 증가 추세가 있다고 밝혔다. PAHO(2002)는 아르헨티나 건강사회행동부Ministry of Health and Social Action 관계자의 말을 인용하여 다음의 내용이 담긴 보도자료를 배포하였다. "가난한 이들은 자신들이 원하는 것을 먹지 못하며, 자신들이 무엇을 먹어야 하는지도 모른 채 다만 구할 수 있는 것을 먹을 뿐이다. (…) 식량 산업은 낮은 구매력을 가진 계층들을 구분하고 그들에게 품질이 낮고 지방과 설탕이 많이 함유된 상품에 대한 대중적 마케팅을 펼침으로써 그러한 소비 패턴을 장려하고 있다."

14개 개발도상국에서 WTO의 농업협정AoA과 식량안보 간의 관계를 검토한 또 다른 연구에서 FAO(2000: 13)는 '무역자유화에 뒤이어 경쟁 압력이 본격화되면서 농장 합병을 향한 경향이 일반화되고 있음'을 보여주었다. 특히 안전망이 빈약한 상황에서 이러한 경향은 농사로 먹고사는 사람들의 이농과 주변화로 이어졌다(ibid.: 14). FAO가 검토한 나라들 중에서 소수 국가의 식량 수출이 늘기도 했지만, 다수의 국가에서는 오히려 식량수입이 가파르게 증가하였다. 예컨대, 1990~1994년과 1995~1998년 사이 수입된 식량의 가치를 비교해보면, 인도의 경우 수입비용이 168.4% 증가하였고, 브라질은 106.7%, 페루는 57.3% 증가하였다. 이처럼 값싼 농산물의 유입은 소규모 생산자의 경쟁력을 침해한다. 인구의 70% 이상이 농업에 생계를 의존하는 인도와 같은 나라에서 이는 거의 재앙으로 이르는 길이다. 인도는 1991년 자유화로 항로를 결정한 이후 경제성장을 경험하고 있다지만, 빈곤은 거의 줄어들지 않고 있다(FAO, 2000). 또 다른 연구들 역시 농업의 무역자유화와 식량 불안의 증가의 분명한 상관관계를 보여준다(Murphy, 1999; Madeley, 2000).

아마도 멕시코는 농업의 경제자유화의 가장 좋은 사례 중 하나일 듯하다. 멕시코는 2000년 현재 3개 대륙의 24개 국가들과 체결한 총 8개의 자유무역협정을 자랑하고 있다(*El Financiero*, 2000). 이러한 협약 중 멕시코 소작농들에게 가장 큰 충격을 가한 것은 1994년 1월에 발효된 북미자유무역협정NAFTA의 농업조달 조항이다. 과거 기본 곡물을 충분히 자급했던 멕시코는 점차 수입의존적으로 변화되었다. 1992년에서 1996년 사이 식량수입은 총국내소비의 20%에서 43%로 증가되었다. 멕시코의 기본 곡물 중 하나인 쌀 수입은 같은 기간 50만 톤에서 700만 톤으로 증가하였다(*Third World Resurgence*, 1996b: 29-30). 1999년에 이르자 이 나라에서 소비되는 일반 콩의 25%와 대두의 97%가 수입산이었다(Comisión de Agricultura, 2000: 181). 자유화는 농민을 위한 보장 수매가격의 해체와 보조금 지급의 실질적인 감소를 포함한다. 옥수수의 과도한 수입으로 농민들에게 지불되던 수매가격이 45%까지 하락하였다(Nadal, 2000: 36). 1993년에서 1998년 사이 농민들에게 지불되던 밀과 콩의 가격이 각각 32%와 51%까지 하락하였다(Public Citizen's Global Trade Watch, 2001: 15). 보조 프로그램의 붕괴와 싸워야 하는 소작농들이 절대로 감당할 수 없는 가격의 식량수입 증가는 농민들을 토지에서 쫓아내고 빈곤을 더욱 심화시켰다. 심각한 수준의 빈곤과 기본 식량 보조제도의 폐기는 식량 소비의 감소로 이어졌다. 옥수수 가격은 하락했지만, 또르띠아의 가격은 179%나 상승하였다(Nadal, 2000: 36).

1996년 멕시코의 비아캄페시나 회원조직인 농업경영인전국연합 ANEC의 당시 간사였던 빅토르 수아레즈의 말은 참혹한 지경이다. "더 값싼 수입품을 먹는 것과 멕시코의 모든 가난한 사람들이 먹는다는 것은 같지 않다. (…) 농민들 중 두 명당 한 명꼴로 충분한 먹을거리를 구하지 못하고 있다. NAFTA 발표 8개월 만에, 식량 섭취량이 29%나 하락했다."(Third World Resurgence, 1996b: 30에서 재인용)

남반구의 농민들만이 농업의 무역자유화의 날카로운 칼날에 쓰러진 것은 아니다. 1995년 유럽농민연합CPE은 EU 내에서 2초당 한 농가씩 '사라지고 있다'(CPE, 1995)고 보고하였다. 1978년 이래로 프랑스와 독일의 농업인구 중 절반이 농업을 포기했다. 2000년에 OECD 국가들의 농장 수는 매년 1.5%씩 줄어들었고, 현재 전체 노동인구 중 8%만이 농사를 짓고 있다(The Economist, 2000b: 6). 푸드퍼스트Food First라는 단체는 1994년에서 1996년까지 "단 2년 동안 미국에서 전체 돼지농가의 25%, 곡물농가의 10%, 낙농농가의 10%가 파산했다"(Mittal and Kawaai, 2001: 4)는 내용의 보고서를 발표했다. 미국의 노동부는 미국 농촌이 지속적으로 쇠퇴할 것이라고, 보다 구체적으로 향후 10년 안에 27만 명 이상의 농부가 직업을 잃게 될 것이라 전망했다(NFU-USA, 2002). 2002년 미국 농민들의 예상 순소득이 20% 감소할 것으로 예측된 반면, 카길의 영업이익은 51%가 증가하였고, 콘아그라푸드ConAgra Foods는 순이익이 48% 증가했다고 보고했다(NFU-USA, 2002; Reuters, 2002).

〈그림 2-1〉 캐나다의 농식품 수출과 농가의 실현순소득 (1970-2005)

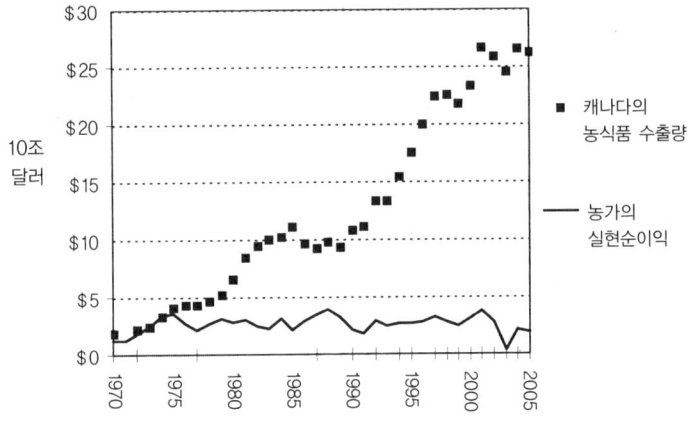

- 출처: 캐나다 전국농민연합NFU. 농가당 실현순소득의 자료는 캐나다 통계청(http://www.statcan.gc.ca/cgi-bin/downpub/freepub.cgi?subject=920#920)과 캐나다 농업및농식품국Ministry of Agriculture and Agri-Food Canada 의 시장무역팀이 제공한 자료에 기초함.

지구상에서 가장 '경쟁력 있고' '효율적인' 농민들로 인정받았던 캐나다 농민들 역시 농업에서 더 이상의 경제적 가능성을 찾을 수 없게 되면서, 상당 수준까지 토지에서 방출되고 있다. NFU의 사무처장인 다린 퀄먼(Qualman, 2002: 1-3)의 주장을 들어보자.

1998년 캐나다가 캐나다-미국간 무역협정에 서명한 이래로 캐나다의 농식품 수출은 거의 세 배가 되었다. 캐나다 농민들과 수출업자들은 '시장

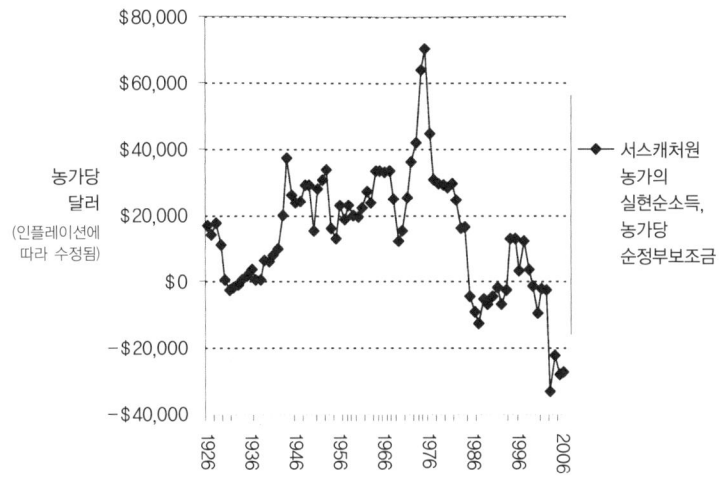

〈그림 2-2〉 서스캐처원 농가의 실현순소득과 농가당 순정부보조금 (1926-2006)

- 출처: 캐나다 전국농민연합NFU. 농가당 실현순소득의 자료는 캐나다 통계청(http://www.statcan.gc.ca/cgi-bin/downpub/freepub.cgi?subject=920#920)의 자료를 가공함.

접근성'을 획득하고 수출을 늘리는 데 성공해왔다. 하지만 정치인들과 경제학자들과 무역협상가들이 예상했던 농가의 번영은 오지 않았다. 1988년 이래로 농가의 순소득은 정체되었다. —아니 인플레이션을 고려하면 사실상 극적으로 하락했다고 볼 수 있다.

수출 증가가 캐나다 농민들의 경제적 이익으로 변환되지 않은 것은 분명하다(그림 2-1을 볼 것). 서스캐처원 주의 농업수출 통계는 농업 위기가 얼마나 매서운가를 분명히 보여준다. 2006년 농가의 실현순소득은 그 지역 농부들이 1930년대 경험했던 것 이상으로 심각했다(그림 2-2).

투입요소 가격 상승으로 이윤마진이 감축되면서 농부들은 비용 대비 가격압박에 포위되었지만, 농산물 가격은 급감하였다. 최근의 캐나다 농업 센서스 자료에 따르면, 1996년에서 2001년 사이 농산물 가격은 27% 하락한 반면, 투입요소 비용은 8.5% 증가하였다(Lang, 2002). 1990년대 동안 실질적인 농가 부채는 증가했는데, 235억 달러에서 2000년에는 380억 달러로 최고조에 달했다(Wilson, 2001: 5).

농가소득 하락은 농촌의 인구공동화와 농촌 지역사회의 퇴락으로 이어졌다. 1971년에서 1996년 사이 캐나다 농가 수는 20%까지 줄어들었고(Stirling, 1999: 8), 1996년에서 2001년까지 농가 수는 또 다시 10.7%가 줄었다. 캐나다의 농업인구 또한 유례없는 수준으로 떨어졌다. 캐나다 통계청에 따르면, 1996년에서 2001년 사이 캐나다 전역에서 26.4%가 감소했는데, 일부 주들에서는 감소율이 더 높다. 앨버타는 37.6%, 서스캐처원은 36.2%, 온타리오는 31.5%의 감소율을 보였다(Lang, 2002: 3). 농민의 수가 줄어들면서, 남은 농가의 규모는 확대되었다.

자유무역 옹호자들은 수출용 생산량이 늘고 농업무역의 수준이 증대되어 농민들은 혜택을 봤다고 주장한다. 하지만 수치들이 보여주는 결과는 분명히 다르다. 신자유주의적 농업정책은 농업분야 다국적기업들에게 혜택이 되었을 뿐이다. NFU(2002b: 4)의 설명을 들어보자.

소위 '자유무역' 협정은 농민들에게 두 가지 영향을 동시에 미쳤다.

- 관세, 쿼터, 책임수매제를 제거함으로써, 국가 간의 경제적 국경을 제거하였고 전세계 10억 명의 농부들을 고강도 단일경쟁 시장으로 몰아넣었다.
- 동시에 협정들은 농기업들 간의 병합을 촉진함으로써 기업들 간의 경쟁은 거의 제거되었다.

'자유무역' 협정으로 무역량은 늘었을 것이다. 하지만 보다 중요하게, 무역협정들은 농식품생산 사슬에 참여한 행위자들 간의 상대적 규모와 시장지배력을 극적으로 바꾸어 놓았다. 농민과 농민들의 순소득에 있어 수출 증가는 무역협정과 세계화의 가장 미미한 영향력 중 하나일 뿐이다. 아마도 증대된 수입으로 얻게 된 잠재적 이익을 완전히 압도하게 될 만큼 더 중요한 것은 이러한 협정이 농민과 농기업 간의 시장지배력의 균형에 미치게 될 영향일 것이다. 농식품생산 사슬 안에서 이윤의 배분을 결정하는 것은 다름 아닌 시장지배력의 균형이기 때문이다. (강조는 원저자)

대체로 농업정책들은 전세계 농민들에게 손상을 입힐 수 있는 근대 식품체계 내의 왜곡된 권력관계를 무시한다. NFU의 네티 위베가 인터뷰에서 한 말을 옮겨본다.

캐나다 정부가 농업 보조를 철회하고 운송과 감독과 같은 인프라구조를 탈규제화거나 사유화함으로써 WTO의 규범을 성실하게 이행했다는 것은 전혀 가치가 없다. 캐나다 농부들은 생산에 투자하고, 산업화를 추진하고 생산을 다양화하고 최대화하면서 수출에 집중하라는 처방을 충실하게 이행하는 WTO의 홍보용 '포스터 보이들'뿐이다. 이에 상응하여 우리가 얻은 것은 기록적인 소득과 사람과 커뮤니티의 상실뿐이다. 만약 우리가 WTO 게임의 '승자'라면, 패배자들은 과연 무엇을 기대할 수 있을 것인가?

그 밖의 곳에서 농업 위기를 따라가다 보면, 인도의 안드라프라데쉬, 카르나타카, 마하라시트라의 주 경계 안에서 1997년에서 1998년 사이 농번기 동안에만 400여 명 이상의 농민들이 비극적 자살을 선택했다는 진실에 맞닥뜨리게 된다(Shameem, 1988; Vasavi, 1999). 이들의 자살은 전통적인 기초작물들을 저비용·저위험으로 재배하는 방식에서 제도적 지원은 거의 없는 상황에서 시장을 위한 고비용·고위험 생산모델로 전환되면서 농민들이 직면하게 된 극단적인 어려움들을 분명히 보여준다. 자살을 한 농민들의 다수는 상업적인 시장지향 농업에 관여했는데, 이들은 정확하게 당대의 농업정책이 옹호했던 근대화와 자유화라는 처방받은 경로로의 항해를 수행하였다. 하지만 그들의 삶은 절망과 비극으로 끝나버렸다. 그들이 스스로의 목숨을 끊기 위해 농업 근대화의 도구인 화학 농약을 사용했다는 것은 그들의 행동과 근대화의 연계를 보다 생생하게 증명한다.

최근 몇 년 동안 '농약 먹고 자살하기'는 인도 전역으로 번져갔으며, 이는 죽음의 추수harvest of death라 할 만한 비극이다.[6] 1997년 이래로 2만 5천 명 이상의 인도 농민들이 농업생산량의 '증대'를 위해 만들어진 농약을 마시고 자살했다(Frontline/World, 2005). 2004년 여름 안드라프라데쉬 주 한 곳에서만 매일 7명의 꼴로 농민들이 자살하였다. '자살의 씨앗' Seeds of Suicide이라는 제목의 다큐멘터리를 제작한 프리랜서 영화감독인 차드 히터는 "이것은 세계화의 이면이다"라고 말했다. 인도의 신임 수상 만모한 싱이 자살이 만연한 중부 지역을 방문하며 자살한 이들의 가족들을 위한 경감 프로그램에 대해 말했지만 비극은 끝나지 않았다(BBC News, 2004). 소작농과 소농들을 그처럼 비참하게 만든 정책이 실시된 그 몇 년을 되돌리기 위해서는 긴급구호 패키지 이상의 무언가가 필요할 것이다.

북반구와 남반구 구분하지 않고 구조조정 프로그램의 이행, GATT 협정에의 서명, 최근의 WTO 무역협상라운드들은 분명하게 시장의 힘을 우리 사회의 경제, 정치, 사회적 측면에 대한 주요한 결정요인으로 바라보는 세계관이 세계화되었음을 분명히 드러내는 것이다. '세계화에 관한 국제포럼' International Forum on Globalization의 창립 회원인 제리 맨더(Mander, 1996: 5)는 이러한 지구경제의 원칙들은 오직 "경제성장의 우선시, 성장을 자극하는 자유무역에 대한 요구, 규제 없는 '자유시장', 정부 규제의 제거, 세계적으로 단일한 개발모델에 대한 공세적 옹호와 결합된 게걸스러운 소비주의"만을 강조한다고 말한다.

일부 비평가들은 이러한 개발모델을 생존을 위해 요구되는 모든 자원들이 시장에 포획되어야만 하는 '공유지에 대한 엔클로저'로 봐야 한다고 주장한다(Shiva, 1997b). 또한 이들은 생존과 안녕에 건강, 공기, 식량, 방어 가능한 삶의 공간, 커뮤니티 등을 위해 요구되는 자원들을 포함시킴으로써 자산이란 개념을 넘어서 공유지의 개념을 확대시킨다(*The Ecologist*, 1992: 123-24).

대안 발전의 탐색

근대화와 세계화의 얼굴 안에서 빈곤 수준의 심화와 이에 동반된 환경 악화는 '개발'과 빈곤 경감 간의 관계에 대해 근본적 질문으로 이끈다. 인도인 학자 라즈니 코타리(Kothari, 1995: 2)는 빈곤을 "'발전'의 결과"라 해석하며, 자본주의 발전 경로를 수용한 사회들은 "빈곤을 키우고 있으며", 그들은 현재 경제규모의 확장을 통해 빈곤에서 "벗어나기 위해 필사적으로 노력"하고 있다고 말한다. 인도 출신의 운동가이자 학자인 반다나 시바(Shiva, 1993c: 71-73)는 충분히 효율적이되 비시장지향적이며 비서구적 방식으로 지역의 '필요들'을 충당하기 위해 지역민들이 지역 자원을 사용하는 것을 외부자들은 너무나 손쉽게 빈곤이란 개념틀로 설명한다고 지적한다. 또 다른 이들은 가난한 사람들이 박탈과 빈곤을 인식하는 방식은 때로 경제적인 것이 아님을 강조한다. 오히려 가난한 사람들은 사회적 안녕, 취약성, 안정성, 불안, 무방비, 위험에의 노출을 박탈과 빈곤으로 받아들인다. 때때로 빈곤은 사회적 배제의 문제로 인식된다. 이러한 접근법은 빈곤의 다면적 본질 즉, 빈곤은 경제적 측면 뿐 아니라 사회적·정치적 측면을 포함한다는 사실을 강조한다. 아마도 그들이 사회적 배제에 처하게 만드는 메커니즘, 제도, 행위자들을 포함하는 과정에 주목하는 것이 중요할 것이다.

　빈곤에 대한 대안적 정의는 필연적으로 발전에 대한 대안적 비전을 요구한다. 이러한 새로운 접근법들은, 예컨대 민중중심적 발전이든 대안적 발전이든 자율적 발전이든 관계없이, 혹은 보다 급진적인 측면에서는 반反발전 혹은 포스트발전이라 명명되든지에 관계없이 형평성 있고, 지속가능하며 참여적인 발전을 목표로 한다. 상명하달식 발전이나 대부분 서구 기술의 단순 이전에 대한 전면적인 반대는 구조적 전환의 동력이 된다. 수준은 매우 다양하지만 대안적 발전은 자립, 환경 및 생태적 지속가능성, 공동체에 기반한 내생적 전략들을 원칙적으로 옹호한다. 이러한 발전전략은 민중의 요구, 사회적 형평성 그리고 아래로부터의 참여적 방법들과 과정들을 강조하며, 다양성에도 불구하고 몇 가지 주요한 개념들을 공유한다. 지역의 지식과 관습에 가치를 부여한다는 맥락에서 지역의 환경과 지역의 권한 강화라는 가치를 존중하며, 주변화된 사람들이 스스로 자신들의 필요를 정의하도록 돕는다.

　존 프리드만(Friedman, 1992: 68)의 주장에 따르면, 그가 라틴아메리카의 공동체들에서 연구했던 '주변화된 사람들'에게 가장 중요하게 필요한 것은 '지원가능한 이웃이나 공동체'를 포함하는 '방어 가능한 삶의 공간'이었다. 그는 이러한 조건이 "모든 이의 사회적 힘이 최고로 인정받는 것이며, 가구마다 그것을 얻기 위해 일정하게 희생할 준비가 되어있음"을 의미한다고 말한다. 빈곤에 대한 이러한 대안적 비전을 적용하면, 대안적 농촌발전 정책은 생산과정이나 소비에 덜 집중하면서 가정이나 공유된 도덕적 공동체로 규정될 수 있는 사회적 공간을 육성하고 보호해야 할 필요에 보다 많이 집중할 수 있을 것이다.

이러한 두 가지 상반된 조건들, 즉 근대화·생산·소비의 증대 대 도덕적 공동체의 육성은 이제 근본적으로 대적하게 된다. 예를 들면, 인도에서의 생태적 투쟁들에 대해 연구한 프라모드 파라줄리는 공동체의 종말은 자본주의의 확산의 일환이라고 주장했다. 그의 연구에 따르면, 인도의 사례에서 발전주의 국가의 역사는 자기충족적이며 자치적인 공동체들의 지속적인 해체를 동반하였다. 그에 따른 투쟁들은 '이윤이라는 정치경제학'과 '공급이라는 도덕경제' 간의 갈등들이었으며, 저항의 중심에는 공동체의 복원과 강화가 자리하고 있다(Parajuli, 1996: 39). 저항은 또한 윤리적 정체성을 강화하고 파라줄리가 '생태적 민속성'ecological ethnicities이라 명명한 것을 구축할 수 있도록 자율성, 거버넌스, 대안적 발전모델에 대한 옹호를 포함한다.

빈곤을 사회적 배제와 권한 약화, 그리고 그것들의 진행과정으로 규정하는 것은 참여와 권한 강화를 위해 맞춤설계된 대안적 발전정책들과 프로그램들로 이어진다. 농촌개발의 맥락 안에서, 근대 산업 농업에 대한 저항은 종종 '대안적/전통적' 농업 대 '관행' 농업의 대비로 나타난다. 물론 이러한 용어들에 한계가 없다고 말하긴 어렵다. '대안' 농업은 종종 복잡한 사회·문화적 관계의 맥락 안에서 행해지는 소농에 기반한 혹은 소규모 농업을 의미하지만, 때로 오랫동안 전통적인 방식과 지식으로 이루어진 곡물 농사에 새로운 생각들이 결합될 수 있다. 실제로 (전통과 새로움 간의) 조합은 세계 전역에서 여전히 가장 보편적인 농사 형태이다. 이에 비해 관행 농업은 소수의 산업화된 농부들에게 있어서

만 '관행'일 뿐이다.[7)]

근대적/관행 농업이 대부분의 산업 국가들의 경관에서 우세할 수는 있지만, 이것이 필연적으로 수많은 개발도상국에서도 그러한 것은 아니다. 근대적 농업은 명백하게 남반구 농촌을 급습한 것은 사실이다. 『이코노미스트』(The Economist, 2000b: 11)에 따르면, 세계 대부분의 지역에서 관행 농업은 "불편하지만 전통적 농경 행위들과 동거"해왔다. 심지어 선진국에서도 관행 농업에 대해 저항하며 보다 생태적 기초를 갖춘 농업으로의 일관된 전환은 지속적으로 시도되어왔으며, 유기농 생산과 유기농 상품의 마케팅의 폭발적 증가는 이를 분명히 반증한다(ibid.: 8).

대안적 농경은 다각적 영농으로 단작을 대체하고, 다양성으로 단일성을 극복하고 있다. 농민들은 천연비료와 생물학적 해충방제를 통해 더 많은 독립성과 자율성을 얻게 되었다: 농부들은 자연을 지배하거나 통제하는 대신 자연과 상호작용하며 커뮤니티는 경쟁으로부터 승리하였다(표 2-2를 참고할 것).

식량경제의 재구조화는 소비, 생산, 유통의 변화들과 점점 더 연계된다. 일부 비평가들은 세계화와 신자유주의화를 통해 산업화된 농업모델이 더욱 공고해지면, 소농의 소멸은 필연적일 것이라 주장했다(Lappé, Collins, and Rosset, 1998). 하지만 가족농은 전세계 농업생산에서 주요한 구조로 여전히 유지되고 있다.

농촌의 위기가 분명함에도 불구하고, 가족농이 이처럼 농업생산의 주요한 부분으로 유지되고 있는 이유는 무엇일까? 가족농 존속을 뒷받침하는 주요 주장 중 하나에 따르면, 농산업은 식량생산에 내재된 자연

〈표 2-2〉 관행 농업과 대안 농업의 비교

지배적인/관행 농업 패러다임	대안 농업 패러다임
집중화 • 생산, 가공, 마케팅의 중앙 통제. • 집중된 생산, 소수의 대규모 농장들, 농민과 농촌 커뮤니티의 축소.	**탈집중화** • 보다 지역화된(local/region) 생산, 가공, 마케팅. • 분산된(농가나 농민들의 수준으로) 생산, 토지에 대한 통제, 자원, 자본.
의존 • 생산에 대한 과학기술적 접근, 전문가에 대한 의존. • 에너지, 투입, 신용의 외부 자원에 의존. • 장거리 시장에 대한 과도한 의존.	**독립** • 생산단위당 투입양과 비율의 감소, 지식, 에너지, 신용에 대한 외부 의존율을 줄임. • 개별적, 커뮤니티별 자급자족의 강화. • 개개인의 가치, 지식, 기술에 대한 근본적인 강조.
경쟁력 • 경쟁적 자기 이해. • 농업은 사업이다. • 효율성, 유연성, 양, 이윤율의 증가를 강조. • 최신기술 보유와 운영규모 증대에 대한 강조. • 전통적인 가족농과 농촌공동체를 중요한 '삶의 방식'으로 고려하지 않음.	**공동체** • 협동의 증대. • 농사는 삶의 한 방식이자 사업의 한 방식. • 농업생태계의 모든 부분들의 최적화를 추구하는 생산에 대한 전일적인 접근의 강조. • 적정 기술과 적정 생산규모를 강조. • 전통적인 가족농과 농촌공동체를 중요한 '삶의 방식'으로 강조함.
자연에 대한 지배 • 인간은 자연으로부터 분리되어 있으며 자연보다 우월하다. • 자연은 주로 경제발전을 위해 사용될 자원들로 구성되어 있다. • 자연 순환을 규정하고 체계화하기 위해 인간의 시간을 부여할 수 있다. • 산업적 투입과 과학적 조작을 통한 생산성의 극대화. • 과학 및 산업의 과정들과 생산물을 이용해 자연의 과정과 생산물을 전유하고 대체함.	**자연과의 조화** • 인간은 자연의 일부이며 자연에 의존한다. • 자연은 자원을 제공하지만 내재적 가치를 지닌다. • 자연의 영양 및 에너지 순환에 맞춰 작업. • 생태적/폐쇄 시스템 접근법—다각화되고 균형잡힌 시스템의 개발 포함—에 맞춰 작업. • 자연의 생산물과 과정들을 더 많이 포괄. • 토양의 건강성 회복을 위해 문화적 방식을 활용.

지배적인/관행 농업 패러다임	대안 농업 패러다임
전문화 • 제한된 유전자원만을 생산에 활용. • 대부분의 작물을 단작으로 재배. • 곡물생산과 가축생산의 분리. • 표준화된 생산 시스템. • 전문화된 학문에 기초한 과학적 접근법이 우세함.	**다양성** • 광범위한 유전자원. • 다각적 영농과 복합 윤작의 결합. • 곡물생산과 가축생산의 통합. • 다종다기한 농경 시스템. • 간학문적(자연과학과 사회과학의 결합), 참여적(농부의 참여), 시스템 지향적.
착취 • 장기적 결과보다 단기적 이윤을 중시하면서 외부비용(환경 및 사회 비용)은 종종 무시됨. • 재생불가능한 자원에 의존함. • 고소비/물질주의가 경제성장을 추동한다. • 과학 지식과 산업적 접근의 헤게모니는 토착적/지역적 지식과 문화의 상실로 이어짐.	**규제 (혹은 안전장치)** • 가능한 모든 비용을 생산원가에 포함하려 함. (전부 원가회계, full-cost accounting) • 단기 결과와 장기 결과가 동등하게 중요. • 재생가능 자원 사용 증대, 재생불가능한 자원의 보호. • 지속가능한 소비, 간소한 생활양식. • 기초적 필요에 대한 형평성 있는 접근. • 이종적인 지식의 가능성을 인정하며 다른 지식과 행동방식들을 인지하고 통합함.

• 출처: Beckie, 2000, Beus(1995: 60)를 일부 적용.

의 생물학적 과정으로 인해 심하게 제약된다는 점에서 다른 산업들과 다르다(Allen and Lueck, 1998). 또한 소농이 대규모 기업농보다 훨씬 '효율적'이라는 증거도 증가하고 있다(Posset, 1999: 8). 또 다른 이들은 다수의 가족농이 안정되게 유지되는 것은 그들이 보다 지속가능하기 때문이라고 주장한다(Ahearn, Korb, and Banker, 2005). 마지막으로, 가족농의 유지는 경제학의 범주를 넘어서 다수의 사회적 목적을 수반한다고 볼 수 있다. 다시 말해, 다수의 가족농들이 농업에 헌신하는 것은 노동과 투자에 대한 공정한 보상을 얻어야 한다는 요구만큼이나 공동체와 사회적 안녕이라는 욕구를 반영하는 것일 수 있다. 예컨대, 놀라 라인하트와 페기 바렛(Reinhardt and Barlett, 1989: 216-21)은 미국 사례의 한 연구에서, 농업은 선조들이 거주했던 토지와 장소들에 대한 강한 연계를 상징하며 민속적 정체성, 도덕적 삶, 종교와 같은 개념들에 뿌리내리고 있음을 밝혔다. 그들은 가족농의 수많은 목표들은 '말로 형연할 수 없는 부intangible wealth라는 측면들'로 표현될 수 있으며, 여기에는 '소유의 자긍심, 가족의 지속, 노동시간과 장소를 선택할 자유, 노력과 보상을 규정하는 능력'이 포함된다고 강조한다. 생계의 유지가 하나의 목표일 수는 있지만 이상의 목표들은 반드시 '자신들의 자원에 대한 더 높은 수준의 보상을 획득하려는 요구'를 의미하지는 않는다.

캐나다 전역에서 개최된 연속 워크숍에서 "무엇이 당신을 계속 농사짓도록 만드는가?"라고 질문했을 때, 캐나다의 여성농민들은 아름다움과 자연에 대한 애착을 최상위 순위로 꼽았다. 워크숍의 보고서에는 다음과 같이 적혀 있다.

> 우리 자신들을 위해 그리고 자녀들을 위해, 여성들은 뿌리내림의 감각, 예컨대 토지와의 깊은 관계의 느낌과 토지에 대한 열정에 높은 가치를 부여한다. 농업은 우리의 정신과 심장과 피에 깊이 뿌리내리고 있으며, 많은 경우 농업은 우리가 하고자 했던 것들의 전부이기도 하다.
> 교통체증과 사이렌 소리로 방해받지 않은 어느 봄날, 흙의 향기와 조용하고 아름다운 경관 안에서 얻는 삶의 고요와 평화는 사색을 위한 열린 공간

버티고 있는 가족농

1992년 미국 정부가 수집한 통계자료에 따르면, 농가의 85% 이상이 가족농으로 구성되어 있으며 기업농은 전체 농가의 단지 0.4%와 전체 (농산물) 판매수익의 6%를 각각 차지하며 기업농의 농장 면적은 단지 1.3%에 불과했다(Allen and Lueck, 1998: 344). 상황은 캐나다에서도 유사하다. 농가의 63.5%가 가족단위로 경영되며 기업 소유는 전체 농가의 1.4%에 불과하다(ibid.: 3). 비슷한 유형이 세계 대다수의 지역에서도 관찰되는데 특히 개발도상국에서 소작농이나 소규모 농업생산이 유지되고 있다(Netting, 1993; Rosset, 1999). 네덜란드 헤이그에 위치한 사회학 연구소Institute of Social Studies의 크리스토발 케이 연구원에 따르면, 라틴아메리카 전역에서 소작농은 주요하게 유지되고 있다. 그녀의 연구(Kay, 1995: 3)는 1980년대의 소작농에 대해 다음과 같이 설명한다.

> (소작농은) 모든 농가의 4/5를 차지하며 전체 농지의 1/5을 경작하고 있다. (…) 소작농 경제는 전체 농업노동력의 1/3을 차지한다. (…) 특히 다음의 나라에서 소작농 경제가 농업생산의 주요한 몫을 담당하고 있다. 볼리비아(80%), 페루(55%), 멕시코(47%), 콜롬비아(44%), 브라질(40%), 칠레(38%).

이나 홀로 있을 수 있는 뒷마당과 시간적 기회를 제공해주기 때문에 토지와 우리의 연계는 더욱 강해진다. 농장에서는 어둠과 달빛의 아름다움이 있고, 우리 여성들은 인공조명으로 오염되지 않은 밤하늘에서 별을 보는 즐거움을 누린다. 농가의 여성들은 농사 행위, 작물의 식재, 재배, 수확이 주는 큰 만족, 사시사철 자연에 머물면서 경험하는 것들에 애착을 느낀다. 여성은, 동물을 기르면서 막 태어난 동물들을 보는 것 그리고 어린 동물을 생명의 순환 고리에 따라 기르는 일이 주는 기쁨과 만족을 통해 농업과 연결된다. 농사와 자연에 대한 열정적 헌신은 영적으로 충만하다. (Roppel, Desmarais, and Martz, 2006: 32-33)

이상은 북아메리카 농가에 관한 소묘이지만, 세계의 많은 지역에서 소작농들도 농촌공동체를 구성하는 필수적 구성요소로 토지와 자신들과의 연계를 유지하기 위해 동일한 수준으로 강력한 헌신을 공유하고 있다(Racine, 1997; Handy, 1994). 이러한 조건은 프리드만이 '방어 가능한 삶의 공간'이란 개념으로 설명하려 했던 바로 그것이다.

농업, 특히 소농은 단순히 생산량이나 이윤 최대화를 추구하는 것이 아니라는 생각이 국제사회에서 점차 설득력을 얻어가고 있다. FAO(1999)는 농업의 '다중기능성' multi-functionality이란 개념을 탐색하였으며, 일부 국가들이 WTO 농업협정을 변화시키기 위해 이 개념을 점점 더 많이 사용하고 있다. 산업농의 보루인 미국 농무성(USDA, 1998) 역시 다양성, 환경적 혜택, 자기역량 배양, 공동체의 책무성을 포함하는 소농의 '공익적 가치'를 강조하였다. 또한 소규모 농가들은 식량과의 개인적 연계 및 탄탄한 경제적 기초를 제공한다는 점에서 이러한 농가들은 가족들을 위한 장소라고 말했다. 이러한 사고방식이 배타적인 생산지향

모델을 벗어나 농업의 역할과 목적에 대한 보다 포괄적인 관점으로의 중요한 전환으로 기능한다는 주장하는 것은 아마 이상적이고 순진한 것일지도 모른다. 하지만 이미 세계는 두 가지 매우 경쟁적이며 경합 중인 농업모델, 즉 지역 중심적인 농민이 주도하는 대안적 모델과 기업이 주도하는 지구적 산업모델의 존재를 인정하고 있다.

세계화는 보편적이고 불가피한 것이라는 생각을 거부하려면 우리는 농업을 '치열하게 경합 중인' 과정으로 재구조화하는 개념을 재구성해야 한다. 우리는 식량생산은 여전히 지역을 기초로 하고 있으며, 사회적 주체가 그 생산의 본질을 구성하는 데 중요한 역할을 수행한다는 점을 인지해야 한다(Whatmore and Thorn, 1997). 사라 왓모어(Whatmore, 1995: 45)가 주장하였듯이, 생산은 역사적으로 규정되어 온 '지역의 사회적 관계, 문화, 정치적 정체성, 경제적 전략, (지역적) 토지 이용 행위들'에 뿌리내리고 있는 특별한 사람들에 의해 특별한 장소에서 이루어진다. 이런 방식의 분석은 산업적 모델에 대한 수없이 많은 저항의 '공간들'과 형태들이 지역적, 국가적, 국제적 수준에서 이미 만들어지고 있음을 보여준다. 아마도 가장 중요한 것은 사회적 주체와 저항은 대안적 농업모델의 구성과 방어에도 적극적으로 결합하고 있으며, 기본 생산과 그와 같은 생산을 위해 사회적 관계를 어떻게 만들 것인지에 관한 의사결정이 가족농의 손에 남아있음을 인식하는 것이다. 이러한 맥락과 이러한 목적 안에서 국제적인 농업운동이자 소농운동인 비아캄페시나가 등장하고 행동하고 있다.

03

세계화하는 소작농과 농민들

비아캄페시나는 부정의하고 지속가능하지 않은 생산과 무역의 모델을 바꾸기 위해 헌신하고 있다. 소작농과 농민들은 남북을 막론하고 어느 곳에서나 재정적, 사회적, 문화적 위기로 고통 받는다. 따라서 어느 곳에서건 우리는 더 정의롭고 지속가능한 농민 사회를 만들기 위한 연대에 노력해야 한다. 소작농과 소농인 우리에게 패배는 없다. 우리는 강력하고 단호하다. 이 세상에서 우리가 다수이다. 우리는 자신의 노동으로 가족들과 인류를 위해 안전한 식량을 생산하는 것을 자랑스럽게 여긴다. 우리는 생명과 문화 양자 모두의 다양성을 소중히 여긴다. 미래는 우리의 것이다.
2000년 10월 3일 비아캄페시나의 「방갈로르 선언」

GATT의 우루과이라운드가 1994년 완료됨에 따라, 소농과 농민조직은 장차 국제무역협정이 농업경제의 구조와 농촌공동체들의 사회구조에 대한 근본적인 변화를 만들어낼 것이라는 것을 분명히 알게 되었다. 가장 충격적인 것은 WTO의 출범으로 농민조직과 국가 간의 관계가 근본적으로 변화될 것이라는 점이었다. WTO의 권력은 기존에 중앙정부의 몫이었던 국가농업정책의 결정에까지 영향을 미치게 된 것이다. 국제협정에 서명함으로써 중앙정부와 정치인들은 국내정책의 프로그램에 대한 책임을 저버리게 되었다. 그러한 일들 모두가 이제 그들의 통제력을 넘어서게 된 것이다. 모든 정책과 프로그램들이 WTO의 결정을 준수해야 한다는 점에서 그들의 손발은 묶여버렸다.

아직은 소작농과 농가들은 이와 같은 경제 재구조화의 과정에 순응하는 공범이 되지도 않았고, 증가하는 빈곤과 주변화의 국면에서 수동적인 희생자가 되었음이 증명되지도 않았다. 경제자유화와 산업화된 농업모델의 세계화로 인해 북반구과 남반구의 농민지도자들도 국경을 넘어 대륙을 넘나들게 되었다. 브라질 MST의 후앙 페드로 스테딜의 설명을 들어보자.

자본주의적 개발이 500년 이상 진행된 현재에 이르러서야 농민들이 어느 정도의 전세계적 협력을 시작했다는 것은 매우 놀라운 일이다. 노동자들은 이미 한 세기 전에 '국제노동자의 날'을 갖게 되었고, 여성들의 기념일도 그만큼 늦지는 않다. 농민들은 이제야 그런 날을 갖게 되었다. 4월 17일. 우리에게 자랑스러움의 원천이자 까라야스 학살〔1996년 4월 17일 브라질 파라 주의 엘도라도 도 까라야스에서 무장 경찰관들이 정부의 토지개혁에 저항하며 시위 중이던 소작농들에 대한 학살을 자행하여, 19명이 사망한 사건이 발생했다. 이 사건을 추모하기 위해 비아캄페시나는 틀락스칼라 회담에서 이날을 국제소작농 투쟁의 날로 선언하였다 — 옮긴이〕을 추모하는 날. 오랫동안 자본주의는 곧 산업화만을 의미했었기에, 땅의 사람들의 투쟁은 지역 수준으로 제한되었다. 하지만 신자유주의적 국제화의 실체가 우리에게 영향을 미치게 되면서, 우리는 필리핀, 말레이시아, 남아프리카, 멕시코, 프랑스의 농민들로부터 그들이 직면한 동일한 문제와 동일한 착취자들에 관한 이야기를 들어왔다. 인도인들이 몬산토에 대항하여 봉기하였고, 브라질과 멕시코와 프랑스에 사는 우리도 마찬가지였다. 한 줌에 불과한 회사들(세계적으로 약 7개의 회사)이 농업 무역을 독점하고, 연구와 생명기술을 통제하며, 지구상의 종자에 대한 소유권을 움켜쥐고 있다. 자본주의의 새로운 국면은 그 자체로 농민들이 신자유주의 모델에 저항하기 위해 단결할 수밖에 없는 조건을 창출하였다(*New Left Review*, 2002: 99에서 재인용함)

비아캄페시나는 북반구의 농민들과 남반구의 소작농조직들 간의 오랜 교류의 역사를 바탕으로 소작농과 농민이 주도하는 반反기업국제운동으로 등장하였다. 농업 경제학이 GATT/WTO 메커니즘을 통해 점차 세계화되는 맥락 안에서, 소작농과 농민조직들의 공통점은 점점 더 많아졌다. 이들은 공동의 이해관계를 규명하였고, '땅의 사람들'이라는 집단정체성을 공고히 하였으며, 다국적기업들을 적으로 규정하는 집합적 분석을 발전시켜왔다. 비아캄페시나의 정체성과 식량주권이라는 개념으로 가장 잘 설명될 수 있는 변화를 위한 비전과 집합적 의지는 국제무대에서 활약하던 두 개의 주요한 시민사회 세력인 국제농업생산자연맹IFAP과 NGO들과의 상호작용을 통해 더욱 신장되었다.

'땅의 사람들'이라는 공동의 기반 구축하기

비아캄페시나의 직접적인 뿌리는 1992년 5월 니카라과의 수도 마나과에서 개최된 전국농민연합 Unión Nacional de Agricultores y Ganaderos의 제2차 대표회의에서 중앙아메리카, 카리브 해 연안, 유럽, 캐나다, 미국 등지에서 온 8개 농민조직들의 대표자 회담으로 거슬러 올라갈 수 있다. 그 국제회의에서 소작농과 농민들은 북반구와 남반구의 농가들이 공유할 수 있는 공동의 기반을 수립하였다.

농민지도자들은 또한 자신들의 조직들 간의 연계를 강화하고, 전세계 농민조직들 간의 국제적 연계망을 구축할 것을 약속하였다. 「마나과 선언」에는 분명하게 신자유주의에 대한 대안들을 발전시키려는 집합적 노력에 대한 열망이 담겨 있으며, 어느 곳에 있든 관계없이 소작농과 농

마나과 선언 (부분 발췌)

신자유주의 정책들은 전세계적으로 우리 농민들을 돌이킬 수 없는 멸종의 벼랑으로 몰아가고 우리의 농촌 환경에 회복 불가능한 피해를 입히는 극단적인 제약들의 전형이다. (…)

우리는 GATT가 독점자본과 다국적기업들의 이윤을 위해 가난한 나라의 농민들에게 해를 끼칠 뿐 아니라 부유한 나라의 농민들도 빈곤으로 몰아넣고 있음을 알고 있다.

무역과 국제교역의 근본적 목표는 경쟁과 적자생존이 아니라 정의와 협력이어야 한다.

생산자로서 우리는 최소한 생산에 투여된 비용을 보존하기에 충분한 수입을 보장받아야 한다. 현재까지 이것은 한번도 GATT 협상의 관심사가 아니었다. 우리는 저가정책, 자유화된 시장, 잉여농산물의 수출, 덤핑과 수출보조금을 증진시키는 정책에 반대한다.

지속가능한 농업생산은 사회적 생명에 있어 근본적이며 전략적인 것으로 단순히 무역의 문제로 환원되어서는 안 된다. 농민들은 GATT 협상에 대한 직접적인 참여를 요구한다.

「마나과 선언」 서명 단체
ASOCODE, Windward Islands Farmer Assopciation(WINFA), Canadian National Farmers Union(NFU), National Farmers Union

(NFU-USA), Coordiation Paysanne Européenne(CPE), Coordinadora de Prganizaciones de Agricultores Y Ganaderos(COAG-Spain), National Farmers Union(Norway), Dutch Farm Delegation(Netherlands)

- 출처: 「마나과 선언」 Managua Declaration 1992: 1-2

민들에게 연대할 것을 분명하고 강한 어조로 호소하고 있다. 선언은 말하고 있다. "우리의 단결을 통해, 땅을 경작하고 우리 가족의 존엄성을 지킬 수 있었던 우리의 권리를 찬탈한 사람들이 들을 수 있도록 우리의 목소리와 입장을 드러낼 수단을 강구하자."

'마나과 회의' 바로 다음 해인 1993년 5월 15~16일에 세계 전역에서 온 46명의 농민지도자들—「마나과 선언」에 서명한 조직 대부분의 대표자가 포함되었으며, 그 중 20%는 여성농민이었다—은 벨기에 몽스에 모여 공식적으로 비아캄페시나를 출범시켰다. 농민지도자들은 네덜란드의 NGO인 파울로프레이리재단PFS의 후원을 받아 모일 수 있었다. 이 재단의 기본 목적은 대안적 농업정책에 대한 국제적인 농민 주도 연구프로젝트를 진행하는 것이다. 농민지도자들은 보다 포괄적이고 인상적인 아젠다를 가지고 몽스에 왔다. 가장 중요한 것은 국제 소작농 및 농민운동을 진보적인 조직으로 묶어내는 것이었다.

농민지도자들은 5개의 권역을 설정하고 다음과 같이 각각의 지역을 대표할 5인으로 구성된 국제조정위원회ICC를 구성하였다. 남아메리카의 MST, 중앙아메리카·카리브 해·북아메리카의 ASOCODE, 동유럽에서는 폴란드의 소작농연대Peasant Solidarnosc, 아시아의 필리핀농민운동KMP, 서유럽의 CPE. 비아캄페시나는 또한 「마나과 선언」을 확대하여 진보적 농업정책의 기본 요소들을 추가하였다. 「마나과 선언」의 모든 주요 요소들은 5월 16일 국제회의의 폐막식 공식성명서에 반영되었다. 「몽스 선언」은 다음을 강조한다.

현재의 비이성적이며 무책임한 생산 논리와 그것을 지탱하는 정치적 결정들에 대항하여, 우리는 생태적으로 지속가능하고, 사회적으로 건전하며, 생산자들에게 그들이 매일매일 생산하는 부에 대한 현실적 접근권을 허락하는 농업 발전을 되찾을 것이다. 이를 위해 보장되어야 할 기본 권리는 다음과 같다.

1. 소규모 농민들이 농촌에서 살아갈 수 있는 권리. 농민들이 스스로 자율적으로 조직화할 수 있으며, 일반적인 발전, 보다 특수하게는 농촌 발전의 정의와 이행에서 농민들의 사회적 중요성을 인정받을 완전한 권리를 의미한다.
2. 우선적으로 세계의 모든 민중들을 위해 건강한 고품질의 식량의 공급을 보장하는 다각화된 농업에 대한 권리. 이는 환경과 균형 잡힌 사회와 땅에 대한 효율적인 접근에 대한 근본적인 존중에 기초한다.
3. 모든 국가가 자국의 이해관계를 준수하고, 실질적 참여를 보장하는 소

작농과 토착조직들과의 합의 과정concertación을 통해 스스로 농업정책을 규정할 수 있는 권리. (Via Campesina, 1993a: 2)

비아캄페시나는 신자유주의 농업정책에 대해 명시적으로 반대하며 등장했고, 더 직접적으로는 GATT 협상에서 실제로 땅에서 일하며 세계의 식량을 생산하는 사람들의 관심과 요구와 이해관계가 배제된 것에 저항한다. 북반구와 남반구의 소작농과 소농들은 신자유주의에 대한 대안들을 개발해야 하는 긴급한 임무를 위해 협력하며 농업과 식량에 대한 미래의 회의에서 그들의 목소리가 들리도록 하자고 결의하였다. 폴 니콜슨은 1996년 비아캄페시나의 두 번째 국제회의에서 다음과 같이 설명하였다.

현재까지 농업정책에 대한 모든 지구적 토론에서 농민운동은 존재하지 않았다. 우리는 그 어떤 목소리도 낼 수 없었다. 비아캄페시나의 존재 이유는 그러한 목소리를 되찾아 보다 정의로운 사회를 창조하자고 선언하려는 것이다. (…) 이것과 더불어 우리의 지역 정체성, 식량을 둘러싼 우리의 전통, 우리 자신의 지역경제에 대한 선언도 필요하다. (…) 자연과 생명을 보호해야 하는 책임은 우리가 수행해야 할 근본적인 역할이다. (…) 비아캄페시나는 농민을 위해 '농민의 방식'을 지켜내야 한다. (Via Campesina, 1996a: 10-11)

이렇듯 집합적인 '우리'에 도달하는 것은 결코 쉽지 않았다. 농업정책이 점차 국가에서 지역이나 지구적 수준으로 이양됨에 따라, 농민 조직들은 유사한 생각을 가진 진보적 조직들과의 국제적 연대와 동맹구성을 위해 노력해왔다. 1980년 중반에서 1990년대 초반을 거치면서 '마나과 회의'와 '몽스 회의'에 참여했던 수많은 조직들 대부분이 비아캄페시나의 창립회원이 되었으며, 남과 북의 협상파트너들과의 교류와 대화에 참여했다. 이러한 활동들은 농민지도자들이 자신의 지역과 세계화된 세계에 대해 동시적으로 고려하는 것을 가능케 했다. 그들은 모든 농촌에서 벌어지고 있는 변화들에 대해 집합적으로 분석하고, 농촌 조직화의 경험과 전략을 공유하며, 가능한 대응과 집단행동에 대해 토론할 수 있었다.

농민조직들, 국제연대를 벼리다

비아캄페시나 조직 내에서 NFU가 연대 사업을 담당하였다. 1970년대 동안 NFU는 다른 나라들이 생산과 농촌 문제를 더 잘 이해하기 위해 여러 차례 농민들의 학습여행을 주관하였다. NFU 대표단의 방문지는 중국, 모잠비크, 쿠바까지 이어졌다. 1980년대 NFU 회원들은 옥스팜과 관계된 농민단체들과 함께 니카라과로 학습여행을 떠났는데, 이 여행의 목적은 니카라과의 전국농목축업연합UNAG에 소속된 농민들에게 꼭 필요한 연장과 농기계 관련 학습을 제공하는 것이었다. 이들은 농기계를 수리하고, 유지관리법을 전수했으며, 캐나다 농민들로 하여금 니카라과 국민들의 혁명을 위한 노력에 관심을 갖게 하는 계기를 제공하였고, 니카라과 민간단체들과의 연대를 모색하도록 하였다.

우루과이라운드가 개시되고 2년이 경과한 1988년 12월, NFU는 몬트리올에서 개최된 '국제무역과 GATT 국제회의'에서 다양한 진보적인 농민지도자들을 만날 수 있었다. 이곳에서 NFU는 특히 필리핀의 KMP라는 단체와 자주 접촉했는데, 이 조직의 지도자인 하임 타데오는 NFU도 많은 관심을 가지고 있는 사안에 대해 동일한 목소리를 높였다. 양 조직은 GATT 협상에서 캐언즈 그룹Cairns Group이 옹호하는 배타적인 자유시장 이데올로기는, 궁극적으로 남반구와 북반구의 농촌 거주자들의 주변화를 심화시킬 것이라 확신하였다(KMP, 1988). NFU와 마찬가지로 KMP는 각국이 자기 결정권 즉, 정책과 방침을 결정할 수 있는 각국의 권리와 다른 나라의 식량안보에 해를 끼치지 않으면서 자국 국민의 안녕을 보장할 수 있는 메커니즘을 완벽하게 존중받을 수 있어야 비로소 공정하고 정의로운 농업무역협정이 될 수 있다고 주장했다. KMP는 또한 국제회의 동안 결성된 농민조직들 간의 연대에 대해 강한 희망을 피력하였다. "이 유대관계가 전세계 가난한 소농들과 농업노동자들을 위한 더 나은 세계를 만들기 위한 공동의 투쟁의 장에서 오래 지속될 우정과 단합의 시작점이 되게 하자!"

이러한 국제연대의 경험을 통해 NFU는 자신들의 국제사업의 목적을 보다 구체화시킬 수 있었다. 대표적으로 개발도상국의 파트너들과 함께할 제도화된 연대의 망을 구성하는 것이 포함되었다. 이러한 접근은 기본적으로 NFU 조직 내의 청년과 여성들에 의해 주도되었다. 그들

NFU 여성: 연대와 파트너쉽을 정의하다

진정한 연대는 일정한 공동의 목적을 위한 책무를 공유하는 당사자들 간의 쌍방적 관계에서 성립된다. 자선과 달리 연대는 양 당사자가 아젠다의 공유를 상호간에 필수적인 것으로 인지하며 협력하는 곳에서만 가능하다. 이것은 낭만화되거나 "우리는 준 것에 비해 얻은 것이 더 많다"고 거들먹거리는 것을 넘어서 "양쪽을 다 경험할 수 있는 경로를 따를 수 있도록 서로 지원했다"고 말할 수 있는 수준까지 나아가야 한다.

캐나다인들에게 있어 니카라과의 농업생산자들과의 연대는 (…) 그들이 그곳의 사회정의를 위한 혁명적 아젠다를 추구할 수 있도록 어떻게 도울 수 있는가 하는 것뿐 아니라, 그만큼 중요하게, 그 아젠다를 여기 캐나다의 농민들과 함께 할 수 있는지 정의하는 과정이다. 또한 니카라과인들도 동등한 수준으로 우리 캐나다인을 어떻게 도울 수 있을지를 구체적인 용어로 정의해야 하는 것을 의미한다. 다시 말해, 연대는 니카라과의 사회 변화 과정을 지원하려는 캐나다인들이 여기 캐나다에서도 동일한 수준으로 그 목표들을 지원하고, 증진할 수 있어야 하며, 그 수준의 의지를 가질 것을 요구한다. 니카라과에서의 목표에 대한 지지에서 보여준 것만큼의 헌신과 용기를 가지고, 캐나다에서도 정의롭지 못한 구조를 바꾸기 위해 조직화된 방식으로 일해야 한다. 연대는 상부상조하는 것이며, 양 당사자로 하여금 상대방의 투쟁과 대안들을 이해하고 존중할 것을 요구한다.

연대의 개념과 구체적인 표현들은 파트너십의 그것과 유사하다. 불평등한 관계에서 파트너십은 존재할 수 없다. 공동 프로젝트에서 진정한 파트너들은 자선의 기부자/수혜자 모델이 되지 않도록, 동등한 기여를 상호 주고받도록 만들어야 한다. 파트너십은 상호 이익을 위해 경험과 기술과 자원을 쌍방이 교환하는 것이다. 그러한 관계의 질은 공동 프로젝트의 기획과 목표와 이행을 함께 수립하고, 과정에 대한 쌍방 모두의 평가를 요구한다.

- 출처: NFU-UNAG 여성연계프로젝트위원회에서 발췌(NFU-UNAG Women's Linkage Project Committee, 1990:1).

은 국제연대를 리더십 향상을 위한 효율적 수단의 하나가 될 것이라 기대했다. 예컨대, 1980년대 중반 NFU와 윈드워드아일랜드농민연합 WINFA(윈드워드제도는 카리브 해의 서인도제도의 남동부에 위치한 도서국들을 통칭한다 — 옮긴이)은 캐나다의 개발 NGO인 인터페어스Interpares와 적십자의 후원을 받아, 캐나다-카리브 지역 농업교류 프로그램을 실행했는데, 이 프로그램에는 6주간의 리더십 역량 강화 프로그램과 두 조직에 소속된 캐나다와 카리브 지역의 농장 청년들을 위한 농업체험이 포함되었다.

NFU의 여성들도 국제연대사업에 착수하였다. 1989년 3월 그들 중 일부가 UNAG 여성위원회가 주최하고 옥스팜과 관계된 농민단체들이 주관한 2주간의 니카라과 여성농업학습여행에 참가하였다. 여행 참가자들은 연대를 만들어가는 것이 각자의 현실을 이해하는 것임을 깨닫게

캐나다 NFU의 여성들

NFU의 국제교류 사업은 NFU 여성들의 리더십 역량 개발에 분명히 기여한 듯하다. 그 증거로 1996년 여성이 NFU의 6명의 전국지도자 지위 중 네 자리를 차지했는데, 이들 모두가 청년으로서 혹은 NFU-UNAG 여성 연대 프로그램을 통해 캐나다와 카리브지역 농업교류 프로그램에 참가한 경험이 있었다.

되었다(부록 A를 볼 것).

캐나다 귀국 후, NFU의 여행 참가자들은 캐나다 제6지역(서스캐처원 주)의 NFU 여성들과 니카라과 제5지역(마타갈파 주) 여성위원회 간의 연대를 위한 작업에 착수하였다. NFU 회원들은 연대와 파트너십이 상호이해의 주요한 토대가 될 것이라 믿었다. 비아캄페시나에서 NFU의 후속작업은 주로 NFU 여성들이 정의한 연대와 파트너십의 개념에 따라 구조화되었다.

NFU-UNAG 여성 연계 프로젝트는 리더십 역량 강화에 기여하였고, 격년으로 양국 대표단이 상대 단체 방문을 정례화함으로써 두 조직 간의 연대와 파트너십은 공고해졌다. 또한 농촌지역에서의 조직화에 대한 정보, 아이디어, 경험에 대한 정기적인 대화와 교류가 실시되었다. UNAG 대표단이 캐나다에 오면, 프로그램의 상당수는 교회 지하실, 마을회관, 농부의 주방에서 회의를 하거나 NFU 회원들의 농가에 체류하는 등 농촌 커뮤니티에서 이루어졌다. 이와 같은 면대면 만남은 풀뿌리 멤버십을 포함하여 NFU의 전국적 지도력을 넘어서 해외를 바라보거나 국제적 관점을 확장하는 데 도움이 되었다. NFU와 UNAG의 여성들이 상대방의 현실에 대해 더 많이 배우게 됨에 따라, 그들은 여성 학습여행 참가자로서 그들이 관찰했던 공통점과 차이점들에 대해 더 깊이있게 분석할 수 있게 되었다. 이러한 과정에서, NFU와 UNAG 여성들은 차이에 대한 이해를 넘어서 '공유된 성평등 투쟁'을 정의할 수 있는 공동의 인식을 발전시켰다(NFU-UNAG Women's Linkage, 연도 미상). (부록 B를 볼 것)

NFU 여성들의 NFU-UNAG 여성 연계에서의 경험은 이 조직의 국제사업에 대한 접근에도 크게 영향을 미쳤다. NFU의 여성 총장(1999~2002)이었던 새넌 스토리(Storey, 1997: 56-57)의 설명을 들어보자.

> [기존의] NFU는 개발도상국의 농민조직들에 대해 국제경제영역에서 농민의 권한 강화를 위해 싸우는 파트너가 되지 못하고, 다국적기업과 신자유주의 사고에 의해 지배당하며, 도움을 필요로 하는 사람들로 경시했었다. 국제적 수준에서 여성들의 참여가 없었다면, NFU는 비아캄페시나에 참여했을 수는 있지만, 아마도 공동의 요구와 문제와 목표를 가진 농민들 사이의 국제적 파트너십의 측면에서 비아캄페시나로의 강한 소속감을 갖추지는 못했을 것이다.

1990년대 초 비아캄페시나의 출범에 앞서, NFU는 NAFTA에 반대하는 공동투쟁을 위해 미국의 전국가족농연합NFFC과 몇몇 멕시코의 농민조직들—UNORCA와 ANEC 같은—과의 연대도 추구하였다. 일례로 1991년 11월 NFU는 멕시코시티에서 개최된 3일간의 '농업환경자유무역협정에 관한 3국 국제회의'에 참석했다. 이 세 나라의 참가자들에게 이 국제회의의 중요성은 각별하다. 세 나라의 농민들이 각국의 농업분야의 구조와 활동들, 그리고 각국의 농업정책하에서 승자와 패자에 대한 정보와 경험들을 공유하기 위해 모인 역사상 첫 번째 회동이었기 때문이다. 멕시코와 캐나다와 미국에서 온 농민들과 소작농들은 생산자로서 그들이 직면한 공동의 문제를 규명하였고, 그러한 문제를 공동으로 해결하기 위한 방법을 모색하기 시작하였다.

같은 기간 프랑스에서는, 오늘날에는 프랑스농민연합으로 알려진 농업노동자연합전국연맹CNSTP이 미국의 NFFC, 멕시코의 UNORCA, 페루의 농민연합 Confederación Campesina, 니카라과의 UNAG를 포함하는 아메리카 대륙의 조직들과의 쌍무 관계를 조직하였다. CPE의 코디네이터인 제라드 조플린에 따르면, 이러한 연계를 통해 CNSTP는 각국의 농업 커뮤니티에 관한 공동의 농업정책의 악영향에 대해 보다 잘 살펴볼 수 있게 되었다. 이어서 다양한 조직들이 다른 나라의 소작농조직들과의 연계를 공고히 할 목적으로 '농민들의 국제적 연대와 투쟁' Solidarité et Luttes Paysannes Internationales 이라는 특별위원회를 구성하였다. 유럽의 농업조직들은 남아메리카와 아시아와 아프리카의 파트너들과의 연계를 수립해 갔다.

또한 라틴아메리카의 많은 농업운동단체들이 지역 안팎에서 유사한 조직 간 교류의 과정에 참여하여, 라틴아메리카농촌단체연합CLOC이 만들어지는 데 적극적으로 기여를 하였다. CLOC는 1994년 2월에 창립대회를 개최했으며 9개월 후 비아캄페시나가 결성되었다. 지속가능한 실천 — 예를 들어, Campesino a Campesino 프로젝트와 같은 — 에 관한 지식을 공유하는 것을 목적으로 한 교류들 또한 중앙아메리카와 멕시코의 소작농조직들을 한데 불러오는 데 중요하게 작동했다(Holt-Giménez, 2006). 중앙아메리카 소작농의 국제연대를 위한 사업을 추진하면서, 에델만은 소작농과 농민조직들의 부가가치 창출 참여와 결합된 공정무역운동의 확장과 같은 사업들도 국제연대를 위한 새로운 기회를 제공하며, 소작농의 관점이 지역과 국가의 수준을 넘어 확장되는 데 기여할 수 있음을 확인하였다.

짧게는 1~6주짜리 프로그램과 그보다 길었던 장기 교류프로그램들을 통해, 농민지도자들은 다른 나라에 체류하면서 농업분야에서 나타나고 있는 변화들에 대해 학습하고, 소작농조직들의 대응을 분석하고, 다양한 저항 전략들을 점검하며, 조직들이 실천할 수 있는 대안들에 대해 주의 깊게 관찰할 수 있었다. 교류 활동들은 소작농과 농민들이 남북간 구분을 좁히고 공동의 지반을 확립할 수 있는 도구가 되었다. UNORCA의 지도자인 페드로 마가냐는 캐나다와 미국 농민들과 함께 했던 그의 방문의 중요성에 대해 다음과 같이 설명한다.

음, 내가 얻은 중요한 결론은 미국의 가족농들이 스스로 발견한 모델과 조건들이 우리가 원하는 미래의 모델과 조건은 아니라는 점이다. 어쨌든 우리는 돌아와 우리의 상황을 다시 살폈고, 그것 역시 우리가 원하던 바는 아니었다. 그 생각은 진짜 나에게 큰 영향을 끼쳤다. 나는 미국의 농민들은 슈퍼 생산자들이라 믿는다. 그들은 진짜로 잘한다. 그들은 최고이고, 조직화된 발전의 수준은 우리보다 위에 있다. 하지만 나는 그것이 다가 아님을 알고 있다. (…) 그들은 삶의 질을 잃어버렸다. 오늘날 〔미국의〕 농민들은 하루 14~15시간이나 일해야 한다. (…) 그들은 신용(빚)으로 생활한다. 때로 그들은 땅을 잃을 수도 있다. 그들의 아이들은 땅에서 일하지 않으며, 언젠가 떠나야만 한다. 공동체의 삶을 잃어가는 것이다. 화학비료와 호르몬의 과도한 사용으로 인해 식량의 품질도 심히 의심스럽다. 미국과 유럽에서 농민들의 자살이 거의 매일 발생하고 있다. 우리는 그렇게 되고 싶지는 않다. 이것이 내가 미국 방문에서 가장 크게 배우고 경험한 것 중 하나이다.

우리는 또한 캐나다 농민들의 방문을 받았다. 과나후아토를 방문한 그들은 우리가 소유한 땅이 얼마나 좁은지, 우리의 기술이 얼마나 낙후되어 있는지, 생산 가격의 차이에 대해, 우리가 물어야 하는 이자율이 얼마나 높은지 등을 알고 경악했다. (…) 하지만 결과적으로 우리는 동일한 다국적 기업의 전략에 직면하고 있다. 민중의 경제에 파괴적 영향을 미치는 자본 축적의 전략을. 우리의 적은 같다. 대응전략은 다를 수 있다. 하지만 농민으로서 우리의 목적은 동일하다. 사회적으로 적절하고 건강한 식량을 제공하는 것. 하지만 정부는 식량생산의 사회적 기능을 인정하지 않는다. 따라서 이것은 공통된 지구적 투쟁의 목적이다. 농업의 사회적 기능을 인정받는 것. 농민의 생산의 권리는 인정받아야만 한다.

전 서스캐처원 농민연합의 재정이사(1951~68)이자 NFU의 사무처장 (1969~92)이었던 스튜어트 티에손의 조언을 들어보자.

당신들을 하나로 묶을 수 있는 공통점은 모든 지역에서 벌어지고 있는 다국적기업의 역할이었다. (…) 경험을 공유하고 다국적기업의 역할에 대해 이해하는 것은 그러한 교류활동의 중요한 측면이다. 당신이 소작농이건 혹은 1,600에이커의 농장을 소유했건 관계없이, 다국적기업은 당신의 사업에 영향을 끼치게 마련이다. 물론 현재에도 농민들이 경험하는 다국적기업의 침입은 시시각각 가정까지 닥쳐오고 있다.

카리브 지역의 농민지도자 시몬 알렉산더는 캐나다-카리브지역 농업 교류 프로젝트의 일환으로 서스캐처원의 NFU 회원의 농장에서 6주를 보냈다. 그는 캐나다와 카리브 지역의 농민들 간에 차이보다 유사점을 더 많이 발견했다고 한다.

여기라고 모든 것이 장밋빛은 아니다. (…) 내가 여기에 처음 도착했을 때, 나는 거대한 기계들을 보았고 여기의 농민들은 매우 부자임에 틀림없다고 생각했다. 하지만 그게 아니었다. 캐나다에도 가난한 농민이 너무나 많다. 모든 곳에서 그러한 만큼. (…) 그들은 단지 살기 위한 투쟁 중이다. 거대 바이어들이 모든 돈을 벌어가고 우리에게는 아주 약간만 남겨준다.

(Pugh, 1990: 3에서 재인용)

이러한 교류활동과 대화를 통해 농민지도자들은 다른 나라 농민들의 현실을 이해할 수 있었으며 연대의 본질을 분명히 할 수 있었다. '윈드워드아일랜드농민연합'의 교류 프로그램에 참여했던 NFU 회원인 리사 체머리카의 말을 들어보자.

> 이러한 경험들이 얼마나 많이 나의 일상의 일부가 되었는지 놀라울 지경이다. 나는 여전히 첫 번째 교류에서 만났던 사람들 중 일부와 연락을 하고, 그들에 대해 생각하고, 카리브 지역에 대해 생각하며, 그들이 어떻게 살고 있을지 궁금해 한다. 집을 떠나 그야말로 외국에 간 경험이지만, 모든 것이 다르면서도 또 그만큼 유사점이 많은 나라에 간 것은 놀라운 경험이었다. 캐나다와 카리브 지역 모두 수출기반 경제가 중심이 되었다. (…) 이것은 매우 정치적인 교류였다. 우리는 수많은 시간 동안 농업의 역사와 국제경제에 대해 토론하고, 현재의 상황과 농민조직의 역할에 대해, 그리고 그들을 조직할 방법에 대해 분석하였다. (…) 그것은 또한 내 나라에서 일어나고 있는 일들에 대해서 진정으로 생각하고 더 잘 이해할 수 있도록 해주었다. 교류란 서로를 알아가는 것이며 신뢰와 존중의 관계를 형성하는 것이다.

다른 나라 농민들의 작업과 현실에 대한 선행 지식은 체험과 후속적인 개별 접촉과 결합되면서 농민조직들이 「마나과 선언」과 「몽스 선언」이 밝힌 수준의 협약에 도달하는 데 중요하게 기여하였다. 이러한 사회 자본, 일상에 기반한 정교한 집합적 분석, '사라지지 않은' 집합적 의

지, 신자유주의에 대한 대안을 만들기 위한 헌신을 스스로 놀라워하며, 자기 지역 안팎에서 펼쳐진 교류 활동에 참여했던 농민지도자들의 다수가 비아캄페시나의 탄생을 격려하였다.

이상에서 볼 수 있듯, 비아캄페시나의 뿌리는 사회 변화를 위한 투쟁에 적극적으로 참여했던 농민운동의 오랜 역사를 반영한다. 다수의 조직들이 지역이나 지방 수준에서 이미 존재했으며, 농업과 농촌정책이 점차 국가의 관할권 아래로 떨어지면서 전국적 조직으로 수렴되어 갔다. 일부 경우에 농업정책은 대륙의 수준에서 결정되었고, 농민조직들은 응집력 있는 단위로 결합하고 집합적 행동을 동원하기 위해, CPE와 ASOCODE와 같은 새로운 우산 조직umbrella organizations을 건설하는 등 조직구성의 변화를 꾀하기도 했다. 하지만 CPE와 ASOCODE는 또한 해당 대륙을 넘어서 활동을 추구했다.

CPE를 대표해서 폴 니콜슨은 니콰라과 UNAG 대회에 참석하여 마나과에서 8개의 소작농 및 농민 단체들이 모인 이후의 단계들을 거슬러 설명했다. 그의 설명에 따르면, 이들 단체들은 이후 Campesino a Campesino 프로그램에 참여하여, 바스크 지역에서 함께 시간을 보내며 UNAG 대표단과 매우 생산적인 교류활동을 하였다. 이후 CPE의 총회는 UNAG뿐 아니라 유럽과 아메리카의 주요 조직들과 접촉하였다. 이들은 신자유주의의 파괴적 영향을 대중들에게 알리고 농업분야에서의 대안을 규명하기 위한 공동선언문을 만들기 위해 마나과의 UNAG 총회장에 다시 모이게 되었다. 이들이 많은 대안에는 국제적인 농민운동을 조직화하는 것이 포함된다. UNAG 총회에서의 니콜슨(Nicholson,

1992: 1-2)의 발언을 들어보자.

우리는 지금까지 지지하고 연대해왔다. 하지만 분명히 해보자. 우리는 더 많은 것을 해야 하고, 더 많은 것을 요구한다. 농민 사회의 경제사회적 위기는 우리에게 더 많은 것을 할 것을 요구한다. 우리의 전략은 사회에, 소비자들에게, 환경주의자들에게 우리 자신을 드러내는 것이다. 하지만 보다 근본적으로 우리는 소규모 농민들을 보호하고 있는 농업조직들에 우리의 존재를 드러내야 한다. 우리는 유사한 문제를 겪고 있기 때문에, 해결책도 함께 찾을 필요가 있다.

우리는 국제무대에서 단결된 방식으로 우리의 제안을 표명할 필요가 있다. 지금이 역사적으로 적절한 순간이라는 것은 의심할 여지가 없다. 스스로를 바보로 만들지 말자. 이 과정은 정보의 교류, 내부 토론, 협력과 관계회복을 위한 공동의 노력과 과정을 요구한다. 우리는 더 깊은 관계 형성을 위해 뚜렷한 관계의 밑그림을 그리는 작업을 할 필요가 있다. (…)

우리의 관심사들이 브뤼셀과 제네바와 워싱턴에서 논의된다면, 우리도 그곳에 있어야 한다. 벗이여! 우리 모두가 동의할 수 있는 논리는 아직 존재하지 않기 때문에, 무척 어려운 상황이다. 하지만 우리는 공동의 목적을 향해 전진할 것이다. 우리의 적은 유럽과 북아메리카의 농민들이 아니다. 전쟁은 우리 농민들 사이에 있는 것이 아니라 발전모델들 사이에 있다. 우리에게 있어 도전은 공동의 공간을 만들어내는 것이며, 그것을 세계가 알게 하는 것이다.

비아캄페시나를 건설하면서 지방, 국가, 그리고 대륙 수준에서 활동해 본 경험을 가진 농민조직들은 자신들의 경계를 더욱 확장시켰다. 식량과 농업에 관한 의사 결정이 점차 지구적 시장에 연계된 글로벌 기구들로 이전됨에 따라, 이들도 점차 확대된 국제연대를 추구하였다. 국제무대에 진입함으로써, 비아캄페시나는 IFAP에 필적하는 매우 적절하고 진보적인 대안이 될 수 있었다.

한 농부의 목소리를 넘어서 — 국제적으로 농민의 목소리에 힘을 싣다

1986년 푼다델에스테의 한 리조트에서 우루과이라운드가 개시되었을 때, 국제무대에서 농업계의 목소리는 당시 존재했던 유일한 주요 국제 농민조직이었던 IFAP에 의해 주도되었다. 1946년 창설된 IFAP는 기본적으로 1930년대 대공황이나 제2차 세계대전 동안 발생했던 식량부족 사태를 예방하기 위해 설립되었다. 이 기관의 정관에 따르면, IFAP의 목적은 "세계 민중들의 최적화된 영양 및 소비 요구를 충족시키고, 땅에서 일하거나 그와 관련된 일을 하며 살고 있는 모든 이의 경제사회적 지위를 향상시키면서, 1차 농업생산자조직 간의 완전한 협력을 보장한다"(IFAP, 날짜 미상)라고 밝히고 있다.

이러한 목적에 도달하기 위한 IFAP의 주요 전략 중 하나는 참여이다. 스스로 '세계 농민들'의 조직화를 추구함으로써, IFAP는 상당수 국제지구들 안에서 그 자신을 위한 공간을 확보하는 데 성공해왔다. 이 조직은 유엔 경제사회위원회와 더불어 포괄적 협의 지위를 가지고 있으며, 수많은 조직들, 예를 들면 국제보건기구WHO, 국제농업발전기금IFAD, 국제노동기구ILO, FAO, OECD, 세계은행, GATT, WTO에 대한 자문에 적극적으로 참여해왔다(Karl, 1996: 131).

전세계 75개 국가(개발도상국은 30개국)에서 110개 국가 수준 조직을 회원으로 거느린 IFAP는 회원들의 이해 증진을 위해 노력하고 있다. 이 조직은 차이점보다는 공통점에 집중함으로써 농민들 사이의 단합을 추구한다. 하지만 무역에 대한 단일한 입장에 도달하는 것은 쉽지 않다는 것이 증명되었다. 예컨대, 1997년 11월 부에노스아이레스에서 개최된 'IFAP 세계농민대회' 동안 논란이 가열되었다. 대표적인 IFAP 단체인 전미농민연맹의 의장인 리 스웬슨의 주장에 따르면, "세계적으로 농민들이 그들의 생계문제에 드리워진 기존 무역협정으로 인한 위협 때문에 무역 확대를 반대하는 것은 자명한 이치이다". 스웬슨은 IFAP의 지도부에 다음과 같이 경고하기도 했다. IFAP는 "무역 이슈에 대한 입장이 양분되어 있으며, 다음 GATT 협상에서도 분명히 역지사지의 자세를 취하지 않을 것이다"(McBride, 1998: 1에서 재인용).

국제 농업공동체 내의 분화는 국가별 기층에서 나타나고 있는 변화를 반영한다. GATT의 우루과이라운드가 진행됨에 따라, 전세계 농업조직들은 자국 정부의 입장에 영향을 미치기 위해 노력하고 있으며, 농업 자유화라는 복잡한 문제에 대한 입장과 전략에 따른 의견차를 점점 더 드러나고 있다. 무역 협약에 반대하는 사람들은 종종 반反무역 혹은 보호주의자로 매도당한다. 실제로 이들 대부분은 무역 자체를 거부하는 것은 아니며, 다만 권역 내 무역 협약이나 GATT/WTO가 제기하는 기한, 조건, 과정을 반대할 뿐이다. 그들은 공정하고 사회적으로 책임 있는 무역 체제 수립을 추구하고 있다.

현실에서 일부 국가의 농업조직들인 자유화와 세계화에 저항하는 국가적 투쟁의 최전선에 있지만, 또 다른 국가들 중에는 그러한 접근법을 지지하며 정부에 적극적으로 협력하는 경우도 있다. 예를 들어, 인도의 경우에 WTO에 저항하는 카르나타카주농민연합의 시위는 셋카리산가타나Shetkari Sangathana라는 조직의 방해로 가로막혔는데, 후자의 조직은 인도 농민들을 빈곤에서 벗어나게 하는 효율적인 방법으로 자유화를 수용해야 한다고 주장하고 있다(Brass, 200b: 108-112). 『이코노믹타임스』Economic Times(2000)와의 인터뷰에서 셋카리산가타나의 지도자인 사라드 조시는 다음과 같이 주장했다. "(인도 농민들에게) 그 해법은 스스로 곤경에서 벗어나 우리의 농업 스타일 그 자체를 바꾸라고 말하는 것과 다르지 않다." 그는 또한 농업분야에서의 정부의 개입은 "보호는 곧 억압이다"라는 이유로 큰 방해가 된다고 주장하였다. 캐나다에서 국제무역에 대한 NFU의 보다 비판적인 입장은 다수의 농산업 그룹과 서부캐나다밀재배자연합과 같은 단체에 의해 완벽하게 거부되고 있으며, 캐나다농업연맹CFA, Canadian Federation of Agriculture은 개혁적 입장에서 무역을 농민들에게 더 도움이 되도록 만드는 것을 지향한다고 밝히고 있다. 유럽에서 식량주권을 주장하는 CPE는 유럽연합농업전문조직위원회COPA와 유럽연합농업조합일반위원회Comité Général de la Coopération Agricole de l'Union Européenne와 같은 친자유화 입장과 맞서고 있다. 분명히 농업공동체는 농업분야의 더 많은 자유화라는 이슈를 두고 양분되어 있었다.

이러한 국가별 지역별 의견차는 비아캄페시나의 등장과 함께 국제 무대에서도 표출되었다. IFAP가 세계 농민들의 목소리가 될 것을 선언했음에도 불구하고, 남과 북의 수많은 소작농 및 농업 단체들은 몇 가지 이유에서 그 조직에 참여하지 않았고, 지금도 소속되기를 거부하고 있다. 그들이 내세우는 이유 중에서는 IFAP가 상당 기간 동안 기본적으로 산업국가에 기반한 거대 농부의 이해를 대변한다고 평가했던 것도 있다 (PFS, 1993a: 6). 주류 농업 기구들도 IFAP의 회원자격을 획득할 수 있는데, 대표적으로 미국농장단체연합American Farm Bureau Federation, 농업상품그룹commodity groups과 대농장 운영자, 농산업과 연계된 농장 조직들도 이에 포함된다.[1] 1982년부터 1992년까지 캐나다 NFU의 의장을 지낸 웨인 이스터는 한때 NFU 역시 IFAP 회원가입을 심각하게 고려했었지만, 이 기구는 전혀 소농의 이해관계를 대변하지 않는다고 결론을 내린 후 결국 가입하지 않기로 결정했다고 밝힌 바 있다.

가입비용에 대한 문제제기도 있다. IFAP 가입비용은 공식에 따라 산정되지만, 경우에 따라 최소 1만 달러에서 10만 달러에 이르는 경우도 있다. 재정적인 곤란을 겪고 있는 많은 농민조직들에게 있어 이 정도 가입비의 지불은 불가능하다. 게다가 일부 농민조직들은 IFAP로부터 그 어떤 가입제안도 받은 바가 없거나 그 조직의 존재 자체를 모르기 때문에 가입하지 않은 경우도 있다.

비아캄페시나의 일부 조직들과 IFAP 간의 갈등은 역사가 길다. 다

국제농업생산자연맹IFAP과 농기업

캐나다농업연맹CFA의 회원자격을 통해 IFAP의 일부가 된 '서스캐처원위트풀'은 기업적 이해관계를 가진 캐나다의 대표적인 농업조직이다.

본래 농민들의 곡물구매협동조합이었던 서스캐처원위트풀은 해외 터미널 건설을 통해 곡물수급 가용력을 '전세계로' 확대시키고, 육류포장시설과 로빈스도넛체인의 커피숍매장을 포함하는 다양한 농식품 가공 산업에 대한 일련의 합병을 통해 사업 영역을 다각화함으로써, 1990년대 극적으로 거대화되었다. 이 조직은 또한 자신들의 근거지인 서스캐처원을 중심으로 '세계적 규모'의 양돈생산시설에 투자하였으며, 토론토주식거래소에 등록하여 주식공개를 하는 등 구조상의 변화를 꾀했다(Ewins, 2002: 10-11). 서스캐처원위트풀의 재구조화와 확장은 협동조합의 농업생산자 회원들 사이에서 뜨거운 논란의 중심에 놓이게 되었다. 모든 사업 의도와 목적에 있어 서스캐처원위트풀은 더 이상 농민들에 의해 운영되는 농업협동조합이 아니었다. 대신 그것은 CEO와 강한 경영팀이 지배하는 회사와 더욱 유사한 기능을 수행하게 된 것이다.

수의 조직들이 캐나다 국내에서 IFAP 조직들과 직접적인 경험을 가지고 있었다. 종종 IFAP 회원단체들은 그들이 주류 농업조직들에서 일하는 거대 생산자를 대변하는 사람들로 인식된다. 라파엘 알레그리아의 회상에 따르면, 일부 IFAP 회원들은 '공무원'으로 알려져 있는 경우도 있다. 다시 말해, 정부가 만들었거나 조직 기금의 상당 부분을 정부 출연으로 받은 조직들 말이다. 이러한 조직들은 때때로 소농에게 피해를 줄 수 있는 국가 및 국제 농업정책들을 옹호하기도 한다.

1993년 5월 몽스에서 비아캄페시나를 건설하기까지의 일련의 과정에서 IFAP를 포괄하려는 시도도 있었고, 따라서 이데올로기적 차이와 구분은 국제적 수준에서 갈등으로 이어졌다. 일부 농민지도자들이 「마나과 선언」의 후속작업에서 조정자 역할을 요청하기도 했던 NGO인 파울로프레이리재단PFS의 직원 키스 블록랜드와 UNAG가 IFAP의 참여를 강력하게 추구하면서 의심은 표면화되었다. UNAG와 PFS가 IFAP의 세력이 비아캄페시나 프로젝트에 참여하도록 설득하기 위해 IFAP 운영위원회 및 회장단과 토론이 이루어졌다(Intercambio, 1993a: 19). CPE의 코디네이터이자 비아캄페시나의 기술자문인 니코 버하겐은 여러 단위를 대표하여 CPE는 절대로 이에 동의할 수 없다는 의사를 표명하였다.

블록랜드는 콘서타시옹concertación이라는 개념에 집중하였다. 그것은 이데올로기와는 관계없이, 비아캄페시나를 가능한 한 많은 조직들에게 개방된 하나의 과정으로서 그리는 작업이다.[2] PFS(1993a)의 설명에 따르면, 콘서타시옹의 과정은 "모든 조직들이 농업이라는 공동의 이해관계를 지닌 농촌인구를 대표하지만 그러함에도 기본적으로 서로를 자연스런 동맹으로 인식하지는 않고 있는 전세계 조직들 사이의 차이에 다리를 놓으려는" 시도라 할 수 있다. 〔비아캄페시나에〕 참여하려는 조직들은 정책 이슈들을 중심으로 한 참여적 연구를 수행할 것인데, 이 연구에는 '참여조직 모두를 위한 교육적 성격'이 담기게 될 예정이었다.

PFS는 다음을 덧붙였다.

> 이 과정에 참여한다는 것은 단지 조직 창립이란 그 자체의 전략을 명시적으로 정의하는 것뿐 아니라 이렇게 수립된 전략을 다른 참여자들이 평가하고 토론할 수 있도록 공개한다는 것을 의미한다. '변화'가 최종적인 목표이다. 이 '변화'는 경제발전, 제도적 환경, 기존 조직들 그리고 참여자 자신들에게까지 도달할 수 있다.(PFS, 1993a: 6)

CPE가 소작농과 농민들이 협력방안에 대한 PFS의 제안을 반대한 유일한 조직은 아니었다. IFAP 역시 여러 가지 이유로, 그 중에서도 콘서타시옹이 궁극적으로 그 자신의 정책을 위태롭게 할 수 있다는 판단에서 유보적 태도를 보였다(PFS, 1993a: 10-11). IFAP에 소속된 조직들과 「마나과 선언」의 후속 과정에 참여한 조직들 간의 동맹을 형성하려는 과정에서 여러 어려움에 맞닥뜨렸다. 그렇지만 회의의 주요 목적은 농업연구 아젠다를 수립하는 것이어야 한다는 입장에 집착한 블록랜드와 PFS는 콘서타시옹—특수한 역사적 시점에, 특수한 사회적 행위자들에 의해 특수한 맥락에서 등장한 개념인—이 비아캄페시나를 통해 세계화될 것이라는 확신을 포기하지 않았다(Intercambio, 1993b: 4).

농가의 안녕을 약속하는 하나의 유효한 전략으로서 콘서타시옹의 가능성을 둘러싼 긴장은 몽스에서 열린 비아캄페시나의 창립 회의에서도 전면에 드러났다. 나는 NFU의 대표로 이 회의에 참석했었는데, IFAP의 가입 여부를 논의하는 장에서 회의에 참석한 조직의 다수는 IFAP가 소작농과 소농의 목소리를 적절히 포괄하지 않았으며 그럴 가능성은 앞으로 상상하기 어렵다고 주장하였다. 보다 비판적인 입장의 소작농과 농민조직들은 자신들과 상반되는 이해관계를 가졌으리라 짐작되는 국제조직과의 연대에 관심을 가질 수 없었던 것이다. 실제로 몇몇 나라에서 IFAP는 지속적으로 진보적인 농업정책의 발목을 잡았기 때문에, 심지어 일부 농민조직들은 이 조직을 적으로 간주하기도 했다. 버하겐의 설명을 들어보자.

> 내 생각에 우리가 IFAP로 대표되는 이해관계를 지닌 조직들과의 콘서타시옹을 원하지 않는다는 것은 분명하다. 유럽에서 우리는 그들과는 대화가 가능하지 않다는 것을 경험했으며, 이 조직들은 비판적 목소리를 거세하는 데 온갖 노력을 기울여왔다. PFS의 확신과는 달리 콘서타시옹은 흥미로운 그 어떤 것도 생산하지 못할 것이다. 그것은 단지 비판적 목소리들을 '바쁘게 만듦으로써' 침묵하게 하는 도구가 될 것이다.

대신 몽스에 모인 조직들의 대부분은 새롭고 진보적인 동맹단체를 규합함으로써 효과적으로 IFAP로부터 스스로를 차별화시켰다.

1990년대 초반 이래로 IFAP는 개발도상국 회원의 확대를 위해 훨씬 일관성 있는 노력을 기울여왔다. UNAG가 라틴아메리카 지역의 IFAP 대표조직이 된 1991년 이래로 IFAP의 목적은 순항하는 듯했다. 하지만 비아캄페시나가 창립된 이래로, IFAP는 또한 개발도상국들을 보다 잘 규합하기 위해 구조적 변화를 단행하였다. 2000년 5월 제34차 세계농민

대회에서, IFAP는 남반구 조직들의 진입을 용이하게 만들기 위해 가입비를 낮추는 조처를 취했다. 이 조직은 또한 (북반구 IFAP 회원을 채널로 하여) 개발도상국 농민조직의 역량지원자금을 제공하기 위해, 조직 산하에 개발협력위원회Development Co-operation Committee를 신설하는 구조변화를 단행하였다(IFAP, 2000b). IFAP 농민대회 보고서의 관련 기록을 보자.

> 2년간의 과도기 동안, 우리는 개발도상국의 모든 농민조직들(특히 IFAP 정관에 제시된 회원자격 기준을 충족하지만 현재 IFAP의 정회원으로 참여할 능력은 없는)에게 할인된 연회비 200달러만 내면 IFAP 개발도상국가의 농민조직들이 농업상임위원회SCADC나 개발협력위원회DCC에 참여하도록 초대할 것이다. (…) 이 두 위원회의 회원자격은 IFAP의 개발 프로그램에 조직들로부터 충분한 관심을 이끌어낼 것이다. 이러한 절차를 통해 결과적으로 이 조직들은 정해진 연회비를 내는 IFAP의 정회원이 될 만큼 **충분한 능력을** 갖추게 될 것이며, 선거에서의 투표권을 행사하거나 IFAP의 사무국을 대표하는 등 IFAP의 모든 활동에 참여할 수 있게 될 것이다.
> (강조는 원저자)

IFAP의 새로운 의장으로 선출된 잭 윌킨슨은 개발도상국의 더 많은 조직들을 설득해서 회원 수를 두 배로 만들겠다는 포부를 밝혔다(Wilson, 2002c: 12). 윌킨슨은 "오늘 이 자리에서 우리는 개발도상국의 농업조직들은 동일한 종류의 인프라구조 그리고 무역시장에서 작동하고 거래할 수 있는 동일한 능력을 가지게 될 것임"을 보증한다고 말하였다. WTO의 맥락 안에서, 윌킨슨은 "개발도상국의 농부들은 그들에게 도움이 될 거래를 추진하는 데 필요한 정보와 분석력을 가질 필요"가 있다고 주장하였다.

그들의 선의를 의심하는 것은 아니지만, 이러한 변화는 오히려 비아캄페시나와 IFAP 사이의 차이를 부각시켰다. 그들이 약속한 변화에는 IFAP 내부에 존재하는 전통적인 개발주의자의 마음가짐이 정확하게 반영되어 있다. 달리 말하면, IFAP의 구조 그 자체, 예컨대 개발도상국을 위한 농업상임위원회SCADC와 개발협력위원회DCC에는 남반구와 북반구를 선명히 구분하려는 그들의 관점이 담겨 있다. 가장 충격적인 것은 개발도상국의 조직들을 잘 도와서 그들이 북반구의 파트너들을 '따라잡거나', 그들만큼 (재정적 안정성이란) '능력'을 갖출 수 있게 한다는 관점이다. 또한 이러한 접근법은 IFAP가 그러하듯 개발도상국의 소농조직들이 WTO에 참여하기를 원하는지 여부에 대한 분석조차 결여하고 있다. 34차 세계농민대회 동안 열린 개발도상국농업상임위원회SCADC의 회의는 심지어 자료가 존재하지 않는다는 이유로 개발도상국의 활동에 대한 논의 의제를 생략한 채 시작되었다(IFAP, 2000c).

비아캄페시나의 존재는 모든 농민들이 동일한 목소리를 가질 수는 없다는 분명한 증거 그 자체라 할 수 있다. 일국 내 수준에서 농업조직 간의 차이는 국제적 수준에서도 분명하게 드러났다. 자유화와 세계화를 미래로 생각하는 국가단위 조직들은 IFAP에 참여하였고, 반反기업 성향의 지구적 정의의 관점에 동의하는 조직들은 비아캄페시나에 결합하였다.

NGO의 온정주의적 포용

IFAP와 비아캄페시나에서 조직된 농민들이 물론 진공상태에서 활동한 것은 아니다. 비아캄페시나가 부상하기 전에, 국제무대는 수없이 많은 국내외 개발 NGO들과 농업과 식량안보에 관한 이슈를 연구하는 연구기관들이 차지하고 있었다. NGO들 중 상당수가 (조직의 의무 미션은 아닐지라도) 농촌조직들과 밀접한 협력관계를 가지고 있었기 때문에, 이들은 국제무대에서 종종 스스로 소작농과 소농의 이해관계를 '표현하고', 그들을 '대신하여' 말하거나 방어한다고 말해왔다.

그 의도의 진실성에도 불구하고, 이런 종류의 화법은 때때로 왜곡을 낳을 수 있다. 농민들은 그들을 앞세우고 대화하는 상황에서, 무엇이 자신의 목소리인지 구별하기 어려웠다. 결과적으로 비아캄페시나는 IFAP와의 차별화를 위해 많은 노력을 기울였을 뿐 아니라, 더 나아가 선의지를 가진 NGO들의 온정주의적 포용과도 거리두기를 시도하였다. 그렇게 함으로써, 대표성, 화법, 책무성, 정당성과 같은 것이 비아캄페시나에게 중요한 이슈가 되었다.

국제 수준에서 활동하는 전문적인 NGO들과 풀뿌리 사회운동조직들 사이의 긴장 관계에는 모두 공통점이 있다. 상이한 목표, 상이한 활동방식들, (궁극적으로) 권력관계의 왜곡으로 이어질 수 있는 인적 · 재정적 · 정치적 자원에 대한 불평등한 접근 등이 그러한 갈등의 주요한 원인이다. 농업, 무역, 식량안보에 대한 국제 이슈를 중심으로 활동하는 NGO들과 비아캄페시나와 같은 농업 사회운동 사이에서도 동일한 갈등들이 촉발될 수 있다. NGO들은 교육수준이 높고, 많은 경험을 갖추고 있으며, 다양한 언어를 구사하며, 적응력 높고, 유연하며, 잘 훈련된 스텝들을 갖추고 있다. 그들은 기술상의 용어와 개념들에 대한 이해도도 높다. 상당한 자금에 접근하거나 획득하기에도 용이하며, 탁월한 연구역량을 발전시켜왔다. 반면 비아캄페시나는 주요 행사나 캠페인에 참여하기 위한 자금을 획득하는 데도 성공적이지 못했다. 기본 자금원은 실제로 존재하지 않는다. 소수의 기술적 지원을 담당하는 직원들이 있을 뿐, 비아캄페시나는 기본적으로 지역과 국내 이슈에서 능력 이상으로 이미 활약하고 있는 주요 농업조직들의 대표인 농민지도자들의 자발성에 의존하고 있다. 조직의 활동가 결원은 충원은 쉽지 않을 뿐 아니라 지속적인 자금부족으로 어려움을 겪고 있다.

비아캄페시나 회원조직 중 상당수가 농민운동과 NGO 간의 불평등한 권력관계와 역학관계를 직접 경험했거나 그에 준하는 상황에 처해있었다.[3] 1990년대 초 볼리비아와 온두라스에서 소작농조직들과 함께 연구를 진행했을 때, 나는 그 차이를 분명히 증언하였다(Desmarais, 1994). 농촌조직들과 '함께' 일하고 있다는 NGO를 방문했을 때, 나는 컴퓨터, 에어컨, 안락한 의자, 사무국 직원을 갖춘, 잘 꾸며진 다목적 사무공간을 보았다. 하지만 방 한 칸짜리(혹은 방 두 개로 된) 농민조직들의 사무실에 방문했을 때 내가 본 것은 오직 수동식 타자기와 오래된 나무의자뿐이었다.

일부 NGO들은 농민조직들을 존중하고 협력적 관계를 위해 노력하지만, 일부는 그렇지 않았다. 일부 NGO들은 정책개발 협상에서 농민조직들을 더 잘 '대변하거나' 그들을 '대신해서 말하기 위해' 1980~ 1990년대의 새로운 경제적·정치적 맥락에 의해 만들어진 기회들을 선점하였다. 일부 NGO들은 '참여적 발전'에 개입하여 농촌에서의 활동을 가능케 할 소중한 자금에 접근할 수 있는 기회를 얻으려는 목적에서 농민조직들과 연대를 활용하였고, 결과적으로 그러한 개입은 지역조직들의 요구를 충족시키기보다 그들 자신의 목표를 충당하기 위한 자금 확보의 경로가 되었다. 일부 NGO들은 농민지도자들을 유인하기 위해 금전적 자원을 활용하였으며, 또 다른 NGO들은 농민조직 내부의 의무를 보장해야 하는 의사결정 과정이나 구조를 우회함으로써 농민조직을 약화시키기까지 했다. 1990년대 내내 내가 참여했던 지역, 국가, 국제 수준의 수많은 농민회의에서 이러한 NGO들의 행태에 대한 우려가 반복적으로 제기되었다.

농촌에서 활동하는 NGO들에 대한 반복된 부정적 경험들은 일부 농민지도자들에서 어떠한 행동을 촉구하도록 했다. 비아캄페시나의 창립 회원인 ASOCODE의 윌슨 캄포스(Campos, 1994: 214-21)는 다음과 같이 선언하였다. "모든 NGO가 필요 없다는 것은 아니다. (…) 〔하지만〕 우리 농민들도 스스로 말할 수 있다. 이미 너무나 많은 사람들이 우리에게 실질적인 도움도 주지 않으면서, 우리보다 앞서 이점들을 취하고 있다." 캄포스는 ASOCODE를 새로운 농촌사회운동의 전형으로 만들어 가는 과정에서, 중앙아메리카 농민들이 스스로 분명한 메시지를 또렷하게 만들었다고 설명한다. 그들은 공개적으로 전통적인 온정주의적 후원자/수혜자 모델을 거부하면서, 농민들 스스로가 상상하고 관리하는 발전모델에 대한 희망을 표명하였다. 그렇게 함으로써, 중앙아메리카의 농민들은 1960년대 이래로 NGO들이 그들을 대신해서 점유해왔던 공간을 성공적으로 되찾았다.

국가나 지역 수준에서 NGO들의 의문스러운 행태들은 국제 수준에서도 반복되었다. 일부 NGO들은 분명하게 비아캄페시나의 창설과 더불어 국제무대에서 독립적으로 농민이 주도하는 목소리와 존재의 필요성을 인지하고 있었고, 그것의 강화를 전적으로 지지하였다. 하지만 일부 NGO들은 이미 오랜 기간 동안 자신들이 점유했던 공간을 비아캄페시나와 공유하는 것을 꺼려했다. 국제무대에서 소작농과 농민들이 자신들의 목소리로 채워지게 될 공간을 힘들게 개척하는 바로 그 순간이 그들에게는 큰 두려움이 되었다. 일례로, 농민들과의 활동의 중요성에 대해 말해온 선한 의도를 가진 NGO라 할지라도, 중요한 국제행사에서 NGO 직원들에 대한 배려 이후에 자금이 남았을 경우에만 농민지도자들이 초대되는 경우들도 있었다. 일부 NGO들은 어떤 농민들이 선택될지 완벽히 통제할 수 있을 때에만 농민들의 참여를 지원하는 경우도 있었다. 또한 스스로를 사회운동세력이라 칭하는 NGO의 일부는 농민들의 이해관계와 자신들의 그것이 일치한다고 전제한 후, 종종 농민들의 회의에 NGO들이 참여하는 것을 조건으로 재정적 지원을 하는 경우도 있다. ASOCODE와 마찬가지로 비아캄페시나는 이러한 행태를 더 이상 참을 수 없었고 몇 가지 기본 규칙들을 수립함으로써 상황을 바꾸려 노력하였다.

산고 끝에 탄생한 비아캄페시나

이러한 역학관계의 다양한 측면들이 몽스에서 개최된 비아캄페시나 창립 회의에서 논의되었다. 실제로 이처럼 껄끄러운 상호관계들은 비아캄페시나의 창립 이전부터 존재했을 뿐 아니라 니콜슨이 말했듯 '너무나 어려운 산고의 과정'을 겪게 만들었다. 창립 후 일 년 동안 내내 그 관계는 운동의 발목을 잡았고, 미래의 비아캄페시나와 NGO 사이의 관계를 형성하는 기초가 되었다.

예컨대 1992년 마나과 회의에 앞서 농민지도자들은 파울로프레이리재단PFS의 상당한 인적·물적 기여에 감사하며, NGO가 다음 단계도 조율하도록 돕는 역할을 허용했지만, 일부 지도자들은 농민조직들 사이에서 미래의 NGO의 역할과 위치에 의문을 품었다(EHNE, 1992). 기본적인 의심은 긴장을 악화시켰고 몽스 회의 동안 갈등은 표면화되었는데, PFS 직원과 농민지도자들 사이의 불화에는 다음의 세 가지 문제가 중심이 되었다. 1) 비아캄페시나의 목적과 존재이유는 무엇인가? 2) 회원자격은 누가 가져야 할 것인가? 3) 새로운 조직에서 NGO의 역할은 무엇인가? NFU의 대표로서 나는 적극적으로 이 회의의 과정과 내용을 재설계하는 데 참여하면서, 농민조직과 PFS 직원 사이의 긴장을 직접 관찰하였다.

마나과의 후속작업을 지원하면서 PFS는 '마나과 선언 조정위원회' ECODEM와 공동작업을 했는데, 그 위원회의 구성원은 CPE의 니콜슨, ASOCODE의 호르지 헤르난데즈, NFU의 웨인 이스터였다(PFS, 1993a:

24). 마나과 회의 후 바로 두 달 뒤에 논의를 진전시키기 위해, PFS는 농민들 사이의 국제 협력을 위한 기본틀에 대한 개요를 담은 두 개의 문서를 제출하였다. PFS는 대안적이며 지속가능한 연구정책 개발과 농촌 프로젝트를 위한 기금을 지원할 수 있는 농민조직들의 국제 포럼으로서 비아캄페시나를 창설하는 것을 골자로 한 상세한 프로젝트 제안서를 공동으로 도출하기 위해 노력하였다. 비아캄페시나에 참여하기 위해 몽스로 농민지도자들을 초대하면서, PFS는 이 프로젝트가 '농민조직들에 대한 연구 프로그램의 구성'을 추진하게 될 것이라는 점을 상세화하였다. 몽스 회의를 위해 준비된 문서에는 다음과 같이 적혀 있다.

> 연구 프로그램은 농민들의 우선순위를 출발점으로 삼으면서, 연구센터를 갖춘 새로운 조직을 추구하는 참여적 연구를 지향한다. 이것은 참여 조직들의 역량을 신장시키려는 조직적 노력이기도 하다. 이것은 또한 정부 정책이나, 농민운동 내부에서 기획된 프로젝트들에 대한 자금지원채널에 더 많은 영향력을 미치려는 정치적 노력이다. 마지막으로 이것은 농부들 간의 기술 지원의 재구조화를 목적으로 하는 교류와 상호 지원의 플랫폼이 될 것이다. (PFS, 1993a: 1)

PFS가 ECODEM에 정기적으로 자문을 제공하고 농민지도자들에게 피드백을 요청하기 위해 프로젝트 제안서의 초안을 미리 보냈음에도 불구하고, 몽스에 도착했을 때까지 상당수의 대표자들(ECODEM의 일부를 포함하여)은 PFS가 제안한 프로젝트에 대한 심각한 우려를 품고 있었다. 농민지도자들이 공항에서 시내로 들어오는 길과 저녁식사나 다과 시간에 비공식적으로 개인적 감상과 생각들을 교환하게 되면서, 다른 이들도 자신과 동일한 의구심을 가지고 있다는 점을 분명히 깨닫게 되었다. 마나과에서 울려퍼진 농민들의 강력한 요청에 따라, 남과 북의 소작농과 농민조직들 간의 집합적 분석, 공동 실천, 연대를 통해 대안적 발전을 만들어보자는 농민들의 주장은 어느 정도 국제적인 농민 주도 연구프로젝트 안에 녹아들어갔다.

하지만 PFS의 10주년을 축하하기 위해 개최된 대중적 이벤트가 있었던 5월 14일이 비아캄페시나의 창립 선언일과 겹치면서 PFS에 대한 의구심은 다시금 표면화되었다. 많은 참여자들이 그 어떠한 토론에도 참여하지 않았고, 계획을 결정한 바도 없으며, 실제로 비아캄페시나의 창립이 결정되지도 않았기 때문에, 그들에게 이 이벤트는 매우 황당하게 느껴졌다. 일부에서는 성공적인 NGO 프로젝트가 빛을 비춰준 전시물로 이용당했다고 느끼는 농민지도자들도 있었다. 또한 바로 그날에 농민지도자들은 연구프로젝트로서의 비아캄페시나의 공식적 출범이 PFS의 출판물에 이미 한 달 전에 기사화되었다는 사실과 PFS가 또한 이미 잠재적인 자금원들과 접촉하고 있다는 사실을 알게 되었다(Intercambio, 1993b: 1-2).

기본적으로 ASOCODE, CPE, NFU를 이끌던 농민지도자들은 자신들 스스로가 국제회의의 내용과 과정 그리고 비아캄페시나 프로젝트 그 자체에 대한 완벽한 통제권을 가져야 한다고 믿었다. 그들은 연구제안의 기본틀을 넘어서 토론을 확대함으로써, 기본적으로 PFS에 의해 도출된 아젠다를 실질적으로 변화시키자고 제안하였다. 몽스에 출석한 조직들 중 상당수가 마나과 회의에 참석하지 않았기 때문에, 각국의 농업 현실에 대한 정보와 분석의 교류를 위한 기회를 각 대표들에게 제공하는 것이 중요해졌다. 이 단계를 통해 농민지도자들은 다른 조직들에 대해 알게 되었고, 그런 후에야 앞으로의 방법을 규정하고 보다 쉽게 집합적 분석으로 이동할 수 있었다. PFS에 의해 제안된 연구프로젝트는 잠정적으로 미래 활동 중 한 측면이 될 수도 있었다. 그러나 그것이 핵심이 되어서는 안 된다는 생각 때문에, 농민지도자들은 그 토론 주제를 국제회의의 두 번째 날로 옮기기를 원했다. 모든 참여자들이 「마나과 선언」에 동의하는지 그리고 그 선언이 국제적 운동의 창조의 가능성에 도움이 되는지 확신을 갖기 위해 「마나과 선언」을 수정하자는 요구가 매우 중요해졌다.

PFS의 직원인 블록랜드는 이와 같은 아젠다의 변화를 거부하였다. 그는 스스로 농민조직에 대한 서비스 제공자이며, '농업조직을 위한 서비스 조직'(PFS, 1993a: 7)을 표방하는 조직에서 일했음에도 불구하고, 조력자로서의 역할 수행에 만족하지 않았다. 몇 년 뒤 블록랜드 — 2000~2002년 그는 IFAP 개발협력위원회 부의장직을 역임하였다 — 는 한 인터뷰에서 몽스에서의 회의를 다음과 같이 회고하였다.

그들(CPE와 ASOCODE)은 이데올로기적인 프로젝트로 군중들이 몰려들기를 원했었다. 농민들을 두 진영으로 나눠진다고 보는 사람들이 있다. 대지주 진영과 소농 및 농민 노동자로. (…) 나는 세상이 단순히 두 개의 진영으로 구분된 것이 아니라 훨씬 복잡하다고 생각한다. 농민들의 주요 투쟁은 사회의 다른 분야, 예컨대 산업계에 대항하는 것이다. 소농의 정치력과 거대 농민들의 경제적 힘을 하나로 모을 수 있다면, 농민운동은 훨씬 강력해질 것이다.

이와 함께 블록랜드는 IFAP 산하 조직들이 비아캄페시나 프로젝트에 참여하도록 초청하자는 특별 제안을 내놓았다.

농민지도자들은 다른 방식의 대안 발전모델을 상상했다. 그들에게는 많은 정부들과 국제기구들이 옹호하는 신자유주의 모델에 대항하면서, 공동의 입장과 정책들을 연계할 수 있는 역량을 만들기 위해 노력하며, 진보적 성향의 농민들이 주도하는 자율적인 소작농과 농민운동을 만들기 위해 노력하는 것이 더 중요했다. 몽스에 모인 농민지도자들 중 상당수는 IFAP를 동맹으로 생각하지 않았다. 실제로 그들은 비아캄페시나의 창립이 IFAP보다 훨씬 시급하고 급진적 대안이라 생각했다. 비아캄페시나의 창립조직 중 하나인 KMP의 대표 준 보라스는 다음과 같이 회고한다. "뭐라고? 비아캄페시나가 '연구프로젝트'라고? 그 당시 KMP가 이해한 바는 이것이었다. 여전히 내 기억 속에 생생한데, 몽스 회의는 국제적인 농민운동을 구성하는 것을 목적으로 했었고, 그것은 IFAP에 대한 진보적 대안이 되어야 했다."

몽스에서의 긴장과 갈등은 PFS의 대표자들이 화를 내며 회의장 밖으로 퇴장한 시점에 격화되었다. 농민지도자들은 자신들이 느끼기에 가장 중요한 것들에 대해 토론하고, 새롭게 건설될 국제적인 소농 중심 농업운동의 활동 목적, 구조, 방식을 집합적으로 근본적으로 규정해가면서 회의를 인수하였다. 과거 PFS의 활동과 그들을 몽스로 데려오기 위한 노력들에 대한 인식을 바탕으로, 새롭게 구성될 국제농민운동에서 PFS에게는 비아캄페시나의 기술자문관으로 활동해 줄 것을 요구했다. 기술자문은 조력자로서의 역할을 수행하는 것이며, 조정위원회의 지시를 받고 그것을 지원하는 것이다(PFS, 1993c).

비아캄페시나의 창립 첫해 내내 기술자문관의 책임을 맡게 된 블록랜드는 비아캄페시나에 관한 농민들의 비전의 수용을 거부하고 자신의 비전을 관철하려 노력하였고, 나아가 보다 직접적인 역할을 고집하면서, 비아캄페시나와 PFS와의 갈등은 지속적으로 표면화되었다. 보라스가 지적한 바에 따르면, 이러한 접근은 비아캄페시나와의 계약 및 PFS에게 주어진 임무를 명백하게 위반한 것이다. PFS의 역할에 대한 고조된 우려는 1994년 2월 21~25일 '라틴아메리카농촌단체연합대회'의 기본의제에 담긴 비아캄페시나의 조정위원회 회의 — 페루 리마에서 개최되었다 — 를 시끄럽게 만들었다.

> 비아캄페시나는 NGO가 발의한 것이라는 오해를 넘어서기 위해, 우리는 즉각적으로 비아캄페시나는 농민들이 발의한 것이며, PFS는 단지 자문관으로서 서비스를 제공한 것뿐이라는 것을 명확히 하고자 한다. 정치나 노동조합의 토론에서 특정 조직의 이름으로 자문관이 말하는 것은 지양되어야 한다. 조정위원회는 자문관의 활동들이 어떻게 수행되는지에 간략한 정보를 보고 받아야만 하며 자문은 적절하게 이루어져야 한다. (Via

Campesina, 1994a: 9)

비아캄페시나가 출범한 지 거의 일 년이 지난 뒤인 1994년 4월 29일, 조정위원회의 두 회원조직인 CPE와 KMP는 그들이 기술자문관과의 경험에서 받은 몇 가지 불편한 점을 논의하고, NGO의 지원 역할에 관한 비아캄페시나의 입장을 명확히 전달하기 위해, PFS의 이사들을 만났다. 이를 위해 비아캄페시나의 대표 중재역을 맡은 CPE는 다양한 참여 농업조직들의 의견을 구하고, 조정위원회에서 장시간 그 이슈에 대해 토론하였으며, 이렇게 도출된 참고의견들의 결과가 PFS에 전달된 것이다. 조정위원회 대표들은 비아캄페시나는 '정치적이며 노동조합의 특성'을 지닌 자율적이며 독립적인 농민운동이며, PFS는 비아캄페시나를 조정하거나 조직의 대중적 얼굴을 자임하는 대신 조정위원회를 지원하는 선에서 활동과 행동들을 제한할 필요가 있다고 입장을 밝혔다(Via Campesina, 1994c: 3-5).

이 회동도 지속되던 긴장을 종식시키지는 못했다. 1994년 6월 비아캄페시나 회원들—NFU를 포함한다—이 받은 장문의 편지가 분명하게 보여주는데, 이 편지를 보낸 블록랜드는 CPE의 중재자로서의 역할을 비판하면서, 몽스 회의의 결과 수용을 다음과 같이 분명하게 거부하였다.

지난 5월 16일, CPE의 비아캄페시나 대표 중재역이 종료하였다. 그 바로 직전에, CPE는 새로운 국제 농민조직의 창립에 관여하기 시작하였다.

그들의 목적이 현실화되어야 한다면, 그들은 강고한 저항을 강조하며 GATT, 세계은행, IMF의 정책에 반하여 활동하는 지구적 규모의 조직을 건설하게 될 것이다. CPE의 지위를 강화하라고 그들을 도와줄 수 있는 뜻이 맞는 조직들과 세계적 차원의 조직들이 부족했기 때문에, CPE 내 일부 진영의 결정은 이미 예상했던 바이다. 비아캄페시나와의 활동으로 좁혀 봤을 때 그들은 이 새로운 프로젝트를 공식화시킬 능력을 갖춘 조직들을 구별할 수 있게 되었다. (…)

불행하게도 (…) CPE는 비아캄페시나의 대표 중재자로서의 역할과 새로운 국제적 농민그룹의 촉진자로서의 역할을 혼동하고 있는 것으로 보인다. 그들의 아이디어들이 정련되는 데 있어, 리마에서의 회의와 민주필리핀농민운동dKMP과 ASOCODE 대표들의 방문이 중요하게 작용하였다. 비아캄페시나의 자문관의 위치에 있는 우리는 새로운 국제조직 — 우리는 그것의 이름이나 이니셜조차도 알지 못한다 — 이 그 조직의 회원들과 마찬가지로 비아캄페시나 건설의 플랫폼에 참여하게 될 다른 조직들과 더불어, 농업 및 경제적 대안을 일반화시키려는 노력을 조정해나갈 것을 바란다. 부연컨대, 개념과 협력에 있어서의 몇 가지 문제들에도 불구하고, 우리는 CPE와/혹은 새로운 국제 농민조직을 구성하려는 다른 조직들이 스스로 비아캄페시나의 추진과정으로부터 분리되어 나가기를 바라지 않는다. 우리는 새로운 국제조직의 일부에 참여하지 않을 조직들을 한편으로 방치한 채, 일부 참여단체들이 새로운 국제조직이 비아캄페시나를 대체하게 될 수 있다는 우려를 분명히 제기하고자 한다. 그렇게 되어서는 안 된다. 비아캄페시나는 대안을 창출하기 위해 창설된 열린 특성을 지닌

플랫폼으로 계속 존재해야 하며, 다른 한편 새로운 국제 농민조직 또한 존재하게 될 것이다(Blokland, 1994: 1-2).

요약하자면, 비아캄페시나라고 명명된 국제적인 소농운동의 구성과 관련된 농민/NGO 연구프로젝트라는 PFS의 개념에 대해 몽스 회의의 강력한 거부가 있었음에도 불구하고, PFS 직원이 불같이 화를 내며 회의장을 박차고 나간 후에도 PFS는 여전히 비아캄페시나는 규정력을 지닌 '플랫폼'이라고 주장했던 것이다.

PFS는 몽스에 모인 농민지도자들 중 다수가 국제적인, 농민이 주도하는, 자율적 소작농 및 농업 운동을 창출하려는 대안적 연구와 프로젝트를 위한 기금을 모을 수 있는 농민들의 플랫폼의 형성이라는 생각을 거부했다는 사실을 수용하지 않았다. 몽스에서 농민들은 비아캄페시나의 소유권을 되찾았고, 그 후 그들은 자신들의 요구에 적합한 운동의 모양, 구성, 내용을 만들기 위해 창립 후 1년을 보냈다. 비아캄페시나의 지도자들은 지역 수준에서 조직을 '뿌리내리기' 위해 노력하였으며, 그 결과 그 운동은 새로운 탄력을 얻을 수 있었다(ASOCODE, 1994). CPE에 속한 유럽 조직들은 제네바의 GATT에 대항하는 공동의 저항을 실천함으로써, 결과적으로 다른 지역의 상대방들과의 밀접한 관계를 만들 수 있었다. 북아메리카, 카리브 지역, 중앙아메리카에서 온 비아캄페시나 조직들은 온두라스의 수도인 떼구시갈파에서 회동을 갖고, 영어권과 스페인어권 사이에 조정의 의무를 구분하고, 참여 단체들 간의 교류를 조직화하는 몇 가지 행동 계획을 확립하였다. 구체적인 예로 1994년 11월

NFU는 과테말라, 온두라스, 니카라과 농민조직들의 대표자들로 구성된 ASOCODE 대표단을 초청해서, 농가 방문과 NFU의 일반회원들과의 토론, 협동조합생산시설 방문, NFU 지도자들과의 간담회로 구성된 프로그램을 실시하였다. 중앙아메리카, 카리브 지역, 남아메리카의 비아캄페시나 조직들 사이의 연계는 CLOC의 창설로 확대되면서 더욱 돈독해졌다. 창립 첫해에 비아캄페시나는 두 개의 보도자료를 발표하였다. 하나는 GATT의 마라케시 결정에 반대하는 것이었으며, 다른 하나는 치아파스의 사파티스타를 지지하는 성명서였다(Via Campesina, 1994b, 1994c). 블록랜드가 편지에서 제기한 비판과는 반대로, 일반 중재자로서 CPE는 이렇듯 새롭게 부상하는 국제운동을 조율하는 데 있어 중요한 작업을 수행하였다.

CPE가 일반 중재자로서의 임기를 완료했다는 주장과 관련하여 PFS는 참가 조직들과의 대한 상담을 완료한 후 조정위원회가 CPE에게 1995년까지 그 역할을 유지하라고 선언했음을 말하지 않았다. CPE의 일부 구성원들은 자신의 제한된 역량에 대한 압박을 느꼈고 그 지위는 집중을 피하기 위해 순환되어야 하지만, 그들은 어쩔 수 없이 연장을 받아들였다고 주장했다(Via Campesina, 1994e).

지속되는 갈등에 대해 CPE의 니콜슨은 문제의 근원은 구조적이라고 평가한다.

내 생각에 우리가 가졌던 좌절은 잘못된 초기 구조 때문이라고 확신한다. NGO에게 농민조직으로의 역할을 수행해달라 요청했다는 사실은 비효율적이고 의심할 만한 상황으로 전개되었다. (…) 비아캄페시나의 탄생은 쉽지 않았다. 우리는 우리의 방식으로 전략을 규정하려고 했지만, PFS는 이 과정에서 중요한 역할을 수행했다. 우리는 또한 다음에 대해 언급해야만 할 것이다. (…) 우리의 역할과 그들의 역할에 대한 그처럼 불분명한 상황은 비아캄페시나에게나 PFS에게도 해로운 불화로 이어졌다. (Via Campesina, 1994c: 6)

블록랜드의 편지를 받은 한 달 후, PFS 이사회에서 이미 제기했던 많은 지점들을 언급하면서, 비아캄페시나 조정위원회는 PFS의 대표에게 기술자문관으로서의 역할을 거둬들인다는 서한을 보냈다(Via Campesina, 1994d). 조정위원회는 기술자문관으로서의 PFS의 서비스는 더 이상 불필요하지만, 미래의 협력은 가능하리라는 희망을 강조했다. 하지만 PFS와 비아캄페시나 간의 미래 협력은 더 이상 없었다.[4]

국제적 농민 공간을 개척하다

국제무대로 진입한 이후, 비아캄페시나는 자립을 위해 투쟁하면서 NGO들에게 농민조직과의 관계를 결정하라고 이의를 제기했다. 직업적인 국제 소작농운동과 NGO들 사이의 긴장관계는 점점 더 심화되고 표면화되었다.

비아캄페시나가 처음으로 그 존재를 국제무대에서 드러낸 것은 유엔식량농업기구FAO 설립 50주년을 기념하며 1995년 퀘벡에서 개최된 '식량안보를 위한 지구회의' Global Assembly on Food Security에서였다. 이 회의 조직위원회의 유일한 농민조직 대표였던 NFU는 식량생산자로서의 관점과 경험을 제시하기 위해 비아캄페시나 대표단이 그룹 토론과 총회에의 조력자와 패널리스트로 초대받을 수 있도록 노력하였다. 네티위베가 지적하였듯이, NFU는 농민지도자들이 농촌에서 신자유주의의 영향에 대한 분석을 제공하기에 충분한 '능력과 표현력을 가지고 있'다고 도시 기반 혹은 도시 편향적 조직가들을 설득해야만 했다. 결과적으로 농민지도자들은 실제로 농촌에서 어떤 일들이 발생하고 있는지를 열정적으로 설명하기 위해 연달아 마이크 앞에 나섰고, 농민의 목소리는 퀘벡의 행사장 안에서 매우 크고 또렷하게 울려 퍼졌다. 대부분의 농민지도자 연사들이 자랑스럽게 비아캄페시나에 대한 충성도를 선언하였고, 자신들의 관여를 시작하였다. NGO에 의해 주도되던 국제무대에서 처음으로 농민지도자들이 자신들의 목소리로, 스스로의 분석에 기초하여, 자신들의 현실들에 대해 결연하고 집합적인 방식으로 활동한 것이다.

새롭게 등장한 농민운동과의 이들의 집합적 활동에 대해 NGO들이 보여준 큰 관심에 감사하면서, 비아캄페시나는 멕시코 틀락스칼라에서 2차 국제회의에 맞춰 함께 개최될 'NGO포럼'의 조직화에 착수하면서 연대 활동을 위해 노력하였다. 비아캄페시나가 기획한 'NGO평행포럼'은 NGO에게 스스로 토론을 조직화할 기회를 제공하고, 참관인으로 비아캄페시나 회의의 다양한 분야에 참여할 수 있는 기회를 허락하기 위해 기획되었다. 하지만 NGO평행포럼은 몇 가지 이유에서 NGO들의 관심을 끄는 데 실패하였다. 비아캄페시나는 주의 깊게 초청할 NGO들의 수를 추렸지만, 포럼을 위한 특별 기금을 마련하지 못한 데다, 일부 NGO들은 쉽게도 참가 의향이 없음을 밝혔다. 게다가 비아캄페시나는 자신들의 국제회의의 내용, 논리, 과정을 조직화하는 데 너무나 전적으로 몰두한 나머지, NGO평행포럼에 거의 관심을 기울이지 못했다. 비아캄페시나는 또한 그 포럼이 실제로 개최될 수 있을지 여부에 대한 판단도 유보하였다. 이 전체적인 문제는 국제회의 주 행사의 조직화에서의 해결되기 어려운 의견차이로 인해 더욱 복잡해졌다. 주 행사는 원래 두 개의 필리핀 내 비아캄페시나 회원 조직(KMP와 dKMP)이 주도하도록 계획되었지만, 두 집단 간의 갈등으로 인해 주도권을 멕시코로 인계해야만 했다.

단지 열 개의 NGO 대표자들만 참여했을 뿐이지만, NGO평행포럼은 중요한 사안들을 결정하였다. NGO 대표자들은 숙의과정을 요약하면서 비아캄페시나 국제회의에서 NGO들은 다음과 같이 처신할 것이라 발표하였다.

- 옆으로 한 발 물러선다.
- 요청이 있을 때만 민중조직people's organizations을 지원한다.
- 민중조직들에게 더 많은 권위를 제공하고 그들을 위한 기회를 창출한다. (Via Campesina, 1996b: 65에서 재인용)

또한 참가한 NGO 대표자들은 분명하게 자신들과 농민조직 간의 기존의 관계들을 변혁할 필요에 대해 이해하였다. 그들은 NGO들이 농민조직들의 주도권을 더 잘 지원하도록 보장하기 위해 자신들의 역할을 재설정하고, 연대를 벼리며, 이를 위한 메커니즘을 발전시킴으로써 기여할 것을 약속하였다. 이러한 접근은 NGO와 민중조직들의 관계가 '평등한 파트너십, 상대의 자율성에 대한 상호 존중, 독립성과 투명성과 책무성'이라는 원칙에 기초할 때만 작동가능하다는 점 역시 강조되었다(Via Campesina, 1996b: 65).

NGO평행포럼의 결론은 에두라도 타뎀(Tadem, 1996)의 발표 'NGO와 민중조직의 관계에 대한 성찰'에 크게 영향을 받았다. 농촌 이슈를 위해 활동하는 아시아의 NGO 'ARENA'의 대표인 타뎀은 필리핀 농촌의 맥락에서 민중조직과 NGO의 관계에 대한 역사적 개관, 분석, 가능한 미래상에 대한 제안 등을 발표하였다. 그의 핵심 주장은 필리핀에서 민중조직들은 NGO들보다 오래되었으며, 민중조직들이 심하게 핍박받으며 지하활동을 강요받았던 시기에, NGO들이 민중조직을 위해 '외부 세계와 연결될 수 있는 법적 창구'를 제공하는 데 있어 핵심적 역할을 수행했다. 1970년대 이래로 필리핀에서 NGO의 성장은 상당한 수준에 이르렀고 그들의 역할은 옹호, 선거 정치, 서비스 제공을 포함할 만큼 확대되었다. NGO와 민중조직 간의 긴장과 갈등은 양자가 공동의 프로그램을 진행하거나 캠페인을 펼치기 위해 협력할 때마다 잇따라 드러났다. 타뎀은 정치적 상황이 민중조직의 기능을 허락하지 않았을 때 NGO들은 필수적이었지만, 정치 조건이 민중조직의 행동을 더 이상 제한하지 않을 때에는 NGO들은 해체되거나 새로운 역할을 찾아야만 한다고 주장했다.

일부 NGO들은 그처럼 종속적인 역할을 수용할 준비가 되어 있지 않았다. 그들은 비아캄페시나가 구분된 NGO회의를 조직화하는 것은 그 자체로 실수이며, NGO들은 비아캄페시나 국제회의에 참여해달라고 정중히 요청받아야만 한다고 주장했다. 결국 그들은 NGO와 민중조직은 동일한 투쟁에 참여하고 있다고 강조했다. 그들은 동등한 입장에 서 있고, 모든 이해당사자들은 처음부터 정확하게 동일한 테이블에 앉아야 하며, 아무도 없는 곳에서 구분을 만들어내는 것은 비생산적이라는 것이다.[5] 이러한 조언은 기존의 권력 역학관계에 대한 완전한 이해 부족(혹은 부인)을 보여준다. 그들은 또한 스스로의 힘으로 국제운동을 형성할 필요가 있다고 믿고 있었던 농민과 소작농과의 대화와 협상의 과정을 충분히 존중하지 않았다. 더 중요한 것은, 몇몇 관찰의 결과 일부 NGO들이 국제무대에서 자신들이 오랫동안 지배해온 공간을 포기하는 것에 대해 저항하고 있음이 드러난 것이다. 당연히 이러한 NGO들은 자신들이 더 이상 비아캄페시나를 지도할 수 없다는 것을 깨달은 후, 소작농과 농민조직들을 '위한' 주요 국제행사들 — 이 행사들은 좋은 의도를 가지고 있더라도 결과적으로 훨씬 온순한 농민운동으로 이어질 수 있다 — 을 조직화하려 했다.

프랑스의 '인간진보를 위한 샤를레오폴드마이에 재단' EPH이 주도한 국제소작농회합이 그러하였다. 더 최근으로는 2002년 5월 카메룬의 야운데에서 열린 '세계소작농대회: 21세의 도전과제에 직면한 세계의 소작농들'이라는 회의도 그러했다. 이 행사의 초청문은 소작농과 토착민 운동이 직면한 다양한 도전과제들을 요약한 후 이 대회에서 논의될 주제들로 다음을 제시하였다. 1) 조직화·동원·대안 수립, 2) 다양한 분야들 사이의 협력과 동맹 형성, 3) 더 나은 전략과 기획을 개발하기 위한 당대의 맥락에 대한 분석(Marzaroli, 연도 미상). 이 모든 도전과제들은 이미 소작농 운동들, 특히 비아캄페시나가 상당 시간 동안 작업해온 것들이었다.

라파엘 알레그리아에 따르면, 비아캄페시나는 몇 가지 이유를 들어 세계소작농대회의 조직을 도와달라는 참가 초청을 정중히 거절하였다. 첫째, 비아캄페시나 조직은 자신들이 만족할 만한 대회의 장기적 목표를 발견할 수 없었다. 둘째, 비아캄페시나는 이미 '제3차 국제회의'의 형식으로 세계의 소작농의 만남을 조직화하고 있었다. 마지막으로 비아캄페시나는 소작농의 대화와 실천을 위해 기존의 지구적·지역적 공간들을 강화하는 데 많은 노력을 기울이고 있었다.

실제로, 세계소작농대회와 같은 행사는 고립적으로 — 지역이나 국제 농민조직 스스로가 이미 기획했던 행사들과 상당히 동떨어져 있었다 — 진행되었고, 지구적 수준에서 농업운동을 강화하는 데 기여할 수 있을지 불분명했다. 그 대회들이 대화와 정보교환을 위한 훌륭한 기회들을 제공했을 수는 있겠지만, 그들은 어떠한 안정적인 구조나 행동계획과의 연대의 상을 보여주지 않았기 때문에, 현장에서의 후속작업을 위한 그 희망도 제시하지 못했다. NGO들에 의해 발의된 그와 같은 행사들은 오히려 역작용을 낳기도 했다. 그들은 이미 잘 진행 중인 노력들을 모방했으며, 다른 경우라면 기존 운동세력들에 의해 훨씬 더 효율적으로 사용되었을 법한 소중한 재정 자원을 낭비하였다.

비아캄페시나와 NGO들 간의 긴장은 1996년 11월 로마에서 열린 세계식량정상회의WFS와 평행하게 개최된 식량안보에 관한 NGO포럼에서 재점화되었다. 비아캄페시나는 「NGO 선언」에 서명하기를 거부했는데, 그들은 그 선언문이 농민 가족들의 관심과 이해관계를 적절히 담고 있지 못하다고 보았다. 국가, 지역, 국제 수준의 농업조직들과의 상당 기간에 걸친 협의를 거쳐 비아캄페시나는 로마에서 세계의 기아와 빈곤의 해결책으로서 새로운 개념으로 '식량주권'food sovereignty을 제안하였다. 결국 식량주권의 개념은 「NGO 선언」의 제목 안에 포함되었지만, 이 선언문은 그 개념을 어떻게 발전시키고 어떻게 이행할지에 대해서도 전혀 설명하지 않았다. 「NGO 선언」에 대한 서명을 거부하면서, 비아캄페시나는 그 선언문의 내용상의 한계에 대한 실망과 배제적으로 진행된 논의 과정에 대한 좌절감을 표출하였다(Via Campesina, 1996d). 비아캄페시나는 60여 명의 대표단을 WFS에 데려왔는데, 그들 중 상당수는 영어를 하지 못했다. 식량안보에 대한 NGO포럼 기간 동안 통역 서비스의 미비로 인해 의미있는 방식으로 참여할 수 없다는 사실에 상당수의 대표단이 분노하였다.

WFS의 「NGO 선언」에 대한 비아캄페시나의 강력한 반대는 여러 측면에서 부상 중인 농민운동과 NGO 관계의 전환점이 되었다. 비아캄페시나를 통해 농민지도자들은 자신들의 공간을 만들어왔으며, 그 공간을 조직의 아젠다와 소작농과 농민의 목소리들을 결합시키면서 채워왔다. 비아캄페시나는 새롭게 생성된 이 공간에 대한 존중을 요구하였으며, 세계 전역의 농민들이 만나 집합적 분석을 수행하고, 공동의 입장을 정하는 데 요구되는 시간을 절박하게 필요로 했다. 오직 그런 후에야 새로운 조직들은 NGO들과의 공동 행동으로 나설 수 있을 것이기 때문이다. 그렇게 함으로써 비아캄페시나는 NGO들에게 풀뿌리 사회운동과 NGO의 상이한 작동 방식을 존중하라고 도전하였다. 비아캄페시나는 국제무대를 오랫동안 점유했던 NGO들에게 분명하고 직접적인 메시지를 보냈다. NGO들은 더 이상 소작농과 농민들을 '대신하여 말하거나' 대표할 필요가 없다. 누가 말할 것인지, 누구를 대신하여 말할 것인지, 또한 무엇을 말할 것이며, 집합적 입장에는 어떤 방식으로 도달할 것인지에 대해 비아캄페시나가 문제를 제기했다는 점 역시 너무나 중요하다.

WFS 7개월 후인 1997년 6월, 비아캄페시나의 일부 지도자들은 NGO평행포럼에서 제안된 이슈들과 WFS의 결과들을 논의하기 위해 상당수의 유럽 NGO들과 접촉하였다. 이들이 접촉한 NGO는 Brot für die Welt, Crocevia, Oxfam-Solidarité, DanChurch Aid, Comité Catholique Contre la Faim et Pour le Développement(CCFD), Transnational Institute, Coopibo, Flemish development NGO 등이다. 이 만남은 농민지도자들과 NGO들이 공동으로 일하는 데 있어 목의 가시와 같았던 껄끄러운 주제들에 대해 심도 있는 논의를 진행했다는 점에서 중요한 단계라 할 만하다. 그들은 각자의 한계에 대해 이해하기 위해 노력하였으며, 공동 행동들이 가능한 이슈와 영역들을 결정하였다. 이 회의에서는 주요 논의 사항은 다음과 같다. 첫째, NGO들은 비아캄페시나가 외부 요구에 대응할 수 있는 역량을 다소 제한하면서 내부적 역량 강화의 단계에 있음을 존중할 필요가 있다. 둘째, 국제 수준에서 활동하는 농업조직들과 NGO들이 행사할 수 있는 권한들 간의 차이를 인식할 필요가 있다. 셋째, 비아캄페시나는 기금조달의 가능성을 NGO가 독점하는 관계를 더 이상 원하지 않는다(CPE, 1997). 이 회의는 NGO들과 비아캄페시나가 공유해야 할 행동원칙의 필요성에 합의하였고, 이러한 비전을 공유하는 조직들이 미래 협력을 위한 단계로 나아가자고 동의하였다.[6]

비아캄페시나의 뿌리는 뜻을 함께 했던 진보적 농업조직들 간의 수년에 걸친 국제 교류의 역사로 거슬러 올라갈 수 있다. 이 운동은 다음과 같은 공동의 목표로 남북을 아우를 수 있었다. 1) 신자유주의적 농촌개발모델에 대한 명시적인 반대, 2) 농업정책 개발에서 배제당하는 것에 대한 전면적인 거부, 3) 농민의 목소리를 강화하고 대안적 농업모델을 수립하기 위해 협력하겠다는 굳건한 다짐. 비아캄페시나의 존재감과 가시성이 증대되고 그에 따른 급속한 성장해왔다는 사실은 IFAP가 사회정의와 경제적 안녕을 공동의 관심사로 하는 수많은 소작농과 농업조직들의 요구와 이해관계를 충족하지 못해왔다는 사실에 대한 강력한 증명이다. 실제로 비아캄페시나는 IFAP에 대한 진보적 대안임을 전면에 내세웠다. 두 조직 모두 농촌공동체를 끌어안으려 했지만, 비아캄페시나로 모여드는 구성원들은 달랐다. 그들은 다른 입장을 취하고 다른 전략들을 활용하였다.

출범 이래로 비아캄페시나는 NGO들이나 여타의 기관들과 공동작업 및 협력을 위한 용어와 조건들을 확립하기 위해 노력하였다. 많은 경우 비아캄페시나는 NGO들과 협력하기 위해 단계에 따라 지속적으로 노력하였고, NGO들과 농업조직들 간의 관계를 재규정하기 위해 합심하여 노력하였다. 그렇게 함으로써, 그들은 NGO의 전제들과 국제무대에서 NGO들의 '위치'와 그들이 농민조직들과 일해왔던 방식들에 공개적으로 도전하였다.

PFS와의 경험을 통해 비아캄페시나는 NGO들이 인식하는 방법과 참여의 개념을 실천하는 방식을 비롯한 다수의 핵심 이슈들에 대해 문제제기를 하였다. 수많은 '진보적인' NGO들이 그러하듯, PFS는 참여적 발전에 대한 헌신을 공언하고 농민이 주도하는 과정의 필요성에 높은 가치를 두었다. PFS는 비아캄페시나의 구성을 주도하였고, 초기 단계부터 일부 농업단체들과 협의해왔다. 하지만 PFS가 공식화하려 부단히 노력해온 연구정책이라는 틀을 농민지도자들이 벗어나려는 조짐이 분명해지자, 이 NGO는 농민들의 움직임에 저항했고, 농민지도자들의 충분한 참여를 촉진시키는 데 필요한 유연한 협의에 실패하였다. 참여는 일부 조직과의 협의 이상의 것을 요구한다. 그것은 지속적인 토론과 의미있고 신속한 방향 전환의 실질적인 가능성에 대한 수용과 함께 이루어져야 한다. 몽스에서 만난 소농 및 농민지도자들은 스스로 대안적 비전을 규정할 수 있는 힘을 원했고, 이러한 비전을 현실화시킬 수 있는 메커니즘을 요구하였다. PFS의 행동이 보여주었듯이, 비아캄페시나는 어떤 조직이어야 하는가라는 더 큰 질문에 대한 토론은 여전히 끝나지 않았다. 그러함에도 PFS가 그어버린 한계선은 명확했다. '참여'는 미리 계획되고, 관리가능하며, 예측가능한 프로그램 — 대부분은 확실히 NGO들의 마음에 드는 것이었을 듯하다 — 즉 정책 연구를 중심으로 제한되었다.

몽스에서 농민지도자들이 내린 결론에 대해 PFS가 수용하고 존중하는 것을 거부한 것은 NGO의 지위와 역할에 있어 어떤 문제가 있는지 잘 보여준다. 비아캄페시나는 어떤 조직이며, 무엇을 할 수 있는지라는 질문에 대해 PFS는 자신들이 가진 비전이 소작농과 농민들이 원하는 것보다 우위에 있다고 믿었던 것은 분명하다. '당신들을 위한 최선을 우리는 알고 있다'는 이러한 접근법은 농촌 사람들의 지식과 소작농들의 경험을 경시하거나 무시하면서, 과학에 기반한 프로그램과 '전문가'들의 생각으로 대체해왔던 오래된 농촌개발의 역사에서 공통적으로 보여져 왔던 것이다. 농민지도자들의 제안을 접한 후에 PFS는 비아캄페시나에 관한 개념의 소유권을 포기하는 것을 거부하였고, 그 자신들의 비전과 관점을 부여하려는 입장을 고수하였다. PFS는 농민지도자들이 요구한 종속적 위치 — 지도적 역할이 아닌 지원자의 역할 — 를 수용하기를 거부했다. 그러한 행동은 소작농과 농업조직의 자율성에 대한 심각한 도전이었다.

04

"WTO가 언제 어디에서 모이든
　　　우리 또한 그곳에 있을 것이다"

WTO의 제재와 지역무역협정이 우리의 삶과 문화, 그리고 자연환경을 파괴하고 있다. 우리는 이러한 정책들로 인해 야기된 파괴와 불의를 참을 수 없고 더 이상 참지도 않을 것이다. 우리의 투쟁은 역동적이고 역사적이며 완강하다. … 이는 모든 인류를 위한 농민들의 투쟁이다.
2000년 10월 3일 비아캄페시나의「방갈로르 선언」

비아캄페시나는 범지구적 산업형 농업모델이 식량무역의 자유화를 촉진시키고, 생물다양성과 문화적 다양성을 파괴하고, 심각한 환경오염을 초래할 뿐만 아니라, 전세계 지역 곳곳의 빈곤화를 가중시킨다고 본다. 경제자유주의가 국가의 식량안보를 위험에 빠뜨려 농민과 그 가족들의 생계와 생존 자체를 위태롭게 하는 동안, 인권을 유린해야 지속이 가능한 신자유주의 정책들은, 특히 지역 농촌에서 폭력성을 표출하며 농민들을 위협하고 있다. 결과적으로 북반구와 남반구 통틀어 모든 곳에서 농민과 그 가족들은 '사라지고' 농촌공동체는 심각하게 훼손되고 있다.

그럼에도 불구하고, 비아캄페시나(1996a)는 트락스칼라에서 개최된 그들의 제2차 국제대회에서 '우리는 위협받지도', '사라지지도 않을 것'이라며 매우 강경하게 선언했다. '땅의 사람들'이라는 강력한 집단정체성과 지역 농촌에서 곡식을 기르며 생계를 꾸려나가고자 하는 그들의 권리에 대한 단호한 신념으로 무장한 비아캄페시나는 다름 아닌 존재의 권리를 위해 싸우고 있다. 이는 단지 생존을 위한 투쟁이 아니라 그들의 공동체와 문화는 물론이고 식량주권, 즉 국내소비용 식량을 자국의 문화에 맞추어 적절한 방식으로 생산하겠다는 그들의 권리를 지키기 위한 싸움이다.

이러한 결의로 비아캄페시나는 세계화의 핵심 기구인 WTO에 대항한 공식적이며 급진적인 반대파로서의 전략을 취해왔다. 비아캄페시나의 반WTO 전략은 농업과 식량안보와 관련된 국제적 수준의 여타 시민사회조직들의 접근방식과는 절대적으로 다른 매우 독특한 형태를 띠어왔다.

농민들과 WTO: 갈라진 입장

비아캄페시나와 마찬가지로 IFAP도 식량과 농업을 위한 공정한 규범과 시장을 구축하기 위해 국제무역규제의 필요성을 강하게 피력하고 있다. 하지만 비아캄페시나와 달리 IFAP는 궁극적으로 친자유주의 입장을 취하고 있다. IFAP는 농민들이 시장정책 및 생산의 변화에 적응할 수 있는 필요한 도구들을 섭렵하는 방안을 연구하는 동시에 자유주의의 불가피성 및 농업의 세계화를 받아들인다. IFAP는 자유무역 모델의 기본 가정들에 대해 의문을 품지 않고, 오히려 WTO를 보다 더 자유로운 무역이라는 타당한 목적을 추구하기 위한 적법한 기구로 보고 있을 뿐만 아니라, "경제성장과 세계경제의 대통합은 세계 가족농의 생계를 향상시킬 수 있는 잠재성을 실현하고, 빈곤 감소에 기여하며 경제적, 사회적, 환경적으로 지속가능한 농업 성장의 길을 촉진한다"(IFAP, 1998a: 4)고 확신한다.

이처럼 무역과 WTO에 대한 IFAP의 입장은 근본적으로는 순응주의적이며, 현존하는 구조나 정책들이 보다 농민에게 유리하도록 작동되는 방식을 찾고 있다는 점에서는 개혁주의적이다. 의문이 드는 점들은 과연 어떻게 WTO 의결사항들에 농민의 소리가 전달되도록 하며, 어떻게 남반구 국가들이 북반구 수준에 이를 때까지 자유무역의 속도를 둔화시킬 필요성이 있다는 것을 WTO 협약들에 포함시키느냐 하는 것이다. 남반구로의 기술 이전과 남반구의 역량 강화의 필요성에 관한 질문도 뒤따른다(IFAP, 1998a, 2000a).

IFAP는 그들의 입장을 유지하기 위해 WTO에 능동적으로 참여한다. 캐나다농업연합회Canadian Federation of Agriculture의 전 사무총장 샐리 루터포드에 따르면, IFAP에 소속된 조직들은 공식적인 국가정부 대표단에 참석하도록 여러 차례 초청되었고, IFAP 자체에서도 정기적으로 제네바의 WTO 사무국과 관계자들을 만나고 있다(Rutherford, 2002). 상당한 재정적, 인적 자원이 공급되어야 하는 이와 같은 수준의 참여를 통해, IFAP는 농민들의 권익에 상응하는 국제적 의결사항에 성공적인 영향을 미치고 있다고 확신한다. 예를 들면, "우루과이라운드에서 IFAP가 제시한 조건, 즉 GATT 법규 아래에 농업이 존재해야 한다는 제안이 채택되었다"고 주장한다. IFAP는 또한 경제적 수준에서는 점점 더 불안한 시장을 조절하고 있으며 또한 증가하는 세계인구를 위한 충분한 식량생산에 대한 위기를 극복할 수 있도록 "농민들의 발달을 도운 것은 (…) WTO와 OECD에 의해 수립된 협약들"(IFAP, 연도 미상)이라고 믿고 있다.

IFAP의 주요 목표 중 하나는 국가의 농업 혹은 식량정책 개발에 농민의 역량과 참여를 증대시키기 위해 특히 개발도상국에 농업조직을 설립하거나 보다 강화되도록 돕는 것이다(IFAP, 연도 미상, 1998b). 예컨대, IFAP는 비아캄페시나가 등장한 해인 1993년에 개도국의 활동을 촉진시키기 위해 '농민강화를 위한 세계적 활동' The Worldwide Action for Strengthening Farmers을 출범시켰다. 이후 IFAP는 자체 내에 있던 개발조정위원회DCC를 기금마련 통로로 재조직한 후 북반구 농업조직을 거쳐서 남반구 조직들을 지원하는 데 때때로 활용했다. IFAP는 또한 세계은행과도 농촌의 빈곤 및 지속가능발전과 관련하여 밀접한 관계를 맺고 활동한다. 세계은행이 다수의 개도국 농민 워크숍을 후원했으며, 농업조직들의 요구와 활동사항들을 파악하기 위해 IFAP가 실시한 농업조직과 개발에 관한 새천년 조사를 지원한 것이 그 증거이다.

하지만 IFAP에 속한 선진 산업국가의 농업조직들은 이러한 지원이 불필요하다. 미국 정치인들을 상대로 수백만 달러의 로비 비용을 써 워싱턴에서 가장 영향력 있는 조직 중 하나로 선정된 미국농장단체연합를 예로 들 수 있다. 유럽의 IFAP 회원들은 동시에 유럽연합농업전문조직위원회COPA의 회원인데, COPA는 유럽연합위원회와 관계를 맺고 또한 영향도 미치고 있는 포괄적인 주류 유럽 농민조직이다. 이 막강한 선수는 IFAP 자체에서도 활개를 칠 뿐만 아니라, COPA와 깊은 관계를 맺고 있는 농기업과 대형 농업연합회와 관계가 깊다. 이러한 것들이 유럽 정부의 정책 결정에 영향을 미칠 것이라고 생각되는 것은 당연하다. 따라서 도하 WTO 각료회의에 대한 IFAP 보고서가 카타르 모임에서 사용된 전략들과 의문스러운 과정들을 모두 무시했다는 것은 전혀 놀랍지 않

농업과 관련된 미국의 로비

1998년 『포춘』*Fortune*은 미국농업연합회the American Farm Bureau Federation를 워싱턴에서 가장 영향력 있는 조직 중 14위에 선정했으며, 다음 해인 1999년에는 21위였다. 책임정치센터The Center for Responsive Politics에 따르면, 미국농업연합회는 워싱턴에서 로비를 위해 1998년 한 해에만 456만 달러를 썼다. 주별 농업국을 위한 로비자금도 25만 달러에 달했다(Monks, Ferris, and Campbell, 2000: 50-51).

다. 오히려 이들은 소위 말하는 '개발 라운드'(IFAP, 2001)를 WTO가 성공적으로 설립한 것을 축하하였다.[1]

WTO에 대한 비아캄페시나의 입장은 전혀 다르다. 물론 비아캄페시나가 농업교역을 반대하는 것은 절대로 아니다. WTO나 그 옹호자들이 추구하는 독점적 시장주도가 아니라 인권의 관점에서 무역을 하자는 방식을 주창하는 것이다. "먹을거리는 영양 공급을 위한 최고이자 최선의 자원이며, 그 다음이 교역의 수단"이라고 비아캄페시나는 주장하고 있다. 따라서 식량주권 아래에서 식량안보가 확보된 상황일 때 농업생산은 제대로 운영될 수 있다. 다시 말해, "먹을거리는 인간의 기본권이며, 이 권리는 식량주권이 보장된 체제 안에서만 가능하다"(Via Campesina, 1996c: 1-2). 더불어, 비아캄페시나는 수많은 농작물이 '형편없이 낮은 가격'으로 떨어질 것이 뻔한 '지역과 전세계를 통한 농산물에 대한 자유무역 압박'(Via Campesina, 2000f: 1)을 도입한 WTO의 결정을 대놓고 반대하고 있다. 이러한 정책들은 혹독한 결과를 초래한다. 즉,

> 저렴한 가격의 농산물이 수입되면서 지역의 농민, 그들의 가족, 지역시장은 더 이상 자신들과 공동체를 위한 식량생산이 불가능하며 농토에서도 멀어지게 된다. 불공정 무역협정은 전세계에 새로운 식습관을 전파하여 지역공동체와 지역문화를 파괴하고 있다. 지역의 전통적 먹을거리는 값싸고 때로는 질도 낮은 수입 먹을거리로 대체된다. 먹을거리는 문화의 매우 중요한 부분인데 신자유주의는 매우 기초적인 우리의 삶과 문화를 파괴하고 있다. 우리는 가난해지고 싶지도, 강제이주도 당하고 싶지 않다. 우리는 우리의 먹을거리를 생산할 수 있는 권리인 식량주권을 요구할 뿐이다.

식량주권을 옹호하기 위해, 비아캄페시나는 WTO 농업협정의 가장 중요한 원칙인 '수출권'과 식량과 유전자원, 자연자원, 농산물시장과 관련된 전지구적 거버넌스에서 WTO의 권력 확장을 분명하게 거부한다. 여기서 수출권이란 식량안보에 관한 WTO의 관점과 동일하다. 식량안보에 관한 최고의 정의는 '수입 식품의 적절한 공급'(Stevens et al., 2000: 3, 강조는 원저자)에 대한 접근성을 보장하는 것이기 때문이다. 이에 비해 비아캄페시나는 자국의 인구와 환경, 문화를 건강하게 유지하기 위해서 각국에서 자국의 농업과 식량정책을 개발할 권리와 의무가 있다고 주장한다.

비아캄페시나(1999b: 1-2)는 WTO의 농업협정과 '무역관련 지적재산권에 관한 협정' TRIPs은 농기업의 이익을 보호하기 위해 설계된 것으로 여긴다.

신자유주의 농업정책들은 우리 가족농의 경제를 파탄시키고, 우리 사회에 위기를 가져왔으며, 사회응집력을 파괴해왔다. 문화적 선호에 따른 생산과 소비의 위대한 다양성을 유지하면서, 우리들의 소비자를 위해 먹을거리를 생산하는 우리의 권리를 말살한 것이다. 이는 세계 시민이라는 바로 우리의 정체성을 건드렸다.

우리의 정체성을 침해한 가장 명백한 사례는 다국적기업들이 유전자조작 식품을 수입하고 있다는 사실이다. 최근 미국과 유럽연합EU은 '생명공학 실행단'을 통해 WTO 내에서 생물안전과 GMO를 토론 ─ 본질적으로, GMO 식품의 수입에 대항하여 스스로를 보호할 권리를 우리가 가진 것인지 여부에 관한 토론이었다 ─ 에 붙이려고 시도하였다. 이는 우리의 시민권을 침해하는 가증스러운 언어도단이다.

비아캄페시나는 국내 식량생산을 위한 예산으로 수출용 환금작물에 주력하도록 만드는 신자유주의 정책을 반대한다. 이러한 정책들은 상품의 원가에 훨씬 못 미치는 저렴한 값으로 상품가격을 떨어뜨려버린다. 개도국들은 그들의 외채를 갚기 위해 이러한 정책들을 받아들이도록 강요당한다. 식량수입을 위해 문을 열어야만 하고 결국 더 큰 빚더미에 앉는 결과를 초래한다. 부유한 나라의 정부들은 가격삭감을 보상하고 다국적기업들이 더욱 싼 값에 농산물을 구매하도록 하기 위해 농가당 제한을 두지 않을 뿐만 아니라 엄청난 보조금을 지급한다. 이러한 공공기금 제공은 기업을 위한 것이지 농민을 위한 것이 아니다. 이는 다국적기업들만을 배불리는 악순환이다.

WTO가 다국적기업들 손에 이윤과 힘을 안겨주는 도구일 뿐이라는 사실은 의심의 여지가 없다. WTO는 농업 시장에 관한 조직으로서는 물론이고, 보건과 환경관련 입법이나 삼림, 토양, 수질, 유전자원의 관리, 식량주권 등의 매우 중요한 이슈들에 대한 민주적 의사결정과 정책 형성의 조직체로서도 전적으로 부적절한 조직이다.

시애틀 WTO 각료회의 당시 각종 이벤트를 통해 비아캄페시나(1996: 3)는 일전에 제네바 WTO 각료회의에서 언급했던 아래 내용들의 필요성을 다시 주장했다.

- WTO의 지속적인 각종 협상에 대한 즉각적 모라토리엄 선언.
- 국내 소비 5% 수입 의무화에 대한 즉각적 취소와 모든 의무시장 조항의 즉각적 철회.
- 우루과이라운드 협상과 관련된 영향평가 및 이에 따른 불평등을 바로잡기 위한 수단 마련.
- WTO와의 지역교역협상 혹은 쌍방교역협상에서 농업부문 제외.
- 각국의 식량주권을 존중하면서 식량교역을 추진할 수 있는 진정으로 전지구적이며 민주적인 메커니즘 창조.
- 각국이 자국의 필요에 맞는 농업정책을 수립할 수 있는 권리를 존중하

는 방식으로서 식량주권 확보. 이는 자국 내 생산을 보호하기 위해 수입을 금지할 수 있는 권리와 농민과 중소생산자가 토지를 확보하도록 설립된 토지개혁을 실행하기 위해서 수입을 금지할 수 있는 권리를 포함한다.
- 국내 주식생산 보호를 위한 모든 형태의 덤핑 중단.
- 생명에 대한 특허권과 생물자원수탈 금지.

WTO의 목적과 실천 및 정책들은 근본적으로 심각한 결함이 있기 때문에 비아캄페시나는 WTO 개혁하기를 실행가능한 전략으로 보지 않는다. 비아캄페시나는 WTO가 농산업에 관해 노골적으로 반민주적 행위를 해왔기에, 그 투명성과 책임감 부족으로 인해 식량 교역을 감독하는 책임있는 국제조직으로서는 전적으로 부적절하다고 평가한다. 비아캄페시나는 WTO를 '개혁'하여 '초록'이나 '파랑' 혹은 '호박색' 상자, 아니 표현을 조금 바꾸어 '개발' 혹은 '식량주권'에 위치시키고자 노력하는 것보다, 차라리 간단하게 농업과 식량을 WTO 체제에서 빼내오자고 주장한다. 어쩌면 "농업을 WTO에서 제외시키자"는 표현이 더 적절할 수도 있겠다.

1996년 초까지 여전히 모든 영역에 힘을 펼치는 WTO의 잠재적 힘을 비아캄페시나가 통제한다는 것이 불가능해 보였다. 비아캄페시나는 식량주권 관련 의결사항들을 위한 영역 확보에 주력했고, FAO와 같은 유엔 산하기구에 전세계에 걸쳐 식량주권을 촉진하는 메커니즘 개발을 촉구했다. 결국 비아캄페시나는 한 달 뒤 싱가포르에서 열릴 WTO 각료회의에 참석하는 것보다 (로마에서 개최된) 1996년 세계식량정상회의에 참석하는 데 자본과 노력을 결집하였다. 2001년에도 비아캄페시나는 주로 대안적 국제조직들과 지속적으로 함께 일했으며, 처음부터 도하 WTO 각료회의보다는 11월에 개최가 예정되었던 '세계식량정상회의: 5년 후'에 주력했다. 비아캄페시나 운영본부의 기술자문인 니코 버하겐은 비아캄페시나가 WTO에 참여했다면, 이 기구가 농업과 식량에 관여하는 것의 적법성을 인정하는 꼴이 되었을 것이라 지적한다. 그나마 조금은 더 농민친화적 기구인 FAO 내에서 활동함으로써, 비아캄페시나가 FAO와 IMF, 세계은행, WTO와 같은 다른 주요기관 사이의 권력의 역학관계를 (아주 미미하더라도) 변화시키는 데 잠재적인 도움이 될 수 있었다. 네티 위베는 이러한 전략적 선택을 아래와 같이 설명하고 있다.

> WTO에 대한 우리의 태도는 명확하다. 기본적으로 WTO는 우리에게 유해한 조직이다. 반면 FAO는 원칙적으로 우리에게 호전적 입장은 아니다. 유엔은 산하기구들에게 영향력을 여전히 끼칠 수 있는 다자간 조직들 중 하나이다. 비아캄페시나 내에서도 유엔 조직들에 대해 어떻게 행동을 취할지에 대한 논란이 있다. 왜냐하면 유엔 조직들이 WTO에 의해 점령되어 타락한 위임조직일지 아니면, 하나의 조직이 다른 조직에 영향을 줄 수 있는 어떤 공간적 역할을 하는 기구로서 인정할 수 있을지 논란이 있기 때문이다. 결과적으로 우리는 FAO를 버리자고 결론내릴 수는 없었다. 〔하지만〕 미국의 대외정책과 WTO가 중첩되어 이 조직을 더 많이 장악하고

더 많은 영향을 끼칠수록, 이 조직의 유용성도 점점 줄어들 것이라는 것은 명확하다.

비아캄페시나는 새로운 농업과 식량 교역에 관한 원칙과 메커니즘은 반드시 공정하며 사회적 책임을 다하도록 개발되고 실천 가능하도록 만들어져야만 한다고 믿는다. 또한 유엔의 시스템을 더욱 민주적으로 운영하고 투명하게 만들어야만 한다(Via Campesina, 1999a). 이때 무역규제는 「경제·사회·문화적 권리에 대한 국제협약」ICESCR, 「생물다양성협약」, 「생명공학안전의정서」와 같은 국제협약들을 무효화하는 것이 아니라 동의하여 함께 가야만 한다.

완전한 식량권은 현재 진행 중인 이상의 논쟁에서 핵심이다. 1996년 각국 정상들은 모든 사람들이 누려야 할 기본권으로서 식량권을 규정하고 각 국가가 이러한 권리를 확고히 해야 한다는 의무에 대해 재차 강조한 세계식량안보에 관한 「로마 선언」과 「세계식량정상회의 행동계획」을 채택했다. 「세계인권선언」의 25조 1항과 「ICESCR」 11조는 충분한 식량을 인권이라고 인정한다.

「ICESCR」은 또한 "인류가 자연과 자원을 자주적으로 활용할 수 있는 권리"이자 인권을 인지하는 구체적 방식으로써의 자율권도 승인하고 있다(Oloka-Onyango & Udagama, 2000: 10). 나아가 「ICESCR」은 "어떤 경우에도 사람들이 자신들의 생계수단을 갈취당할 수는 없다"고 강조한다.

WTO 설립을 위한 마라케쉬협정 14조 4항에는 모든 회원 국가가

인권으로서의 식량

「세계인권선언」 25조는 "인간은 누구나 의식주와 관련하여 본인과 그 가족의 안녕을 위한 생활수준을 유지할 권리를 가진다"고 선언한다. 「ICESCR」 11조 1항은 "충분한 의식주와 관련하여 본인과 가족들의 충분한 생활수준을 유지하고 지속적으로 생활조건을 개선시키는 것은 모든 사람들의 권리"이며 "국가의 정당들은 이러한 권리가 실행될 수 있는 적절한 단계를 진행시켜 나가야 한다"고 밝힌다.

「ICESCR」 11조 2항은 한 걸음 더 나아가 아래와 같이 각국 정부에 선언한다.

> 빈곤으로부터 자유로워야 한다는 인간의 기본 권리에 대해 개인뿐만 아니라 국가적 협력을 통해서 특별한 정책을 취해야 한다. 기술적이고 과학적인 지식을 총동원하고, 영양학적 지식을 전파하며, 자연자원을 가장 효율적이고 체계적인 방식으로 활용하는 농경체제로 개혁하는 과정을 통해 식량의 생산과 보존, 유통 수단을 개선하는 정책을 취하도록 한다.

2006년 9월까지 「ICESCR」은 154개국에서 비준되었으며, 식량권은 「아동권리조약」과 「여성차별철폐협약」CEDAW과 부속서에도 포함되어 있다.

WTO의 방식과 요구에 응하도록 그들의 법과 규제 및 행정절차를 수정할 것을 주장하며 국가의 자주권을 명백히 침해한다(Scholte, O'Brien, & Williams, 1998: 3). WTO 농업협정도 한 국가의 정부가 그들의 농업과 식량정책을 펼칠 수 있는 힘을 절대적으로 침해하고 있다. 특정 상품들에 대해서는 국가소비의 5%를 수입하도록 하는 압력도 포함된다.

이러한 상황에서 국제협약들은 각국에게 기본권 유지에 대해 전적인 책임을 떠넘기면서, 동시에 각국 정부에 대해서 인권존중의 의무를 강요하는 모순을 보인다. 모든 국가들은 그들의 실천 능력을 약화시키는 국제교역 방식에 얽매여 있는 실정이다. 비아캄페시나의 식량주권 주장은 교역이 모든 것보다 최상위에 존재해서는 안 된다는 것이다. 더구나 무역정책은 안전하고 건강한 먹을거리를 위한 지속가능한 생산체계를 가질 인간의 권리를 존중하고, 보호하고, 만족시켜야만 한다. WTO는 일반적으로 인정된「국제인권협약」내에서 작동해야만 한다. 따라서 비아캄페시나는 이러한 조약들이 WTO 개념에 근본적인 변화를 요구한다는 것을 인식한 이래 농업과 식량 자체가 WTO 관할권에서 벗어나길 요구하고 있다.

초기 비아캄페시나는 개혁적 의지와 급진적 관점 사이에서 양다리를 걸치고 있었다. 인도의 카르나타카주농민연합KRRS과 같은 비아캄페시나 조직은 WTO의 제거를 큰소리로 요구했으나, 캐나다 NFU나 멕시코 UNORCA는 NAFTA와 같은 지역무역협정에 고스란히 담겨진 편향된 권력관계와 조건들에 대응하기 위해서라도 국제무역규제시스템이 필요하다고 주장했다. 또 다른 조직들, 예를 들어, 프랑스농민연합은

WTO가 「국제인권협약」을 확실히 따르도록 개혁되는 데 비아캄페시나가 앞장서야 한다고 주장했다. 결국, 비아캄페시나는 절충적 태도를 갖게 되었다. WTO의 완전한 해체보다는 WTO의 관할권에서 농업을 제외시킴으로써, WTO의 권력을 축소하도록 요구하고 또한 더욱 민주적이고 투명한 유엔체제로의 변화라는 새로운 구도를 요구한 것이다.

WTO, 전세계 농업운동에 자극제가 되다

농업에 대한 WTO의 새로운 영향력으로 인해 가장 심한 영향을 받은 영역은 누가 뭐래도 세계 식량의 대부분을 생산하는, 특히 여성과 농민을 포함한 중소 규모의 농부들이다. 비아캄페시나도 IFAP처럼 농업과 식량정책을 규정하는 국제조직들과 함께 하고는 있지만, 그들의 참여는 매우 다른 방식과 태도를 취하고 있다. 소작농과 농민의 이익에 해가 되는 정책과 조직을 변화시키거나 막아서기 위해서라면, 비아캄페시나는 대규모 집회, 시위, 혹은 직접행동을 취해나갈 것이다. 다만 협상의 공간이 만들어질 수 있는 경우에는 유리한 정책 변화를 이끌기 위해 협력할 것이다. 비아캄페시나는 협상은 언제나 동원mobilization에 의해 이루어져야 한다는 것을 강조하고 있다(Via Campesina, 2000c).

비아캄페시나가 조직되고 고작 7개월 후인 1993년 12월 3일, 비아캄페시나 지도자들은 5천 명이 넘는 시위대를 이끌고 제네바 GATT 협상장을 향해 전진했다. 그들은 이윤이 아니라 민중의 필요와 요구를 고러한 대안적 무역협정을 요구했다. 집회를 이끈 네티 위베는 다음과 같이 선언했다.

> 우리는 생계와 생존이 달려 있는 당사자들의 의견이 거의 반영되지 않고 비밀리에 졸속으로 처리되어 결국 우리 모두에게 엄청난 결과를 초래할 협정안이 가능하다고는 생각조차 할 수가 없다. 캐나다 농부인 우리는 특히 국제무역협정이 각 국가 안에서 식량자급과 식량생산 역량을 파괴해서는 절대로 안된다고 생각한다. 우리의 경험으로 미루어보면, 달걀과 양계와 유제품에 대한 국내생산 주문이 식량자급을 성취하고, 농민들에게 공정한 가격을 지불하면서, 동시에 국제무역을 전혀 왜곡하지 않고, 충분히 성공할 수 있었으며, 이를 본보기로 활용할 수 있다고 본다. GATT 협정은 이러한 시스템을 파괴해서는 안 된다. 결국 식량을 생산하는 진정한 이유는 교역 증대나 다국적기업의 이윤 증식을 위해서가 아니라 사람들이 먹기 위해서이지 않은가. (Pugh, 1994에서 재인용)

비아캄페시나는 좌절감으로 점철된 농업인들을 고려하여 세계교역 관련 대담에서 민주화를 요구하고 "정부가 공정한 가격을 지불하여 가족농을 파괴하지 않으며 각 지역이 그들의 식량공급을 확보할 수 있는 공정한 무역 질서를 협상"하도록 촉구해왔다(Via Campesina, 1993b).

비아캄페시나 지도자들은 1998년 5월에 제네바에서 열린 제2차 WTO 각료회의에서도 만 명이 넘는 시위대와 함께 했다. WTO 협의 후 첫 3년간의 실행 결과는 지역 농촌에 약속했던 어떠한 이익도 가져다주지 못했다. 비아캄페시나 조직들은 정부기관이 각종 프로그램들을 WTO 규범에 맞도록 바꾸어버리는 바람에 농민들의 수입이 감소되고 지역공동체 사회조직의 파괴되는 것을 뼈저리게 실감하였다. 클린턴 대통령은 회의에서 "세계화는 정책적 선택이 아니다. 이것은 현실"이라고 선언함으로써, 세계를 잠식해나가고 있던 다자간 기구의 힘과 그에 대한 각 국가의 묵인을 인정하였다.

제네바 가두시위에 참가한 수천 명의 군중은 다자간투자협정을 무산시키는 데 공헌한 장본인들이며, 이들은 세계화와 자유주의를 향한 자유방임주의적 태도를 단호히 거부했다. 그 중 일부는 '민중의 지구행동'의 일부로 활동하며 WTO의 폐지를 요구하는 한편, 비아캄페시나는 농업 및 식량과 관련한 WTO의 협상 중단과 WTO의 농업협정과 '무역관련 지적재산권에 관한 협정' TRIPs이 식량안보, 식량주권, 환경, 농업인의 생계에 미치게 될 영향을 분석하는 종합적인 회계감사 실시를 요구하였다.

제네바 시위에서 비아캄페시나는 농업에 대한 새로운 방식 — 식량 생산자의 독특한 관점이 운동에 반영되어 있었기 때문에 상당히 다른 '위치'가 반영되었다 — 을 강조하는 유일한 그룹이었다. NGO나 정부 관료와 같은 다른 개인이나 조직들과는 달리, 비아캄페시나의 멤버들은 먹을거리의 생산, 마케팅, 교역이 농민들에 의해 근본적으로 변화할 때 모든 생계와 생존의 문제가 해결될 수 있는 민중들을 대표했다. 비아캄페시나(1998a: 1)에 따르면, "국제교역은 반드시 사회에 도움이 되어야" 하지만, 현재의 지구적 식량 교역의 규범과 구조는 기본적으로 "〔식량

민중의 지구행동 People's Global Action

'민중의 지구행동'PGA은 그 자신을 '세계화 반대와 지역 대안을 추구하는 사회운동의 공동기구'라고 정의한다. PGA는 로비가 효과적 수단이라고 생각하지 않는다. 비폭력 직접행동이나 시민불복종을 조합하여 대립을 일삼는 방식을 오히려 포용해왔다. 1997년 2월 활동을 개시한 이래로 PGA는 G8 정상회담, WTO 각료회의, IMF나 세계은행의 모임이 있는 날이면 반세계화를 촉구하는 '지구적 행동을 날'을 조직해왔다. 1999년 PGA는 연대와 저항을 위해 대륙간 이동캠핑차량을 조직하여 농민, 어민, 토착민, 댐반대운동의 대표자 등 450명을 유럽으로 데려왔다.

• 출처: PGA 웹사이트 www.agp.org (accessed 2006.7.13).

과 같은) 기본적 인권에 대한 통제권을 민중들과 그들의 정부들의 손에서 빼앗아" 농산업계의 이해와 손익분기점을 높이는 데 기여하고 있다. 비아캄페시나의 주장은 다음과 같이 이어진다.

> WTO 체제 내에서 국가가 식량주권을 상실한다는 것은 위험하며 받아들여져서는 안 된다. 비아캄페시나는 WTO가 제한하는 조건하에서 이루어진 농업관련 협상들을 계속 진행하는 것을 강력히 반대한다. (…) 이 협상안들은 다국적기업과 거대 산업국가들에 의해 결정되며, 그 밖의 작은 국

가들이나 사회운동 진영는 거의 참여하지 못한다. 이들은 무책임하게 행동하며 이로 인해 인간과 자연자원 모두를 황폐화시키고 있다.

2년 뒤인 제3차 WTO 각료회의 때에 저항은 급속히 번져갔다. 시애틀에서 수만 명의 시위대는 환경운동가, 노동자, 원주민, 학생들에서부터 교인, 여성단체까지 다양한 목소리를 담아냈다. 다시 한번 농부들은 농업의 세계화와 기업화에 저항하며 시위대의 최전선에 섰고, 비아캄페시나 지도자들은 시애틀의 카길 사무소와 도심의 맥도널드 앞에서 시위를 벌였다. 또한 노동 지도자들이 이끈 WTO에 반대하는 5만 명의 평화시위대에도 참여했다. 이때까지 비아캄페시나는 WTO를 개혁한다는 것은 가능하지 않다고 확신했기 때문에, 농업과 식량부문에서 WTO를 빼야 하며, 식량주권은 존중되어야 한다고 되풀이하여 주장했다. 즉 농업 교역과 관련하여 책임을 갖는 기구로서 WTO의 지위를 박탈해야 한다고 믿었다(Via Campesina, 1999b).

미디어에서 '시애틀의 전투'라고 명명한 가두시위는 몇몇 개발도상국에서 온 지지자들과 함께 펼쳐졌고, WTO가 '밀레니엄 라운드'를 착수하는 것의 실패를 이끌었으며, WTO의 적법성에 의문을 갖도록 유도하는 효과도 낳았다. 『이코노미스트』(The Economist, 1999a: 17)는 다음과 같이 밝혔다.

낭패다. (…) 보다 더 자유로운 무역의 가능성과 WTO에 찬바람이 불었다. WTO의 신뢰성이 이보다 땅에 떨어진 적은 없었다. (…) 시애틀회담은 WTO의 통제 불가능한 구조와 불가사의한 절차가 135개 회원국의 모든 요구를 과연 제대로 조정할 수 있을지에 대한 의구심을 키워버렸다.

이들의 좌절은 전세계 수많은 사회정의운동의 대성공으로 보였다. 점점 커져가고, 제대로 조직되어 있으며, 눈에 띄고, 목소리를 키워가는 시민사회운동의 반대목소리를 WTO가 더 이상 무시할 수는 없었다. 위에서부터 내려온 세계화의 움직임은 새로운 국제적 힘, 즉 아래로부터의 세계화에 의해 (미약하기는 하지만) 이미 권력 이동이 시작되고 있었던 것이다. 『이코노미스트』(The Economist, 1999a: 18)는 이렇게 보도하고 있다.

시애틀에서의 대실패는 자유무역의 좌절이자 세계화에 대한 비판을 촉진시켰다. 시애틀에 온 NGO들은 무역협상 담당자들이 해내지 못하고 있는 모든 것들에 대한 모델을 보여주었다. 그들은 너무나 조직적이었다. (예를 들어, WTO를 함께 조소해왔으나 다른 길을 걸었던 환경운동가들과 노동운동가 조직들 간에 다리를 놓는 방식의) 이상적인 연합체를 결성하였다. 그들은 교섭을 방해한다는 분명한 목적이 있었으며 미디어를 활용하는 데도 전문가였다. (…) 요컨대, 시민단체들은 국가적 수준 혹은 국제적 수준에서 서로 협동하여 매우 강력해졌다.

카타르의 도하에서 개최된 제4회 WTO 각료회의 때까지 자유주의 옹호자들은 WTO가 제자리를 찾도록 하는 데 필사적이었다. 미국의 9·11 사건에 따른 안전위험을 이유로 세계식량정상회의를 5년 후로 연기 — 애당초 도하협상 며칠 전에 개최하기로 예정되었다 — 하는 것에 동의한 세계정상들의 의견을 가장 잘 반영한 수준에서 WTO는 준비되었다.[2] 하지만 자유주의자들은 교역협상 연기를 거절했고, 철저히 무장된 요새 같은 곳에서 협상은 진행되었다. (기근과 빈곤을 해결하고자 교역을 증대시키는 데 중점을 두는 정부 지도자들의 우선순위나 윤리의식을 감안한다면 너무나 슬픈 상황이었다.)

카타르 왕실이 WTO 회의가 개최된 도하 시내에서 공공집회나 시민불복종을 거의 용납하지 않기 때문에, 시민사회조직을 강력히 경계하는 방식으로 회의를 순조롭게 진행시켰다. WTO 사무국과 카타르 정부는 도하의 숙박시설이 심각하게 부족하다고 주장하면서, NGO 회원들의 입국을 제한했다. 총 400개 NGO와 기업 대표들만 공식행사에 참가했다(Blustein, 2001b). 이 중 정부나 기업의 이익을 위해 참가한 것이 아닌 소위 '진정한' 조직은 단지 60개뿐이었다(Bello, 2001a: 6). 시애틀에서 1,300개 NGO와 기업 대표들이 입국 승인을 받은 것에 비하면 도하에서 WTO는 반대자의 행동과 목소리를 막는 데 큰 성공을 거두었다. 이미 허용된 시민사회 의견 수렴을 이런 식으로 바꿔버렸기 때문에, WTO는 자신들이 스스로 제한한 관점에 따라 세상과의 교류를 진행했다. 도하에서의 NGO 참여에 대해 WTO 사무총장인 마이크 무어는 "우리는 NGO들로부터 점점 더 많은 지지를 받고 있다"고 말했는데, 이 NGO들은 바로 국가 대표단과 함께 혹은 그들을 위해 일하고 있으며 대부분 (시위가 아니라) 로비를 위해 모인 단체들이었다(Pruzin, 2002: 8 인용).

하지만 시위대는 상황에 흡수돼버리거나 완전히 침묵하지 않았다.

비아캄페시나 대표를 포함하여 좀 더 실천중심적이며 비판적인 NGO와 사회운동의 60명 대표자들은 도하에서도 매일 시위를 주도하면서, WTO의 논의 과정에 대한 정기적인 보고서로 세계의 다른 지역들과의 교신을 유지하였다. 더욱 중요한 것은, 각 나라 현지 시위에서 새로운 무역협정이 성립하지 못하도록 저항하는 수천 수만의 방대한 사람들을 통제할 수 있는 힘이 WTO에게는 없었다는 점이다. 비록 이러한 내용들이 북반구 국가들의 방송에 거의 보도되지는 못했지만, 시민사회조직들은 호주, 오스트리아, 방글라데시, 불가리아, 캐나다, 체코, 덴마크, 핀란드, 프랑스, 독일, 온두라스, 홍콩, 인도, 인도네시아, 이탈리아, 일본, 레바논, 말레이시아, 네덜란드, 뉴질랜드, 나이지리아, 노르웨이, 필리핀, 러시아, 슬로바키아, 남아공, 남한, 스페인, 스웨덴, 스위스, 타일랜드, 튀니지, 터키를 비롯한 60여 개가 넘는 도시에서 펼쳐진 각종 토론회와 집회, 퍼레이드와 대중행동에 참여했다(Via Campesina, 2001a). 비아캄페시나에 속한 농민조직은 다시 한번 이러한 각종 행사에 능동적으로 참여했다.

WTO에 대한 지역별, 국가별 저항

WTO 각료회의는 농업 자유화에 반대하는 농민들의 시위를 제한하지는 못했다. 농민저항은 많은 경우 지역 및 국가 차원에서 발생한다. 어떤 경우에는 자유주의에 반대하는 국가적 시위의 최전선에 농민조직이 있다. 타이완을 예로 들면 수천 명의 농부들이 미국산 돼지와 가금류에 대한 수입개방이 임박하였을 때, 돼지 배설물을 미국대사관에 투척했다(WTO News, 1998: 1). 남한에서는 반WTO 시위에 참가한 수천 명의 농부들이 폭력시위를 벌였다(Agence France Press, 2001b).

비아캄페시나 내에서는 지역과 국가적 저항을 포괄하는 초국가적 측면이 있는데, 가장 심각한 것이 TRIPs의 새로운 국제적 지적재산권과 관련되어 있는 유전자조작 혹은 유전자변형 종자의 도입에 반대하는 투쟁이다. 비아캄페시나에 있어서 이 새로운 기술은 농민을 직접 공격하는 것과 같다. 즉 가장 기본적인 생산수단을 효과적으로 몰수한다는 뜻과 다름이 없다. 결과적으로 종자와 관련된 투쟁은 심화될 수밖에 없었다. 프랑스농민연합이 노바티스의 GMO 종자를 변성denaturation시킨 것(Bové, 1998)에서부터 인도에서 Bt 면화 밭을 KRRS가 공격한 것, 브라질에 유전자조작 종자를 운송하는 아르헨티나 선박을 MST가 방해한 것(Osava, 2000), 유전자조작 밀 도입을 반대하는 캐나다 NFU의 활동까지 농민들은 종자에 대한 다국적기업의 잠식을 철저히 거부하고 있다.

비아캄페시나에게 있어서 종자 소유권과 통제권에 대한 투쟁은 너무나 절실하기 때문에 농민지도자들은 직접행동에 가담하기 위해 국경을 넘을 준비도 되어 있다. 예컨대, 2001년 1월 비아캄페시나는 지역과 국가에서의 저항뿐만 아니라 한 걸음 더 나아가 국제적 농민단체로서 포르투알레그레 세계사회포럼에 참여하고자 브라질로 집결하였다. 여기에서 비아캄페시나 지도자들은 MST와 브라질 사회운동단체들과 함께 3헥타르에 달하는 몬산토의 유전자조작 콩밭의 뿌리를 뽑고, 이 종자들이 유통되는 가게와 실험실을 장악하는 방식의 직접행동을 취했다. 비아캄페시나는 이러한 활동을 통해서 최초로 농민들의 초국가적 (혹은 국경을 넘는) 직접행동에 참여하는 새로운 역사를 만들었다. 비아캄페시나가 각국 정부에 대해 반대 행동을 취한 것이 아니라 다국적기업을 표적으로 삼았다는 사실 역시 마찬가지로 중요하다.

흥미롭게도 사실은 브라질 정부는 국제적으로도 명성이 높은 프랑스농민연합의 대변인인 조제 보베를 쫓아내는 것으로 앙갚음해왔지만, 놀랍게도 MST의 지도자는 체포하지 않았다. 이전에 MST에 대항하여 브라질 정부가 자행한 탄압의 태도들과는 전혀 달랐으며, 이는 1996년 4월 17일에 있었던 브라질 농민 19명의 사망에 따른 비아캄페시나의 집단행동에 대한 어떤 대응으로 보였다. 비아캄페시나와 여타 조직들은 브라질 정부에 영향력을 끼칠 만큼 국제적으로 영향력을 행사할 수 있었을 뿐만 아니라 브라질 본국 영역 내에 있는 MST를 지원할 수 있을 만큼 강했기 때문에, 브라질 정부로 하여금 차라리 외국 조직에게 보복하고 MST에 대해서는 이전보다 약한 방식으로 대응하게 만들었던 것이다.

아마도 농업 자유화에 대한 최초이자 최대의 농민저항은 인도에서 벌어진 저항이었을 것이다. 비아캄페시나의 지역조직인 KRRS는 해마다 간디 탄생일인 10월 2일에 대규모 집회를 조직한다. 1991년에는 20만 명이 넘는 농부들이 우루과이라운드의 「던켈협정초안」Dunkel Draft Treaty에 담긴 자유주의 아젠다에 반대하는 시위에 참여했다. 단 1년 만에 시위대의 규모는 급격히 증가했다. 50만 명이 훌쩍 넘는 인도 농민들이

'종자 사티아그라하' the Seed Satyagraha를 위해 방갈로르에 운집했다.[3] KRRS는 인도정부에 TRIPs와 「던켈협정초안」의 조인 거부를 지속적으로 요구했다. 인도의 농민공동체가 종자에 부여하는 문화적 중요성을 고려했을 때, 종자 소유권과 통제권이 농민들의 손을 떠나 다국적기업들의 손으로 넘어가는 데 현격한 공을 세우고 있는 TRIPs는 심각한 문제였다. 소농들의 자주권을 보호하기 위해 KRRS는 다음과 같은 요구조건들을 분명히 밝혔다. 1) 농민조직과 모든 정부 입법기관이 함께 협의하는 대중토론 없이 「던켈협정초안」에 관한 어떠한 결정도 있을 수 없다. 2) 종자를 생산하고 저장하고 팔 권리는 농민에게 있다. 3) 정부는 생물에 대한 지적재산권과 관련된 특허에 불응해야만 한다. 4) 다국적 종자기업이 인도에 들어오는 것은 절대 허용되어선 안 된다(Assadi, 1995: 194). 농업 자유화에 반대하는 사람들은 1993년 3월 3일 델리에서 개최된 대규모 인도 전국 집회에 참가하였고, 이를 계기로 KRRS에 우타르프라데시 주와 펀자브 주의 인도의 농민조합인 바라티야키산 조합Bharatiya Kisan Union과 같은 주요 농민조직에 합세하면서 가속도가 붙었다.

인도 중앙정부가 KRRS의 요구를 전적으로 부인하고 있을 동안 농민들은 직접행동에 힘을 모았다. KRRS는 '인도 철회' Quit India 행사를 가지고 다국적기업에게도 이를 요구한 후, 1992년 12월 29일 인도 카길 종자 사무실을 습격하여 서류를 불태웠다. 7개월 후 활동가들은 밸라리의 카길 사무실을 다시금 공격했다. 인도에 사무실을 설립하려는 다국적기업을 목표로 삼게 되자, 인도 농민들의 직접행동은 국제적 주목을 받게 되었다. 1996년 KRRS는 방갈로르의 KFC 점포를 엉망으로 만들면서 인도 식품산업에 있어서 다국적기업들의 침해 및 건강과 식품안전에 대한 대중들의 인식 변화를 주도했다. 이후 KRRS는 카르나타카 주의 여러 지역에서 마히코 몬산토(몬산토의 인도 법인명 — 옮긴이)의 지침에 따라 Bt 면화 작물을 재배하는 실험 농지를 불태우며 '몬산토 화장식'으로 불리는 시민불복종 캠페인을 벌였다(The Times of India News Service, 1998; The Hindu, 2001). 2002년 6월 18일에는 다바나기어에 있는 Bt 면화 종자 판매상에 들어가 종자를 불태웠다(KRRS, 2002). 이 캠페인은 그 후 4년간 산발적으로 지속되었다.

KRRS의 활동과 전략을 통해 대부분 문맹이었던 인도 농민들은 너무도 신속하게 지구 반 바퀴나 떨어져 있는 제네바 결정들의 사회적, 문화적, 경제적 파문을 제대로 이해하여 대처한 자신들의 명민함을 드러낸 것이다. KRRS 대표인 난준다스와미의 설명에 따르면, KRRS 회원들은 WTO 협정이 국가 안보라는 이슈로 재현되었다는 사실을 분명히 이해하고 있었다. 이는 전 인구의 70%가 농촌에 거주하는 인도의 수백만 소농을 쫓아내고, 농민의 자주권을 빼앗으며, 생활수단을 파괴하는 식량 및 농업과 관련된 다국적기업과 종자회자에게 대량 이윤을 보장하는 것과 같다는 점도 명백히 인지하고 있다.

KRRS는 국가적 차원이나 정부에게 압력을 가하는 대신 다국적기업과 세계화에 직접 대면하였다. 이러한 상황을 가까이서 연구한 농경제학자 프라캐쉬에 따르면, 농민들은 대중적 활동을 통해 일반인들의 주목을 끄는 데 성공했으며, 또한 WTO와 그 내부에서 인도의 역할과 위상을 공적 토론 한가운데로 매우 효과적으로 이끌어내었다. 비록

KRRS가 즉각적인 결과물을 내놓지 못한 듯 보일 수도 있으나, 민중에 대한 교육 — 이 부분에서는 정부 관료도 포함된다 — 은 물론이고 서로 다른 부문을 직접행동에 이끌어내는 데도 성공했다. 프라캐쉬는 이로써 대중들의 의견이 어느 정도 변화되는 것에 훌륭한 역할을 했다고 분석한다. 실제로 과거 정부각료들, 예를 들어 싱 전 총리나 전 GATT 대사이자 전 인도 재무부 및 산업부 장관인 수크라 등이 WTO뿐만 아니라 다자간 기구에 대응하는 인도의 리더십 부재에 대해서 공개적으로 비판하기 시작했다 (Frontline, 2001; Shukla, 2001). 이러한 놀라운 발언들은 제4차 도하 WTO 각료회의에서 인도의 협상담당자들이 주요 의제에 대해 침묵하지 않고 오히려 더욱 목소리를 높이는 데 힘을 실어주었다. 인도의 이러한 행동들은 실제로 협상 결렬을 선동했다.

농민들의 또 다른 전략: 참여와 동원

국제 중앙무대에서 성장하는 비아캄페시나는 점차 그 수가 늘어나고 있는 NGO 및 세계은행, FAO, 지속가능위원회, 세계농업연구포럼GFAR 등을 포함한 국제조직들의 주목을 끌어왔다. 이들은 비아캄페시나처럼 성장하고 있는 국제농민운동에 '참여'함으로써 그들의 정책과 프로그램을 법제화하고자 한다. 이 부분에 있어서 비아캄페시나의 국제무대 참여 경험의 한계와 진짜 위험에 대한 중요한 교훈을 깨닫게 되었다.

GFAR과 함께 한 비아캄페시나의 경험은 특히 주목할 만하다. 1996

년에 설립된 GFAR은 자연자원과 유전자원의 운영개선과 빈곤 감소, 식량안보구축을 위해 전략적 파트너십을 구축함으로써, 개발지향적 농업연구를 위한 국제적 시스템 구축에 매진하고 있다. 2000년 5월 독일 드레스덴에서 개최된 학술대회에 GFAR은 농업관련 정부 대표자, 국내외 농업연구소, NGO, 몬산토와 노바티스, 비아캄페시나, IFAP 등 주요 이해관계자들을 불러 모았다. 학술대회의 표면적 목적은 농업 연구의 미래 방향에 대한 합의를 도출하는 것이었으나, 합의를 이끌어낸다는 것은 늘 그렇듯이 어려운 과정이고 때때로 아예 불가능한 것일 때도 있다. 특히 참가자들이 완전히 대립하는 의견을 가졌을 때는 더욱 어렵다. 하지만 GFAR은 합의를 날조하는 방식으로써 이 문제를 간단히 해결해버렸다. 운영자들은 학술대회 마지막 한 시간을 남기고 참가자들에게 기근, 식량안보, 생물다양성 감소와 환경파괴 해결을 위해서는 과학, 생명공학, 유전공학, 교역이 답이라는 그들의 맹신을 재확언하는 「드레스덴 선언」이 합의되었다고 선언하며 자축했다. 비아캄페시나와 다수의 NGO를 제외하고 IFAP를 포함한 참석한 대부분의 이해관계자들이 이 선언에 동의했다. 비아캄페시나(2000a)만은 그들의 원칙을 고수했다는 점은 그다지 놀랍지도 않다. 다시 말해, 농기업의 손에 의해서가 아니라 농민이 주도가 되며 소농들의 필요와 이익에 관련된 연구가 절실히 필요함을 강조해온 그들의 입장을 더욱 확고히 한 것이다.

 대회의 폐막선언 직후에, 비아캄페시나는 농민과 소농이 토론의 다방면에서 배제된 채 도출된 결과에 대한 반대의사를 밝히는 보도자료를 발표했다. 농민과 소농은 발표현장에 초청되지 못했으며, 소규모 세션에서는 통역도 제공되지 않았고, 비판적 주제들은 매우 하찮게 다루어졌으며, 어쨌든 합의를 끌어내고자 하는 열성적 노력은 비아캄페시나의 매우 대중적인 반대의사조차도 편의상 혹은 고의로 삭제되어 버렸다. 하지만 최악의 배제는, 바로 다음 모임부터 비아캄페시나 대표들이 '농부'로서 참여하는 것은 환영하지만 비아캄페시나의 대표로는 참여할 수 없도록 대회 주관자들이 조치를 취했다는 것이다. GFAR 구조에서 농민 조직에게 할당되는 운영위원회 자리는 단 하나밖에 없다는 것이 문제의 핵심이다. 비아캄페시나(2000a)가 지적하듯이, "이 조건은 비아캄페시나 조직 활동의 중심인 신뢰성과 대표성이라는 비전에 필요한 모든 요건들을 거부하고 삭제하는 것이다". 비아캄페시나는 특히 조직된 농민들과 소농을 위한 명확한 자리를 GFAR이 보장해야 한다고 요구했다.

일 년 후 GFAR는 비아캄페시나에게 공동의 합의를 제안해왔다. 대표적으로 비아캄페시나의 웹페이지를 개선하는 데 도움을 줄 수 있으며, 이 포럼이 IFAP와 비아캄페시나에게 공통의 이해와 지위를 갖도록 역할하겠다고 제안하였다(GFAR, 2001: 3-4). 비아캄페시나에게 있어서 이러한 제안은 조직화된 농민들의 목소리를 듣기 위한 공간 요구를 GFAR이 다시 한번 명백하게 무시한 처사라고 보았다. 결과적으로 비아캄페시나는 공동의 합의에 서명하지 않기로 했으며 대신 '적극적이지 않은' non-active 참여, 즉 제한된 참여를 선택했다.

IFAP와 비아캄페시나를 하나의 지위로 묶어버림으로써 소농과 중대형 생산자나 조직화된 농민의 목소리를 단 하나만으로 남기는 것은 비아캄페시나를 초청하는 국제조직들이 늘 쓰던 전략이었다. IFAP는 두 조직이 공통의 관심사를 나누어 점차 똑같은 언어를 쓰게 된 모든 농부들 사이에서 합의를 도출하는 것에 관심을 가졌던 반면, 비아캄페시나 지도자들은 이러한 조건들이 실제로는 힘을 앗아가고 환멸을 느끼게 하는 무가치한 것이라고 판단했다. 네티 위베가 평가하듯이, IFAP와 비아캄페시나를 결합시키는 바로 그 과정 자체에서 모든 이슈들이 최소한의 공통분모만을 남긴 채 제거되고, 본래 의도는 매우 효율적으로 증발되어 버린다. 결국엔 비아캄페시나 조직의 필요와 요구는 더 이상 반영되지 못하는 지위만 남아버린다.

비아캄페시나의 기술자문인 니코 버하겐이 설명하듯, 더욱 신경 써야 할 부분은 두 국제 농민조직 간의 근본적인 차이를 제거해버리는 것이 이 전략의 목적이라는 점이다. 이는 반대자들의 주장을 희석시키고 침묵하게 만들 뿐만 아니라, 비아캄페시나가 지지하는 대안들을 약화시키겠다는 시도이다. 위베가 설명한 사례에 의하면, 1999년 12월 3일 제네바에서 있었던 GATT 관련 집회에서 비아캄페시나 지도자들과 동행한 프랑스농민연합은 GATT 사무총장인 피터 서더랜드를 만났으나, 대표단이 의사표현을 할 기회는 거의 주어지지 않았다. IFAP와의 면담에서 서더랜드는 이미 전세계 농민들과 실질적인 상의과정을 거쳤으며, GATT 협상에 대한 지지를 표현했다면서 잘 가라고 손만 흔들어주었다.[4)]

비아캄페시나는 덜 중요하다고 판단된 부분에서는 농민들을 위한 공간을 IFAP와 공유하고자 했으나 결국에는 이것도 저지되었다. 이제 비아캄페시나는 그들의 원칙에 따라 적극적으로 통합에 반대하며, 비아캄페시나의 다른 방식의 세계관, 즉 이해와 필요의 문제를 풀어가기 위해 다른 해결책을 제안하는 바로 그러한 관점을 국제기관들에게 인식시키는 데 힘을 결집시키고자 했다. 비아캄페시나는 모든 공간에서 자신들의 목소리를 낼 수 있도록 요구했다. 결과적으로 주요 국제기관에서 그들만의 자리를 차지했으며 이후 IFAP와 함께 참석할 경우에도 각각의 영역을 제공받게 되었다. IFAP는 비교적 개혁자적 혹은 순응주의자적인 입장에서 WTO와의 농업교역을 지향했기 때문에, 비아캄페시나는 이토록 결정적인 협상들에 대해 IFAP와의 협력을 거절할 수밖에 없었다.

예컨대 1998년의 제네바 WTO 각료회의 준비과정에서 비아캄페시나 조직인 'Union de Producteurs Suisses'(현재의 Uni-Terre)는 IFAP와 비아캄페시나의 공동선언문을 WTO 사무총장인 레나토 루찌에로에게 전달할 수 있다는 일념으로 'Union Suisse de Producteurs' (IFAP와 COPA의 회원임) 같은 조직들과 함께 일했다. Uni-Terre의 농민지도자인 제라드 부프레이에 따르면, 국가 차원에서의 조직들은 빠른 시간 안에 합의를 이루었고, 성명서를 대폭 수정한 후 유럽 차원에서도 승인이 되었으나, 국제무대에서는 그 희망이 사라져버렸다고 밝힌다. 이로 인해 WTO에 대한 비판적 입장들이 증폭되었으며 비아캄페시나는 심사숙고 끝에 선언문에 서명을 거부하고 루찌에로도 만나지 않기로 결정했다. 이는 WTO 내부와 외부에서 활동하는 농민조직의 경계를 명백하게 만든 매우 중대한 결정이었다. 즉, '참여'에 (지리적으로나 이념적으로) 더 유용하고 더 나은 위치에 있는 IFAP를 내부로, 굳건히 자기 땅에 서 있는 비아캄페시나를 외부로 구별한 것이다. 비아캄페시나는 집단행동을 추동하는 것도, 대중의견에 영향을 미치는 것에서도, WTO를 물러나게 하는 노력에 있어서도 불참을 선택했다.

비아캄페시나가 보기에 참여에는 정치적·경제적 결과가 따른다. 비아캄페시나는 참여가 어떻게 운동을 순응시키는 데 이용되어왔는지, 또한 그로 인해 반대자들을 침묵시키거나 혹은 반대자들의 의견을 희석시켜버릴 수 있는지를 정확히 알고 있다. 조직이 정책이나 과정들을 포함하여 그 조직을 합법화시키고자 한다면, 참여는 도움이 된다. 이는 국제조직들이 기업의 이해와 NGO, 사회운동을 하나의 '다자간 이해당사자' multi-stakeholder 영역에 묶어 넣고자 합병을 시도할 때 특히 고려하는 점이다. 폴 니콜슨의 설명을 들어보자.

> 다자간 기구들은 우리를 하나의 공간에 집어넣는 경향이 있다. 여기에서는 농기업과도 함께 해야만 한다. 이러한 다자간 이해당사자 만들기 과정은 참여의 관료화와 다름없다. 썩은 냄새가 진동하며 근본에서 멀어지게 한다. 이를 방법론의 문제라고 치부하기에는 너무 심각하다. 이 과정은 내용을 희석하고 정치적으로 정당화하며 궁극적으로 결과를 쓸모없게 만들어버린다.

더욱 중요한 점은 이러한 종류의 '참여'가 대중운동을 쉽게 침체시킬 수 있다는 점이다. 비아캄페시나는 풀뿌리 조직들과 상의해나가며 동시에 의무를 다하는 시스템으로서 역할을 다하기 위해 정성을 쏟았고 시스템을 정비해왔다. 이러한 대표성을 띤 구조와 다양한 자문 활동들은 국제무대에서 농민들의 이해를 대변하는 진정한 대표로서 이 조직의 정당성을 공고히 해주었다. 그러나 이를 위해선 더욱 복잡한 의사결정 과정을 거치고 시간도 많이 걸리기 때문에, 이러한 구조에 익숙하지 않고 국제적 행사에 대해 보다 즉각적인 답변을 요구하는 NGO나 여타 조직들의 인내를 요구한다. 신뢰와 존중, 인종 및 성평등, 책임성을 고양하는 농민운동을 만들어가겠다는 자신들의 신념을 양보해야 한다면, 비아캄페시나는 차라리 그런 식의 국제 포럼들에는 참석하지 않기로 했다.

비아캄페시나는 대표로서 참여하는 것을 매우 신중히 고려할 뿐만 아니라 대표와 참여에 관련된 의사결정 과정에서도 자유성을 철저히 수호하고 있다. 어떤 행사에 초대된 경우, 비아캄페시나를 대표할 최선의 인물이 누구인지 선택함에 있어서 민주적 의사결정 과정을 거치는 데 모든 노력을 기울인다. 이 과정에서 사무국이나 지역조직들은 ICC에 초청관련 내용이 담긴 편지를 보낸다. 비아캄페시나가 참석할지 말지 여부와 누가 대표가 될지에 관한 결정은 보통 2주 정도 내에 이메일로 전송된다. 최종 결정을 위해서는 몇 가지 요인들을 고려하는데, 예컨대 ICC는 특정 지역이 주제와 관련된 전문성이 있으며, 어떤 지역은 국제무대 경험이 더욱 필요할 거라 판단할 수도 있다. 혹은 비아캄페시나의 성평등에 대한 신념과 같은 내부적 동력도 판단요인이 될 수 있으며, 때로는 유사한 투쟁에 대표자를 투입함으로써 국가적 차원의 각종 운동을 지원한다는 ICC의 전략적인 선택을 공고히 하겠다는 바램도 요인이 될 수 있다. 그러나 행사를 조직하는 NGO나 단체들이 마음대로 비아캄페시나 대표자를 요구하거나 혹은 행사가 거의 시작될 무렵에 초청장을 보내옴으로써 이러한 내부적 동인이 약화될 수도 있다. 이 경우 비아캄페시나가 민주적 의사결정을 하는 것이 불가능해지는 것이다. 이런 사태를 가능한 방지하고 그들의 집합적 구조와 의사결정 과정을 보호하기 위해서, 비아캄페시나(2000b: 2)는 자신들의 권리를 요구하기 위해 아래와 같이 참여에 대한 조건을 만들었다.

> 비아캄페시나는 대회에 충분히 영향력을 끼칠 수 있을 만큼 충분한 영역이 확보된다는 조건을 강력히 요구할 수 있는 자율성을 가진다. 초청인이 이러한 우리의 정체성을 포섭 혹은 삭제하거나 우리가 대표자를 선택하고 우리의 이해를 분명히 발언할 수 있는 공간 등을 보장하지는 않으면서 우리의 신뢰성을 이용하는 조건을 내건다면, 우리는 참석할 수 없다.

농업은 교역협상에서 매우 중요하기 때문에 국제적 교역 정책을 발전시키는 동안 세계 농민들과도 의논하고 있는 듯 보이는 것이 각국 정부와 WTO에게 최선의 이익이라는 것을 정부와 WTO는 잘 알고 있다. 하지만 비아캄페시나와 같은 풀뿌리 조직들이 이러한 수준에 맞는 능동적인 참여를 위해서는 그야말로 유지가 불가능한 막대한 재정과 인적 자원이 요구된다. WTO 내에 의사결정의 최종 결과에 대해 비아캄페시나가 어떠한 영향력을 미치거나 통제할 수 있는 공간은 전혀 없다. 비아캄페시나는 신자유적 정통성에 심각한 문제 제기를 하고 있는 반면, 국민국가의 대표단은 불일치를 허용하지 않기 때문이다. 따라서 WTO와 OECD 행사에 세계 농민 대표로서 IFAP가 참석할 때, 비아캄페시나는 대중들에게 영향력을 끼칠 수 있도록 길거리 시위에 참여하고 각국 정부의 입장을 변화시키고자 노력한다. WTO의 정당성이 점차 허술해지고 일부 정부기관이나 일반인들로부터 신뢰성이 점차 감소되는 것으로 미루어볼 때 비아캄페시나의 전략이 성공하고 있는 듯하다.

선택된 NGO들과의 전략적 제휴

때때로 비아캄페시나와 NGO들의 관계가 갈등과 긴장으로 표출되지만 그들은 또한 위대한 힘의 원천이다. 자신들의 한계를 잘 파악하고 있는 비아캄페시나는 WTO, IMF, 세계은행에 의해 촉진된 신자유주의 아젠다를 대처할 대안은 보다 전문적이고 (하지만 비판적인) NGO와 함께 일하는 풀뿌리 사회운동의 다문화적, 다영역적 접합지점에서 발화될 수 있다고 확신한다. 전략적 제휴를 맺는 등의 국제관계에 대한 비아캄페시나 내부 지침에 따르면,

> 비아캄페시나는 10년이 채 되지 않는 기간 안에 소작농과 소농을 대변하는 주요한 국제적 목소리로 자리매김하는 데 성공했다. 이는 분명히 강력한 농민 아젠다를 분명하게 표현해내고 방대한 지리적, 문화적 다양성을 바탕으로 하여 주체적으로 행동하고 움직였기에 가능했다. 이러한 것을

성취하고 보다 효과적인 힘을 발휘하기 위해서는 우리의 아젠다를 지지하는 이들과 전략적 관계를 쌓고서 최근 들어 농업을 파괴하고 있는 국제기관들의 변화를 이끌어야만 한다.

비아캄페시나가 정당성, 책임감, 현장경험, 군중동원역량이라는 카드를 활용하는 동안 진취적인 NGO는 연구 로비를 위해 긴요한 전문지식, 국제 흐름에 대한 지식, 캠페인과 군중동원에 매우 유용한 자금접근 능력 등으로 공헌했다. 결과적으로 비아캄페시나는 유사한 접근 방식과 비전뿐만 아니라 사회운동에 적극 참여하는 NGO를 신중히 선택하여 밀접한 관계를 맺기 시작했다.

그러나 여전히 NGO와 농민조직 사이의 불균형적이고 비대칭적인 역학관계(제3장 참고)는 동맹을 맺어가는 데 어려움으로 남아 있었다. 비아캄페시나와 주요 NGO가 신뢰와 존중의 관계를 쌓는 데 성공하기까지는 수년이 걸렸다. 비아캄페시나는 보다 대담하게 지지층의 필요와 이해를 정확히 반영하는 목소리를 내기 위해 국제적인 운동가로서 자신들의 입지를 굳혀가고자 했고 그제야 NGO들과 전략적 제휴를 맺는 것에 좀 더 쉽게 다가섰다. 사실 시애틀 WTO 각료회의 폐막 이전까지는 국제무대에서 NGO들과 교역 및 농업 관련 사안들에 관해 일치된 성향을 보이지 않았으나, 이후에는 NGO 캠페인의 적법성을 위해 도울 뿐만 아니라 내용과 방향도 제시해주었다.

1998년 5월 제네바 WTO 각료회의에서 비아캄페시나는 WTO에 대한 공통의 입장을 정의하기 위한 내부 결의안에 대부분의 시간을 할

애했다. 또한 NGO와의 관계보다는 '민중의 지구행동'People's Global Action과 연계된 사회운동들과 훨씬 밀접하게 일했다. 제네바 이후 많은 조직들은 시애틀 WTO 때까지 지속된 연간활동 "뉴라운드 반대! 캠페인으로 돌아가자!"No New Round: Turn Around Campaign로 다자간 투자협정을 무산시키는 데 성공적 역할을 했다. 이 캠페인은 최종적으로 전세계 89개 국가로부터 1,500여 개 조직을 불러모았다. 이들은 지금까지도 WTO 결정들에 대한 영향평가와 WTO의 차후 협상안에 대해 모라토리엄을 요구했으며 투자와 경쟁과 같은 새로운 이슈들과 관련된 협상은 거부했다. 비아캄페시나 조직들은 국가차원에서는 적극적으로 이 캠페인에 참여하였으나 국제적 차원에서는 제대로 자리 잡지 못했다.

하지만 시애틀에서는 '투쟁의 세계화, 희망의 세계화' 전략을 받아들여, WTO가 지원하는 신자유주의 모델에 대항하여 대안을 만들어가는 국제적 운동을 펼쳐가기 위해서 주요 NGO들과 연계를 갖고 타 분야와도 제휴를 맺었다. 비아캄페시나는 그들과 공통의 이데올로기를 가지고 사회변화를 위한 유사한 비전을 가진 NGO와 사회운동을 전략적으로 선택하여 일하는 데 집중했다. 석 달쯤 후, "세계는 상품이 아니다. WTO — 축소되거나 가라앉는다! 아젠다로 돌아가자"라는 새로운 전략에 정성을 쏟기 위해 뉴라운드 반대 캠페인에 참여한 몇몇 조직에 비아캄페시나가 합세했다. 비록 비아캄페시나가 처음부터 이 문서에 서명하지는 않았지만 운동 과정에는 분명히 참여했다고 니콜슨은 설명한다. 다만 이 문장이 "세계는 상품이 아니다. WTO는 축소되거나 가라앉는다"로 교정된 후에 비아캄페시나는 기꺼이 서명했다.

시민사회조직들과의 대화 및 열린 공간의 필요성을 인식한 WTO는 2001년 6월 개최할 NGO 심포지엄의 조직화에 착수했다. 시애틀에서 앞으로 더욱 투명하고 민주화될 것이라고 WTO가 약속을 한 후에도 대부분의 사회운동과 NGO 눈에는 여전히 어떠한 개혁도 보이지 않고 있었다. 방콕에 위치한 독립연구기관으로 제네바에 직원을 파견했던 포커스온더글로벌사우스Focus on the Global South는 WTO의 협상과 상호작용에 대한 월간 보고서를 준비했다. 보고서는 제4차 각료회의를 이끌 WTO의 비밀스럽고 독점적인 진행과정과 실행내용 관련 주제들에 대해 자세히 설명했다. 아마도 가장 충격적인 것은 89개국으로부터 모인 1,500개가 넘는 조직들이 지지하는 수많은 개도국의 요구, 즉 새로운 라운드의 창설이 아니라 실행이라는 그 요구를 WTO가 다시 한번 무시하고 카타르에서 종합적 뉴라운드를 개시하고자 힘 있는 WTO 실행자들과 WTO 사무국이 적극 추진하고 있었다는 사실이다.

많은 사회운동과 NGO들은 개혁의 진정한 가능성이 전혀 보이지 않는 상황에서 시민사회와 함께하는 WTO의 심포지엄은 단순한 홍보활동일 뿐이라는 결론을 내렸다. 그 결과 사회운동 및 NGO와 연합한 비아캄페시나는 기자회견을 가지고 WTO의 권력 축소와 통합적 뉴라운드 재게 거부, 지속가능하고 사회적으로 정의로우며 민주적 책임을 지닌 교역 시스템 등 11가지 요구사항을 중심으로 한 "세계는 상품이 아니다. WTO는 축소되거나 가라앉는다"의 전략을 발표했다.

도하의 WTO 각료회의의 제한된 여건 속에서도 비아캄페시나는 세 가지 전략을 개발 중이던 '세계는 상품이 아니다 연합'의 핵심 그룹으로서 역할을 수행했다.[5] 첫째 전략은, 일반대중과 국가공무원 교육을 목표로 한 국가적, 지역적 차원의 행사들은 도하 각료회의에 부합하도록 조직되어야 한다는 것이다. 둘째, 세계화와 WTO에 관한 주요지역 시민사회조직 포럼은 공식 WTO 회의와 대조되는 시민사회의 지역운동들을 총집합시킬 수 있도록 베이루트에서 개최되어야 한다. 이 지역 운동들은 공식 WTO 회의와 대조되는 시민사회 역할을 하고 국제적으로 대항 가능한 연결고리를 강화할 것이다. 가장 창조적인 마지막 전략은 바로 200~300명 활동가를 실은 활동가함대Activist Armada를 요르단 알아카바에서 도하로 보내고 또한 뭄바이로부터 항해해 온 어부소함대 Fisherfolk Flotilla를 조직하는 것이다. 비아캄페시나는 어부들의 세계포럼과 제휴하였고 이로써 농부와 어부들은 반WTO활동조직에 참여할 것을 약속했다. '세계는 상품이 아니다 연합'에 속한 모든 조직들은 비폭력 평화시위를 약속했다. 한 배를 탄 모든 조직들이 평화서약에 서명을 요구받았으며, 그 덕분에 폭력전술을 쓰는 비주류파들과는 효율적으로 거리두기를 할 수 있었다.

　미국의 9·11 테러 사건으로 인해 연합은 소함대 작전을 포기하도록 강요받았으며 결국 도하에 참여하고 활동할 사회운동 및 NGO 수를 감소하기에 이르렀다. 그렇지만 동원이 중단된 것은 아니다. 실제로는 전 세계적으로 더 많은 사람들이 더 많은 곳에서 이전보다 더 많은 시위를 이끌었다. WTO에 대한 저항은 이보다 더 강력한 적이 없었고 그들의 입장과 대안에 대한 정의는 이전보다 훨씬 명백해졌다. (1998년 제네바 각료회의 때부터 부르짖었던) WTO로부터 농업을 제외시키자는 주장

'세계는 상품이 아니다 연합'의 11가지 요구사항

- WTO 확대 금지.
- 사회 기본권과 환경의 지속가능성 보호.
- 환경, 보건, 안전, 공공의 이익 등을 보호하도록 규제하는 정부와 국민의 능력 및 기본적 사회 서비스 보호.
- 종자와 의료는 인간의 필요수단이지 상품이 아니기 때문에 기업의 특허권 보호주의 금지.
- 생명에 대한 특허권 금지.
- 식량은 인간의 기본권이므로 진정한 식량주권 보호.
- 투자 자유화 금지. WTO의 TRIPs는 반드시 제거되어야 함.
- 제3세계의 차이를 인정하는 특별한 권리인 공정무역 권장.
- 사회적 권리와 환경 우선시하기.
- 의사결정의 민주화.
- 합의에 반박하기, 메커니즘에 논쟁하기.

- '세계는 상품이 아니다 연합'에 대한 자세한 내용은 캐나다인협의회 웹사이트(www.canadians.org) 참고.

과 식량주권에 대한 비아캄페시나의 외로운 목소리는 도하 회의 시작 단 며칠 전에 수많은 사회운동과 NGO의 지지를 받게 되었고 '민중의 식량주권을 우선시하자 — 식량과 농업을 WTO에서 제외시키자' 캠페인을 2001년 11월 6일에 시작했다.[6] 그 내용을 담은 대언론 공식발표는 아래와 같다.

> 민중의 식량주권은 고투입 수출 중심의 산업농이 아니라 가족농에 기반한 생산과 지속가능성을 촉진하는 정책을 정부가 받아들이도록 촉구하는 방식이다. 이는 자국 내 식량생산보호를 위한 수입규제와 모든 형태의 수출지원을 제거하고 공급관리 및 농민을 위한 적절한 가격을 수반한다. 모든 식량생산은 높은 수준의 환경, 사회, 건강 관련 품질기준에 적합해야 한다. 이는 GMO 금지와 식품방사능처리 및 식품조사照射 반대를 포함한다. 민중의 식량주권은 또한 경작지 및 종자와 물, 여타 생산적 자원에 대한 동등한 접근성과 생명에 대한 특허 금지도 포함한다. (Peoples' Food Sovereignty, 2001: 1)

이 캠페인은 식량주권을 사수하기 위해서는 지속가능한 농업생산과 식량교역을 담당할 새로운 다자간 체제의 출발이 필요하기 때문에 정부가 WTO의 관할권에서 식량과 농업을 삭제하기 위한 즉각적 행동을 하도록 촉구했다.

그러나 자유주의 신봉자들은 시애틀 WTO 회의 실패 후 교역협상의 또 다른 부문의 붕괴를 더 이상 받아들이지 않았다. 내외적 저항에도 불구하고 도하에서의 제4차 WTO 각료회의는 10쪽 분량의 선언서를 생산했다. 고국에 돌아오자마자 어떤 정부각료들은 도하가 시애틀의 전철을 밟지 않았다며 의기양양해 했다. 예컨대 미국 무역대표 로버트 조엘

릭은 "WTO 회원들은 전세계에 강력한 신호를 보냈다. (…) 우리는 시애틀에서의 얼룩을 깨끗이 제거했다"라고 발표했다. 캐나다 국제무역장관 피에르 페티그루는 "우리는 시애틀 실패가 수록된 페이지를 넘겨 버렸다"(Morton, 2001: 1-2)라고 되풀이했다. 반反테러주의자들과 연계된 이들은 '발전'에 대한 진척된 자유주의를 성공적으로 성립시켰다고 목소리를 높였고, 부시 미국 전 대통령 말처럼 WTO가 '모두를 위한 번영과 발전'을 가져올 것을 약속했다고 자축하였다. 선언문에 대해서도 아래와 같이 덧붙였다.

> 세계 교역국들은 평화롭고 개방된 교환을 지지하며 보호주의나 두려움의 저항을 거부한다는 강력한 신호다. (…) 오늘의 결정은 개도국에게 생생한 희망을 제공한다. (…) 새로운 무역라운드는 개도국에게 세계시장 접근을 더욱 용이하게 하고 가난에 허덕이는 수백만 생명을 구하겠다는 우리의 공통된 생각을 반영한다(Office of the Press Secretary, 2001: 1).

유사하게 EU의 농장위원Farm Commissioner인 프란츠 피쉴러는 다음과 같이 선언하며 승리감에 취해 있었다.

> 오늘 우리는 모두가 상품을 탈 수 있는 파티를 시작한다. 농업이 그 중 하나이지만 다른 상품도 많다. 우리가 오늘 무역의 새로운 역사를 썼는지는 모르겠지만, 자유로운 세상은 고립주의에 반대함으로써 다자간 공동정책을 되살렸으며, 선진국과 개발도상국 모두 테러가 아니라 무역을 선택한

대안 체제를 위한 민중의 식량주권 제안

대안 국제 체제에는 아래 사항이 포함되어야 한다.

- 지속가능 생산과 공정한 무역을 위한 규칙을 개발하며 모든 인간들의 기본권 보호를 약속할 수 있는 강력하고 개혁된 UN.
- 국제사법재판소에 통합된 독립적 분쟁해결 메커니즘.
- 교역자유화로 인한 식량주권과 식량안보에 대한 영향평가를 실시하여 변화를 위한 제안서 개발에 책임감 있는 역할을 수행하는 '지속가능 농업과 식량주권을 위한 세계위원회'. 이 위원회는 대표자 및 다자간 기구를 선출한 시민사회 조직들과 운동에 의해 운영되어야 한다.
- 필요 자원과 자산에 대한 소작농과 소농들의 권리를 명명하고 이러한 권리를 행사할 수 있도록 법적 보호가 합법적으로 설립된 국제적 조약. 이러한 조약은 UN 인권 체제 내에서 틀 지워지거나 혹은 기존의 관련 있는 UN 규약들과 연계될 수 있다.
- WTO 협정을 비롯한 농업과 관련된 현재의 협정을 대체할 국제적 규약. 이 규약은 농업생산 및 식량교역과 관련된 국제적 정책 틀 안에서 모든 인간의 기본권인 안전하고 건강한 먹을거리, 농촌의 분권과 농촌에서의 완전고용, 노동권과 노동보호, 비옥하고 다양한 자연환경 및 식량주권의 개념을 실행한다.

- 출처: Peoples' Food Sovereignty 2001b: 7. 전체 목록은 www.peoplesfoodsovereignty.org 참고(accessed 2007.1.23).

도하에서의 이날을, 우리를 역사가 기억할 것이라는 것은 잘 알고 있다.
(European Union, 2001: 1)

『이코노미스트』(The Economist, 2001: 65-66)는 도하 협상이 '가난한 나라들을 위한 큰 선물'이며 '사회적 통념과 반대로 WTO는 가난한 나라의 친구'라고 주장했다.

도하에서의 승리가 그렇게 바라는 대로만 되지는 않았다. 사실 그 과정과 결론은 논란을 남겼고 단지 WTO의 불완전한 회생만을 지적하는 형국이 되었다. 심지어 EU 교역위원장 파스칼 래미는 도하를 '중세적' 과정이었다고 표현했다(Bello, 2001b에서 재인용). 『이코노미스트』가 스스로 설명하듯이, 도하에서 WTO는 "실패로 인해 유죄선고를 받을 법한 상태에서 구출"되었다. 협상은 정확하게 장기화로 인해 고전을 면치 못했고, 인도의 저항으로 야기된 '막판 공황상태'는 '고문 같은'(2001: 65) 협상과정 중 하나였다. 개발도상국의 분석가들은 무엇이, 어떻게, 왜 발생했는가에 대해 다음과 같이 더욱 비판적이었다.

도하에서의 발발은 특히 제3세계 국민국가의 경제주권에 영향을 미치는 지구적 자본에 대한 마지막 도전의 시작이었다. 이 시대 주요 모순 중 하나가 바로 WTO이다. WTO는 민주적 구조와 운영규칙이란 허울을 갖고 있지만, 동시에 불투명하며 비참여적이고 비민주적인 기관이다. WTO의 태생 자체가 이상의 성격을 내포한 동기 및 과정을 거쳤다. 1인 1투표를 말하면서 미리 정해진 다수에 의한 결정을 내린다. WTO는 제3세계 국가들의 울부짖음과 마지못해 하는 입장에 대해 양대 강력한 자본가 집합체들의 의지로 압박하는 것을 피하지 않는다. WTO는 다수결을 약속하지만 그 다수결은 반대의사를 무시하거나 진압시켜 도달한 것이다. WTO는 더 자유로운 교역과 자유주의라는 이름으로 디자인된 포식성으로 운영된다. 도하에서와 같은 일이 발생한 근본적인 이유는 모순을 인지하지 못하고 모순 자체가 뒤집혀질 수 있는 기회를 움켜잡지 못한 우리의 실수이다. (Shukla, 2001: 8)

비아캄페시나를 포함하여 사회운동 및 NGO들은 비민주적이고 차별적인 과정으로 도하를 이끈 WTO에 공개적으로 도전하고, WTO 각료회의 자체에서도 드러난 지속적인 투명성 부족 및 부조리한 전략들을 밝혀낸 몇 안 되는 주체들이다.[7] 시애틀에서의 괴멸을 촉발시킨 바로 그러한 행태들을 개혁하겠다고 한 약속과는 반대로 WTO는 이전과 다름없이, 오히려 더 악랄해졌다. 싱가포르, 제네바, 시애틀에서의 WTO 각료회의에서 영향력을 보인 전 미국무역 대표 찰렌 바쉐프스키는 WTO 과정은 "배제하기 위한 것이나 다름없다. 모든 모임은 20개 혹은 30개 주요 국가만 참석한다. (…) 여기서 100개국이 함께 한 경우는 한 번도 없었다는 말이다"(Bello, 2000: 5에서 재인용). 월든 벨로는 시애틀에서 합의를 이끌어내는 과정에서 바쉐프스키는 대표들을 배제하기 위해 아래와 같은 엄포를 놓았다고 한다.

〔나는〕 지금까지 분명히 했으며, 오늘 각료들에게 재차 말합니다. 우리가

목표 달성을 못한다면 나는 최종 결과물을 만들어내기 위해서 보다 배타적인 과정을 수행할 것이며 그렇게 할 권리가 있습니다. 의장으로서의 이 권리에 대해서 또한 내가 의장이기 때문에 권리를 반드시 이행하겠다는 내 의도에 대해서는 어떠한 의의도 용납하지 않겠습니다.

도하에 참여했던 사회운동 및 NGO 대표들에 의하면 일반이사회 의장과 사무총장이 발표한 초안은, 이미 분명한 제안서와 입장을 발표했던 수많은 개발도상국의 의사를 표지나 괄호에서조차 전혀 포함하지 않음으로써, 겉보기에는 의견일치를 본 것처럼 발표되었다. 신중하게 선택된 정부들을 초청하여 '비공식적 모임'인 그린룸Green Room을 운영하는 데다가 6인으로 구성된 '의장의 벗' friends of the chair을 조력자로 선발하여 선언과 관련한 의견일치 도달을 주도했다. '그린맨' green men이 어떻게 선정되었는지 그 과정이나 기준에 대한 설명이 전혀 없을 뿐만 아니라 한 명을 제외하고는 모두 뉴라운드 찬성 측이었다. 마지막으로 개발도상국 대표들 중 일부는 재정 지원을 협박하는 강압적 전략이 추진되어 자신들의 주장을 펼칠 수 없었다고 주장했다. 비아캄페시나는 이러한 과정과 결과를 평가한 후, 도하의 결과는 '개발을 제외한 모든 것'이나 다름없기에 이를 맹렬히 비난하는 전세계 다양한 조직들에 합류했고, 다시 한번 WTO의 정당성에 대해 반론을 제시했다.

특히 각료선언 및 사업프로그램과 같은 도하의 결과물들은 공공의 정당성을 상실했다. (…) 우리는 WTO 사무총장과 사무국이 주재하고 주요 선진국들에 의해 운영된 불투명하고 차별적이며 무법 혹은 임의적 수단과 과정들에 대해 유죄를 선고한다. 그러한 행동과 과정들은 투명성, 비차별주의, 법치주의를 주요 원칙으로 내세우는 국제조직에게 너무나 수치스러운 것일 따름이다. 따라서 우리는 도하의 결과가 미칠 재앙과도 같을 영향 및 그러한 결과를 도출하기 위해 얼마나 부끄러운 과정을 거쳤는지를 전세계 대중에게 알리는 데 주력할 것이다. (Joint Statement of NGOs and Social Movements, 2002: 3)

'세계는 상품이 아니다 연합'의 활동이 보여주듯이 저항은 더욱 조직적이고 통합적이며 수준이 높아졌을 뿐만 아니라 사전행동을 추구하고 있다. 연합은 9·11 이후에 대해 분석하고 지속적인 WTO 관련 저항 및 동원을 위한 세계적 전략을 개발하기 위해 도하 이후 바로 브뤼셀에 모였다. 비아캄페시나는 이 모임에 적극적으로 참여했으며, '어부 세계 포럼'이나 노동운동과 NGO들도 함께했다. 현존하는 불균형을 극복하고 차이의 간극을 메우며 더욱 친밀하게 함께 일하기 위한 효과적인 방법을 찾아가기 위해 하나 된 노력을 기울였다. 비록 9·11 이후 보안검색이 강화되었고 불일치에 대한 탄압도 증가했지만 모임 참가자들은 저항은 계속되어야 한다는 데 의견을 모았다. WTO에 대한 미래 전략을 토론한 후 그 결과를 정리하면서 폴라리스 연구소의 토니 클라크는 "거리는 우리 것이다. 직접행동은 우리 운동의 주요 요소이다. 우리에게서 거리를 앗아갈 수 없다"고 말했다.

투쟁의 지형은 국제적 차원에서의 지속적인 저항뿐만 아니라 지역과 국가적 차원에서 더욱 확장되고 있다. 주류 매체에서는 겨우 백여 명의 비주류 아나키스트들이 기물 파손 등의 형태로 벌인 단독 과업을 머리기사로 보도했지만, 주류 매체에서 보도하는 것과는 달리 세계화와 자유주의 반대론자들의 활동은 방해받지는 않았다. 연합 운동은 폭력적 투쟁과 공식적으로 거리를 두고 있다. WTO에 평화적으로 반대의사를 표명하는 수가 급진적으로 증가해왔으며 앞으로도 그 수가 줄어들 기미는 보이지 않고 있다. 4천여 비아캄페시나 대표자들과 함께 2002년 2월 포르투알레그레에 모였던 수천 명의 사회운동가와 NGO 대표들은 '제2차 포르투알레그레: 사회운동의 목소리'에 서명했으며 그 마지막 구절은 "WTO, IMF, 세계은행이 언제 어디에서 모이든, 우리도 또한 그곳에 있을 것이다!"라고 선언하고 있다.

끈질긴 권력투쟁

모든 사회운동과 NGO들이 WTO와 농업교역에 대해 합의된 전략을 추구하지는 않았다. 2002년 6월 로마에서 열린 '세계식량정상회의: 5년 후'와 동시에 개최되었던 식량주권에 관한 NGO/시민사회조직 포럼에서는 오히려 의견 차가 주되게 노출되었고, 분열은 더욱 확연해졌다. 특히 앞으로의 활동에 대한 개념적 틀을 두고 논란이 거셌다. 한편에서는 농업에 대한 WTO 협정을 개선하는 개혁적 관점이 표출되었는데, 이는 개발도상국에게 식량주권 확보를 위한 주식 및 농경지를 보호할 수 있는 선택권뿐만 아니라 식량권 수호를 위한 국제적 수행, 관습, 약조 코드를 채택하도록 용인하는 '개발 상자' development box를 소개함으로써 협정 개선을 유도하고 남반구 국가들의 시장 접근을 용이하게 하자는 주장을 펼친다. 이러한 입장은 기본적으로 국제적인 농업교역 증대가 유익하다는 생각을 옹호하며, 농업인들의 안녕을 증대시키고 그로 인해 가난과 기근을 완화하는 매우 중요한 전략이라고 본다. 즉, WTO의 농업과 식량에 대한 사법권 ─ 더욱 공정한 규칙과 민주적인 거버넌스 아래에서 ─ 이 유지될 수 있다는 것이다(예를 들어 Oxfam International, 2002나 Christian Aid, 2001 참고). 이들은 WTO 내에서 일하는 것이 투쟁을 위해 매우 중요한 공간이라고 본다.

비아캄페시나는 비판적 사회운동 및 NGO들과 함께 식량주권에 대해 보다 급진적인 입장을 취한다. 네티 위베는 이러한 입장이 "진정으로 문제의 범위를 재설정한다"(Wiebe, 2002)고 지적하고 있다.

시장과 거버넌스 및 자원 접근에 대한 지역에서의 식량주권 성취가 가능하다는 기본안을 전제로 모든 세계화 아젠다에 도전하고 있는 것이 바로 식량주권이다. 이는 지금까지 나온 방식 중 가장 창의적인 접근 방법이다. 판을 실제적으로 바꿀 수 있는 잠재성이 가장 크다. 식량주권이란 식량권을 인지하기에 더욱 좋은 틀이나 환경을 만들어가는 보다 광범위한 개념인 것이다.

식량주권은 WTO 의제에서 농업을 제외시킴으로써 ─ 최근 더욱 강력해진 비아캄페시나의 요구는 아예 "농업에서 WTO를 제외시키자"이지만—더욱 민주적이고 투명한 구조를 가진 대안을 만들고자 WTO의 지위를 박탈하겠다는 것이다. 이는 식량생산과 국제적 농업교역에 대한 거버넌스를 식량주권에 대한 국제협약이 하겠다는 것을 의미한다. 지위 박탈의 논리는 WTO에 참석하는 것 자체를 거부할 뿐만 아니라 대중 여론을 궁극적으로 변화시키며 WTO의 외부에서 활동하며 집합행동 동원을 위한 전략적 시기로 활용한다는 것이다.

식량주권이라는 개념은 1996년 세계식량정상회의 당시 식량안보에 대한 NGO포럼에서 비아캄페시나에 의해 처음 소개되었다. 비아캄페시나가 「NGO 선언」에 서명을 거부한 주요 이유 중 하나는 이 선언이 진정한 대안을 제시하지 않았기 때문이며 현존하는 틀 안에서 강요되었기 때문이었는데, 위베에 의하면, 비아캄페시나가 「NGO 선언」을 받아들이지 않음으로써 오히려 식량주권이라는 개념은 더욱 확고히 자리 잡게 되었다. 개념은 순식간에 퍼졌고 문서들도 식량안보의 여러 측면을 다양하게 실었다. 벨기에를 근거로 유럽 NGO가 결성한 '식량주권플랫폼'이 특히 식량주권 관련 주제들을 지지한 하나의 예이며, 또한 2001년 1월 브라질 포르투알레그레에서 개최된 세계사회포럼에서도 식량주권은 주요 의제가 되었다. 2001년 8월에는 쿠바의 아바나에서 식량주권과 관련된 국제포럼이 열렸으며, 12월에는 유럽의회의 녹색당이 3일간에 걸쳐 관련 회의를 개최했다.

'세계식량정상회의: 5년 후'까지 식량주권은 WTO의 대안을 갈구하며 점차 그 수가 증대되는 세계 사회운동과 농민조직의 시위 구호가 되었다. 여러 가지 증거가 있지만 특히 '세계는 상품이 아니다: '민중의 식량주권을 우선시하자 — 식량과 농업을 WTO에서 제외시키자' 캠페인이 더욱 발전하고 있으며, 말레이시아 페낭에서 2001년 7월 24~26일 열린 '농업에서 WTO 배제를 위한 전략 워크숍'의 결실로도 알 수 있다. 결과적으로 비아캄페시나는 '2002 식량주권에 관한 로마 NGO/시민사회조직 포럼'에서 식량주권이 의결사항의 틀이 될 수 있도록 NGO 포럼 조직책임자였던 국제기획위원회와 함께 헌신적으로 일했다. 포럼 제목에도 알 수 있듯이 결론 또한 '행동의제: 식량주권'으로 도출됨으로서 토론 내용은 이미 식량안보에서 식량주권으로 분명히 옮겨갔다.

식량주권이라는 개념이 이제는 보다 공식적으로 쓰이고 있다. FAO의 사무총장인 자크 디오프는 식량주권 활동계획과 관련된 사회운동이나 시민사회조직과 전적으로 협력할 것을 약속하며 대화를 시작했다(FAO Director-General, 2003). 식량권에 대한 유엔특별보고관이 유엔인권위원회에 제출한 보고서도 식량주권을 식량안보와 먹을거리에 대한 인권으로써 지지하고 있다(Ziegler, 2003: 21, 2004).

하지만 식량주권에 대한 NGO/시민사회조직 포럼에서 많은 NGO들이 식량주권을 받아들인 반면 일부 NGO들로부터 발생한 저항에 대해서는 어떻게 설명할 수 있을까? 위베는 이 저항에 대한 몇 가지 가능한 이유들을 다음과 같이 설명한다. 먼저 식량주권은 비교적 새로운 개념이기 때문에, 쉽게 말하자면 아직 많은 NGO들이 이 개념의 폭과 깊이를 완전히 이해하지 못했다는 것이다. 1996년 세계식량정상회의 전후로 많은 NGO들은 식량권 담론을 받아들였고 국제적 수준에서 식량권이 인지되도록 하기 위해 법적 구속력이 있는 조약을 발전시키고자 오랫동안 일했다. 이 영역에서 괄목한 만한 토대를 구현했고 덕분에 많은 이들에게 식량권이 실현가능한 목표로 인지되었다.

    비아캄페시나는 1996년 4월 틀락스칼라에서 열린 그들의 제2차 국제회의 동안 식량주권에 대한 국제적 토론을 착수시켰다. 그 뒤 지역차원, 국가차원, 세계적 수준에서 각종 토론과 회의를 여는 등 식량주권 개념에만 6년 동안 정성을 쏟았다. 덕분에 여전히 진행 중인 농촌 사람들의 소외와 억압, 강제이주, 끝없는 빈곤화를 막기 위해서는 다름 아닌 바로 급진적 전환이 필요하다는 주장이 농민들에게 확실히 각인되었다. 비아캄페시나 입장에서는 현 체제를 '개선'하거나 개혁하는 것은 증가 수준에 있는 농촌지역의 빈곤과 인구감소, 환경파괴를 막는 데 거의 아무것도 할 수 없기 때문에, 식량주권을 소개함으로써 식량과 농업에 관한 정책 의결사항의 특징을 규정하는 기술적 해결책이나 규제완화, 자유화, 민영화라는 도구 이상의 것들을 고려하는 모든 이들에게 도전하고 있었다. 위베는 NGO와 시민사회조직의 동력을 평가하면서 2002년 6월 '세계식량정상회의: 5년 후'까지,

> 우리 비아캄페시나는 NGO포럼이 식량주권이라고 명명되었기에 당연히 식량주권이 토론의 주요 쟁점이 되리라고 추정했다. 우리는 식량주권의 여러 요소들을 의제에 계속적으로 첨가하고 있었다. 우리는 워크숍들에 계속 개입하였고 마치 모든 이들이 WTO에서 농업 제외시키기와 같은, 우리가 말하는 식량주권에 대해 알고 있는 것처럼 계속 발표하러 다녔고

바로 이 점에서 비아캄페시나를 공격적이고 불쾌한 것으로 여겼을 것이다. (…) 비아캄페시나에게는 이것이 최대 개막식이었다.

그녀가 덧붙여 지적한 것처럼 일부 NGO는 비아캄페시나의 접근법에 대해 강한 불만을 표시했다:

NGO들은 식량권이라는 용어가 이제는 보다 크고 포괄적 의제인 식량주권 밑에 놓여버린 상황, 즉 너무도 갑자기 그들 주위에 등장한 식량주권이라는 새로운 언어에 맞닥트렸다. 실현가능해 보이는 것〔식량권〕이 많은 이들에게 상당히 비현실적으로 보이는 것〔식량주권〕 안에 갑작스럽게 포함되었다.
〔결과적으로〕 어떤 NGO들에게 이러한 과정 전체가 무척 당혹스러웠고, 본진을 잃은 상황을 매우 불행하게 여겼다. 어떤 이들은 두려움을 느꼈고, 또한 실제로 두려움에 처했다. 진짜라고 생각하지 않은 범주에 어떻게 하다 끼워졌다고 느꼈기에 너무도 억울했다. (…)
뭐가 뭔지 모르며 땅을 떠난 농민들이 우리 모두가 알듯이 제도적으로도 이미 비현실적인 것들을 요구할 것이라는 생각은 (…) 내가 보기에는, 너무나 큰 세력 안에서 너무도 협소한 자리를 잡은 사람들이 결국은 그것을 차지하지 않겠다는 마음을 먹고 있다는 것을 직접 확인해야 할 그런 상황으로 보인다. 이 사람들은 딴살림을 차릴 것이다.
그리고 공식 협정에서 사람들이 이를 즉각적으로 가장자리로 밀어버리는 것이 특히 불편했다. 하지만 NGO 협정에서는 자신들을 위해 목소리를 낼 수 있고, 주변부의 역량 강화를 언급하는 등 사람들에게 힘을 실어주는 갖가지 말들로 인해 단지 주변부에 놓아두는 것도 어려웠다.

어떤 NGO들에게는 그들이 오랫동안 우위를 가졌던 영역을 포기한다는 것은 (이념적으로 불가능하지 않다면) 매우 어렵다. 또한 소작농과 농민들을 대표해온 운동이 스스로의 요구를 아무리 분명히 했더라도, WTO에 대항하기 위해 정성들여 다듬어온 그들의 전략을 바꾸는 것 역시 어려운 일이다. 구스타보 카프데빌라(Capdevila, 2002)에 따르면, 식량주권에 관한 NGO/시민사회조직 포럼 2주 후, 개발상자를 통해 농업협정을 공고히 하려는 WTO에 대해 '가난한 농민을 대신하는' 수많은 NGO들이 진정서를 제출했다.[8] 마지막 순간에 다시 한번 NGO들은 농민들에게 최선이 무엇인지 마음을 정한 것처럼 보였다.

이처럼 미래 행동에 대한 내외부의 갈등은 NGO와 농민조직 사이의 관계적 특이성 및 전통적 실천방식의 서로 다른 양상들을 다시 상기시켰다. 로마에서 개혁자들의 접근법을 토론할 때 농민 대표자들이 보인 적대적 저항에 대한 논평을 예로 들어 보자. (익명을 요구한) NGO 대표 한 사람이 그 농민들은 진정한 대표자들이 아니며 그들 자신에게 최선이 무엇인지도 모르기 때문에 교육이 필요한 사람들이라고 말했다.

반대자들이 'DB〔개발상자〕의 벗들' Friends of the DB에 의해 제시된 관점들을 토론할 준비가 되지 않은 상황에서 벌어진 이러한 저항은 참여하고자 했던 다른 많은 목소리들을 침묵시키는 결과를 초래했다. 그들이 자신들을 위해 목소리를 내는 진정한 농민인지 혹은 마음으로부터 늘 농민의 이익을 고려하지 않고 종종 현장상황과도 연계가 끊어진 그러한 농민 '대표'인지 의문이 드는 이러한 사람들에 의해 개발상자의 식량안보와 농촌개발 및 농민을 위한 지원 요청은 거부되었다. 전세계 농민들은 농업지원을 요청하고 있다. 개발상자는 정부가 개발도상국 농민을 도울 수 있도록 하는 일종의 도구가 될 수도 있다.

나는 개발상자에 대한 토론은 여전히 가능하다고 본다. 하지만 특히 자신들이 위기에 처해 있다고 느끼고 개발상자의 주요 수혜자가 될 것이라고 생각하는 **농민들**은 개발상자에 대해 좀 더 민감해질 필요가 있다. 우리는 **그들 입장에서 말할 것이다**. 우리는 심지어 논의를 정치 의제화(로마에서도 부분적으로는 그러했듯이)할 수도 있다. 하지만 그들에게 이것은 정치가 아니다. 이는 생존의 문제이다. (강조는 원저자)

여기에서 쓰인 언어와 의도를 주목해볼 만하다. 즉, 농민 대표자는 간단히 말해 농민들을 위한 최선이 무엇인지 이해하지 못하고 있다. 따라서 이 '대표'들은 적법하지 않다. 좀 더 '민감하'며 적법한 농민 대표자들 — '개발상자'를 아마도 이해한 사람들이며 이를 포함하는 것이 그들에게 최선이라고 생각하는 사람들 — 이 검증될 때까지 NGO가 계속해서 농민들을 위해 목소리를 낼 것이다.

외부 세력들은 국제적 농민운동을 촉진하고자 북반구 및 남반구에 농업 관련 조직들을 만드는 데 박차를 가했다. 비아캄페시나의 전략과 입장은 국제적 수준에서의 농업과 식량 및 교역 의결사항들과 관련된 여타 사회활동 주체들과는 달랐으며, 그로 인해 비아캄페시나는 강력하고 통일된 농민의 목소리로써 스스로를 통합시킬 수 있었다. IFAP와 수많은 NGO가 WTO를 개혁하는 것이 가능하다고 여기지만 비아캄페시나는 급진적 전환 외에는 방법이 없다고 본다. 이것이 바로 비아캄페시나 조직이 오랫동안 겪어온 싸움이며 여전히 문제로 남아 있다. WTO와 세계화의 대안을 개발하고 발전시키는 것은 바로 비아캄페시나의 존재 이유이다.

05

섬세한 균형: 로컬의 현실과 지구적 행동

하지만 여기에 핵심적인 주제가 있다. 시애틀은 감탄할 만하지 않은가! 카길과 여타의 초국가적 기업에 대한 인도의 투쟁은 또 어떤가! 그렇다면 그 구성 과정은 어떠했는가? 우리는 전선에서 얼마나 더 전진하였는가? 그렇다. 우리는 경험을 얻고 있다. 그렇다. 수많은 대결이 있다. 그렇다. 지구적 운동의 가능성이 있다. 하지만 이것은 지구적 과정에만 의지하지 않는다. 대안세력들의 통합은 확실히 지역단위에서 발생하고 있으며, 그들의 대륙이나 국가에서의 조직 발전에 힘입고 있다. 이것이야말로 지구적 과정의 실현가능성을 높인다.

페드로 마가나 게레로, 전前 전국 소작농 지도자, UNORCA

지구적 압력은 무수하고 다양한 방식으로 지역 수준에 파고든다. 따라서 지역에서의 투쟁 역시 다양하고 때로는 예상치 못했던 형태를 취하게 된다.

　내가 농민들의 투쟁들에 대한 책을 어떤 식으로 풀어나갈지 고민하였을 때, 처음의 계획은 세 가지 다른 장소에서의 상이한 (하지만 주요한) 세 가지 이슈에 초점을 맞추는 것이었다. 농촌 발전에 관한 새 법안을 수립하려는 멕시코 소농조직들의 활동, GMO 종자를 둘러싼 인도의 투쟁, 안정적인 공급 관리와 판매를 지속시키려는 캐나다의 활동이 바로 그것이다. 이러한 계획은 내가 비아캄페시나와 함께 오랜 기간 상의를 하였음에도 결국 바뀌게 되었다. 그 이유는 내가 처음의 계획을 수행하기 위해 멕시코로 갔을 때 멕시코의 농민 대표들은 자신들 활동의 단지 한 측면만을 부각시키는 데 부담을 느꼈고, 결국 조직의 참 모습이 심각하게 왜곡될 것이라고 우려하였기 때문이다. 나는 연구의 주제를 좀 더 폭넓게 설정해야 함을 느꼈다. 멕시코 농민들은 내가 진정으로 자신들의 조직이 국가단위에서 어떻게 작동하는지 이해하고 싶다면, 멕시코의 다양한 지역들을 방문하며, 농업의 세계화에 대응해서 지역단위에서 발전하고 있는 주체, 전략, 대안들을 연구해야 한다고 역설하였다.

이 연구는 세계화가 다양한 형태로 나타나며 특정 맥락에 좌우된다는 견해를 강력하게 지지하는 관점으로 전환하였다. 누구라도 사회적 운동들의 지구적 양상을 지역으로부터 분리하여 연구할 수 없다. 앤 플로리니(Florini, 2000: 218)는 "지구적 운동들 역시 지구적 자장 안에서 자유롭게 떠다니는 것들이 아니다"라고 주장한다. 내가 비아캄페시나의 광범위한 역할을 살펴보는 데 있어 이해하려고 했던 것은 지역, 국가, 지구 사이의 이러한 변증법적인 관계이다.

지역과 국가 조직의 중요성

비아캄페시나는 지역이나 국가의 강력한 소농조직들에 의지하고 있다. 하지만 이러한 조직들 중 일부는 자원의 결핍, 미약한 리더십, 지역과 개인의 다툼, 이데올로기적 분열, 감소하거나 소극적인 회원 기반, 정부와 NGO 단체의 결합 등과 같은 수많은 문제들을 겪고 있으며, 이러한 문제는 어디서나 농촌의 조직들을 괴롭혀왔다. 많은 측면에서 국가 수준의 농민조직들의 힘은 그들이 이러한 문제들에 얼마나 신속하게 대처하고, 급격하게 변화하는 환경에서 스스로를 얼마나 신속히 전환할 수 있는가에 달려 있다.

남아메리카에서의 지역 책임조직인 MST는 농업의 세계화라는 맥락에서 강력하게 정치화된 국가 수준 조직들을 설립하고 유지하는 과업을 완수했다는 것이 자신들이 성취한 가장 값진 업적이라고 믿고 있다.

브라질 MST의 대표인 주앙 스테틸는 말한다.

> 18년 동안 존속해왔다는 단순한 사실에 의해 이 나라에서 지배계급과 다투는 농민운동(MST)은 승리했다고 할 수 있다. 하지만 가장 위대한 성공은 무토지 농민(the Sem Terra)들이 스스로 존엄성을 갖게 되었다는 것이다. 농민들은 자기 존중감을 가지고 더 높은 곳을 향해 당당히 걸어갈 수 있다. 이들은 자신들이 무엇을 위해 싸우는 것인지 알고 있다. (*New Left Review*, 2000: 91)

MST는 브라질에서 영향력 있고 강력한 사회운동단체 중 하나가 되었다. 이것은 부분적으로 의식의 성장, 토지 점유와 같은 직접적인 집단행동, 지역경제의 확립을 통한 지역공동체 역량 강화의 성공에서 기인하였다. 또한 MST는 도시 지역에서의 여론을 자신들의 편으로 끌어들이고, 국제적 단위에서의 협력자들과 폭넓고 다양한 네트워크를 발전시키는 데 집중하였다.

유사하게 CPE의 일원이자 유럽 내 비아캄페시나의 지역코디네이터인 프랑스농민연합은 식품안전, 유전자변형식품이라는 이슈와 관련하여 도시에 기반을 둔 단체들과 점점 더 밀접하게 활동하고 있으며, 지속가능한 농업의 측면에서 저질 먹을거리malbouffe에 반대하는 캠페인을 전개하면서 프랑스에서 지지를 얻고 있다. 조제 보베와 프랑수아 뒤프르는 프랑스농민연합의 두 대변인이다. 이들은 지속가능한 농업을, 생산자와 소비자 사이에 직접적인 연결망을 재구축함으로써 '농민을 존중하고 사회의 욕구에 부합하는 농업'으로 정의한다(Bové and Dufour, 2001: 202). 뒤프르는 설명한다(ibid.: 26-27).

> 도시 거주자는 농촌과 농산물의 품질에 대한 공격을 농민과 농민의 땅, 소비자 사이의 관계에 대한 공격으로 여긴다. (…)
> 농업의 정체성이란 이런 것이다. 당신이 농부가 되거나 땅과 연결된 기분을 느끼기 위해 농촌에 살 필요는 없다. 〔그러함에도〕 그러한 뿌리들은 온 나라를 통합된 전체로 연결시킨다. 유럽이든 세계화든 이러한 뿌리를 잠식해서는 안 된다. 맥도날드 이슈는 바로 그러한 느낌을 뒤흔드는 그런 시점에 와 있다. 가장 자유로운 경제적 환경이라도 농업의 가치가 하락하고 농지가 공업용으로 전유되는 일이 그러한 뿌리들을 파괴하고 있다는 것을 시인해야 한다. 사람들은 뿌리로부터 단절되는 것을 원하지 않는다. 대중의 의견을 끓어오르게 하는 것이 본질적으로 이러한 것들이다.

프랑스농민연합은 또한 농촌지역에서 더 많은 지지를 얻게 되었는데, 이는 농업회의소Chamber of agriculture의 선거 결과 득표율이 1995년 21%에서 28%로 상승한 것을 통해 입증된다. 프랑스농민연합의 국가적인 인기 상승은 의심할 것 없이 카리스마 있는 대변인 조제 보베에게서 비롯되었다. 조제 보베는 처음 프랑스농민연합으로부터 온 동료들과 함께 미요에서 맥도날드 매장을 해체하는 데 직접적인 행동으로 참여하면서 명성을 얻었다.

이러한 단일 행동이 조제 보베를 포함한 네 명의 농민들의 투옥을

프랑스농민연합과 맥도날드

1999년 8월, 로크포르 치즈로 유명한 라르작 지방의 프랑스 최남단에 위치한 작은 도시인 미요Millau에서 농민들이 집회를 열었다. 유럽연합EU은 호르몬을 투입한 소고기의 수입을 허용하라는 WTO의 지시에 따르기를 거부하였고, 이에 미국 정부가 보복 조치를 감행하자 농민들은 미요에서 이러한 조치에 저항하였다. EU의 거부에 대항하여 미국정부는 미국으로 수입되는 로크포르 치즈에 100%의 입항료를 물렸다. 그에 따라 치즈의 수출은 급속하게 하락하였고, 농민들의 수입은 곤두박질쳤다. 프랑스와 유럽 정부 모두 어쩔 도리가 없다고 호소했으며, 농민들은 보상도 받지 못하였다. 이러한 상황은 농민들을 직접적인 행동 외에는 의지할 데가 없는 곳으로 내몰았다.

미요에서의 그날, 지역의 양목 및 낙농조합 회원들과 프랑스농민연합은 비폭력적이면서 상징적인 행동을 이끌었다. 그것은 바로 여전히 확장 중인 맥도날드 매장들을 조직적으로 파괴하는 것이었다. 집회 참가자들은 문틀을 뜯어내고 트랙터 트레일러로 방어막을 쌓았다. 그리고 아이, 여성, 농민, 시내 주민들과 함께 이들은 지방정부 청사를 향한 행진을 시작하였다.

프랑스농민연합으로 조직화된 농민들에게 맥도날드는 중요 타깃이었다. 맥도날드는 산업화된 영농, 경제 제국주의, 초국적기업의 권력, 저질 먹을거리의 전형이었기 때문이다.

통해 프랑스뿐만 아니라 전세계적으로 헤드라인을 장식할 것이라고는 누구도 예견하지 못했다. 이후 보베는 미디어 스타 겸 국제적인 농민운동가이자 때로는 비아캄페시나의 대변인으로서 국가적인 영웅처럼 되어버렸다. 조제 보베가 전 WTO 사무총장인 마이크 무어와 베네수엘라 대통령 휴고 차베스와 인터뷰한 것은 그 자체로 의미있는 사건이었으며, 콜롬비아, 멕시코, 브라질, 팔레스타인과 같은 다른 나라에서 인권운동, 사회운동의 집회, 반세계화적인 저항에 그가 참가한 것도 그러하였다.

하지만 한 개인으로서의 보베에 초점을 맞추는 것은 오류이다. 운동은 결코 한 사람이 이루어낸 것이 아니기 때문이다. 오히려 기업 영농에 대한 대안을 구성하고 소작농과 소농의 이익을 보호하기 위한 투쟁을 더 잘하기 위해 프랑스농민연합이 미디어를 성공적으로 활용했다는 점에서 명민했다는 것을 주목해야 할 것이다. 나아가 프랑스농민연합은 성장하는 지구적 사회정의운동을 잘 이해했으며, 그러한 실천을 알리고 지지를 얻기 위해 (주로 CPE를 통해) 비아캄페시나 여타의 다른 사회운동단체들, 세계의 NGO단체와 협력하는 데에 아주 능숙하였다. 맥도날드에서의 행동으로 형사상의 기소에 직면한 비아캄페시나 대표자들의 재판이 열리자 이에 대한 증인으로 프랑스농민연합의 대표자들을 포함하여 10만 명 이상의 사람들 — 이는 '시애틀의 전투' 시위자 수의 두 배이다 — 이 미요에 결집하였다. 조제 보베와 프랑수아 뒤프르(Bové and Defour, 2001)의 설명에 따르면, 그 재판은 세계화, WTO, 저질 먹을거리라는 현실적 문제를 다루었다는 점에서 상징적이었다. 프랑스농민연합은 대중의 관심을 주목시키는 데 비폭력적인 직접행동 방식을 사용하였고, 그 이슈에 대해 시민들을 교육시켰으며, 여론 전환과 행동 촉구라는 궁극적인 목표를 지향하는 대중 토론을 활성화시켰다. 미디어가 언제나 그렇듯이 개인화된 이슈와 사건들을 요구했다면, 카리스마를 갖춘 보베는 그러한 역할을 쉽게 수행했을 것이다. 하지만 보베는 그가 만들고자 했던 집합적 힘에 관한 시선을 결코 놓치지 않았다.

그러나 세계화는 소규모 농업을 지지하는 농민조직들을 체계적으로 약화시켰다. 캐나다의 스튜어트 타이슨은 이러한 경향성 때문에 국가 수준의 소작농과 농민조직들이 훨씬 더 강력하고 응집력 있으며 지속적인 투쟁에 나서게 된다고 주장한다. 하지만 농업정책이 신자유주의적인 접근에 종속됨에 따라 농촌의 인프라 건설과 농민친화적인 시장구조는 무너졌고, 이를 지원하는 프로그램도 해체되었다. 농촌지역은 더 빈곤해졌고 차후에는 농촌인구도 계속해서 감소할 것이다. 타이슨은 땅을 그대로 유지하려는 사람들은 농외 소득활동을 할 수밖에 없으며, 농민조직에 참여하는 시간도 제한될 것이라고 설명하였다. 게다가 소규모 농장의 소멸은 더 큰 농장들의 통합을 동반하게 되고, 이에 따라 소규모 농업을 보호하려는 조직 투쟁을 전개하는 조직원들을 모으는 데 있어서도 더 큰 어려움을 겪을 수밖에 없게 된다. 일례로, NFU의 구성원 숫자는 1970년대 중반 이후로 급격하게 감소하고 있다.

아마 더 중요한 것은 소작농과 농민들의 투쟁이 본질적인 부분에서 상당히 변화되었다는 것이다. 예를 들어 NFU나 그 이전 조직인 서스캐처원 농민연합은 농민의 이해에 천착한 시장의 확장과 공급관리 체계의 안정적인 확보와 같은 대안을 성공적으로 만들어내기 위해, 지방정부나 국가정부와 오랜 기간 힘겹게 싸워왔다. NAFTA와 WTO 체제 내에서 이러한 대안들은 한결같이 위협받았다(Qualman, 2002: 5).[1] 결과적으로 NFU는 귀중한 자원들을 기존 프로그램을 보호하는 데 투입하는 방어적인 위치로 물러나야 했다. 네티 위베와 함께 서스캐처원에서 오랜 기간 농민 대표자로 활동한, 이제는 90세가 넘은 위니 밀러와의 대담에서, 그들이 대안을 구상하는 사람들에서 (조직의) 수호자로 변화하는 것이 사람들의 열정과 조직의 사기를 침해했다고 말한다. 그녀는 1990년대 초반의 투쟁들과 비교하며 다음과 같이 말했다.

당시 우리는 더 가난했기 때문에 훨씬 더 힘들었지만 무언가를 건설하는 일을 하고 있었기 때문에 훨씬 쉬웠다. 건설을 위한 에너지로 충만했던 것이다. 그리고 현재는 (…) 당신은 우리가 만들어 놓은 것을 지키기 위해 노력해야만 하는데, 그건 거의 지는 싸움이다. 사람들이 달성할 수 있는 최상의 것이 현재 있는 곳에 머무르고, 현재 가진 것을 보호하는 것이라 할 때, 어떻게 열정적이고, 신나며, 미래지향적일 수 있겠는가?

타이슨은 그 변화가 권한 약화로 이어질 수 있다는 점에 동의했다.

매사에서 투쟁을 잃어버린 채로 있다면, 실질적으로 아무것도 하지 않는 것이라고 생각한다. 이는 우리가 밖으로 나가 농민들의 이익을 보호하는 것과 관련하여 의미있는 주장들을 만들어내는 것을 어렵게 한다. 그래서 사람들을 우리에게로 와서 함께하자고 설득하는 것은 쉽지 않다. 그것은 우리가 이러한 투쟁의 모든 부분을 상실하였기 때문이다.

게다가 새로운 세계무역환경에 직면하여 캐나다 정부는 전세계의 대부분의 정부들처럼 농업부문의 프로그램과 구조에 많은 제한을 가하고 있다. 세계화가 국가정책을 결정하는 정부의 힘을 약화시킴에 따라, 정부 대상 협상력을 중심으로 능력을 발전시켰던 대부분의 농민조직들은 현재 새로운 방식의 활동을 모색해야만 한다.

지구적인 것을 지역으로 가져오기

비아캄페시나를 효율화하려면 조직의 국제적인 업무가 확고하게 지역의 현실에 뿌리박혀야 한다. 그러지 않고서 국제적인 무대에서 소작농과 농민조직들의 이익을 외치는 것은 적절치 않다. 이와 마찬가지로 중요한 것은 비아캄페시나의 국제적인 업무 또한 지역단위로 되가져가야 하며, 그렇게 함으로써 지역조직의 강화도 가능하다. 멕시코 농업경영인전국연합ANEC의 빅토르 수아레즈는 말한다.

> 비아캄페시나를 통해 사람들은 공통의 관심사를 지키는 데 있어 국가 간이나 세계적인 활동의 일부분이 되었음을 느낀다. 자신의 조직이나 업무가 다른 많은 나라들과 공유되었다는 감각을 얻게 되었다. 공동의 목표를

둘러싸고 국제적인 투쟁의 일부분이 된다는 바로 이 감각은 매우 중요하다. 이것은 여러분에게 힘과 더 많은 자신감, 더 많은 영향을 준다. 또한 곳곳에 있는 소규모 생산자의 논리로부터 국제적이고 지구적 국면에 대한 정보에 접근함으로써 얻게 되는 인식은 매우 가치 있다. 이러한 인식은 세계화가 이루어지는 와중에 매우 중요한 사회화에 관한 인식을 발전시킨다. 당신이 만약 세계적 상황의 일부분이 된다면, 당신의 나라에서 지역투쟁이나 공공정책에 관한 협상에 있어 매우 가치 있는 도구를 얻게 되는 것이다.

결집을 향한 이러한 움직임은 정도의 차이는 있어도 현재 발생하고 있다. 예컨대 NFU는 다른 나라에서의 수많은 모임에 참여한 후에 카리브 지역의 윈드워드아일랜드농민연합WINFA 소속 청년들이나 니카라과의 UNAG 소속 여성들과 제도적인 연계망을 구축함으로써(제3장 참고), 결과적으로 국제화 능력을 강화하였다. 1993년에서 1996년까지 NFU는 중앙아메리카와 북아메리카, 카리브 지역을 포함하는 비아캄페시나의 지부의 코디네이터인 ASOCODE와 영어권 국가 조직들과의 조정과 소통업무를 담당하였다. 1996년에서 2000년까지 NFU는 지역코디네이터 업무 외에도 비아캄페시나의 국제조정위원회ICC와 여성위원회의 담당자로 지도적 역할을 담당했다. NFU는 또한 유엔지속가능발전위원회의 '지속가능 농업/식품체계 대표자회의'의 대표자로도 활약하였다. 방갈로르에서 개최된 비아캄페시나 제3차 국제회의에서 NFU는 북아메리카의 지역코디네이터로 재선되었다.

증가하는 세계화의 압력에 대응하기 위해, NFU는 두 갈래 전략을 채택하였다. 우선 비아캄페시나를 통해 국제적 수준에서 조직의 결합을 강화하는 것이 강조되었다. 하지만 NFU가 국제적 업무를 구체적인 방법으로 지역으로 되가져오기로 한 결정도 동일하게 중요하다. 위베는 이것이 어떻게 일어났는지 다음과 같이 설명한다.

> 우리가 비아캄페시나를 향해 움직였던 추동력은 국제적인 투쟁에 우리가 참여하게 된다는 것이었고, 이것이 지방이나 심지어 국가적 사안들과도 거리가 있었다는 것은 분명하다. 우리는 농촌을 보호한다는 것, 소규모 농촌공동체의 가능성, 그리고 실제로 가치 있었던 것에 대한 이해를 공유하는 파트너들을 세계 각지에서 찾고자 했다. 현재 NFU에게 주어진 도전 과제는 농민들이 자기결정권을 다시 회복할 수 있는 장을 지역 수준에서 찾는 일에 참여하는 것이다. 비아캄페시나 안의 우리의 연결망을 통해 농민들은 시애틀의 WTO에서 혹은 세계식량정상회의와 같은 국제회의에서 대표될 수 있는 목소리를 가졌다는 것을 실질적으로 그리고 문자 그대로 느낄 수 있다. 하지만 지역조직에 모인 사람들이 자신들에게 영향을 미치는 사안에 대하여 실제로 대화를 나눌 수 있는 공간과 장소를 가지는 것 또한 중요하다. 지역조직과 공동체에 기반을 둔 조직의 힘은 국제적이고 국가적인 정보와 경험을 사람들에게 전달하고, 그것을 현지사정에 맞추어 집합적으로 이해하는 것을 가능하게 할 것이다.

세계적인 것이 지역단위로 널리 퍼지는 것을 보장하기 위하여 NFU

는 1995년에 국제프로그램운영위원회IPC를 창립하였다.[2] 옥스팜세계농업프로젝트의 담당자로서 나는 IPC의 업무를 지원했고, NFU가 국제적인 경험을 습득하면서 어떻게 변화하는지를 관찰할 수 있었다. IPC를 통해 캐나다 NFU는 대부분의 활동들이 이전에 집중되었던 전국사무소와 서스캐처원 주를 넘어 국제적인 발전교육프로그램을 확대시켰다. 캐나다 전역의 대표자들이 의사결정과 실행과정을 담당하게 함으로써, 프로그램 자체를 민주적으로 만들었다. NFU의 지역과 구역은 IPC의 지역 의장단을 통해 IPC와 연결되었다. IPC는 국제무대에서 NFU의 참여에 관한 프로그램을 설계·평가하고, 지역의 NFU 회원들과 캐나다에서 방문한 대표단과의 만남을 통해 비아캄페시나의 조직을 지원하기 위한 회의를 매년 두 차례 가졌다. IPC는 모든 국제적인 실천을 직접 담당했으며, NFU의 전국이사회에 자문을 제공하였다. IPC는 국제회의에 참가할 NFU 대표자를 선발하는 기준을 마련했으며, 국제회의에 참석했던 대표자들이 자신들의 경험을 농촌공동체와 나눌 수 있는 이벤트를 조직하기도 했다. NFU의 국제화 프로그램에는 국제회의, 워크숍, 회원들에 대한 정기적인 정보 제공 — 예컨대 농업무역이나 식량안보에 관한 주요 국제논쟁에 대한 소개 — 이 포함된다. 이러한 정보 제공은 비아캄페시나의 현재 상황과 주요 사업들을 알림으로써 회원들의 결집을 유지하였다. IPC를 통해 UNAG-NFU 여성연대는 서스캐처원 주를 넘어 프린스에드워드아일랜드의 NFU 소속 여성들에게까지 확대되었다. 중앙아메리카, 카리브 지역, 필리핀 등지의 비아캄페시나 대표단들은 NFU 전국사무소에서 첫 회동을 가졌고, 지역 회원들을 만나기 위해 캐나다의 여러 주를 함께 여행하였다.

    IPC를 통해서 NFU가 국제 업무의 모든 측면에 관한 완벽한 의사결정통제권을 확보했다는 점이 가장 중요한 성과이다. 10여 년 전 소작농민의 리더들을 포함한 세계 각지에서 캐나다를 방문하는 사람들의 방문목적, 목표, 일정은 기본적으로 국제적인 농업발전프로그램들을 갖춘 NGO들에 의해 결정되었던 것과 비교하면 매우 중요한 변화이다. NGO가 관리하는 여정에 때때로 NFU 대표자들과의 회의가 포함되기도 했지만, 이러한 이벤트는 다른 상황과 현실에 관한 NFU의 (낮은) 리더십을 노출시켰을 뿐 아니라 그런 회의 자체는 일정 정도 동떨어지고 갑작스런 행사로 남았다. 게다가 그 활동들은 농촌 캐나다에서의 사회적 변화를 추구하는 NFU의 의제로 적합한 것이라기보다는, NGO들의 기금 마련이나 정당성 획득을 목적으로 설계된 것이었다. NFU에게 국제적인 업무는 사회 변화를 위한 장기적인 차원에서 필수적인 부분이었다. 하지만 이러한 국제적인 업무는 지역 현실에 부합하고, 국제적인 논의들이 구체적인 방식을 통해 지역단위로 회귀되었을 때만이 의미있는 것이었다. 결과적으로 NFU는 그 자신의 언어와 훨씬 더 적절하게 자신들의 요구에 부합하는 방식으로 국제적인 프로그램을 설립하려고 하였다. (흥미롭게도 멕시코의 UNORCA는 이와 유사한 과정을 경험하였다. 페드로 마가나는 국제적인 이슈나 다른 나라의 농민조직에 대한 UNORCA의 초기 활동 또한 NGO들에 의해 중재되었다고 말한다. 하지만 NAFTA와의 논쟁 동안 UNORCA는 NGO들을 통한 작업 순환 방식을 깨뜨리고, 곳곳의 소작농조직과의 직접적인 의사소통 라인을 효과적으로 구축하려고 노력하였다.)

NFU는 IPC를 통해 캐나다 곳곳에 있는 다양한 지역으로 업무들을 확장함으로써, 실천의 수준을 상당할 정도로 증가시켰다. 16개월 동안 (1996~1997), NFU의 활동에는 다음과 같은 것들이 포함된다.

- UNORCA가 주최한 멕시코워킹투어에 참여한 네 명의 대표가 NFU와 UNORCA에서 각각 조직된 멕시코 농민들과 함께 대안 무역 수립을 위한 NFU-UNORCA 공동 프로젝트를 이끌었다.
- '벨리즈 농업생산자조직'의 대표가 NFU 회의에서 강연을 하고, 세 명의 NFU 회원들은 벨리즈 농업생산자조직이 조직한 경험나누기 프로그램에 참여하였다.
- 두 명의 NFU 대표자는 필리핀으로 가서 dKMP의 회원들과 만남을 가졌고, 1997년 11월 밴쿠버에서 개최될 민중정상회의the People's Summit와 또 다른 '아시아-태평양 경제 협력포럼'을 위한 일정을 수립하였다.
- NFU는 쿠바전국소농연합Cuban Asociacion Nacional de Agricultores Pequeños에서 온 두 명의 대표단을 접견하였는데, 그전에 이 대표단은 캐나다의 세 지역에서 NFU 대표자들과도 접견을 가졌던 사람들이다. (NFU International Program Committee, 1997)

NFU의 노력은 지방과 세계의 투쟁에 있어 획기적이고 참여적이며 타당한 것으로 여겨졌다. 1995년 NFU 서스캐처원 여성위원회는 서스캐처원 주 국제협력위원회로부터 세계시민상Global Citizen Award을 받았다. 3년 후에는 캐나다 국제협력의원회로부터 NFU는 비아캄페시나와 지역 농민과 함께 한 노력을 인정 받아 국제협력상the International Co-operation Award을 수여하였다.

비아캄페시나 조직들과 업무를 진행하면 할수록, 캐나다에서 NFU의 입장은 급진적으로 되어갔다. 위베는 캐나다의 NFU가 때로는 "주변부로 밀려가는" 것처럼 보이지만, 자신은 국제적인 무대에서 캐나다의 조직들이 "얼마나 보수적인가를 끊임없이 상기한다"라고 말한다. 위베는 그러한 무대에서 "나는 끊임없이 배운다"고 말한다.

비아캄페시나의 조직들은 분석적인 측면에서 NFU보다 더 급진적이다. (…) 전세계 소농운동들은 한결같이 WTO는 소농에 적대적인 의제이며, 우리는 WTO로부터 농업의 권리를 빼앗아오기를 원한다고 말한다. 비아캄페시나는 WTO를 향한 우리의 비판적인 관점을 취하는 것이 여기서 NFU를 강화할 것이라 말한다. 나는 NFU가 이전부터 스스로 그러한 입장을 용기 있게 취해왔다고 생각하지는 않는다. 우리는 방을 뛰쳐나가면 비웃음을 당할 것이라 생각했더랬다. 이것이 이곳 캐나다에서 예상하지 못한 주변부적인 위치를 가지게 된 이유이다.

비아캄페시나는 "수많은 농가들의 지지를 등에 업고" 농업이 WTO의 요구에서 벗어날 것을 주장하였다. 위베에 따르면, "이러한 실천은 비아캄페시나에 더 많은 신뢰성을 주었으며, 우리도 좀 더 급진적인 분석과 함께 지역에서도 같은 것을 요구할 수 있다는 자신감을 갖게 되었다".

비아캄페시나는 또한 GMO에 관한 NFU의 입장에 급진적인 영향을 끼쳤다. NFU는 캐나다에서의 식물 육종가의 권리 도입에 반대하여 15년 이상 싸웠고, 그 결과 더 이상 논의를 재개할 기력을 소진시켰다. 하지만 NFU는 TRIPs 논쟁의 결과로서 국제적인 단위에서 격화된 지적 재산권과 유전자조작식품에 대한 투쟁과 관련하여 자신들의 입장을 정련해야만 했다. 비아캄페시나의 지역 담당자로서 NFU가 스스로 그 사안에 대한 입장을 확고하게 정립하지 않는다면, 유전자조작식품의 생산, 판매, 유통에서의 완전한 중단을 요구하는 비아캄페시나에 대한 지지와 정당성 획득이 점점 더 어려워질 것을 알게 되었다. 위베는 인도의 KRRS나 프랑스농민연합처럼 이식유전자가 주입된 종자의 유입에 대한 초국가적인 저항에 직접적인 행동으로 참여하는 일부 비아캄페시나의 조직들의 존재를 언급한다. 즉, 이들 조직의 활동이 NFU로 하여금 캐나다의 몬산토에 대해 더 비판적이고, 유전자조작 씨앗 사용에 대한 보다 확고한 입장을 정립하도록 자극이 된 것이다.

유전자조작기술에 대한 NFU의 방침을 정립하는 것은 쉽지 않았다. 한편에서 몇몇 NFU 회원들은 농업과 음식에서의 유전자조작기술의 사용을 전적으로 반대하고 있었다. 다른 한편에는 NFU의 부의장인 테리 보엠을 비롯한 몇몇 NFU 회원들은 그 기술을 도입하여 궁극적인 자신들의 생산 시스템을 변경하자고 주장했다. 비아캄페시나에서의 조직 개입을 인정한 NFU의 여성위원회는 1996년 농업과 생명공학 부분에 대한 방침 정립을 위한 토론을 요청하였다(Roppel, 1996). 여러 사정으로 논쟁은 지연되었지만, 2000년 11월 마침내 NFU는 여타 여러 가지의 요구들 중에서 유전자조작식품에 대한 다음과 같은 방침을 발표한다. "인류의 건강, 환경에 대한 영향, 기술의 소유권, 농민의 수익성에 관한 의문에 이르기까지 유전자조작식품의 생산, 수입, 유통, 판매에 관한 모라토리엄은 대다수의 캐나다사람들의 요구에 부응하는 것이다. '터미네이터기술' [terminator: 몬산토와 미국농무부가 공동으로 개발한 유전자조작기술로, 종자거세 또는 종자불임기술로 불림. 첫해에 종자를 수확하여 다음해에 뿌리면 싹이 나지 않도록 유전자를 조작하는 것 — 옮긴이], '트레이터기술' [traitor: 터미네이터기술의 변종으로 특정 화학물질(예컨대 자사의 농약이나 비료)을 촉매제로 사용해야만 종자가 성장할 수 있도록 하는 유전자조작기술 — 옮긴이], 유전자사용통제기술 [Genetic use restriction technology, GURTs: 유전자의 발현을 통제하는 기술을 통칭한다. 변종수준variety level에서 통제하는 기술인 V-GURTs(터미네이터기술이 대표적)와 특성trait 발현을 통제하는 기술인 T-GRUTs(트레이터기술이 대표적)로 구분된다 — 옮긴이], WTO의 TRIPs는 농민권리의 보호나 종자를 거래하고 재사용하는 것을 제한한다. 따라서 그것들은 수용불가능하다."

다양성을 관리하는 UNORCA

앞서서 나는 신자유주의 환경에서 NFU가 조직운영을 하며 직면한 어려움들을 멕시코 UNORCA의 지도자들도 동일하게 겪었다고 설명하였다. 시장친화적인 토지개혁프로그램을 도입하려는 반反개혁이 진행되던 와중에, 수많은 개발도상국의 소작농조직들은 1970~80년대 도입된 심각하게 왜곡된 농업개혁에 대응하는 투쟁에서 자신들이 때때로 방어적인 방식을 취하고 있음을 발견했다. UNORCA의 상임 간사인 루이스 메네세스의 말을 들어보자.

> 농촌의 풍경은 본질적으로 변화해왔다. 그럼에도 우리는 과거와 같은 방향으로 조직되길 원한다. (…) 변화는 너무나 빠르고 광범위하게 일어나고 있어서 농민조직들은 변화의 강도나 속도의 영향력을 통제할 능력을 상실하였다. 이것이 멕시코 소작농운동 위기의 뒤편에 놓여 있다. 우리 모두는 자유시장과 초국적기업의 급습embate(폭력, 공격, 파고)에 대해 수동적인 대처에 머물러 있었다.

신자유주의적인 세계화는 멕시코 농촌을 빠르고 극적으로 변화시켰기에, UNORCA가 조직화해온 방식을 재고해 볼 필요가 있겠다.[3] 한때 공동체 수준에서 UNORCA의 주요 조직사업 단위였던 에히도ejido는 이미 몇몇 주에서 해체되고 있다. 1980년대 동안 UNORCA는 결사체나 협동조합을 구성함으로써, 생산과 마케팅의 다양한 측면에 대한 통제력 확보에 주력하였다. 〔하지만〕 경제자유화로 인해 이러한 작은 단위들은 경쟁력에서 밀렸고, 대부분 도산하였다.

정책의 급속한 변화가 농민조직들의 전략에서 똑같이 빠른 변화를 이끌었던 것은 아니다. 어느 조직들은 그들의 목표를 잃어버렸던 반면에, 다른 조직들은 조직의 추진 방향을 찾기 위해 부심하였다. UNORCA의 알베르토 고메즈는 가족의 사회적 해체의 결과로 인해 농촌에서의 조직화가 점점 더 어려워졌다고 말한다.

> 전반적인 농업과 경제의 재구조화로 인해 많은 지역에서 해체된 것은 에히도만이 아니다. 사회의 가장 친밀한 기초단위인 가족의 붕괴 또한 이끌었다. 이것이 해체의 주요 과정이었고, 우리에게는 활기 없는 농촌, 마비된 농촌, 사람들이 떠나버린 농촌만이 남겨졌다.

고메즈는 이러한 상황에서 UNORCA가 조직을 강화하는 일에 집중했다고 말한다. 현재에도 지방과 지역단위에서의 새로운 리더와 리더십 축적 능력을 형성하는 데 더 많은 자원이 투입된다. 이로 인해 공동체에 기반을 둔 단체들은 지방을 단위로 대안을 개발하는 작업에서 훨씬 더 많은 자원을 갖추게 되었다. ANEC의 수아레즈에 따르면, 일부에서는 UNORCA가 전국적인 동원사업이나 캠페인을 하지 않는 점, 미디어에도 더 이상 노출되지 않는 점, 특히 과거와 같은 가시적이고 적극적인 행동을 하지 않는 점을 비판했다고 지적했다. 하지만 고메즈는 UNORCA의 생존력이자 존재 이유는 오로지 지방과 지역조직을 연결하고, 국가적 단위에서 그들의 이익을 대표하는 데 달려 있다고 주장한다. 게레로 주 사회연대협회의 코디네이터 중 한 명인 로젤리오 알퀴시리아스 보르고스는 이렇게 말한다.

UNORCA는 우리에게 다양한 방식으로 우리에게 기여한다. 이들은 정보와 교육 기회를 제공하고, 전국에 걸쳐 다양한 경험들을 배울 수 있고, 우리에게 전국단위 대표권을 주기도 한다. 지역조직들은 피와 살처럼 연결되어 있다. 지역의 조직이 없다면, UNORCA는 아무 의미도 가질 수 없을 것이다. 모든 경험과 프로젝트들은 지역단위에서 이루어진다. 대안적인 지역발전에 대한 구체적인 표현은 지방과 지역단위에서 나타난다.

조직의 강화와 리더십 능력의 발전과 함께, UNORCA와 유관 단체들은 사람들을 땅 위에 정주시키고, 농촌공동체의 복지를 증진시키기 위해 다양하고 다면적인 전략들을 사용했다. 그 전략들은 지역이나 조직마다 달랐다. 전국사무소의 에르네스토 드 게바라 라드론의 설명에 따르면, 치아파스의 UNORCA 조직은 토지개혁운동과 토착민의 자치, 천연자원의 관리, 인권문제를 주로 다루고 있다. 미쵸아칸 지역의 UNORCA 조직들은 과일을 미국에 수출하기 위한 상업조직을 만들었다. 이 과정에서 조직은 비전, 지식, 경험을 얻었으며, 현재 지역공동체는 고용증대를 통한 지역경제 안정화도 이루었다. 퀸타나 루의 마야 지역 에히도 산림생산자조직 Organizacíon de Ejidos de Productores Forestales de la Zona Maya은 '밀빠 메호라다' milpa mejorada〔사전적인 정의에 따르면, 밀빠는 옥수수밭, 메호라다는 풍부화를 뜻한다. 구체적으로 경사진 옥수수밭에 높이가 상이한 작물들을 혼작하는 농사방식을 의미한다 — 옮긴이〕라는 개념을 장착한 산림농업 프로젝트를 전개하고 있다. 이곳에서 여성단체들은 예술품과 수공예품을 만들어 시장에 내놓는다. 그리고 이 단체는 생태관광의 실행가능성을 탐구하고 있다. 구에레로 지역의 UNORCA 조직은 공정무역 시장을 겨냥한 예술품과 수공예품, 유기농 커피를 제조한다. 마가냐의 설명에 따르면, 현재 중앙 UNORCA는 또 다른 소작농조직들과의 연대도 시도하고 있다. 이러한 활동의 의의는 우파성향의 농업조직들이 보다 형평성 있는 농업 프로그램을 강조하도록 '우노카화化' unorquizar ─ 그야말로 포스트모던 방식으로 자신들의 조직명을 동사화했다 ─ 를 시도하기 위해 전국농업조직의 플랫폼의 일원이 되었다는 점이다.

UNORCA는 세계화로 인해 멕시코 정부의 권력은 약화되고 있지만, 정부는 여전히 중요한 참고인의 역할을 지니고 있음을 충분히 인식하고 있다. 시날로아 지역의 UNORCA 지역코디네이터인 서반도 올리바리아 사아베드라의 말을 들어보자.

> 우리는 국가적 단위에서 해야 할 작업들을 버릴 수 없다. 우리에겐 우리 국가 정부가 가지고 있는 독특하고 배타적인 책임에 관한 농촌발전법the Law of Rural Development과 여타의 정책들을 둘러싼 많은 이슈들이 있기 때문에 이곳 멕시코에서 내부의 투쟁을 계속해서 할 필요가 있다. 그렇다. 어떤 이슈들은 국제조직의 결정을 그대로 따라한 것들이다. 하지만 우리는 지속적으로 정부에 압력을 가해서, 국제기구들이 개별국가의 관점에서 사안을 바라보게 만들어야 한다. 국가 수준의 활동을 멈춘다는 것은…… 상상할 수 없다. 우리는 시애틀에서의 WTO 회담에서 그랬던 것처럼 국제적 단위의 조직이 될 필요가 있지만, 동시에 국가적인 것을 버릴 수 없다. 우리는 모든 곳에서 행동해야 한다!

UNORCA의 대표들은 1997년 마침내 멕시코에서 민주적인 공간이 펼쳐짐에 따라 지방과 주, 연방의 의석을 얻기 위하여 각각의 정당들에 입후보함으로써 선거 과정에 진입하였다. 2000년 1월에서 4월 사이 다섯 명의 전국 UNORCA 대표자들은 멕시코 의회와 주 의회에 선출된다. 소노라 주에서 UNORCA의 대표자들은 네 개의 지방자치 단체장 자리를 차지하게 되는데, 한 명은 연방 의원, 세 명은 주 의원이었다(Molina, 2000: 8). 마가냐가 설명한 것처럼 이러한 전략은 농촌의 이슈와 농촌 유권자, 농촌의 이익이 정치적 의제로 설정되는 것을 보장하고, 주와 소농조직 사이에 새로운 관계를 정립하는 것을 목적으로 하였다. 그 결과 소농조직들은 농촌공동체를 위해 이용 가능한 자원들을 분배하는 데 있어 더 많은 접근성과 통제력을 얻게 되었다.

UNORCA의 회원들은 선거의 정치 게임에 새롭게 진입한 것에 관심을 가졌고, 사회운동 조직에 대한 이러한 정치적 전략의 효과에 대해 주의 깊게 살펴볼 필요가 있음을 인지하고 있었다. 또 다른 관심사는 UNORCA가 진보적인 농촌정책의 실행에 미칠 수 있는 영향력을 어떻게 확대할 것인가에 관한 것이었다. 루이스 메네세스는 5인의 UNORCA 중앙 대표자 중 한 명으로 멕시코 의회에서 의석을 차지하였다. 메네세스는 현존하는 정당 내부에서의 경험을 통해 얻은 깨달음을 바탕으로, UNORCA의 대표자들이 대안 정당의 설립을 구상하게 되었다고 말했다. 연방 의회의 의석을 차지한 마가냐는 다음과 같이 묻는다.

우리는 이것으로부터 무엇을 배워왔는가? 소작농조직과 우리가 성공적으로 권력을 획득한 지방정부 사이에는 어떤 관계가 있는가? 예를 들면 자치권과 같은 우리의 모든 원칙은 UNORCA의 대표자가 지방자치의 단체장이 되면서 어떻게 되었는가? 갑작스럽게 우리는 자치단체의 의회에서 활동하는 UNORCA의 주요한 리더가 되었다. 하지만 이것은 지방 조직의 리더십에 거대한 공백을 남겼다. 우리가 모든 공간들을 채울 수가 없기 때문이다. 정부로부터 조직에 이르기까지 어떤 종류의 관계(비판, 인정, 지지)가 성립되었는가? 당신은 소작농조직 입장에서 정부의 실천들을 어떤 방식으로 지지할 것인가? 또한 정부는 소작농조직들을 어떻게 지원하는가?

그래서 UNORCA는 요구되는 무수한 업무 수행과 더불어 투쟁도 지속하고 있다. UNORCA의 회원들은 수많은 상이한 전선에서 투쟁이 필요하다는 것을 느끼고 있다. 조직이 의사 결정을 집중화시키고, 효율성의 명분으로 다양성을 약화시키는 방향으로 전국적인 전략을 개선한다면, UNORCA의 업무는 분명히 더 수월하고 통제할 만한 것이 될지도 모른다. 하지만 그렇게 된다면, UNORCA는 더 이상 UNORCA의 회원들의 다양한 이해들을 진정으로 대표하지 못하게 되고, 본질적이며 필연적으로 스스로를 약화시키게 될 것이다.

UNORCA는 2,700개로 추정되는 조직 — 에히도 조합, 생산협동조합 혹은 생산결사체, 농촌협회 등이 포함된다 — 과 총 사십만 명의 유관 단체의 회원들을 아우르고 있다(Molina, 2000: 3). 그러한 다양성 가운데 연합체를 만들고 유지하는 데서 얻은 15년의 경험은 비아캄페시나에게 소중한 선물이 되고 있다.

국내 갈등의 영향

다른 조직들은 국가적인 수준에서 다양성을 유지하는 데 그다지 성공하지 못했다. 조직들이 국내의 분규에 대한 영향력을 확보하기 위하여 국제적인 무대를 이용하려 하자, 국가적인 수준에서 일어나는 갈등과 분열이 비아캄페시나의 생사에도 영향을 미쳤다. 갈등의 시초는 1993년 말, 필리핀농민운동KMP 내부에서의 갈등이었다.[4] 무엇보다 분열은 비아캄페시나에서의 필리핀 대표에 대한 논쟁을 부상시켰고, 이는 특히, 아시아 지역코디네이터로 KMP를 선정한 1993년 몽스 회의 선거에서 나타났다.

4개월 후에 비아캄페시나의 창립 회원이었던 KMP의 다수의 지도자들이 민주필리핀농민운동dKMP을 새로 구성하였다. KMP에 남은 리더들은 그 후에 필리핀 농민운동에서의 대표단체로서 dKMP의 정당성에 이의를 제기하면서 비아캄페시나에 접근하였다(KMP, 1994). 양측의 견해를 들은 후에 비아캄페시나의 대표들은 다음 국제회의에서 선거를 치를 때까지, dKMP가 계속해서 ICC에 참여해야 한다는 것으로 문제를 해결하였다. 덧붙여 ICC는 다음과 같이 밝혔다.

국가적인 이슈와 갈등에 비아캄페시나를 끌어들이는 것이 허용되지 않도록 크게 주의해야 한다. 마찬가지로 비아캄페시나도 국가의 국내 문제에 '개입'해서도 안 된다. 비아캄페시나는 많은 조직들이 참여할 수 있도록 비아캄페시나가 개방된 공간이길 원한다. 필리핀 농민운동 진영 내의 갈등은 오로지 필리핀 사람들에 의해서 해결되어야 한다. 비아캄페시나는 필리핀 사람들이 비아캄페시나의 활동과 관련되는 한에서만 필리핀 문제를 논의해야만 한다.

그럼에도 불구하고, dKMP와 KMP는 화해하지 못하였고, 실제로 공동 업무 또한 진행하지 못했다. 이 갈등으로 인해 비아캄페시나의 2차 국제회의와 NGO평행포럼의 준비도 큰 차질을 빚었고, 결국 양 대회 모두 연기되었을 뿐 아니라 대회장도 필리핀에서 멕시코로 변경되었다. 지속되는 갈등으로 양 조직 모두 지역코디네이터로 선출되지 못하는 결과를 낳았고, 대신 태국의 빈농회Assembly of the Rural Poor가 아시아 지역 책임자로 지명되었다.

비아캄페시나의 또 다른 근심사는 KRRS의 내부 갈등이었다. 남아시아의 지역코디네이터인 KRRS는 2000년 10월, 비아캄페시나의 3차 국제회의 개최 일정을 계획하였다. 2차 국제회의가 진행된 해에 비아캄페시나의 대표들은 KRRS에서 제명된 몇몇 전前회원들로부터 몇 통의 전언을 받았다. 이 편지들은 특히 KRRS의 의장인 난준다스와미의 신임을 국제무대에서 무너뜨리려는 것이었다. 필리핀 사건의 경험에 기초하여 비아캄페시나는 비아캄페시나의 사안이 아니거나 명확하게 KRRS의 내부 사안이라고 판단되는 문제들은 대체로 상관하지 않았다.

하지만, KRRS의 내부 갈등은 결국 비아캄페시나에게도 영향을 미쳤다. 반다나 시바가 당시 부의장으로 있던 '세계화에 관한 국제포럼' International Forum on Globalization이 KRRS의 분열에 대한 반대 입장을 밝히며, 비아캄페시나의 국제회의 개최를 단지 며칠 앞둔 상태에서, 더군다나 같은 장소에서, 국제종자재판소International Seed Tribunal와 농민행진을 조직하기로 결정했다. 국제종자재판소는 농업에서의 생명공학의 폭 넓은 도입을 촉진하기 위한 국제적인 이벤트인 '2000 종자 포럼' the Seed 2000 Forum에 대항하기 위해 조직되었다. 전세계 농민이 처한 곤경에 대해 깊은 관심을 보이던 진보적인 NGO가 유전자원의 보호와 증진 및 다국적기업들의 위협에 대응하려는 집회를 계획하면서, 정작 비아캄페시나와 충분한 공동 주최의 노력을 하지 않았던 것은 매우 이상한 일이었다. 놀랍지는 않지만 흥미롭게도, '세계화에 관한 국제포럼'은 프랑스농민연합, 미국의 전국가족농연합NFFC, 캐나다 NFU의 대표자들을 각 국가별 대표자로 초청했지만, 이 행사에 관한 언론의 보도는 분명히 그들을 비아캄페시나의 대표들이라 언급하였고(The New Indian Express, 2000: 4), 결과적으로 하나의 조직인 비아캄페시나가 포럼과 반체제 단체 둘 모두를 지원한다는 인상을 심어주었다.

KRRS의 내부 갈등은 두 명의 유명한 인도활동가들 간의 차이가 가시화됨에 따라, 비아캄페시나 내부의 긴장으로 이어졌다. 난준다스와미는 비아캄페시나에 국제종자재판소 행사를 보이콧할 것을 주장하였다. 이에 재판소에 초청된 사람들은 비아캄페시나 국제회의 장소에 도착하기까지 자신들이 아무런 물적 지원을 받지 못했다고 밝혔다. 하지만

NFFC와 같은 일부 비아캄페시나 조직들은 이미 '세계화에 관한 국제 포럼'과 함께 일하면서 좋은 관계를 수립해왔다. NFFC의 대표인 도나 호프는 종자재판소에서 몬산토로 인해 미국 농민들이 겪은 부정적 경험을 발표하는 것이, 유전자조작 종자 도입에 대항하는 인도의 저항을 격려할 수 있는 방법으로써 유효할 것이라고 비아캄페시나에 입장을 밝혔다. 나아가 NFFC 회원들은 자신들이 잘 모르는 주제에 대해 어느 누구의 편을 들어야 한다고 강압받기를 원하지 않았으며, 국제적으로 저명한 인도의 활동가들 간의 갈등은 단지 개인적인 갈등일 뿐이라며 거리를 두었다. '세계화에 관한 국제포럼'에 해명을 요구했던(그 어떤 적절한 답변도 얻지 못했다), NFU의 네티 위베는 결국 국제종자재판소에 참석하지 않기로 결정했다. 소농조직들이 그저 점수쌓기 용도로 이용되었다는 것이 드러난 후, 위베는 난준다스와미에게 편지를 써서 많은 이들의 좌절감을 전달하였다.

나는 인도 내부의 분란을 국제무대로 올려놓으려는 어떤 계획도 지지할 수 없다. 이는 우리가 구축할 수 있다고 약속한 진보적인 운동가들의 국제적인 네트워크의 효용성에 잠재적으로 피해를 끼치는 일이다. 진심으로 이 문제가 외부의 간섭이나 악화됨 없이 인도에 있는 귀하의 조직 내부에서 해결될 수 있기를 바란다. (Wiebe, 2000: 1)

국가 수준에서의 긴장과 책임감

게이트키핑와 병목현상이 국가적 수준에서도 역시 존재한다. 페드로 마가나는 비아캄페시나가 성장하기를 원한다면, 국가 수준 조직하고만 일하지 말고 오히려 주 단위 조직체들과의 관계를 발전시켜야 한다고 주장한다.

> 조직 내에는 권력과 기회가 집중되는 경향이 존재하고, 이는 궁극적으로 몇몇 개인들을 없어서는 안 될 존재로 만든다. 당신이 진정 국제적 관계를 사회화시키는 일은, 궁극적으로 국가단위 조직의 강화를 돕는 일이다. 국제적 경험을 갖춘 사람들이 많아질수록, 다른 비전과 다른 관점으로 장착된 사람들도 많아질 것이고, 결과적으로 내부 토론이 더욱 확장될 수 있을 것이다.

비아캄페시나는 국제적 행사에서 비아캄페시나를 대표하는 국제회의, 대표단, 혹은 실천 활동에 참여할 기회를 얻는 사람들을 넘어서 운동을 '사회화'하는 것이 매우 중요하다는 것을 잘 알고 있다. 일부 비아캄페시나 조직체들은 비아캄페시나를 국가적 수준에서부터 지역단위까지 사회화시키기 위한 노력을 부단히 진행하였으나, 대부분의 조직들은 이를 실천하지 못하고 있다. 비아캄페시나가 궁극적으로 지역 수준에서 의미를 갖게 되는 것은 민주적 의사결정 구조의 존재와 국내 중앙조직의 참여 구조에 의존한다. 비아캄페시나의 목적이 그에 속한 조직의 강화를 돕는 것이라고 할 때, 전반적인 운동은 국가적 수준을 우회한 채 지역 차원으로 직접 갈 수 없다는 것은 분명하다. 이러한 작업은 국가단위 조직들이 직접 책임져야 한다.

때때로 자신들의 지역에서, 가까이에 있는 조직체보다 보다 멀리 떨어진 조직과 활동하는 것이 더 용이할 때가 있다. 국가 수준에서 비아캄페시나가 직면한 어려움들을 멕시코의 사례가 단적으로 잘 보여준다. 틀락스칼라에서 열린 2차 비아캄페시나 국제회의의 결과, 다섯 개의 멕시코 단체가 비아캄페시나에 가입하였다.[5] 역사적으로 이 조직들은 다양한 이슈들에 다양한 집중도로 함께 작업해왔다. 하지만 1990년대 말, 이 조직들 중 하나인 UNORCA는 다른 조직들과의 강력한 연대 유지를 희생시키면서 내적 역량 강화에 훨씬 집중하는 방향으로 전환하였다. 물론 이 조직의 전략은 멕시코 조직들을 조율하는 비아캄페시나의 코디네이터로서의 능력도 변화시켰다. 즉, 의사소통, 상담, 공동행동 등이 약화되었다. ANEC의 수아레즈는 설명에 따르면,

> 국가적 수준에서 비아캄페시나 조직들이 더 이상 공동작업을 할 수 없다는 것은 확실히 문제이다. 유사한 조직과 아젠다를 이론적으로 공유할지라도 우리는 함께 일하고자 하는 관점을 지니지 못하고 있다. 우리는 전혀 함께 일하지 못했다. — 멕시코 프로젝트만이 아니다. (…) 멕시코에서 비아캄페시나에 속한 단체들은 대화, 관계, 협력이 없다. UNORCA가 연대담당이었다면, 비아캄페시나 회의가 있다거나 특정 입장에 대한 토론이 필요하다면 UNORCA가 우리에게 전화를 했어야 했지만, 결코 그렇지

않았다. (CUSO의 지원으로 UNORCA 사무실에서 스탭으로 활동했던) 그 캐나다인이 멕시코에 머무는 동안에는 한 번 정도 연계가 형성되었지만, 이때의 연락은 지역코디네이터인 NFU나 사무총장을 대신하여 수행한 외부와의 연계였다. (…) 그 연계는 멕시코 내부 사안도 아니었고 멕시코 조직에 의해 수립된 것도 아니었다.

문제의 원인은 〔물적·인적〕 자원 부족에서 기인하였다. 북아메리카의 지역코디네이터인 NFU는 전체 대륙과 멕시코에서 실질적인 조정 작업을 할 수 있는 충분한 자원을 가지고 있지 않았다. 결과적으로 NFU는 UNORCA가 멕시코 내 조직들 간의 대화와 조정을 처리할 수 있을 것이라고 기대하면서 스탭의 지위를 보장해주는 방식으로 UNORCA와 공동 사업에 성공하였다. 〔하지만〕 이러한 활동은 멕시코 내 조직들 간의 긴장과 갈등 가능성을 고려하지 않았다. 외부자인 NFU는 역사적 경험의 결과, 멕시코 농민투쟁의 지위 변화, 정치적 전략의 차이, 외부적 중재, 개인적 갈등 등에 대한 이해와 긴장을 조정할 수 있는 방법을 지니고 있지 않았다. 이러한 원인들로 인해 이 기간 동안 ANEC와 UNORCA 사이의 긴장이 오히려 고조되었다.

페드로 마가나에 따르면, 멕시코 내 조정이 어려움을 겪은 데에는 UNORCA가 '비공식' 멕시코 코디네이터로서 명백했던 기대감, 의무, 역할에 대한 책임감을 인식하지 못했던 점도 한 원인이 되었다. 이러한 문제들은 제3차 국제회의에서 UNORCA가 지역코디네이터로 공식 선출된 후 상당히 변화되었다. 그 이후 멕시코 조직들 간의 조정과 대화는 개선되었다.

멕시코의 경험은 국제적 운동의 기능에 대한 주요한 몇 가지 문제를 지적한다. 우선, 비아캄페시나의 기본적 목적 중의 하나가 국제적 운동을 통합하는 것이라면, 지역 혹은 국가적 수준에서의 연대, 조정, 협력의 부족을 어떻게 이해해야 하는가? 수아레즈는 다음과 같이 밝힌다.

이는 비아캄페시나의 원칙에 대한 문제제기이다. 현실에서 실제 문제는 멕시코 조직에게 달려 있다. 가장 좋은 시나리오는, 언젠가는 멕시코 내에 비아캄페시나와 같은 조직, 즉 멕시코의 특징을 표현할 수 있는 국가적 집중과 행동의 과정을 만드는 것이다. 여기에서 교류와 연대의 전략들이 나오고, 비아캄페시나가 대응하고 있는 동일한 사안에 대한 입장과 실천을 조정할 수 있는 공간들도 구성할 수 있을 것이다. 또한 각각의 조직들의 정체성, 자율성, 활동 공간, 리더십도 모두 존중될 수 있을 것이다.

비아캄페시나가 국가 수준 조직들에게 함께 일하라고 강요할 수 없다는 것은 분명하다. 하지만 국가 수준에서 긴장과 갈등이 폭발했을 때 비아캄페시나의 역할은 있어야 하지 않을까? 과거에 비아캄페시나는 국가별 사안에 개입하는 것을 피해왔다. 그러나 국가 수준에서의 갈등, 긴장, 차이는 필리핀의 dKMP와 KMP의 갈등의 사례에서 보듯, 비아캄페시나의 국제 활동에도 영향을 미친다. 조정과 의사소통의 부족은 적어도 단기적으로 멕시코에서 비아캄페시나의 활동에 제약이 되었다.

결국 멕시코 조직들은 공동 프로젝트를 수행하게 되었다. NAFTA

의 농업 조항으로 농촌에서 자유화가 심화됨에 따라, 5개의 멕시코 비아캄페시나 조직들은 El Campo no Aguanta Más(토지소유제한을 의미한다—옮긴이)라는 강고한 연대를 구성하여, 두 달 이상 활발한 활동을 펼쳤고 멕시코 정부와의 후속 협상을 이끌어냈다. 다양한 요인들이 이러한 연대 형성에 도움이 되었지만, 비아캄페시나와 CLOC에 참여하면서 얻었던 조직들의 국제화 경험도 도움이 되었다. UNORCA가 상이한 이해관계를 가진 회원들을 수년간 관리하면서 얻었던 경험도 연대 형성에 주요하게 기여했으며, UNORCA는 이를 바탕으로 El Campo no Aguanta Más 안에서 핵심 지도자가 될 수 있었다.

지역의 현실과 국제적 행동

비아캄페시나의 변혁 잠재력은 모든 수준—지역, 국가, 대륙, 국제—에서의 실천을 조직하는 방법에 달려 있다. 각각의 조직들은 국경 내에서 집합 행동에 참여하므로, 남성조직들의 실천과 세상의 절반인 여성조직들의 실천을 연계하는 방법에 관한 지식도 갖추어야 한다. 위베의 설명을 들어보자.

> 농민으로서 우리의 어려움은 우리가 살아가고 식량을 재배하는 장소에 우리가 묶여 있다는 것이다. 반면 기업의 세계는 지구적으로 이동이 가능하다. 이것이 우리가 직면한 큰 어려움이다. 이에 대응하기 위해 우리 자

신을 지구적으로 이동하도록 만들 수는 없다. 이건 불가능하다. 농장을 이 세계의 다른 곳으로 이동할 수도 없고, 그걸 원하지도 않는다. 우리의 방식은 세계 도처에서 우리처럼 자신의 장소에 문화적으로 뿌리내리고 붙박여서 농사짓는 사람들이 있음을 인식하는 것이다. 그리고 우리에게 필요한 것은 각자의 공동체와 각자의 조국을 가진 독특한 장소에 속한 사람들을 존중하고 연대의 다리를 건설하는 것이다. 이 다리는 다양한 사안에 대해 우리를 뭉치게 만들거나 지구적 수준에서 서로를 만나게 되는 바로 그러한 장소들이 될 것이다. (Arcellana, 1996: 10에서 재인용)

이러한 다리를 건설하기 위해서는 어디에 있건 상관없이 비아캄페시나의 모든 구성원들이 조직할 수 있는 주요 이슈들에 대한 인식이 요구된다.

8개 권역 내부와 권역 간의 수많은 토론의 결과, 비아캄페시나는 지역, 국가, 지구적 수준을 반영하는 8개의 핵심 주제에 활동을 집중시키기 시작했다. 각각은 다음과 같다. 식량주권, 농업개혁, 유전자원과 생물의 다양성, 인권, 성평등과 농촌개발, 지속가능한 소농모델 개발하기, (도농 간 및 국제적) 이주, 농업노동자의 인권(Via Campesina, 1998b, 2001b). 비아캄페시나는 이상의 이슈들이 모든 지역 혹은 모든 비아캄페시나 구성원들에게 보편적일 수는 없음을 알고 있다. 중요한 것은 모든 지역들이 전 세계 농민들을 위해 이러한 문제들의 중요성과 정당함을 인지하고, 이와 같은 주제에 대한 투쟁을 지원하는 데 자신들을 헌신하는 것이다.

역사적으로 소작농과 농민조직들은 지역공동체 지향적인 이슈를 국가적 이슈로 만드는 변화를 이루는 데 성공해왔다. 아마도 가장 주요한 이슈는 농업개혁일 것이다. 실제로, 현존하는 소작농이나 농민조직에 있어, 토지에 대한 접근권과 토지사용권의 안정성과 같은 이슈는 지역사회와 국가 수준에서 소작농 활동의 연료가 되어왔으며, 농촌지역에서 사회정의를 위한 호소를 이끌어낼 수 있었다. 이러한 이슈들은 여전히 중요하지만 농업 경제의 극적인 세계화라는 측면에서, 소작농조직들은 농업개혁과 각종자원들(종자, 신용, 기술, 시장, 물 등)에 대한 접근과 같은 공동체 수준의 이슈를 국가뿐 아니라 국제적 관심사로 만드는 것이 필요함을 또한 잘 알고 있다.

이러한 일들을 실천하는 방법 중 하나로 비아캄페시나는 국제인권단체인 식량정보행동네트워크FIAN와 함께 1999년 10월 12일에 농업개혁을 위한 지구적 캠페인을 펼쳤다. '식량, 토지 그리고 자유'라는 캠페인 깃발 아래, 아시아, 아메리카, 유럽에서 온 12개국의 농민들과 인권활동가들은 「경제·사회·문화적 권리에 대한 국제협약」ICESCR의 2조에서 식량을 인권의 선결조건으로 명문화하였듯이, 토지에 대한 권리와 토지사용권 보장을 요구하는 대중 집회, 토지점거 및 여타의 대중적 행사들에 참여하였다(Via Campesina, 1999a). '농업개혁을 위한 지구적 캠페인'은 다수의 상이한 전선들에서의 활동을 포괄한다. 농업개혁을 위해 국가 수준에서 투쟁하는 조직들에 대한 지원, 다양한 국가에서 벌어지는 토지 관련 투쟁들의 특성을 점검하기 위한 소작농조직들 간의 교류, 국가와 국제기구에 대한 로비활동, 토지 관련 충돌에서 발생할 수 있는 인권침해 사례에 대한 국제적 개입을 촉구하기 위한 비상 네트워크의 수립

등이 포함된다.

매해 개최되는 유엔인권위원회[6]에 배경 정보를 제공하기 위해, 비아캄페시나는 주요한 농민 권리 침해 유형들을 보고서 형식으로 출간하기 시작하였다. 일례로, 「농민 인권에 대한 폭력: 폭력의 사례와 유형에 관한 보고서 2006」에는 2005년 12월 홍콩에서 개최된 제6차 WTO 각료 회의 동안에 방글라데시, 인도네시아, 태국의 대표들이 홍콩 경찰에 의해 어떻게 취급되고, 억류당하고, 심문받았는지에 대해 논의하고 있다. 이 보고서는 매년 농민공동체가 토지와 천연자원, 생물다양성을 보호하기 위한 투쟁에서 경험하는 인권 침해에 대한 많은 증거자료들을 제공해주고 있다. 또한 국제적 헌장 혹은 농민 권리 선언을 보장하기 위한 비아캄페시나의 노력을 지원한다.

4월 17일 — 국제농민투쟁의 날

비아캄페시나의 업적과 성장 — 이는 공동체와 장소의 특수성에 뿌려진 씨앗들로부터 필연적인 수확물이다 — 은 필연적으로 복잡하게 균형 잡힌 행동의 결과이다. 국제적 조정과 집합적 행동의 필요성에 반대할 수 있는 개별 조직의 자율성도 인정되어야 한다.

초국적 조정의 장에서 일을 하자는 핵심적 추동력은 1996년 멕시코 틀락스칼라에서 열린 비아캄페시나의 제2차 국제회의의 전야에 만들어졌다. 국제회의 전날인 4월 17일 브라질의 파라 주 북단의 작은 마을 엘도라도 도 까라야스에서 대규모 시위 군중에 대한 경찰의 발포가 있었다. 그 결과 MST 회원이었던 19명의 소작농이 살해당했다. 멕시코 회의에 모였던 37개국 69개 농민조직의 비아캄페시나 대표자들은 즉각 대응하였다. 멕시코시티에서 브라질 대사관으로 행진하면서 비아캄페시나의 대표자들은 살인자에 대한 처벌과 가해자들을 재판에 세우는 것을 보장하는 철저한 조사 실행을 브라질 정부에 요구하였다. 비아캄페시나의 지도자들은 곧 브라질 대사를 만났고, 브라질 대통령과의 만남을 주선할 것에 동의하였다. 몇 달 후 비아캄페시나는 정부 관료와 브라질 대통령을 만나서 조사의 상황에 대해 토론할 대표자를 파견하였다.

사망한 19명의 브라질 농민들을 추모하기 위해 비아캄페시나는 4월 17일을 농민들에 대한 모든 형태의 억압에 반대하는 '국제농민투쟁의 날'로 선포하였다. '국제농민투쟁의 날'의 선포는 농촌에서 벌어지는 인권 착취를 강조하고 전세계 농민가족들의 요구에 대한 세계의 관심을 촉구하는 하나의 사건이었다. 그 후로 몇 년 동안 그날을 기념하는 다양한 행사들에 참여하는 조직의 수는 실질적으로 증가하였다. 예컨대, 2000년 4월 17일에 유럽, 중남미, 멕시코, 브라질, 태국, 인도에서 소작농과 농민들이 자국에서 진행된 대중 행사에 참여한 수는 수십만에 달한다.

그러나 초기에 4월 17일을 기리는 집합적 노력은 몇 가지 지점에서 제한된 채 남아 있었다. 각 지역별 활동이 격려되면서 어떤 집합적 행동에 나설지 선택의 자유가 있었으며, 비아캄페시나 운영사무국은 단순하게 상이한 행동들에 대해 보고하였다. 틀락스칼라 회의 이후, 비아캄페

엘도라도 도 까라야스의 학살

MST의 설명에 의하면, 1996년 4월 17일 브라질의 무장경찰들은 파라 주의 주도인 베렘으로 행진하는 1,500명의 사람들을 향해 발포하였다. 이들은 (꾸리오노폴리스 주의 영지 내에 있는) 파젠다 마카세리아 — 일부는 예정된 지역보다 650km나 떨어져 있었다 — 로 강제이주를 당한 4,000여 명의 토지점유에 대한 법적 해결을 요구하고 있었다. 행진 군중들이 교통을 혼잡하게 하지 않는지 확인한다는 구실로, 파라 주의 주지사는 2,000명의 무장군인들을 보냈다. 시위자들이 도로에서 나가라는 명령을 거부하자 경찰은 총을 쏘았으며, 그 결과 19명의 농민이 살해당했고 30명 이상이 부상당했다.

브라질 정부는 이러한 잔인하고 억압적인 행동을 한 가해자들을 재판에 세우는 것에 거의 관심을 보이지 않았다. 국내 수준에서 특유의 존재감과 행동력과 함께 강력한 국제적 연계망을 갖고 있었던 MST는 끈질기게 정의가 집행될 것을 요구하였다. 이러한 압력으로 브라질 당국은 단순히 문제를 무시할 수 없게 되었다. 1997년에 법적 절차가 시작되었으나, 당국의 의심스러운 행태와 결정으로 아무도 재판을 받지 않았다. MST는 이 사안을 유엔인권위원회에 검토를 요청했고, 2000년 2월 위원회는 브라질대법원장에게 법적 절차의 다양한 측면에서 받아들일 수 없음을 알려왔다. 또한 유엔인권위원회는 미국 정부기관에 이 사건의 검토를 권고하였다.

2002년 마침내 그 사건에 결부된 경찰 세 명 중 한 명이 판결을 받았다. 그러나 파라 주 주지사를 포함한 지방 관료들은 아무도 책임지지 않았다.

시나는 신자유주의 아젠다의 변화를 목적으로 하는 지구적 운동을 펼치기 위해 다른 운동세력들과 연합하자는 희망을 지속적으로 피력하였는데, 이러한 영역으로 확대해간 조짐을 보여준 조직은 거의 없었다. 여러 가지 측면에서 이 운동은 스스로를 위한 공간 — 소농들의 목소리만으로 채워지는 다소 유리된 특별한 공간 — 을 창조하고 규정하고 하는 것에 집중하는 자기 제한적이며 내부화된 국면에 머물렀다. 비아캄페시나는 좀 더 신뢰감 있고 성숙된 운동으로 변화된 이후에야 다른 분야와의 공동작업을 할 수 있는 수준에 도달할 수 있었다.

초국가적인 초점과 참가의 전환점은 2001년에 이루어졌다. 브라질의 포르투알레그레에서 개최된 세계사회포럼에서 조직위원회의 일원으로 활동하면서, 비아캄페시나는 다음의 세 가지 주제에 대한 워크숍을 주관하였다. 농민들의 씨앗을 지키기 위한 GMO 반대투쟁, WTO와 식량주권, 그리고 농민투쟁의 명료화. 세계사회포럼의 폐막에 이르러, 184개의 단체가 비아캄페시나의 국제투쟁의 날을 지지한다는 것을 천명하였다. 비아캄페시나는 4월 17일 행동에 소속단체를 넘어서 다른 단체들의 참가를 확대시켰다.

비아캄페시나는 4월 17일 행동에서 식량주권을 주요 이슈로 삼아 합심된 노력을 기울이는 것에 집중하였다. 이러한 생각은 저가 식량 (덤핑) 수입 및 유전자조작 및 종간 유전자 이식을 한 종자의 도입과 시행에 대항하는 통일된 캠페인으로 절정에 달했다. ICC는 비아캄페시나의 요구를 담은 간단한 리스트를 준비하였고, 모든 참가단체들에 자국 정부와 접근하여 정부가 식량주권의 원칙에 기초한 식량 및 농업 정책을 개발하도록 촉구하도록 격려하였다. 2001년 2월에 비아캄페시나는 4월 17일을 전세계 행동의 날로 활성화시키고 전략과 행동에 대한 토론을 촉진시키기 위해 'viacam17april@yahoogroups.com'이라는 웹사이트를 개설하였다. 이러한 e그룹은 비아캄페시나 조직들에게 4월 17일 실천을 위한 정보를 공유하기 위한 공간을 제공할 뿐 아니라, 이 운동이 획득하는 다양하고 폭넓은 지지를 증명해주었다.

브라질에서 일어난 이와 같은 폭넓은 지지는 우연이 아니었다. 확실히 MST의 영향력과 지도력은 지역의 노력에 의해 만들어졌다. 이 조직의 가장 성공적인 전략 중 하나가 브라질의 사회적 변화를 위해 전 영역에서 활동하는 것이었기 때문이다. 후앙 페드로 스테딜이 2000년 8월에 열린 제4차 MST 총회의 강연에서 언급한 것처럼, 사회적 변화는 정당이나 선도 조직에 의해 실행되는 것이 아니라 지역 수준에서의 단결된 힘과 조직화라는 고된 작업을 통해 실현될 수 있는 것이다. 스테딜는 주장을 들어보자.

> 그것은 지식인 집단에 의한 것이 아니라 수많은 활동가들이 주장하는, 모든 사람들의 단합된 힘으로 건설되는 기나긴 여정인 것이다. 실질적인 변화를 초래한 것은 MST도 단일 정당도 아니라 오히려 다수의 힘으로 조직화된 사람들이다. (…) 이러한 활동들에는 기본에 충실한 실천으로 돌아가는 것, 투쟁에 앞서 정치적 구성을 우선시할 것, 일상적인 실천을 위한 교육의 실시, 정치·사회·경제적 변화를 위해 기존의 힘들을 변혁하자는 목표로 대중에 대한 설득을 강화하는 것이 포함된다. (ALAI-Amlatina, 2000:

1-2에서 재인용)

비아캄페시나는 4월 17일에 즈음하여 좀 더 집중된 캠페인을 펼치고 동맹에 이르는 의지를 결집시키기 위해 2001년 이후로 보다 대중적인 활동을 조직하였다. 몇몇 사례에서 비아캄페시나 조직들은 대륙을 넘나들며 공동으로 활동하였다. 예컨대, 미국의 NFFC와 CPE는 유럽의 공동농업정책CPA과 미국의 반反농민 농장자유법American Freedom to Farm Bill을 비판하는 공동성명서를 발표하였고, 각각의 정부에 식량주권의 개념을 수용할 것을 촉구하였다. 캐나다의 NFU와 CLOC와 함께 퀘벡 시에서 농민포럼을 조직하여, 식량주권 증진에 관해 소작농과 농민지도자들의 목소리를 내도록 하였으며, 범아메리카자유무역협정FTAA(Free Trade Area of the Americas는 기존의 NAFTA를 쿠바를 제외한 아메리카 전역(중앙아메리카와 남아메리카)으로 확대하려는 계획이다. 2003년 11월 미국 마이애미에서 공식 제안되었으나, 남아메리카 대부분의 국가들과 아메리카 전역의 사회운동 단체들의 반대로 조인 예정년인 2005년까지 협상은 완료되지 않았다 — 옮긴이)에 대한 거부 의사도 표명하였다. 그러나 비아캄페시나의 조직들은 많은 경우에 있어 지역 및 국가 수준에서 다양한 집단 행동 — 시위, 시청각 활동, 워크숍, 그리고 농업 발전의 대안적인 제안을 위한 정책 입안자들과의 토론회까지 — 에 동원되었다. 프랑스농민연합과 연대조직은 50회 이상의 시위를 조직하였다. 여기에는 슈퍼마켓에 가서 GMO가 포함된 식품에 스티커를 붙이는 활동도 포함되었다.

2002년 4월 17일, 세계 전역의 농민들은 다수의 도시기반 NGO, 환경주의자들, 인권활동가들과 결합하여, 다시 한번 뉴스를 만들었다. 엄청난 인파가 거리에 나서고 토지점거에 참여했으며 강연장과 지자체 청사를 가득 채웠고 공청회와 기자회견을 조직하였다. 30개국 이상에서 비아캄페시나 조직들이 집단 행동에 참여하여 유전자조작기술의 시행에 대항한 지속적인 투쟁을 결의하였다. 네덜란드에서는, 인도네시아와 방글라데시에서 온 비아캄페시나 지도자들이 '저항은 생산력이 있다' Resistance is Fertile란 국제네트워크에서 온 네덜란드 농민 및 활동가와 함께 유전자조작 종자시험재배장을 지속가능한 생물종다양성 실험장으로 바꾸기 위한 활동을 전개하였다. 오스트리아에서는 정부가 생명기술과 식량에 관한 공청회를 열자, 그 자리에 참석한 농부들은 5년 전 유전자 기술을 반대하는 국민투표에 서명했던 120만 명의 사람들의 존재를 정치인들에게 상기시키기 위해 의원들에서 수선화(꽃말이 '나를 잊지 말아요'이다—옮긴이) 화분을 나눠주었다. 캐나다의 NFU와 미국의 NFFC는 몬산토의 유전자변형 밀의 도입을 금지시키기 위한 연대행동을 선언하였다. 2002년에는 멕시코에서의 유전자조작 옥수수 종자의 오염에 관한 뉴스로 자극을 받은 미국의 농부들과 활동가들이 일주일 동안 대륙 전역에서 GMO 반대 캠페인에 참석하였다.[7] 과테말라나 브라질 같은 나라에서는 종자에 대한 투쟁이 토지에 관한 투쟁으로 확산되었다. 2002년 4월 17일 해질 무렵 과테말라의 토착민 소농조직들이 5,076 헥타르에 달하는 14개의 핑까스fincas(과테말라의 대규모 사영지)를 점거하였다. 토지점거에는 1,250 가구 이상의 소작농들이 참여하였다. 브라질에서도 지속적인 토지점거를 지지하는 집회와 토지점거가 아홉 개 주에서 진행되었다.

2002년 4월 17일 행동에는, 농민지도자들에 대한 지속적인 탄압에 항의하는 것도 포함되어 있었다. 비아캄페시나는 그해 4월 17일 보도자료를 통해 생산자원에 관한 투쟁을 하다가 잡혀 들어간 필리핀, 콜롬비아, 브라질, 방글라데시, 인도네시아, 프랑스, 볼리비아의 농민지도자들의 명단을 발표하였다. 또한 브라질과 콜롬비아에서 발생한 농민가족에 대한 대학살의 가해자를 법정에 세울 것을 요구하였다. 두 달 후 비아캄페시나의 정의 요구는 다시 한번 재연되었다. 2002년 6월 8일 '세계식량정상회의: 5년 후'의 개막식 직전에, 다양한 시민사회조직에서 온 수천 명의 사람들이 '토지와 존엄성!' '모두를 위한 식량주권!'과 같은 현수막을 들고 로마의 거리를 행진하였으며, 소작농·농부·토착민·노동자들을 괴롭히는 인권 침해와 탄압을 비판하였다.

뿌리는 지역적으로, 활동은 국제적으로

비아캄페시나가 처음 결성되었을 때는 모든 자원들을 내부 강화에 집중하였다. 비아캄페시나는 스스로를 소통, 협의, 조정을 지향하는 참여적이고 포용적인 구조로 규정하였다. 참여 조직들, 대륙별 회의, 국제회의에서의 교류와 국제행사를 위한 비아캄페시나의 대표단을 조직화하는 과정은 다른 조직들의 현실에 대한 이해를 증진시키고 공동의 지반을 수립하는 데 중요했다. 그런 후에야 비아캄페시나는 세계 전역의 농가들이 직면한 공동의 문제들에 대한 입장을 자신있게 규정하고, 분석하고, 표현할 수 있었다.

비아캄페시나는 스스로 내부 강화를 달성한 후, 유사한 비전을 공유하고 있는 진보적인 사회운동세력, NGO, 연구기관들과의 연대를 위해 전략적으로 발돋움하기 시작하였다. 다른 기관들과의 연대는, '세계는 상품이 아니다 연합', '농업연구연대' the Alliance on Agricultural Research, 특허와 유전자원에 관한 워킹그룹, FAO가 주관한 '세계식량정상회의: 5년 후'를 위한 'NGO 국제계획위원회'와 같은 초국적 네트워크들에 대한 소작농과 농민들의 관점을 수립하는 데 결정적 역할을 수행하였다(Via Campesina, 2003a). 비아캄페시나와 시민사회조직들의 연대는 무역과 농업과 같은 특수한 주제에 더욱 집중하기 위한 '농업무역그룹' Agri-Trade Group과 같은 새로운 네트워크를 만들기도 했다. 또한 비아캄페시나는 FIAN과는 농업개혁을 위한 글로벌 캠페인을, '지구의 벗 인터내셔널' Friends of the Earth International과는 국제적 종자 캠페인을 공동으로 출범시켰다. 이에 따라 비아캄페시나는 지구적 사회정의운동과 훨씬 친밀하게 연계되고 그 안에서의 역할도 증대되었다.

비아캄페시나가 국제적 영역에 자신들을 확고하게 뿌리내린 결과, 운동은 모든 곳에서 일어나는 거대한 압력에 직면했다. 비아캄페시나는 그들의 참여로 인해 정당성을 얻을 것을 기대하는 국제 NGO와 국제기구의 관심을 받았다. 풍부한 자금을 갖춘 NGO의 대표와 이탈리아의 한 카페에서 커피를 마시는 단순한 행위도 파트너십으로 해석하였다. 기본적으로 거의 매주 비아캄페시나는 행사에 참여해 달라는 초대장을 받았고, 활동가 집단과 국제적 네트워크와 접촉했으며, 농업과 식량과 관련된 문제를 제기하는 NGO 대표자들과도 모임을 가졌다.

이러한 요구에 적절하게 대응하는 비아캄페시나의 능력은 가용한 인적 자원의 범위와 역량 및 국제적 공조에 대한 문제에 달려 있다. 대부분의 비아캄페시나 대표자들은 이미 자국에서도 전국단위 농민지도자로 인식되며, 그들 모두가 이미 여러 의제들로 스케줄이 가득 찬 상황에서, 국제회의를 위해 출국할 수 있는 상황은 상당히 제한적이다. 비아캄페시나의 지역코디네이터나 의제단위 워킹그룹의 구성원들이 국제행사에서 조직을 대표하기로 동의했더라도, 때때로 그들은 국내에서 활동에 대한 압력으로 인해 최후 순간에 참가를 취소하는 경우도 있었다. 물론 이것은 조직의 신뢰성과 효율을 위해 이 운동의 평판을 끌어올리는 것과는 상관이 없다. 비아캄페시나가 처음 결성될 때만큼의 큰 문제는 아닐지라도, 이처럼 공언된 약속을 이행하지 못하는 문제들로 인해 지역적으로 뿌리내린 국제운동의 역동성에 대한 더 나은 이해가 필요하다는 점이 강조되었다.

국제적 수준에서의 활동은 강화되었지만, 비아캄페시나는 내부 논쟁과 조직 강화를 위해 정말 더 필요로 하는 공간들을 희생해왔다. 수아레즈의 말을 들어보자.

> 알다시피, 비아캄페시나는 주요 활동방법으로 캠페인이나 동원 같은 것을 지향하였다. WTO 캠페인, 농업개혁 캠페인 등을 비롯한 이러저러한 캠페인들이 있다. 그러나 내부적 기능에 대한 반영도 없었고, 우리가 원하는 국내, 대륙, 국제적 수준에서의 활동 방식에 대한 토론도 없었다. 나

는 여기에서 엄격한 제도화나 통합적인 연대조직에 대해 언급하려는 것이 아니다. 비아캄페시나는 운동이라는 사실을 명백히 하고자 하는 것이다. 내적 건설을 위해 전략에 대한 문제를 제기하는 것이다.

이러한 질문들은 비아캄페시나 구성원들이 국제행사에 참가할 것을 요구받았을 때 제기되었다. 비아캄페시나 대표들은 강연자나 워크숍과 동원의 조직가로서의 많은 요구를 받는다. 하지만, 종종 조직은 그 사이에 대하여 강도 높은 내부 논쟁을 할 충분한 시간을 가지지 못했고, 내부적인 조직 메커니즘에 대한 토론에도 관심을 보이지 않았다.

비아캄페시나가 국제적 수준에서 더욱 더 두드러진 역할을 수행하게 되자, 내부에서부터 퇴행의 신호가 나타났다. 알베르토 고메즈는 내적 강화에 대한 관심의 결여로 인해 비아캄페시나 내부의 소통의 부족과 내부 논쟁을 위한 공간이 적었다는 것을 지적하였다. 페드로 마가나는 비아캄페시나의 회의조차도 구성원들 사이의 폭넓은 경험과 정보, 아이디어들에 대한 깊이 있는 교류에 도움이 되지 않았다고 비판하면서 다음과 같이 말을 이어갔다.

비아캄페시나는 리더십을 키우고 배울 수 있는 좋은 기회를 제공해주었다. 예를 들어 나는 선거정치에 관한 NFU의 경험에 대해 알고 싶었다. 나는 비아캄페시나에 우리의 입법 작업 — 멕시코에서 농촌개발을 위한 새로운 법안을 개발했던 활동 — 에 관한 보고서를 제공할 수 있다. 이 모든 것이 비아캄페시나의 프로세스에 도움이 된다. 이것은 또한 집합적 분석과 정책에 대한 토론의 결과이며, (하버드 같은 곳에 가지 않더라도) 정부의 정책이 다른 나라의 사람들에게 어떻게 영향을 미치는지를 알게 되고 이해할 수 있는 가능성을 지니고 있다. 새로운 법률을 개발해 본 우리의 경험은 비아캄페시나 내에서 우리가 얻은 경험의 산물이기도 하다. 하지만 비아캄페시나 내에는 우리가 멕시코에서 성취한 경험에 대한 실질적인 토론이나 진지한 관심이 부재했다. ICC에서 다루는 지역별 보고서는 그 무엇보다도 형식적으로 보였다. 보고서들은 실질적인 교류를 촉진하는 방식으로 구성되지 않았다.

나아가 난준다스와미가 지적하였듯이, 모든 정보가 보급된 것도 아니고, 협의 부족이 지속되는 상황에서 결과적으로 민주적이지 못한 의사결정이 내려질 때도 있었다. 항상 변화하는 맥락하에서 이러한 현상은 위험의 원천이 된다. 적은 수의 사람들에게 정보가 집중되고 의사결정이 이루어지게 됨에 따라, 비아캄페시나는 구성원들의 요구와 이해를 제대로 반영하지 못하는 위험에 처하게 되었다. 이러한 경향은 구성원들 사이에 거리감을 만들고 잠재적으로는 운동 내에서 갈등을 조성하는 지름길로 인식되어졌다.

정보 공유와 확대된 협의가 필요하고 헌신하겠다는 비아캄페시나의 약속은 운영사무국의 국제 조정의 역량이라는 특정수준에서 결정된다. 하지만 지구적인 것에서 지역적인 것을 분리하기엔 지도자들과 사무국 직원들의 경험에 어려움이 많았다. 예컨대 온두라스가 운영사무국을 담당했을 때, 비아캄페시나의 대표와 사무국 직원들은 긴밀하게 지역의 농장 내 정치학과 시간 소모적인 정당 정치에 연루되었다. 비아캄페시나의 기술 지원자인 도리스 헤르난데스는 말한다. 국제운동은 "가상의 공간의 안팎 그 어느 한쪽에만 있을 수도 있어서도 안 된다. 비아캄페시나는 지역이나 국가 수준 조직들 덕분에 존재할 수 있고 따라서, 우리의 작업은 여기 지역을 기반으로 이루어져야만 한다".[8] 하지만 지역의 조직화에 시간을 쓴다는 것은 국제적 공조에 집중하는 시간이 줄어든다는 것을 의미한다.

비아캄페시나는 세계적 구조를 가지고 있지만, 지역과 기반의 중요성을 정확하게 인식하고 있다. 비아캄페시나가 WTO, 유엔지속가능발전위원회, FAO 등에 접근하는 것과 마찬가지로 지역의 이슈와 현실에 깊게 뿌리내리고 지역의 투쟁들에 적극적으로 결합해야 할 것이다. 사실 농업조직의 국제화 업무는 그 조직들이 지역과 국가 수준에서 강력하고 공고할 때만이 가능하다. 국가나 대륙 수준과 결합하려 할 때, 기초는 운동의 핵심이자 추동력이 된다. 지역의 이슈와 지역의 행동주의 그 자체의 지구적 개입을 추동한다. 동일하게 지역과 국가 수준의 조직들이 비아캄페시나를 통해 얻은 경험들은 국가나 지역에서의 작업을 강화하는 데도 도움이 된다. 일부의 사례에서 보듯, 그러한 경험들은 보다 급진적인 입장을 적용하는 데 기여하였다.

따라서 진정으로 필요한 것은 섬세한 균형이다. 비아캄페시나를 대표하고 비아캄페시나가 책임져야 하는 것은 지역적 현실에 뿌리내리고 있어야 한다. 하지만 초국가적 운동으로서 비아캄페시나는 폭넓은 협의와 의사소통과 조정을 정기적으로 수행해야 한다. 이것이 비아캄페시나가 지속적으로 지역의 현실과 지역의 이해관계를 이해하고 지역의 특수성을 국제적 논쟁의 중심에 위치시킬 수 있게 하는 유일한 방법이다. 지역에 굳건하게 뿌리내리면서 동시에 국제무대에서 신뢰할 만한 존재가 될 수 있는 비아캄페시나의 능력이야말로 아마도 우리가 농민운동의 특성, 범위, 복잡성을 이해하는 데 있어 가장 중요한 공헌이라 할 수 있다.

06

협동, 공동작업 그리고 공동체

비아캄페시나는 다양한 장소와 문화적 배경을 지닌 소작농과 농민과 농업노동자 조직 및 토착 농업공동체들을 하나로 묶어내는 데 성공해왔지만, 그 길이 언제나 평탄했던 것은 아니다. 오지의 길들은 때때로 비포장상태였다.

회원들 간의 협력과 협동을 이끌어내기 위해 비아캄페시나는 지역과 국가와 국제적 수준을 넘나드는 다양한 전략들과 메커니즘들을 활용했다. 비아캄페시나에게 있어 젠더 불평등과 지역적 차이라는 문제에 대한 전략적 접근들은 균형을 만들기 위한 활동의 주요 부분이자 공동체 건설이라는 목표의 일부이다.

비아캄페시나와 성평등

여성농민은 농업생산과 농업공동체의 사회경제적 조직을 유지하는 데 주요한 역할을 수행한다. 그러나 여전히 여성농민이 정치경제적 권력에 접근하는 데 제한이 있다. 많은 경우 여성은 농업공동체의 안녕에 영향을 끼치는 문제에 관해 의사결정을 하는 지위 혹은 정책개발 참여에서 지속적으로 배제되고 있다.

비아캄페시나의 창립 과정이 양성 모두에게 평등했던 것은 아니었다. 「마나과 선언」에 서명한 8명의 대표와 몽스에서 개최된 제1회 국제회의에서 지역별 코디네이터로 선출된 사람은 모두 남성이었다. 실제로, 1992년의 「마나과 선언」에서는 여성 혹은 성평등에 관한 언급을 찾아볼 수 없으며, 이듬해의 「몽스 선언」에서는 단 한 차례 여성농민에 대하여 언급하였다. 여전히 몽스 회의에서는 참가자의 20퍼센트가 여성농민지도자들이었다는 사실이 곧 참여의 증대로 이해되었다. 흥미롭게도 이 회의에서는 토착 소작농조직들을 이 운동으로 통합시키자는 필요성이 특별하게 강조되었는데, 논의의 과정에서 이 목표는 토착 여성농민들이 직면한 과제들을 이해하자는 주장과 연결되었다. 안데스 지역에서 온 토착 소작농 지도자들 — 대표적으로 볼리비아의 여성농민전국연합 Confederación Nacional de Mujeres Campesinas의 카밀라 쇼쿠에티클라와 농민농업노동자단일조합연합 Confederación Sindical Unica de Trabajadores Campesinos의 폴리노 과라치 — 대부분이 목소리를 높였는데, 이들은 농촌지역에서 신자유주의 정책들이 이행됨에 따라 여성농민들을 포함한 토착 소작농들에게 닥친 특수한 상황과 문제점들을 강한 어조로 분명하게 설명하였다.

생산자원의 소유권과 통제권을 위한 전세계 토착민 공동체의 투쟁은 매우 중요하다. 비아캄페시나에게 종족성의 사회적 관계들과 이러한 투쟁들에 대한 기여를 어떻게 다룰지에 대한 문제를 불러일으키기 때문이다. 몽스에서 토착민에 대한 관심이 의제가 되기는 했지만, 과테말라에서 온 마야족 여성농민지도자인 콘수엘로 까브레라 로살레스는 비아캄페시나는 여전히 갈 길이 많이 남아 있다고 말한다. 그녀는 만약 비아캄페시나가 토착민의 정체성과 소작농의 정체성을 잘 통합했었더라면, 땅과 지구와 영역에 대한 전일적 접근과 농업 관행에 대한 비전은 현재의 모습과는 상당히 달랐을 것이라고 주장한다.

비아캄페시나는 성평등 문제와 관련하여 구체적인 발걸음을 내딛어왔다. 몽스에서 동의된 실천을 위한 기본틀은 땅을 위한 투쟁에서 여성의 권리와 남성의 권리에 대한 옹호를 명시하였고, 농촌조직에서 여성과 청년이 해야 할 역할의 중요성을 인지하고 있었으며, '그들의 충분한 참여를 보장해야 할 필요성'(PFS, 1993c)을 강조하였다. 하지만 제1차 국제회의에서는 여성의 의미있는 참여와 대표성을 보장할 수 있는 메커니즘을 결정하지 못했다. 그 결과 3년 후인 제3차 국제회의까지 여성의 대표성은 개선되지 못한 채 대표자의 20%에 머물렀다. 틀락스칼라에 모인 여성들은 수년 동안 농업정책에 대한 토론에 성평등 이슈를 포함시키기 위해 자신들의 공동체와 조직들에서 싸워왔다. 대부분의 여성농민들에게 이 투쟁은 지역과 국가 및 국제적 수준에서 지속적인 노력을 요하는 현재진행형의 투쟁이었다. 틀락스칼라에서 여성대표들은 다시 한번 국제적인 수준에서 자신들의 요구를 밝히며, 비아캄페시나가 이 주제에 대한 직접행동을 취하도록 설득하였다.

여성농민들 사이에서, 이어서 대표단 내에서 오랫동안 열띤 토론 후에, [제3차] 국제회의는 젠더 형평성을 향한 구체적인 발걸음을 내딛었다. 당연하게 토론에서는 어떤 메커니즘이 여성의 참여 증대와 대표성을 가장 잘 보장할 수 있을 것인가가 중심이 되었다. 일부 참가자들은 ICC 내에서 여성대표자의 수를 자동적으로 두 자리로 만드는 소수자우대전략을 주장하였다. 또 다른 참가자는 국제 수준에서 여성들의 실질적인 참여는 기본적으로 그들의 국가와 대륙 내에서 그녀들의 리더십 능력과 지위에 기초해야 한다고 주장했다. 이 문제는 동아시아 및 동남아시아 지역에서 필리핀 그룹들 간의 내부 권력투쟁의 와중에 제기되었던 토론이기도 하다(제5장 참고). 소수자우대정책을 통해 필리핀 조직 중 하나가 ICC에서 지위를 얻게 되었다. 일부 대표자에게 있어 이는 다른 이들의 아젠다를 추구하기 위해 여성이 이용된 분명한 사례일 수도 있다. 〔그러함에도〕 궁극적으로 틀락스칼라 회의는 '농촌개발, 생활과 노동조건, 여성을 위한 국제회의 워킹그룹'이 제안하고 참가여성들이 주최한 회의의 결론을 받아들여서, 비아캄페시나 내에 여성문제를 다루는 특별 위원회를 구성하는 것에 동의하였다(Via Campesina, 1996b: 41). 비아캄페시나의 문서에 따르면, 이 위원회의 의무는 다음과 같다.

- 비아캄페시나에서의 여성들의 특수한 요구, 이해, 관심을 조사하기
- 비아캄페시나의 모든 수준에서 여성의 동등한 참여와 대표성을 보장할 수 있는 전략과 메커니즘과 행동 계획을 수립하기
- 비아캄페시나의 여성들 사이에서 조정과 대화 라인 구축하기

(Via Campesina Women's Working Group, 1996: 1)

또한 국제회의에서는 이 특별한 위원회의 위원장으로 ICC의 유일

한 신규 선출직 여성회원인 네티 위베를 지명하였다. 위베는 2000년까지 이 위원회의 위원장을 역임했다.

대부분의 여성농민에게 있어 여성문제를 다루게 될 특별위원회의 구성이 그 자체로 목표가 될 수는 없었다. 여성농민 및 농촌지도자의 상당수는 혼성조직에서 여성이 보조자나 비서로 머물게 되는 수없이 많은 한계들을 직접 경험해왔으며 그렇게 될 것을 우려하였다. 이러한 구조에서 동등한 지위가 보장되는 경우는 드물었다. 그녀들은 자주 남성중심 조직에 종속되거나 그 안에서 부차적 역할만을 수행했었다. 하지만 여성농민들은 이 과정을 하나의 중요한 수단으로 생각했다. 여성들─그녀들의 관심, 필요, 이해관계─을 이 운동으로 끌어들이고, 여성들 사이에 혹은 여성으로서의 집합적 분석과 집단 행동을 촉진시키고, 잠정적으로는 농촌조직들과 비아캄페시나 자체에서 남성중심성에 도전할 수 있는 하나의 과정으로 여긴 것이다. 따라서 특별위원회의 구성으로 여성들은 비아캄페시나 내에서 결국 젠더 형평성에 도달하겠다는 궁극적 목표를 가지고 스스로를 조직화할 수 있는 중요한 공간을 갖게 되었다.

산살바도르에서 여성위원회가 만나다

비아캄페시나의 여성들은 그들이 얻은 공간의 장점을 신속하게 활용하였다. 틀락스칼라 회의 넉 달 후에 영국, 북미, 중미의 여성대표자들은 엘살바도르의 수도인 산살바도르에 모여서 비아캄페시나의 제1회 '비아캄페시나 여성워킹그룹' 회의를 가졌고, 비아캄페시나 여성위원회의 이름은 곧 널리 알려질 수 있었다. 동유럽과 아시아의 두 지역 그리고 남미의 대표들은 참석할 수 없었다. 자금이 불충분하거나 아프거나 시간 내에 비자를 발급 받을 능력이 없는 경우들에 속했기 때문이다. 또한 이 지역들 중 두 곳은 그때까지 여성대표자를 선출하지 못하기도 했다.

ASOCODE 여성위원회가 주최한 첫 번째 여성농민회의는 이후 대륙단위로 확대되었으며, 중앙아메리카 국가들에서 온 7명의 여성농민 지도자 중 일부가 참여하였다. 상당한 의제들을 포괄했던 이 회의는 비아캄페시나의 여성농민들의 미래 협력을 위한 기조를 결정하였다.

참가자들은 농민조직과 농촌조직에서 자신들의 경험을 이야기하였고, 동료애와 통찰력과 다른 참가자들에 대한 존경의 마음으로 비아캄페시나 내에서 여성문제에 대한 잠정적 모델과 활동계획에 대해 토론하였다. 그들 중 대부분이 틀락스칼라 회의에 참석하지 못했기 때문에 많은 이들에게 이 회의는 비아캄페시나의 운동에 대한 첫 번째 접촉이었다. 때문에 그들은 비아캄페시나 자체에 대해 학습 — 어떻게 만들어졌는지, 누가 참여하는지, 목표와 이데올로기적 기초는 무엇인지 등 — 하는 데 많은 시간을 할애했다. 그들은 '농촌개발, 생활과 노동조건, 여성을 위한 워킹그룹' 회의의 결론을 검토하였고, 전체 회의의 결과에 대해 토론했으며, 새로 만들어진 여성위원회의 의무에 여성 농촌지도자들을 위한 리더십 역량 강화를 추가하였다. 또한 여성들은 식량주권에 대한 비아캄페시나의 입장을 확대하고 결정하는 데 열정적으로 기여하였으며, 이 의제는 그해 11월 로마에서 열린 세계식량정상회의에서 제안되었다. 그들은 식량주권 성명서의 초안을 세밀하게 연구하고 몇 가지 추가적인 이슈를 강조하였다. 예컨대 여성농민들은 농사 짓는 사람들은 "자신의 토지 내에서 자신의 식량을 생산할 권리를 가진다"(Via Campesina Women's Working Group, 1996: 6)는 개념이 식량주권의 핵심에 있다고 주장하였다. 성명서의 초안에는 환경적 지속가능성을 보장하는 지속가능한 농사관행의 필요성이 담겨있었는데, 여성농민들은 여기에 보건의 측면을 추가하였다. 가족의 안녕에 대한 일차적인 책임자로서 여성농민들은, 식량주권에는 유기 생산으로의 이동이나 건강에 해가 될 수 있는 화학투입물의 과감한 절제와 금지된 농약의 즉각적인 수출 중단이 포함되어야 한다고 주장했다. 마지막으로 농업정책이 여성농민의 일상생활에 미치는 영향과 생산자원에 대한 상대적으로 불평등한 접근을 고려할 때, 식량주권은 농촌정책 개발에서 여성의 더 많은 참여를 통해서만 달성될 수 있을 것이라 주장하였다. 이와 같은 여성들의 관심사는 최종 안에 모두 포함되었다. 젠더의 분석이 비아캄페시나의 입장에 실질적으로 통합된 것이다.

세계식량정상회의 직전에 여성위원회는 세 개의 NGO — 필리핀의 ISIS International-Manila, 미국의 민중중심발전포럼과 여성 및 식량과 농업 네트워크 — 와 함께 3일간의 '식량안보에 관한 농촌여성 워크숍'을 조직하였다. 여성위원회의 구성원들은 여성농민이 NGO에게 계획을 넘기는 대신 스스로 행사의 운영위원회를 조직하는 데 참여하는 것이 중요하다고 믿었다. 여성위원회가 이 워크숍에 기여한 바는 크다.

비아캄페시나의 8개 권역에서 총 18명의 여성농민이 참석하여, 네 개의 비아캄페시나 지역조직 보고서를 발표했다. 발표문에는 각 권역별 농촌에서 벌어지고 있는 일에 대한 긴요한 정보들과 분석이 담겨 있었다. 여성위원회는 각 권역별로 남자 1인과 여자 1인을 ICC에 파견해야 한다고 주장했으며, 농촌여성워크숍은 남녀 동수의 대표자를 비아캄페시나 대표자로 로마에 보내는 데 기여하였다.

마지막으로 여성위원회의 제1회 회의는 다음과 같은 목표들을 포괄하는 행동계획을 개발하였다. 1) 8대 권역 각각의 대표자들과 함께 여성위원회의 기능을 확대하고 운영하기. 2) 여성위원회의 구성원들 사이에 의사소통과 조정을 위한 공개된 라인을 구축하기. 3) ICC와의 의사소통 정례화 및 여성농민의 특수한 관심, 필요, 이해관계 및 여성의 기여할 바를 항시적으로 파악하기. 4) 산살바도르 회의의 결과를 모든 권역에 전달하기. 권역에서의 성공적인 협의를 위한 접근법에 기초하여 만약 이런 형식의 회의 참가자를 비아캄페시나 8개 권역의 여성위원회의 대표자들로 제한한다면, 회의의 유용성이 더 높아질 것이라는 점에 참가자들은 동의하였다.

제1회 여성위원회 회의가 열린 산살바도르에서는 두 개의 중요한 행사, ASOCODE의 성평등 워크숍과 ICC 회의가 동시에 개최되었다. 결과적으로 성평등 이슈에 대한 토론은 특정 집단을 넘어서 확대될 수 있었다. 여성들의 목소리가 ICC의 숙의 과정에 영향을 미쳤고, 남성들이 성평등 워크숍에 참여할 수도 있었다. 여성위원회의 회의를 통해 비아캄페시나가 지역의 현실에 뿌리내릴 수 있었던 것은 아마도 가장 중

요한 성과일 것이다. 여성위원회의 최종 보고서에 따르면,

> 우리는, 〔여성위원회 회의의〕 아젠다 위에 성평등 워크숍을 포개어 놓음으로써 성공적으로 지역의 현안 — 이 경우에는 ASOCODE의 사례 — 을 국제적 이슈로 만들 수 있음을 모든 이들에게 너무도 분명하게 보여주었다. 이로써 비아캄페시나가 무엇을 하려는 조직인지 분명해졌다. 비아캄페시나가 하려는 일은 거기에 참여하는 조직들의 밖에서 일어나거나 조직들과 동떨어진 것들이 아니다. 비아캄페시나의 하려는 일은 어떤 이슈이든 간에 기초로부터, 바로 지역 수준에서 출발한다. (Via Campesina Women's Working Group, 1996: 6)

위의 문장은 비아캄페시나를 집으로, 즉 지역의 농촌공동체와 여성농민들의 가정과 그들의 개인적 일상으로 가져왔다. 여성위원회 회의 평가서에 한 여성농민지도자는 "나는 비아캄페시나에 대해 많은 것을 배웠고, 지금 나는 나의 조직보다 훨씬 더 큰 것의 일부가 된 것 같은 기분이다"라고 적었다. 또 다른 여성은 권역별 협의를 통해 여성들이 성장하는 강력한 힘의 진정한 일부가 된 것처럼 느끼게 만들어서, 여성들이 성공적으로 이 운동에 결합할 수 있었다고 말했다. "더 많은 확신을 느낄 수 있다. 이제 나는 더 많은 도전과제들에 맞설 수 있을 것이다"라고 말하는 참가자도 있었다.

산살바도르의 세 행사 모두가 리더십 역량 강화를 위한 훌륭한 기회가 되었음이 증명되었다. 여성들은 각자의 현실에 대해 더 많은 학습

을 할 수 있었으며, 여성들의 관점과 경험과 전문성과 요구를 포함시킴으로써 식량주권에 대한 비아캄페시나의 입장도 확대될 수 있었다. 여성농민들은 새롭게 만들어진 국제농민운동 내에서 자신들을 위한 공간이 있음을 확신하며 산살바도르를 떠나게 되었고, 그들 대부분이 '비아캄페시나아를 남성과 여성 모두를 위한 운동으로 만들기'를 향한 구체적인 발걸음을 내딛었었고 믿었다(Via Campesina Women's Working Group, 1996: 6). 그러함에도 그녀들은 또한 젠더 형평성을 위한 지속적이며 힘겨운 투쟁 안에서 여성의 완전한 참여를 요구해야 하는 기나긴 과정에 입문했다는 것을 잘 알고 있었다. 자신들의 일상과 조직에서의 경험에 기초하여, 여성농민들은 남성들에 비해 농촌의 경제·정치·사회적 권력에 불평등한 접근만이 허락되었던 것을 우려하였다. 여성의 형평성을 위해 수년 동안 투쟁을 한 후에도, 농업부문에서 정책개발을 담당하는 포럼이나 구조에 농촌여성들이 참여하는 것은 극도로 제한되었다. (전부는 아니지만) 대부분의 국가에서 소작농과 농민조직들은 여전히 남성 지배적이었다. 비아캄페시나에 참여한 여성들은 그와 같은 종속된 역할과 입장을 거부했다. 그녀들 앞에 멀고 거친 길이 있음을 알고 있었지만, 여성농민들은 그러한 도전과제를 열정적으로 끌어안았고 비아캄페시나를 젠더 형평성에 기여하는 운동으로 만드는 데 있어 선도적 역할을 반갑게 맞이했다.

식량주권의 최전선에 선 여성들

비아캄페시나 여성위원회는 결성 이후부터 많은 일들을 수행하였다. 첫 번째 임무는 상이한 문화와 다른 상황에 처해 있는 여성들을 하나로 모으는 것이었다. 그러나 1996년부터 2000년까지 여성위원회는 아메리카 지역에서의 활동에 집중하였고, 특히 우선적으로 라틴아메리카와 멕시코에서 세 개의 비아캄페시나 지역조직에 전념하였다. 여성위원회는, 발전과인구활동센터CEDPA의 여성발전진흥기금을 지원받아 이 세 지역에서 연속 워크숍과 중앙아메리카와 남아메리카와 카리브지역의 여성들 간의 교류회를 실시하였다. '식량주권의 최전선에 선 여성농민'이란 제목을 붙인 이 프로젝트의 기본 목표는 비아캄페시나의 모든 활동과 모든 수준에서 여성의 참여와 대표성을 증가시키는 것이었다(Via Campesina Women's Working Group, 1997: 1). 이 워크숍과 교류회는 특히 식량주권 관련 정책 개발과 실천에 여성의 참여를 신장시키고 국제적 수준에서 그녀들의 조직화 역량을 강화하기 위해 기획되었다(ibid.: 4). 비아캄페시나 여성위원회가 전반적인 조정을 책임지기는 했지만, 지역별 워크숍과 교류회는 세 개의 지역기반 조직들, 즉 남아메리카의 CLOC, 중앙아메리카의 ASOCODE, 카리브 지역의 WINFA의 여성지도자들에 의해 조직되었다.

이 프로젝트는 대성공이었다.[1] 아이디어, 정보, 그리고 경험들을 교환함으로써, 여성들은 다른 나라의 농업 현실을 알게 되었고, 지역·국가·국제 수준에서 농업공동체가 직면한 문제들에 대한 이해의 폭을

넓히게 되었으며, 농업공동체에 살고 있는 사람들의 일상의 삶에 영향을 끼칠 수 있는 힘에 관한 집합적 분석에 참여하였다. 토론의 주제는 인권, 진정한 농업개혁, 생물다양성과 유전자 자원, 자연자원의 관리, 농업무역의 영향에서부터 식량주권의 다양한 측면까지 포함하였다. 또한 여성들은 대안적 생산과 판매 전략과 같은 경험들을 나누었고, 농촌 사회 조직화의 아이디어를 공유하였으며, 자신들이 속한 지역·국가·대륙 수준의 조직 및 비아캄페시나 내부에서 젠더 불평등에 대응하는 전략들에 대해 토론하였다. 이와 같은 여성들 간의 면대면 접촉은 아메리카 대륙에서 비아캄페시나의 여성회원들 간의 이해 증진과 단결을 촉진시키는 데 결정적 역할을 했다. 여성위원회의 활동에 관한 평가 중 하나는 다음과 같이 결론지었다.

> 프로젝트를 통해 발전된 공동의 지반은 참가자들이 자신들 사이에 펴져 있는 고립감과 무기력에 종지부를 찍을 수 있게 하였다. 그들에게 있어 리더십 훈련과 교류의 경험은 의사결정 과정에 참여하고 자신의 입장을 옹호할 수 있는 열쇠가 되었다. 참가자들은 자신들이 직면한 문제들의 근본적 원인과 타당성을 보다 잘 이해할 수 있게 되었다. 대부분의 참가자가 더 큰 확신을 얻게 되었고, 자신의 공동체와 조직 내에서 리더로서의 책임을 감당할 수 있는 능력을 발전시켰다. 무엇보다 중요한 것은 여성들이 자신들의 목소리와 경험과 전문성, 그리고 이를 다른 이들과 나눌 수 있는 능력을 실제로 가지고 있다는 것을 학습하게 되었다는 점이다. (ICRW and CEDPA, 1999: 4)

비아캄페시나의 여성들은 대안적인 농업모델을 만들기 위해서는 남성 동지들과 — 동등한 조건에서 — 함께 일해야만 한다고 믿는다. 초국적 활동에 대해 더 많은 경험과 확신을 얻게 됨에 따라, 여성들은 더욱 열정적으로 참여하였고, 그 결과 국제적 행사의 비아캄페시나 대표단 내에서 여성의 수도 점점 더 늘어갔다. 그러한 행사들에는 세계식량정상회의 및 '식량안보에 관한 NGO포럼'(1996, 로마), 'WTO 각료회담'(1999, 시애틀), '농업연구 국제포럼 국제회의'(2000, 드레스덴), '세계식량정상회의: 5년 후' 및 '식량주권에 관한 NGO/시민사회조직 포럼'(20002, 로마)이 있었다. 이러한 대규모 행사 혹은 비아캄페시나 회의에 앞서 여성농민회의를 조직화하는 것은 비아캄페시나 내에서 여성들의 더 많은 참여와 증대된 대표성을 보장하려는 또 다른 중요한 전략이었다. 이러한 전략은 1996년 세계식량정상회의 직전에 '식량안보에 관한 농촌여성 워크숍'을 조직하면서 비아캄페시나 여성들에 의해 처음 적용되었고, 여성위원회는 3년 후 시애틀 행사의 직전에도 회의를 소집하였다. 결과적으로 로마와 시애틀에서 비아캄페시나 대표단 중 여성의 비율은 각각 34.5퍼센트와 37.5퍼센트가 되었다.

라틴아메리카의 여성농민들도 1997년 11월 브라질리아에서 열린 CLOC 연례총회 직전에 '라틴아메리카 여성농민총회'를 소집하면서 동일한 전략을 활용하였다. 여성총회에는 총 125명의 여성이 참여하였고, 여성들은 이어서 개최된 CLOC 총회의 전체 대의원 중 37퍼센트를 차지했다.[2] CLOC 여성들은 비록 남녀 동수의 목표를 달성하지는 못했지만, 여성들의 참여 범위와 수준의 확대는 기존에 남성중심적이었던

제1회 라틴아메리카 여성농민총회 결의안 (일부 발췌)

CLOC와 비아캄페시나 소속 조직들은 기술 및 정치적 훈련 등을 통해 의사결정이 이루어지는 모든 공간에 여성들을 완전하게 통합해야 한다.

CLOC와 비아캄페시나 소속 조직들은 조정의 장과 모든 행사에서 여성 참여의 형평성을 (50퍼센트 수준으로) 보장해야 한다.

CLOC와 비아캄페시나 소속 조직들은 아메리카 대륙에서 농업노동자의 현실과 카리브 해 지역 여성들의 특수한 상황에 대한 데이터베이스의 개발을 책임져야 한다.

CLOC와 비아캄페시나 소속 조직들은 농촌여성들의 현실을 가시화하고 그녀들의 프로포절을 세계에 전파할 수 있는 국제행사를 조직해야 한다.

CLOC의 훈련학교를 강화하고 리더 양성을 위한 강좌·워크숍·세미나를 개발하며, 이러한 활동들에 여성이 50퍼센트를 차지할 수 있도록 만들자.

CLOC는 모든 나라에서 기본단위의 여성들의 의사소통 형식의 가치를 인정하며, 그녀들의 자신감 회복과 의사소통의 권리를 선언할 수 있는 캠페인을 펼쳐야 한다.

Boletin Campesino(비아캄페시나의 뉴스레터)를 강화하고 농촌여성들 자신과 그녀들의 행동을 알릴 수 있는 또 다른 의사소통 수단을 강구하자.

CLOC는 여성농민과 소녀들에 대한 모든 형태의 폭력을 체계적으로 근절할 수 있는 조직화된 공간을 만들고 강화하야 한다.

CLOC와 비아캄페시나 소속 조직들은 보건서비스와 교육의 사유화, 그리고 농촌여성과 토착민과 흑인들에 대한 강제불임 수술에 대항하는 캠페인들을 펼쳐야 한다.

CLOC는 모든 부문에서 성평등 이슈가 포함되도록 그들의 계획을 수정해야 하며, 구체적인 방식으로 모든 수준의 일상적 실천에 이러한 해결책이 투사될 수 있게 만들어야 한다.

대부분의 공간에서는 전례가 없었던 것이었다. 제1회 '라틴아메리카 여성농민총회'의 직접적인 결과로, 여성지도자들은 잘 준비된 채 CLOC 총회장에 도착했고, 총회의 정책 개발과 옹호 계획에 관한 토론에 적극적으로 기여하였다. 그녀들은 기꺼이 다양한 워킹그룹 — 농업개혁, 지속가능농업, 토착민과 아프로-아메리카 민중들, 환경과 천연자원, 인권, 문화와 교육, 농업노동자, 조직화 과제 — 에 참여하였다. 여성농민들이 워킹그룹 세션마다 요약보고서를 발표하기 위해 남성들과 함께 상석에 착석하거나 다양한 주제에 대한 자신의 의견을 피력하기 위해 기꺼이 마이크 앞에 나설 때마다, 여성들의 존재감은 분명하게 가시화되었다.

성평등 분석뿐 아니라 계급이나 종속성에 관한 분석에서도 여성총회의 결과가 반영되었다는 점에서 여성총회는 CLOC 총회에 분명히 영향을 미쳤다(Leon, 1997). 제1회 '라틴아메리카 여성농민총회'의 모든 결의문이 CLOC 총회에서 승인되었으며, 결의안 중 상당수가 CLOC뿐 아니라 비아캄페시나 내부에서 남녀 동수의 목표와 젠더 형평성을 달성하는 데 기여하였다는 점이 아마도 가장 중요한 성과일 것이다.

명백하게 라틴아메리카 여성농민들은 권역과 대륙을 넘나들며 그녀들의 존재와 목소리를 더욱 가시화시켜가면서 의미있는 진보를 이루어왔다. 2001년 8월 멕시코에서 열린 CLOC 제3차 총회에서는, 전체 총회 대의원 중 여성이 57퍼센트를 차지하면서, 그녀들의 목표를 초과달성하였다.[3] 그녀들은 또한 비아캄페시나 내의 남녀 역학관계에도 영향을 미치며 중요한 변화를 이끌어냈다. 브라질리아에서의 제1회 '라틴아메리카 여성농민총회'나 중앙아메리카와 카리브 지역의 여성 워크숍을 준비하는 과정에서, 비아캄페시나 여성위원회와 CLOC 여성위원회는 두 조직 간의 역할 구분이 약간 모호해질 정도까지 긴밀하게 협업하였다. 실제로 이상의 작업들에 관여했던 지도자들은 스스로를 'CLOC와 비아캄페시나의 여성위원회'로 칭하기 시작하였으며, 그녀들은 CLOC 총회와 라틴아메리카 여성농민총회, 그리고 라틴아메리카 전역에서 열린 여성회의에서 동의된 결의안, 성명서, 계획들에 대한 후속작업과 아메리카 대륙에서 비아캄페시나 여성들을 위한 활동을 조정하는 공동의 작업도 함께 할 것을 약속하였다.

아시아 여성농민 워크숍

여성위원회의 지역간 활동의 상당수는 아메리카 지역에서 이루어졌지만, 동아시아 및 동남아시아 지역의 여성농민들 역시 1999년 8월 태국의 방콕에서 개최된 '아시아 여성농민 워크숍'을 통해 의사소통과 조정의 기능을 강화하였다.[4] 제3차 비아캄페시나 국제회의의 준비를 위해 조직된 이 워크숍은 이런 종류의 회동으로는 이 지역에서 처음 개최된 것으로, 태국, 베트남, 라오스, 말레이시아, 인도네시아, 필리핀, 한국, 일본의 여성농민들이 참석하였다. 각 국가별 보고서를 통해 여성들은 다음과 같은 공동의 이슈를 확인하였다. 1) '근대화'와 농업 자유화는 소농의 어려움을 심화시킨다. 2) 물, 땅, 숲과 같은 생산자원과 해양자원들을 둘러싼 정부와 민간부문과 지역공동체 간의 갈등은 침략에 저항하는 소수 종족에 대한 폭력과 억압을 심화시킨다. 3) 대규모 인프라구조 건설을 중심으로 한 '개발' 프로젝트의 결과 농민 가족들의 강제이주가 진행되었고, 세계화는 서구가치의 적용을 강요하며 지역문화를 퇴색시켰다. 4) 가정 내 폭력이 증가하고 있다. 5) 농촌여성들은 도시에서의 학대받는 노동 조건하에 저임금 노동을 강요받으면서 차별의 심화를 경험하였다. (라오스와 특히 베트남과 같은 나라에서의 상황은 달랐다. 그곳은 친親농업적 정책이 많은 지역으로 여성농민 조합이 상대적으로 강화되었다.)

워크숍의 선언문(Asian Peasant Women's Workshop, 1999: 12)은, 가족과 공동체의 생존과 안녕을 위한 투쟁에서 여성들이 차지하는 특별한 역할로 인해 세계화와 자유화가 여성에게 상처를 주는 특수한 방식을 여성들이 얼마나 두려워하는지 잘 보여준다.

수년간의 투쟁 후에도, 아시아 여성들은 여전히 사회의 모든 단계에서 고

통받고 주변화되어 있다. 경제정책은 대규모의 여성 이주와 여성의 재배치와 여성에 대한 고용 차별의 원인이 된다. 여성들은 직업을 갖게 되더라도, 동일한 직종의 노동에 대해 더 적은 임금을 받고, 계약제 노동의 희생자가 되며, 언제나 '가장 마지막에 채용되고, 가장 먼저 잘린다'. 가부장제에 뿌리박힌 젠더 불평등은 아시아 사회에서 여전히 존재한다. 사회는 여성을 이차적 계급으로 간주하고, 의사결정에 있어서 여성의 참여는 여전히 제한적이다. 여성을 위한 교육의 기회도 적기 때문에, 정보와 지식과 기술에 대한 접근도 방해받는다. 여성에 대한 폭력은 여전히 심각한 문제로 남아 있고 결코 줄어들지 않는다. 사회의 소수자인 토착민은 그들의 전통뿐 아니라 생계까지도 위협하는 개발 압력의 최종 수령인이 되었다. 토지와 같은 생산수단에 대한 통제와 지주나 자본가들에 의한 자연자원의 독점은 소농의 빈곤을 더욱 악화시킨다. 자연자원의 관리 노하우를 알고 있는 여성들이 배제당한다. 농업기술에 대한 지식과 훈련과 역량 강화에 대한 접근이 제한되면서 여성들의 생계는 빈곤의 악화를 강요당한다. 여성을 위한 보건과 교육과 보조금과 같은 사회서비스는 정부의 우선순위가 아니다. 많은 여성들이 빈곤 악화의 결과로 천한 직업과 성매매를 강요받는다.

여성농민에게 닥친 이 모든 조건들은 아시아 각국에서 진행 중인 농업 자유화의 직접적인 결과이다.

이 선언문은 제1회 라틴아메리카 여성농민총회의 폐막 선언과 상당히 유사하다. 산살바도르의 여성지역협의회에 참여했던 여성들과 마찬가지로 '아시아 여성농민 워크숍'의 참가자들도 대안적 발전모델을 실현하려는 비아캄페시나의 노력에 대해 학습하였다. 이 모델은 무엇보다 젠더 형평성에 기초하고 있다. CLOC의 여성들처럼 지역과 국가에서의 투쟁에서 자신들의 역할의 중요성을 자각한 아시아 여성농민들은 이 국제운동에서도 중요한 역할을 수행할 것을 맹세하였다.

워크숍의 마지막 날 60명의 참가자들이 다양한 언어가 적혀 있는 현수막을 든 채로, IMF 본부 앞에서 이 기구가 추진하는 구조조정프로그램에 대한 저항하는 시위를 펼쳤다. 그 후 참가자들은 칠백여 킬로미터를 함께 이동하여 팍문Pak Mun의 시위자들을 방문하고, 이들에 대한 지지를 선언하였다. 팍문의 시위자들은 5개의 댐 건설이 포함된 대규모 인프라 건설 프로젝트의 결과 강제 이주를 당하게 된 4천여 가구로 이루어진 공동체의 일부였다. 이들은 1998년 3월 23일부터 팍문댐〔메콩 강과 문 강의 합류지점에서 서쪽으로 5킬로미터 정도 떨어진 지역에 1994년 완공된 대형댐, 댐 건설로 강을 터전으로 하던 어민들의 피해가 속출하자, 1998년부터 어민들에 의한 점거와 대규모 수상시위가 펼쳐졌다 2001년 태국정부가 수문개방과 추가보상을 약속하면서 어민들의 투쟁은 승리로 귀결되었다—옮긴이〕 건설지를 점거하고 있었다.

국제여성총회

비아캄페시나 여성위원회는 ICC의 승인과 지원을 받아 2000년 10월 초 방갈로르에서 개최될 제3차 국제회의 직전에 제1회 국제여성총회의 조직화에 착수하였다. 이 전략은 다시 한번 효과를 발휘하여 2차 비아캄페시나 국제회의에 비해 (지역별 편차는 있지만) 여성 참가자 수의 상당히 증가하였다. (그림 6-1 참고)

가장 중요한 성과 중 하나는, 제1회 국제여성총회가 8개 권역 중 일곱 곳의 여성농민지도자들을 한데 모았으며, 미래의 정책 방향에 대한 토론과 의사결정 참여를 촉진시킨 것이다. 일부 여성들에게 이 회의는 처음으로 국경을 넘어서는 경험이었다. 여성총회를 통해 그녀들은 하나의 거대한 새로운 세계에 입문한 것이다. 여성들은 자신의 지역에서 여성들이 직면한 상황을 보다 깊이있게 이해할 수 있게 되었을 뿐 아니라

〈그림 6-1〉 틀락스칼라와 방갈로르 국제회의 여성참가자 수 비교

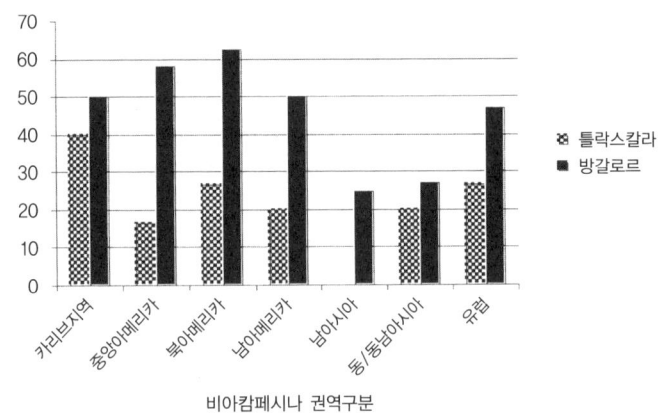

· 출처: 틀락스칼라와 방갈로르 국제회의 참석자 명단.

다른 대륙의 동지들의 투쟁에 대해서도 배울 수 있었다. 한 인도 출신 참가자는 총회의 평가서에 다음과 같이 적었다. "우리가 가깝다는 것을 느꼈어요. 비행기를 타지 않고도 모든 참가자들의 나라에 가본 적이 있는 것처럼. 나는 더 이상 혼자가 아니에요." 또한 비아캄페시나의 다양한 성명서의 초안들—식량주권과 무역, 성평등, 농업개혁, 인관과 연대, 대안 농업, 생물다양성과 유전자 자원 등—에 대해 토론하기 위해 여성들은 사회·정치·경제·조직적 측면에서 그녀들이 경험했던 성과들과 그녀들이 직면했던 장애물과 도전과제들을 분석하였다. 여성총회는 여성들의 의미있는 참여를 보장하기 위해 비아캄페시나는 최소한 다음을 해야 한다는 데 동의하였다.

- 비아캄페시나의 모든 의사결정 단계와 활동에서 여성의 50% 참여가 보장되어야 한다.
- 여성위원회를 유지하고 강화해야 한다.
- 모든 비아캄페시나의 문서와 훈련프로그램과 토론에서 성차별적 내용과 남성우월주의적 언사가 극복되어야 한다. (Via Campesina, 2000i)

여성위원회와 ICC가 수립한 목표—대표자의 50퍼센트는 여성이 되어야 한다—가 제3차 국제회의에서 달성되지는 못했지만, 그러한 방향을 향한 중요한 발걸음을 내딛은 것은 분명하다. 제3차 국제회의 동안 대표단은 한목소리로 남녀 동수를 보장하기 위한 구조변화에 동의하였다. 1996년에서 2000년까지 네티 위베는 명백하게 ICC의 유일한 여성위원이었다. 방갈로르 회의에서 비아캄페시나는 ICC의 권역별 코디네이터를 8명에서 14명으로 확대하였다. 아프리카가 여덟 번째 권역으로 추가되면서 이후 ICC 위원의 수는 16명으로 늘어났다.[5] 각 권역은 권역별로 선출되어 권역을 담당하고 책임지게 될 두 명의 코디네이터 (남녀 각각 1인씩)를 갖게 되었다. 게다가 여성 권역코디네이터는 ICC 회의 전에 별도의 회의를 가지면서 여성위원회의 기능을 이어갔다. 그들의 활동영역이 비아캄페시나의 전반적인 활동을 포괄하도록 확대된 것이다. 이러한 새로운 구조의 성공 여부는 두 명의 권역코디네이터가 권역 내에서 의사소통과 조정의 책임을 얼마나 동등하게 질 것인가에 달려 있다. 따라서 여성 코디네이터가 오직 지역 내에서 여성의 이슈와 여성의 조직화에만 관여하는 상황은 피해야 한다.

또한 제3차 국제회의는 「비아캄페시나 성평등 성명서」를 승인했는데, 이 성명서는 분명하게 여성과 성평등 문제가 이 운동의 중심에 있다고 선언한다.[6] 이 성명서는 비아캄페시나의 앞으로의 숙의 과정에 도움을 줄 성평등라는 렌즈를 제공하는 것을 목표로 한다. 성명서의 내용은 다음과 같다.

세계화된 신자유주의 경제 아젠다는 자연과 문화와 공동체의 파괴 및 인간의 안녕이 파괴되는 것과는 상관 없이 기업의 이윤을 증대시키고 권력을 집중시키기 위해 설계되었다. 이러한 변화의 영향은 농촌지역에서 가장 첨예하다. 환경과 땅의 사람들에 대한 잔인한 착취를 수백만의 농민들이 일상에서 직접 경험하고 있다. 여성들은, 그녀들의 역사와 역할과 관계로 인해 남성 파트너들과는 다른 방식으로 이러한 변화의 영향을 경험한다. 따라서 포괄적이며, 정의롭고, 실행 가능한 장기적인 해결책을 만들기 위해 성평등에 관한 분석을 결합하는 것은 적절하고 필수적이다.

현재 지배적인 경제적 목표인 판매가능한 상품의 지속적인 생산 증대는 재생산보다는 산업적 생산에, 양육보다는 제조에, 사람보다는 이윤에 더 많은 가치를 부여한다. 이러한 목표는 자연세계와 인간사회 양자 모두에서 재생산과 재생가능한 힘들의 가치를 추락시킨다. 아이들의 양육자인 여성들은 이와 같은 신자유주의적 가치에 기초한 정책과 사회 변화에 의해 이중적으로 가치 절하되고 취약해진다. 이러한 부정적인 변화는 종속과 침묵의 역사와 결부되면서 때때로 여성농민의 자긍심과 리더십의 기회를 갉아먹는다.

하지만 땅의 여성들은 건강하고 지속적인 농촌공동체를 건설하고, 땅을 돌보고, 진짜 장기적인 식량안보를 달성할 수 있는 열쇠이다. 농촌여성들은 가족과 지역공동체를 먹여 살리는 식량의 대부분을 생산한다. 역사적으로 그리고 현재에도 그녀들은 인간생존에 필수적인 생물다양성을 보호하고 증진시키는 책임을 담당해왔다. 그녀들이야말로 농촌문화의 고동치는 심장이다. 문화와 사회와 경제와 환경의 회복을 포함하는 진정한 농촌개발은 의식적이며 용기 있게 선도적 역할을 책임지는 농촌여성들에게 달려 있다. (Via Campesina, 2000c: 1)

「성평등 성명서」에는 세 개의 주요원칙과 기여할 바를 명시하고 있다. 그것은 '평등과 인권, 경제 정의, 사회 발전'이며, 각각은 분명하게 여성의 특별한 역할과 입장, 요구와 이해관계를 명시하고 있다. 「성평등 성명서」의 실행계획은 비아캄페시나가 성평등 관점의 통합으로만 한정되는 것이 아니라, 계급과 종족성의 관점도 포함해야 한다고 강조한다. 더 나아가, 실행계획은 남성과 여성 모두를 위한 성평등 워크숍의 조직, 모든 비아캄페시나 대표단과 워킹그룹과 교류활동에서 남녀동수의 보장, 모든 비아캄페시나의 성명서에 성평등의 관점 포함, 모든 비아캄페시나 조직들 간의 더 나은 조정과 의사소통 보장을 요구한다. (「비아캄페시나 성평등 성명서」의 전문은 부록C를 참고할 것)

1996년에 설립 이후로, 여성위원회는 상당한 성과를 거둬왔다. 여성위원회가 만들어지고 단 4년 후에 열린 제3차 국제회의에서, 여성들은 비아캄페시나에서 꽤 많은 공간을 차지하게 되었다. 그들은 의사결정과 다양한 조직적 활동에 더욱더 가시적이며 적극적인 참가자들이 되었다. 폴 니콜슨은, 성평등 문제가 아젠다의 전면과 중심 위치를 차지하면서 지역과 그들이 속한 조직들이 성평등 문제에 어떻게 대처할지 그리고 그것을 효과적으로 다루기 위해 무엇이 필요한지 정확하게 고려하도록 만들었다고 말한다. 비아캄페시나의 지도부는 국제회의에서 이 운동을 대표하게 될 남녀를 선택하는 데 더 많은 노력을 기울였다. (물론 결과의 성공과 실패에는 다양한 편차가 있었다.) 확실히 비아캄페시나의 문서들을 꼼꼼히 읽어보면 여성과 성평등에 대한 언급이 거의 없었던 초기 문서들과는 다른 변화를 발견할 수 있다. 비아캄페시나의 최근 성명서와 행동들은 (수준은 다양하지만) 더 많은 젠더적 분석을 반영하고 있다.

최근 브라질의 최대 제지회사인 아라크루즈 셀루로사에 대항한 여성농민들의 행동은 비아캄페시나 내에서 여성의 증대된 가시성과 의미 있는 기여를 잘 보여준다. 2006년 3월 8일 2천여 명의 여성농민들이 (일부 남성농민들과 함께) 유칼립투스의 단작 식재를 멈추기 위한 잘 계획된 전략적 운동에 참여하였다. 그녀들은 생물다양성의 보호, 환경악화의 중단, 땅에 대한 접근권의 보장, 식량주권 사수를 목표로 했다.

'아라크루즈 행동' 이후 경찰은 37명을 체포하였는데, 대부분이 여성이었다. 2주 후인 2006년 3월 21일, 경찰은 '여성농민운동'MMC의 사무실을 급습하여 컴퓨터와 파일들을 압수하였다(Via Campesina, 2006b, 2006c). 비아캄페시나는 즉각적으로 국제적 캠페인을 시작했고, 2006년 4월 17일 국제 농민투쟁의 날에 절정에 이르렀다. 조직 활동가들은 경찰에 체포된 사람들의 명단과 MST가 작성한 「묘목은 침묵을 깨뜨렸네」라는 시를 유포시켰다. 그들은 지지자들에게 이 시를 리오그란데도술의 주지사에게 보내고 브라질 농민에 대한 억압과 폭력을 끝낼 것을 요구해달라고 요청하였다.

성평등을 위한 투쟁은 계속된다

여전히 할 일은 많다. 남성중심적으로 전형화된 행사들이 지속되고 있기 때문이다. 예컨대 2002년 4월 스페인에서 생물다양성과 유전자원 워킹그룹과 대안농업 워킹그룹의 첫 번째 회의가 열렸다. 이어서 그들은

아라크루즈 행동: 사막화를 반대하는 여성들

비아캄페시나 소속의 브라질 여성농민들이 국제적 지지자들의 도움을 받아 아라크루즈 가문이 소유한 리오그란데도술 주의 바라도리리베이로 지역의 대규모 유칼립투스 플랜테이션 농장에 들어가 수백만 그루의 묘목과 현장 실험실을 파괴하는 민첩하고 잘 조직된 시위를 펼쳤다. 새벽녘이 되자 여성농민들은 40대의 버스를 나눠 타고 포르투알레그레로 향했다. 그곳에서 시위의 참가자들은 국제 여성의 날을 축하하는 대규모 행진에 참가했다. 손과 신발에 묻은 진흙을 씻어내고 작은 보라색 반다나 손수건을 주머니와 가방에 묶은 후 그녀들은 유엔식량농업기구FAO가 주관한 농업개혁에 관한 국제대회가 열리고 있는 가톨릭대학을 향해 행진하는 수천 명의 남녀 시위대와 결합한 것이다.

회의장에 도착했을 때, 입장허가를 얻고자 하는 시위대의 압박으로 짧았지만 강렬한 충돌을 불러일으켰고, 협상 결과 안전을 보장하기 위해 여성 50여 명에 대한 출입허가를 받아 공식 국제회의장에 들어갈 수 있었다. 여성농민운동MMC의 두 여성지도자는 회의장의 대표단들을 향해 진정한 통합적 농업개혁, 여성에 대한 폭력 철폐, 젠더 형평성, 정의와 연대를 요구하는 '여성농민의 요구서'를 낭독하였다.

> 우리는 녹색사막에 반대한다. 녹색사막은 브라질과 라틴아메리카 전역의 수천 헥타르에 달하는 유칼립투스, 아라우카리아(남아메리카와 호주가 원

산지인 삼나무—옮긴이]), 소나무 등을 심은 대규모 플랜테이션 농장이다. 녹색사막이 번성하는 곳에서는 다양한 생물들이 파괴되며, 토양은 황폐해지고, 강은 메마르며, 제지공장에서 배출하는 엄청난 오염물질은 인간의 건강과 수질을 위협한다. (…) 만약 녹색사막이 계속 번성한다면, 식량을 생산할 수 있는 물과 토지도 없어질 것이다. (Via Campesina, 2006a)

시의 적절하게 취해진 행동으로 대중적 관심과 정보가 확산되었으며, 참가자들에 대한 즉자적 위험도 낮아졌다. 포르투알레그레에서 열린 FAO의 농업개혁에 관한 국제회의를 취재하기 위해 이미 국제적인 언론사들이 거기에 있었기 때문에, 이 행동은 광범위한 국제적인 주목을 받을 수 있었다. 또한 회의장에는 국제적인 명망가와 대표자들이 있었기 때문에 이 행동에 대한 경찰의 즉자적인 폭력의 가능성도 제한되었다. 주 정부도 중앙정부도 경찰이 비무장의 여성농민을 때리는 장면을 포르투알레그레발 국제뉴스로 내보내려는 위험을 감수할 수 없었다.

3월 8일은 국제 여성의 날이며, 이날 전세계 여성들은 정의와 평등과 존엄을 위한 여성들의 수많은 투쟁들을 기억하고 강인함과 기쁨과 여성들이 만들어온 열정과 성과의 아름다움을 자축한다. 브라질 비아캄페시나의 여성들은 땅과 생태계와 인권을 보호하려는 그녀들의 용기있는 행동으로 이 자랑스러운 역사에 의미있는 한 페이지를 덧붙였다.

• 출처: 위베가 쓴 「여성들은 사막화를 역전시킨다, 곧」에서 발췌.

묘목은 침묵을 깨뜨렸네

I
거기 무덤과도 같은 침묵이 있었다.

투피과라니족에게서 빼앗은 18,000 헥타르의 땅 위에,
영토에서 축출된 10여 명의 킬롬볼라 가족들의 머리 위에,
플랜테이션 농장에 쏟아 부은 수백만 리터의 제초제 위에,

거기 무차별한 침묵이 있었다.

동식물과 사람에게 영향을 미칠 독성물질을 양산하는
종이 표백에 사용되는 염소 용제 위에,
에스피리토산토 북부에서 사라져간
400백여 종의 새와 40종의 포유류의 부재 위에,

거기 넘어설 수 없는 침묵이 있었다.

매일 30리터가 넘는 물을 소비하지만
꽃도 종자도 맺지 못하는 한 식물의 본성에,
단지 여섯 명의 신사들에게
수십억 달러에 다시 수십억 달러를 벌어다 주는 플랜테이션 농장에,

거기 짙은 침묵이 있었다.

에스피리토산토, 미나스, 바히아, 리오그란데도술의
수천 헥타르의 땅 위에 겹겹이 쌓이고 있었다.

거기 공범자의 침묵이 있었다.

유칼립투스라는 단일종의 경작을 위해
아틀란틱 숲과 팜파스를 밀어버리는 파괴의 손길 위에,

거기 매수된 침묵이 있었다.

이윤이 풍기는 요염함 위에,
그렇다. 거기 지구적인 침묵이 있었다.
스웨덴의 자본 위에,
노르웨이의 회사 위에,
국가가 펼쳐준 거대한 도박판 위에,

마침내,

침묵들의 고요한 합주 안에
거대한 녹색사막이 나타났다.

II
갑자기,
수천 명의 여성들이 모여들어
억압과 거짓의 묘목들을 뽑아버렸다.

묘목들은 갑자기 소리쳤고
딱 그만큼 갑작스럽게
부르주아들의 미소는 놀라움이 되었고,
찡그림이 되었으며, 방향을 잃어갔다.

III
진보와 과학을 부르짖던
이 체제는 의심의 눈길을 보내며
천한 용어, 욕설, 그리고 상소리로 저주하였다.

신문과 라디오와 잡지가,
인터넷과 TV가,
광고가,
말 잘하는 사업가가,
아첨쟁이 자문관이,
영리한 전문가가,

주저하는 정부가,
권리를 주장하던 중앙의 모든 극단주의자들이
한목소리, 메아리로 화답하며,
자본을 방어하기 위해
모여들고 선언한다.
"그들은 침묵을 깨뜨릴 수 없다!"
그리고 참수형을 부르짖었다.

갑자기
더할 나위 없이 갑자기
수천 명의 여성들이
침묵을 깨뜨렸다.

바로 그날,
아라크루즈의 땅이라 불리던 곳에서,
비아캄페시나의 여성들은
우리의 몸짓이 되었다.
우리의 목소리가 되었다.

- 출처: 「여성농민과의 연대를 위한 남녀 성명서」(www.viacampesina.org/).

농민이 주도하는 연구와 발전을 위한 연대의 수립 가능성을 탐색하기 위해 몇몇 NGO들과 접촉했는데, 12명의 비아캄페시나 대표단 중 단 3명만이 여성이었다(Toner, 2002). 2002년 요한네스버그에서 열린 '지속가능 발전을 위한 세계정상회의'에 참가한 38명의 비아캄페시나 대표단 중 단 4명만이 여성이었다(Via Campesina, 2002g). 현재 ICC는 남녀 동수로 구성되어 있지만, 모든 여성대표자들이 빠짐없이 모든 회의에 참석할 수 있는 것은 아니다.

여성들이 이 정도로 참석하지 못하는 이유는 여러 가지이다. 아마도 가장 중요한 것은 불평등하고 불공정한 젠더 관계를 지속시키는 이데올로기와 문화적 행태가 지속되기 때문일 것이다. 가령, 성별노동 분업으로 인해 농촌여성은 농촌조직에서 지도자로서의 지위에 요구되는 소중한 자원과 시간에 대한 접근성이 상당히 위축된다. 아동과 노인에 대한 보호는 일차적으로 여성의 책임이기 때문에, 여성들은 (말하자면) 열흘간 국제농민회의에 참석하기 위해 가정을 떠나는 것이 남성에 비해 훨씬 어렵다. 여성들에게 삼중 노동 — 재생산 노동과 생산 노동과 공동체 노동 — 이 부여된다는 것은 그녀들이 리더십 역량 강화를 목표로 한 훈련이나 학습에 참석할 시간을 거의 갖지 못한다는 것을 의미한다. 또한 여성들은 생산적이고 정치적이고 경제적인 자원에 〔남성과 동등한 수준으로〕 접근하지 못한다. 이 모든 것이 유능한 지도자가 되려 하는 그녀들의 역량에 커다란 영향을 미친다. 여성들은 여전히 공적 영역에서 남성의 지배적 위치를 드러내는 견고한 사회적 태도와 관습과 마주하고 있다. 비아캄페시나의 제1차 국제여성총회에서 지적된 바와 같이,

여성들은 여성조직 및 혼성조직에서 좀 더 많은 공간에 파고드는 데 일정한 진전을 보여왔지만, 대부분의 (전부는 아닐지라도) 사회에서 상대적으로 남성에 비해 특수하고 종속된 지위는 젠더 형평성에 대한 주요한 장애물로 남아 있다(Via Campesina, 2000i).

여성위원회 안에서의 활동도 원만한 진행은 요원해 보였다. 비아캄페시나의 여성들은 자신들 내부에도 파괴적인 권력투쟁이 존재함을 잘 알고 있다(Via Campesina, 2000h). 또한 여성들 역시 문화적 무감각으로 이어질 수 있는 자신의 문화적 편견과 이해부족에 늘 깨어 있는 것도 아니었다. 몇몇 대표자들은 일부 아시아 국가의 상이한 젠더 역학관계를 이해하는 것을 어려워했다. 아시아의 몇몇의 여성대표자들은 비록 비아캄페시나의 여성회의라도 남편이 동행하지 않는 회의 여행을 허락받지 못했다. 그 결과 제1회 여성총의와 제3차 국제회의 준비를 위해 조직된 비아캄페시나의 '대륙 간 여성농민 워크숍'에서, 아시아의 젠더 역학관계를 이해할 기회가 부족했던 한 라틴아메리카 대표자가 공개적으로 라틴아메리카 지역이 아시아보다는 성평등 문제에 있어서는 더 진보적이라고 주장하였다. (결국 그녀는 조직에 의해 교체되었다.)

여성위원회는 풍부한 문화 교류를 경험하고 다양한 영역에서 젠더 관계에 대한 깊은 이해와 분석을 할 수 있는 기회를 제공하였다. 그러나 여전히 모임은 기대만큼 성공적이지만은 않았다. 라틴아메리카 대표단들은 이미 〔여성총회〕 전에 회의를 갖고, 보다 구체적인 제안서를 가지고 방갈로르에 왔다. 그들은 여성총회가 특수한 요구들을 표명하고 전략을 정리하는 단계로 보다 신속하게 이동하기를 원했다. 이러한 행동은 비아캄페시나 내에서 라틴아메리카 조직의 장점과 공헌과 열정을 보여주는 것이기 때문에 반드시 부정적인 것은 아니었다. 그러나 목소리가 크고 보다 결과지향적이었던 라틴아메리카 대표자들이 여성총회를 주도하게 됨에 따라, 그들은 인내의 부족을 드러내고 회의의 속도에 좌절하곤 하였다. 결과적으로 이러한 상태는 실질적으로 몇몇 참가자들을 침묵하게 했고, 특히 보다 수용적인 문화적 방식으로 이 회의에 참석했던 아시아 여성들에게는 기회가 덜 주었다. 이는 다른 지역에서 온 조직들 간에 인종 및 문화적 편차에 대한 더 많은 이해가 필요함을 보여준다.

만약 방갈로르 행사 전에 여성위원회가 면대 면 준비회의를 열었더라면 이러한 문제들의 상당수는 피할 수 있었을 것이다. 브라질리아에서 열렸던 '라틴아메리카 여성농민회의'에 참석했던 참가자들은 한두 차례의 준비 단계를 조직하는 것이 중요하다고 강조했다. 그들의 경험은 이러한 사전 활동이 라틴아메리카에서 여성회의의 성공에 크게 기여했음을 보여준다. 사전 활동은 문화적 다양성을 더욱 잘 이해할 수 있도록 돕고, 다른 지도자들의 안면을 익히고, 응집력 있는 팀워크를 다질 수 있도록 돕기 때문이다(Desmarais and Wiebe, 1998: 5). ICC가 국제회의 직전에 그러하였듯, 여성위원회가 사전 준비를 하기에 충분한 자금이 있었더라면, 방갈로르의 여성총회는 아마도 훨씬 통일성 있는 행사가 되었을 것이다.

비아캄페시나를 괴롭히는 또 다른 한계와 약점들은 대부분 제도적으로 추동된다. 대부분의 ICC 위원들은 자신들의 권역 활동만을 책임지면 되지만, 지역코디네이터의 역할과 전세계를 포괄하는 여성위원회의 코디네이터를 병행하는 NFU의 경우는 업무 하중이 두 배가 된다. NFU가 이러한 책임감을 감당하는 지도적 역량은 상당 부분 '옥스팜글로벌농업프로젝트'가 제공하는 기술자문의 도움을 받았다고 하지만, 제한된 인력과 재정으로 조직을 책임지는 것은 여전히 부담스러운 일이었다.

따라서 ICC의 권역별 코디네이터와는 달리, 여성위원회의 대표자는 틀락스칼라[의 제3차 국제회의]에서 선출되지 못했다. 실제로 여성위원회의 대표자의 임명, 선택, 혹은 선거를 위한 어떠한 공식적 과정도 정해지지 않았다. 여성과 남성들이 권역별로 이미 잘 조직화된 지역에서는 민주적인 과정이 진행되었다. 예를 들어, CPE, ASOCODE, WINFA는 [문제없이] 여성대표를 선출하거나 임명하였다. 하지만 권역 단위 활동이 이제 막 시작된 지역들에서는 권역코디네이터로 하여금 자신의 조직에서 협의가 이루어지도록 임명권을 남겨두었다. 틀락스칼라에서 특별위원회의 구성이 결정된 후 만 1년이 지난 후에도, 단지 네 개 권역만이 여성대표자를 선출하였다. 이 중 한 지역의 여성대표자는 내부투쟁의 결과로 ICC 권역코디네이터에 의해 그녀의 조직에서 방출되었다. 이 사건은 그녀가 임명된 지 1년 만에 벌어졌고, 이후 그녀의 대체 인물은 한참 동안 선출되지 못했다. 다음 회기에서도 그 지역의 여성대표자 자리는 공석이었다.

다소 비공식적인 선발 과정으로 인해 임명된 대표자가 이번 회의에 참석했더라도, 다음 회의에선 새로운 인물이 나타나곤 했다. 실제로 여성위원회가 열릴 때마다 언제나 신규 대표자가 자리에 앉아 있었다. 이는 책임성과 정당성의 부족을 야기했을 뿐 아니라, 보다 중요하게 위원회의 지속성에서 심각한 결함으로 작용했다. 결과적으로 여성위원회는 상당한 시간을 신참자 교육에 소비하였기 때문에, 많은 성과를 이루지 못하였다. 이러한 모순은 또한 강하고 집결된 그룹을 세우기 위한 여성위원회의 역량을 침해하였다. 이와 같은 특징은 ICC의 경험과는 극적으로 달랐다. ICC의 구성원들은 수년 동안 집단적으로 함께 일한 경험들을 축적해오면서, 개인이자 지도자로서 상대방을 알아나갔고, 그 결과 우정과 믿음과 존중의 관계를 공고히 할 수 있었다.

여성위원회가 실제로 명백하게 '제도화되지' 못한 까닭에, 결과적으로 여성위원회와 CLOC 여성지도자들 사이에 갈등과 긴장이 발생하였다. CLOC에 소속된 대부분의 조직들은 비아캄페시나에도 참가하였다. 두 운동단체는 유사한 관점과 목표를 지니고 있다. 그러나 비아캄페시나는 지구적 수준에서 활동하는 반면, CLOC의 기능은 라틴아메리카 안에서만 작동하였다. 라틴아메리카에서 CLOC는 비아캄페시나와 어떤 면에서는 구조적으로 다르고, 또 다른 면에서는 중첩되는 권역구조를 가지고 있다. 때때로 이것은 문제를 불러일으킨다, 예컨대, 이 두 조직은 '식량주권의 최전선에서 선 여성농민'이라는 잘 짜인 프로젝트를 같이 수행하였고, 이 프로젝트는 결과적으로 비아캄페시나와 CLOC의 여성위원회의 구성으로 이어졌다. 하지만 한정된 기금이라는 상황에서, 비아캄페시나의 구조를 CLOC의 구조 위에 놓으려는 시도가 벌어지자 문제가 발생하였다. 일례로, 비아캄페시나의 기금이 이 확대된 위원회의 비용을 처리할 만큼 충분치 않게 되자 비아캄페시나의 여성위원회는 계획 및 조정 회의에 자신들의 대표자 참가를 보장하기 위해 노력했다. 한편 CLOC도 동일한 목표를 위해 일하고 있었다. 나아가 일부 CLOC 소속 여성농민들은 자신들의 조직이 실제로 라틴아메리카에서 비아캄페시나를 대표하는 지역 단체로 인정받아야 하며 비아캄페시나 여성위원회는 외부에서 만들어지고 부과된 구조라고 주장하였다.

흥미롭게도, CLOC와 비아캄페시나의 다른 구조의 남성들 사이에서는 두 운동 사이에서 발생하는 긴장이 문제로 비춰지지 않았고, 비아캄페시나 국제회의의 아젠다로 구조의 변화를 요구하는 제안도 제시된 적이 없었다. 익명을 바라는 한 여성농민에 따르면, 몇몇 여성들 사이에서 발생한 지역적 경계와 조직적 구조를 둘러싼 긴장은, CLOC 자체 내에서의 내부권력투쟁과 젠더 간 역학관계와 깊은 관련이 있을 것이라 말하였다. 당시 CLOC는 짧게나마 활동과 조직이 축소되는 시기를 지나고 있었기 때문이다.

비아캄페시나가 국제적 수준에서 여성농민지도자들에게 광범위한 문제에 대하여 주장을 펼치고 집합적 행동을 수행할 수 있는 기회를 제공한 것은 분명하다. 회의와 워크숍과 국제회의와 교류를 통해 여성들은 성공적으로 공동의 기반을 수립하였다. 여성위원회를 통해 비아캄페시나에서 여성의 참여는 증가하였고 여성대표자의 수도 증가하였다. 여성들은 남성 파트너들과 마찬가지로 정책개발과 집합적 행동에 참가하였다. 하지만 여성위원회를 제도화하려고 했던 최초의 시도가 실패하면서 비아캄페시나의 남녀 동수의 목표 달성은 크게 방해받았다. 비아캄페시나는 마침내 ICC 위원들이 남녀동수가 되도록 구조를 변화시켰지만, 이 구조가 실제로 젠더 형평성의 실천으로 이어질 수 있을지 여부는 좀 더 관찰이 필요하다. 오늘날에도 생산적이고 정치적이며 사회적인 자원에 대한 여성의 접근과 통제에 존재하는 불평등은 비아캄페시나 내에서 여성의 평등한 참여와 대표성 획득에 중요한 장애물로 남아 있다. 여러 면에서 비아캄페시나가 젠더 형평성 달성에 성공할지 여부는, 우선적으로 젠더 형평성의 장애물을 제거하려는 지역 및 국가 수준의 조직들의 지속적이고 일치된 노력에 달려 있다.

권역으로의 결집 — 가장 강하거나 가장 약한 연대

비아캄페시나가 국제무대에서 사회 변화를 위한 실질적 권력이 될 수 있는 능력은 권역 수준에서 함께 활동하는 힘 있는 지역 및 국가 수준의 농민조직에 달려 있다. 효율적이며 응집력 있는 권역의 발전은 지속적인 의사소통, 조정, 공개된 토론, 협의, 전략적 계획을 필요로 한다. 다시 말해, 헌신과 (아마도 가장 중요하게는) 의사결정의 구조와 과정을 존중할 때 가능하다는 것이다. 이런 종류의 구조는 몇 가지 가정을 전제로 한다. 예를 들면, 한 권역에 속한 국가별 조직들은 원활하게 협업할 것이고, 권역들은 자신들의 활동을 계획하고 유지하고 강화할 수 있는 자원을 잘 찾아낼 수 있어야 한다. 비아캄페시나에게 이러한 조건들은 가장 중요한 도전과제의 일부이다.

어떤 한 조직이 비아캄페시나에 가입하려고 할 때, 그 예비 조직이 포함된 권역의 회원조직들은 신청서를 평가하고, 승인 유무를 결정한다. 권역에서는 ICC에 새로운 구성원의 가입을 통보한다. ICC는 새로운 회원 조직을 임시로 승인하는데, 공식 승인은 4년마다 열리는 국제회의에서만 이루어진다. ICC는 필요에 따라 권역의 결정에 개입하거나 파기할 수도 있지만─물론 이 행동 역시 국제회의에서 확정되거나 거부될 수 있다─이로 인해 생길 수 있는 갈등 때문에 그러한 일은 거의 발생하지 않았다. 이처럼 가입 과정은 국가와 권역 수준의 의사결정에 더욱 좌우된다. 이는, 기존 회원조직─특히 같은 국가의─이 가입 신청을 한 조직들의 역사와 정치에 더 익숙하고, 따라서 그 조직들이 비아캄페시나의 이상과 원칙을 진정으로 구체화할 수 있을지 여부를 더욱 잘 판단할 것이라는 점을 존중하는 것이다.

〔비아캄페시나의〕회원가입의 메커니즘은 비아캄페시나를 왜곡하거나 전복시키거나 손상을 입히고자 하는 조직들의 가입을 막는 데 도움이 된다. 하지만 이러한 가입 절차는 또한 운동에 의미있는 기여를 할 수 있는 조직의 참여를 제한하는 데 활용될 수도 있다. 예컨대, 수년간 비아캄페시나는 아시아에서의 조직 확대를 우선순위에 놓았지만, 가입에 관심을 가졌던 상당수의 남아시아 소작농조직들은 권역 수준에서 자신들의 요구가 차단되고 있음을 알게 되었다. KRRS의 한 분파의 대표인 K.S. 푸타니아는 이것에 대해 내부분열과 특수한 리더십 스타일이 문제라고 강조한 반면, M.D. 난준다스와미는 정치적 차이 및 권역의 조정과 의사소통을 하기엔 불충분한 자원이 남아시아에서 회원가입률이 낮

은 가장 큰 이유라고 강조하였다.

　다른 권역에서는 이미 회원자격을 가진 일부 국가단위 조직들이 비아캄페시나에 적극적으로 참여하기를 원했지만, 동일 권역내 다른 회원 조직의 저항에 직면한 경우도 있었다. 예컨대, 비아캄페시나 창립회원인 코스타리카 전국소농연합UPANACIONAL은 두 가지 문제를 ICC에 통보해왔다. 첫째, 전반적으로 비아캄페시나에 대한 정보를 거의 받고 있지 못하다. 둘째, 중앙아메리카의 운동 대표단에 참여해 달라는 초대를 거의 받지 못했다.[7] 의심의 여지없이 문제의 핵심은 1990년대 후반 중앙아메리카 비아캄페시나의 권역코디네이터인 ASOCODE의 내부 위기 때문이었고, 결국 UPANACIONAL은 권역조직을 탈퇴하였다. 비아캄페시나의 회원자격을 지녔음에도 UPANACIONAL은 거의 모든 면에서 비아캄페시나의 활동들로부터 실질적으로 배제당하고 있었던 것이다. 비아캄페시나 운영사무국이 UPANACIONAL의 문제제기에 대응했지만, ICC는 결국 이 사안에 대처하는 데 실패했다. UPANACIONAL이 제3차 국제회의에 불참한 이유는 이것 때문이었다.

　권역들은 역량면에서도 상당한 편차를 보이는데, 이는 일정 정도 역사적 문제이다. 일부 권역은 비아캄페시나 창립 이전부터 이미 권역 수준에서 활동하는 조직들이 존재했지만, 다른 곳들은 그렇지 못했다. 가령 CPE는 〔이미〕 1986년에 서유럽 전역의 참여 조직들 간의 의사소통과 조정과 협력을 위한 구조와 메커니즘을 수립하였다. ASOCODE도 1991년에 설립된 권역 수준의 조직으로, 비아캄페시나 가입 전에 이미 2년 이상 권역 활동의 경험을 가지고 있었다. 반면 북아메리카의 농업조직들 사이에서는 NAFTA에 대한 공동저항을 통해 다른 조직들을 알아가려는 노력조차 거의 시도되지 않았다. 카리브 지역에서는 스페인어, 불어, 영어 사용지역들 간의 상호작용이 거의 없었다. 아시아의 두 권역은 실질적으로 권역 내 상호작용의 역사가 존재하지 않는다.

비아캄페시나는 아직도 이러한 권역 간 차이를 충분히 다루고 있지 못하다. 비아캄페시나의 기술자문인 니코 버하겐의 설명에 따르면, 비아캄페시나는 권역별 회의를 위해 기금을 할당하고 아시아 권역에는 특히 직접 자원을 투입하고 몇몇 조직의 기금 조성 노력을 지원하기도 했지만, 전반적으로 이러한 노력들은 한계가 있었다. 권역별 역량 강화는 여전히 주요한 과제이다. 비아캄페시나의 '3개년 계획(1999~2001)'은 각 권역 내에서 원활한 조정과 의사소통을 보장하기 위해 8개 권역 모두에 권역별 사무국을 설립할 필요가 있음을 강조한다(Via Campesina, 1998b). 하지만 2003년까지 비아캄페시나는 이러한 노력에 실질적인 자원을 배분하지 못했다. 대신에 권역별 강화는 이러한 목적을 위해 자금을 운용할 수 있는 각 권역의 능력에 거의 의존할 수밖에 없었다.

일부의 경우이지만 성공한 사례도 있다. 3년간 UNORCA 사무실에는 직원이 상주하였고, NFU도 기술자문격의 직원을 제공받았다. 하지만 남아시아에서는 권역코디네이터인 KRRS가 전적으로 회원과 자원활동가인 지도자들의 회비에 의존했기 때문에 이런 일이 전혀 일어나지 않았다. KRRS는 또한 NGO와 같은 외부자원으로부터 기금을 보장받아 본 경험도 전무했다. 니코 버하겐이 지적하였듯이, 이는 단순히 경험 부족의 문제가 아니다. 인도의 경우에, 농민조직들이 해외 지원금을 받는 것은 허용되지 않는다(그들은 그것을 원해도 안 된다). 즉, 그들은 NGO를 통해 혹은 비아캄페시나가 그 나라에서의 활동을 책임지는 경우에만 간접적으로 기금을 수령할 수 있다는 말이다. 동아시아 및 동남아시아 권역의 상황은 인도네시아농민조합연합FSPI이 권역코디네이터로 선출 된 이후에 개선되었다. 재원이 충분치 못했던 전임조직인 태국의 빈농회Thailand's Assembly of the Rural Poor와는 달리, FSPI는 비아캄페시나 활동을 전담할 수 있는 직원을 한 명 배치하였다.

불균등한 권역별 상황으로 인해 여러 면에서 비아캄페시나 내에서 라틴아메리카 권역의 중요성이 돋보였다. 예컨대, CLOC는 라틴아메리카에서 농민, 농업노동자, 토착민 조직들 간의 연대를 강화하는 데 지대하게 공헌하였다. CLOC의 회원들이 대부분 비아캄페시나 조직들이었다는 점에서, 라틴아메리카에서의 협동과 협력의 강력한 관계는 CLOC의 회의, 총회, 교류회 및 공동이슈에 대한 공동행동을 통해 성립되었다. 아시아 권역과는 달리 라틴아메리카 내에서의 활동은 문화와 언어의 유사성으로 인해 더욱 촉진될 수 있었다. 실제로 스페인어를 사용하는 조직들이 점점 더 많아지면서, 남아메리카와 중앙아메리카와 카리브해의 비아캄페시나 조직들은 세 개로 구분된 권역이라기보다 오히려 하나의 공고한 권역처럼 활동하기 시작했다.

그 결과 비아캄페시나의 성명서나 실천의 일부는 다른 권역의 이해관계나 관심사는 배제된 채 라틴아메리카의 경험과 관점만을 반영하기도 했다. 가장 명백한 사례는 '농업개혁을 위한 비아캄페시나-FIAN 공동 글로벌 캠페인'으로, 이 캠페인에는 다수의 아시아 비아캄페시나 조직들의 참여가 보장되었어야만 했다. 가령, 2003년 6월 볼리비아에서 열린 '농업개혁과 성평등에 관한 국제 워크숍'에는 아시아 여성농민이 단지 두 명만 참여한 반면, 라틴아메리카 대표자는 49명이나 되었다. 이처럼 과도하게 기울어진 참여의 역학관계는 워크숍의 결과에 영향을 미쳤다. 아시아에서 경험할 수 있는 다양한 토지점유권, 토지 사용, 토지권의 문화적·젠더적 측면을 논의할 공간은 거의 할당되지 않았다. FSPI의 지도자이자 비아캄페시나 운영사무총장인 헨리 사라기는, 제3차 국제회의에서 최초로 논의된 비아캄페시나의 「농업개혁에 관한 성명서」는 기본적으로 라틴아메리카의 경험을 반영하고 있으며, 동아시아 및 동남아시아 대표들이 강조한 인권의 측면은 포함되지 못했다고 지적한다. 라틴아메리카 조직들이 농업개혁에 관한 토론을 강조하는 것은, 그 지역에서 토지를 위한 투쟁의 길고도 치열했던 역사를 고려하면 확실히 이해할 만하다. 하지만 '농업개혁을 위한 글로벌 캠페인'이나 비아캄페시나의 「농업개혁에 관한 성명서」가 실질적으로 지구적 수준의 동원을 위한 도구로 활용되려면, 거기에는 다른 모든 권역의 복잡하고 다양한 역사와 경험과 관점이 보다 잘 반영되었어야만 했다.

널리 알려진 비아캄페시나의 이미지조차도 라틴아메리카의 문화적 다양성의 측면이 반영되어 있다. 녹색 농민모자, 파뉴엘로스, 구호, 그리고 MST의 제안으로 시작된 미스티카mistica〔신비로움을 의미하는 포르투갈어, 비아캄페시나의 행사가 시작될 즈음 하는 일종의 의례로 아마존 토착민들이 '어머니 지구'와 부족 간의 연계를 형상화하는 다양한 형태의 퍼포먼스다. 비아캄페시나 내에서는 소작농과 토착민들의 가치와 이상을 상징적으로 표현하는 매우 중요한 의례활동으로 인식된다 —

옮긴이)는 비아캄페시나의 트레이드마크가 되었다. 스페인어가 대표자 회의의 기본 언어가 되는 경우도 많았다. 그 결과, 북아메리카와 유럽과 아시아의 대표자들은 종종 라틴아메리카의 대표자들과 함께 주먹을 치켜들고 큰 목소리로 "라 루차 콘티뉴아!" la lucha continúa! (투쟁은 계속된다)나 "비바 라 비아캄페시나!" Viva la Via Campesina! (비아캄페시나여, 영원하라)와 같은 스페인어 구호를 외치곤 했다. 최근에 들어서야 비아캄페시나의 구호들은 태국어, 인도네시아어, 캐너다Kanada(인도 남서부 카르나타카 지역의 지방어—옮긴이)로 된 구호의 화답을 받을 수 있었다.

의심의 여지없이 운영사무국의 위치—1996년부터 온두라스를 본부로 한다—가 라틴아메리카에서 이 운동의 존재감을 강화하는 데 도움이 되었고, 사무국은 CLOC의 활동을 지원하는 데 중요한 역할을 하였다. 비아캄페시나의 정관에 따르면, 운영사무국은 다양한 권역들이 돌아가며 맡아야 한다. 제3차 국제회의 기간 동안, ICC 위원들은 다음 운영사무국이 아시아 권역 내에 자리를 잡아 아시아에서 비아캄페시나의 위상이 개선되기를 희망하였다. 여러 가지 이유에서—대부분은 KRRS와 관련된 것이었다—이러한 희망은 그 회의에서 이루어질 수 없었다. 다수의 비아캄페시나 대표단이 인도에 도착하긴 전 KRRS 내부의 긴장에 대한 루머들을 들었었다. KRRS의 의장인 난준다스와미는 이 문제에 대해 토론하거나 상황을 설명하려는 의지가 없음을 공개적으로 밝혔기 때문에, 대표단들은 각자 다른 시나리오만을 접한 채 각자의 나라로 돌아갔고, 석연찮음·의혹·불신만이 남겨졌다. 국제회의에 앞서, 난준다스와미는 10월 2일 방갈로르에서 백만 명이 참여하는 대규모 시위를 조직하겠다고 ICC에 공언하였다. 하지만 KRRS는 어디에서도 그 정도의 숫자를 만들어낼 수 없었다. 폭우로 인해 일부 KRRS 조직에서 참가가 어려워졌던 것을 감안하더라도, 일부 비아캄페시나 대표단은 낮은 참여율은 KRRS의 내부분열 때문이라 의심하였다. 많은 사람들이 분열의 정도가 난준다스와미가 설명한 것보다 훨씬 깊고 강한 것이라 믿었다. 또한 KRRS의 대표는 여성총회의 발족식에 참석할 의무가 있었지만 그의 부재로 인해 행사가 몇 시간이나 지연되다가 마지막에는 다른 남성을 대리인으로 보낸 사실로 인해, 그는 다수의 여성대표자들로부터 배척받았다. 많은 여성들은 이러한 행동이 〔자신들을〕 무시하거나 무례한 것으로 해석하였다.

동아시아 및 동남아시아 지역의 권역코디네이터로 새로 선출된 FSPI는 자신들의 조직이 운영사무국의 역할을 하기엔 국제경험과 역량이 부족하다고 여겼다. 다른 곳에서 충분한 역량이 길러지기 전까지 운영사무국은 떼구시갈파〔온두라스의 수도 — 옮긴이〕에 유지하는 것으로 최종 결정되었다. 니콜슨은 말한다. "결론은 운영사무국의 지리적 위치, 즉 방갈로르로 갈 것인가 떼구시갈파에 남을 것인가의 양단 간의 결정은 아니었다. 방갈로르에 도착했을 때 우리는 그곳에 중요한 문제들이 있음을 알았기 때문이다. 결과적으로 이러한 결정〔운영사무국의 떼구시갈파 존속〕은 투명성, 민주적 의사결정, 합의의 형성, 신뢰와 존중의 관계 형성을 포함하는 〔비아캄페시나의〕 '활동 방식'을 위한 것이었다."

라틴아메리카 권역이 비아캄페시나에 끼친 활력, 긍정성, 기여는 여기서 전혀 문제가 되지 않는다. 라틴아메리카의 의미있는 참여가 없었다면, 오늘날의 비아캄페시나가 존재하지 않았을 것이다. 하지만 아시아와 아프리카 조직들이 더욱 더 결합되면서, 비아캄페시나는 틀림없이 의미있는 변화를 경험할 것이다. 작지만 변화의 신호가 '세계식량정상회의: 5년 후'에서 나타났다. 일부 대표단은 아시아에서 디자인한 갈대로 만들어진 V자 형태의 비아캄페시나 모자를 착용하였다. 태국 대표자 한 명이 정상회의 중의 비아캄페시나 회의의 개회를 맡았다. 그는 가부좌를 틀고 앉아 우아한 손놀림으로 명상을 지도하였다.

궁극적으로 비아캄페시나가 모든 권역에서 동등한 존재감과 영향력, 권한과 참여를 보장하는 민주적 과정을 만들어내는 능력은, 현존하는 불평등을 이해하는지 그리고 이러한 문제를 해소할 수 있는 방법을 적극적으로 찾고 있는지의 여부에 달려 있다. 더 나아가, 비아캄페시나가 새로운 조직을 회원으로 얼마나 성공적으로 받아들이느냐의 문제는, 기존 회원조직이 '문지기 노릇' 하는 것을 제어할 수 있는 메커니즘에 달려 있다. 대부분의 국가와 권역별 긴장과 갈등이 바로 여기에 존재하고 있다.

"땅과 식량과 존엄과 삶을 위해 투쟁을 조직하자"

비아캄페시나가 지속적으로 성장하고 연대 강화를 위해 일하게 되면서, 내부 비판과 갈등은 보다 분명해졌다. 비판과 갈등은 제3차 국제회의에서 크게 부상하였고, 운동의 주요 내부 갈등이 드러났다. 신속하게 비아캄페시나는 내부로 눈길을 돌렸다.

출범회의로부터 10년이 지난 후인 2003년 6월, 7개 권역에서 온 다섯 명의 대표자가 비아캄페시나 전략회의를 위해 벨기에 나토에에 모였다. 비아캄페시나는 9·11 테러 후의 비판들의 지구적 맥락들을 확인하고, 다양한 측면에서 내부 기능을 평가하고, 우선순위를 정하고, 내부 결집과 조직 강화를 위한 전략을 개발하였다(Via Campesina, 2003a, 2003b). 참가자들은 다양한 〔조직의〕 결점들을 다음과 같이 확인하였다. 1) 지속적인 정보공유의 부족과 약한 의사소통과 조정기능은 투명한 의사결정이라는 운동의 목표와 모순된다. 2) 소수의 지도자에게 전문성과 책임이 집중되는 것은 가시성과 권력의 집중으로 이어진다. 3) 권역 활동과 주제별 활동을 위한 (인적·물적) 자원이 너무 부족해서 모든 수준에서의 비아캄페시나의 존재감과 효율성도 약화된다. 4) 젠더 형평성과 청년층의 약화는 운동의 비전과 분석을 확실히 좁게 만든다. 이 만남의 결과를 수합하여 「제4차 비아캄페시나 국제회의의 토론 주제와 이슈들」이란 문서가 만들어졌으며, 이 문서는 2004년 브라질로 예정된 비아캄페시나 제4차 국제회의의 준비와 토론 확대를 위해 8개 권역에 배포되었다(Via Campesina, 2004a).

4차 국제회의에 앞서 집중적인 협의의 준비과정을 가진 것은 의미가 있었다. 무엇보다도 비아캄페시나의 입장과 전략과 내부 역학관계에 대한 토론이 국제적 리더십과 국가단위 지도자들을 넘어서면서 실질적인 탈집중화가 일어났다. 각 권역 안에서 더 지역적인 기반을 지닌 지도자들과 그룹들은 다음과 같은 질문을 던지기도 했다.

- 우리의 공통된 가치는 무엇인가?
- 국제적인 실천 아젠다를 어떻게 지역 수준의 투쟁과 연계시킬 것인가?
- 국가별 정보와 국가별로 작성된 제안들을 어떻게 권역 및 국제적으로 유통시킬 것인가?
- 여성과 청년들의 비아캄페시나 참여를 어떻게 강화할 것이며, 비아캄페시나의 활동과 입장에 어떻게 그들의 이해관계를 통합시킬 것인가?
- 국제적 수준의 조직화된 동원을 수행하는 최선의 방법은 무엇인가? 볼리비아와 멕시코와 인도와 브라질의 조직화 방식이 다 다르다. 우리는 공동된 형태 혹은 스타일의 동원방식을 찾아야 하는가? 아니면 각 조직이 스스로 각자의 방식을 결정하는 것이 옳은가?

(Via Campesina, 2004a: 47-49)

각 권역들은 미래의 비아캄페시나를 위한 권역 내 행동계획을 발전시키는 과정에서 강화되었고, 새로운 조직들이 연대에 참여했으며, 그 결과 비아캄페시나의 관점과 분석은 확대되었다. 궁극적으로 준비 과정은 비아캄페시나를 전체적으로 강화한다. 권역 수준에서 잘 준비된 토론의 과정을 거친 참가자들은, 내적으로 그리고 외적으로 중요한 진전을 만들 준비를 갖추고 제4차 국제회의에 도착하였다.

"땅과 식량과 존엄과 삶을 위해 투쟁을 조직하자"라는 제목의 현수막 아래, 비아캄페시나의 제4차 국제회의는 농가들의 생존에 어두움을 드리고 있는 국제기구들과 그들의 정책에 강력하게 대항하는 입장을 취하였다(Via Campesina, 2004c, 2004d). 비아캄페시나는 "WTO는 농업에서 빠질 것"과 국가별 중앙정부들은 민중의 식량주권을 위한 가시적인 대안을 강구할 것을 요구하면서, 신자유주의에 근본적으로 대응하며 거리로 나갈 것을 맹세하였다.

농업생명기술에 관한 FAO의 최근 보고서를 분석한 후, 비아캄페시나는 FAO의 입장이 소농들에게 치명적인 공격을 가하고 있다고 선언하고, FAO는 공개적으로 세계 기아의 해결책으로 GMO를 권장하는 입장을 철회하라고 요구했다. GMO를 반대하면서, 비아캄페시나는 글로벌 종자 캠페인에 대한 지원을 재개하였다.

주제별 국제위원회의 재활성화와 강화를 위해 노력하면서, 비아캄페시나 국제회의는 7개의 핵심 이슈 ― 식량주권과 무역자유화, 생물다양성과 유전자원, 농업개혁, 성평등, 지속가능한 소농, 인권, 이주와 농업노동자 ― 에 대한 성명서와 미래 행동계획을 결정하였다. 다른 대륙의 조직들과 긴밀하게 협력해온 미국의 '국경 농장노동자 프로젝트' Border Farmer Workers Project와 결합함으로써, 이제 비아캄페시나는 이주 자체와 이주 농업노동자의 권리에 대해 더 집중할 수 있게 되었다.

비아캄페시나에 있어서 가장 주요한 문제 중 하나는 토지에 대한 접근에 있다. 농지를 소유하지 못한 소작농은 시장에 내다 팔 식량을 기를 수도 없고 종자를 걱정하며, 소농은 안정된 토지점유권이 필요하다. 세계은행의 시장보조 농업개혁 과정과 토지 투쟁에서 발생한 인권 침해와 같이 일부 국가의 농민들이 겪은 부정적인 경험들에 근거하여, 비아캄페시나는 시급한 대안의 필요성에 목소리를 높였다. 비아캄페시나는 1999년 시작된 '농업개혁을 위한 글로벌 캠페인'의 강화와 확대를 맹세했다. 동아시아 및 동남아시아 권역의 상당한 노력에 힘입어, 농업개혁은 이제 인권의 관점에서 더 나은 개념을 획득하였다. 유엔인권위원회에 농민헌장 혹은 농민선언을 만들라는 비아캄페시나의 탄원서에서 농업 자원에 대한 농민의 권리가 핵심을 차지했다.

성평등을 위한 책무를 실천하기 위해, 비아캄페시나의 제4차 국제회의 직전에 제2차 국제여성총회의 숙의 과정이 이루어졌다. 제2차 여성총회는 여러 가지로 괄목할 만큼 성장하였다. 1) 모든 권역의 여성들은 모든 토론에 참가하였다. 2) 패널들은 모든 권역의 상황을 설명하였다. 3) 여성총회에서는 다양한 문화적 교류 — 특히 춤, 음악, 노래 — 가 수행되었다. 2000년 국제회의 이후로 비아캄페시나는 ICC에 모든 권역의 남자대표 한 명과 여자대표 한 명이 선출되면서 지도부에서 남녀동수의 목표를 보장하였다. 하지만 제2차 여성총회의 대표자들은 공식적 남녀동수 목표달성은 충분하지 않다고 강조하였다. 여전히 세계 전역의 농업 정치에서 남성중심적 영역이 존재한다는 점을 고려할 때, 비아캄페시나는 지역과 국가와 대륙과 국제 수준에서 여성의 형평성을 보장하기 위해 노력이 필요하다.

또한 비아캄페시나는 활기찬 농민과 농촌문화 그리고 농사를 유지하기 위해, 청년층의 중요성을 절실히 인식하고 있었다. 청년층의 참여와 대표자를 늘리기 위해, 비아캄페시나의 4차 국제회의에서는 제1회 국제청년총회를 개최하였고, 여기에 35개국에서 온 92명의 대표자가 참석하였다. 청년층은 회의장을 상상력과 창조성, 에너지, 노래와 춤으로 채웠으며, 언어의 장벽을 효과적으로 무너뜨렸다. 청년층의 정치적 메시지 또한 명백하게 전달되었다. 그들은 땅에 머물며 식량을 생산하기를 원한다고 말하고, "다른 농업은 가능하다"고 외쳤다. 비아캄페시나를 통해 그들은 이를 현실화시킬 수 있도록 국제적으로 조직화된 것이다.

비아캄페시나에 가입하려는 요구들도 증가하였다. 제4차 국제회의에서는 공식으로 아프리카가 제8의 권역으로 통합되었다. 현재 여기에는 말리, 모잠비크, 세네갈, 마다가스카라, 남아프리카공화국의 조직들이 포함된다. 4차 국제회의에서는 새롭게 42명의 신규 조직이 이 운동에 결합하였고 — 이 중 절반 이상이 아시아 조직이다 — 운영사무국이 떼굴시갈파에서 자카르타로 이동되었다. 의심할 여지없이, 아시아에서 비아캄페시나의 존재는 상당히 강화될 것으로 기대된다.

4차 국제회의는 매일 아침 권역별로 한 조직씩 연극이나 춤이나 노래를 통해 자신들의 역사, 농민의 뿌리, 현재의 투쟁을 표현하는 것으로 하루를 시작하였다. 이러한 미스티카는 언어의 장벽 해소, 종자의 문화적 중요성에 대한 강조, 작물재배의 의례들, 그리고 거대한 적으로부터 생존하기 위한 투지, 억압과 탄압의 역사라는 공통의 기반을 만드는 데 도움이 되었다. 국제회의의 발표는 종종 다수의 대표자들이 일어서서 다양한 언어로 구호를 외치는 행동에 의해 중단되곤 하였다. 패널 토론에는 다양한 세계의 노래들이 덧붙었다. 국제회의는 모든 참가자들이 브라질 및 동티모르의 음악에 맞춰 다 함께 춤을 추면서 마무리되었다. 제5차 WTO 각료회의 중간에 분신한 한국의 농민지도자, 고故 이경해 열사를 추모하기 위해, 비아캄페시나는 WTO에 반대하여 항의하는 국제적인 날인 9월 10일에 서울에서 식량주권을 위한 대규모 시위를 펼칠 것을 맹세했다. 4차 국제회의에 참석한 참가자들은 국제적 수준에서 이토록 강력한 공동체의식을 경험한 것이 처음이었노라 말하였다. 비아캄페시나는 다양성을 수용할 준비가 되어 있었고, 타자의 경험으로부터 배우려고 했으며, 상이한 리더십 스타일에 개방적이었다. 그리고 비아캄페시나의 지리적, 문화적, 정치적 존재감을 확대할 준비가 되어 있었다.

국제적 농민운동을 만들어 가는 길에서, 비아캄페시나는 중요한 도전에 직면해왔다. 이 운동은 자율을 꿈꾸었으나 외부적 요인들에 크게 영향을 받기도 했다. 이 운동이 걷는 길은, 정치경제적 제약들이 사회운동의 집합적 정체성과 전략과 행동을 규정하는 너무도 현실적인 세계였기 때문이다. 농민운동 자체의 역학관계 또한 그들이 걷고 있는 경로에 영향을 미친다. 차이와 논쟁과 갈등은 예나 지금이나 갑작스레 불타오르곤 하기 때문에, 내부 투쟁은 이 여행의 일부가 되었다. 동시에 비아캄페시나는 젠더 형평성을 달성하기 위한 구체적인 단계를 밟아오고 있다. 또한 권역 및 국가별 차이와 갈등에 대처하는 단계도 밟고 있다. 제4차 국제회의의 일환으로 포함되었던 사전 준비의 과정은 지역 및 국가별 조직들로 하여금 식량주권을 수립하기 위한 최선의 방법에 대해 주의 깊게 성찰하도록 도와주었다. 이러한 활동 안에서 하나가 된 비아캄페시나는 다양성 안에서의 단결, 그리고 공동체의 성장을 위한 굳건한 노력을 반복하고 있다.

07

비아캄페시나의 의미에 대한 성찰

농민은 농촌에서 온다. 거기엔 언제나 농민들이 있었다. 투자자, 산업가, 정당 같은 것은 과거에 없던 것들이다. 농민들은 항상 존재했고, 앞으로도 항상 존재할 것이다. 농민들은 절대로 사라지지 않을 것이다.
마르첼로 카레온 문도, 전前 UNORCA 전국위원회 위원, 멕시코 마야지역 에히도 산림생산자조직의 지도자

남반구와 북반구의 농가들은 공통의 기반을 확립하고 집단적인 농민 정체성을 발전시킴으로써 기업 중심의 신자유주의적인 농업모델의 확산에 대해 대응해왔다. 그리고 그러한 가운데 비아캄페시나가 강력한 세계화의 힘에 대한 대안을 건설할 수 있었다. 비아캄페시나의 경험은 지난 10여 년 동안 소작농과 농민들의 역할과 세계화에 대한 대응에 대해 많은 것들을 말해준다. 또한 농업과 발전, 초국적 사회운동 간의 관계에 대해서도 마찬가지다.

월든 벨로(Bello, 2003)는 초국적인 운동이 효과적으로 행동할 수 있는 능력은 대개 집합적으로 현재의 전지구적 맥락을 분석하고, 전략적인 목표와 목적을 규정하며, 적절한 전략과 전술을 가다듬을 수 있는 역량에 달려 있다고 주장한다. 이는 또한 포괄적인 민주적 의사결정과 참여를 보장할 수 있는 구조, 과정, 메커니즘을 발전시킬 수 있는 운동의 능력에 결정적으로 달려 있다(Eschle, 2001a). 그리고 난 다음에야 지속적으로 정확하게 그 구성원들의 이익과 관심을 대표할 수 있게 된다.

먹을거리 정치에 대한 검토는 농민조직, 국가, 국제기구, 초국적 농기업 및 기타 사회적 행위자들 사이의 권력관계의 역동성을 바라보는 것으로 그치지 않는다. 이는 또한 운동 자체 내부의 권력관계에 대한 검토를 필요로 한다. 이 과정에서 가장 중요한 것은 전세계 농민단체들이 농촌공동체의 복리를 보장하고, 대안적 발전모델을 협상하기 위해 함께 노력하는 방식이다.

사회운동의 문화정치는 복잡하다. 이를 이해하기 위해서는 먼저 일상에 대해 면밀한 관심을 기울여야 한다. 이는 사람들의 일상생활에 미치는 외부적인 힘의 영향과, 그러한 힘들이 매일 작용하는 세상을 운동이 어떻게 재구성하는지 이해하는 것을 뜻한다. 따라서 저항은 가시적인 대치전선을 넘어서, 전통, 문화, 그리고 세상이 어떠해야 한다는 대안적 비전에 기초한 전략을 포함하면서 확장된다. 이러한 점에서, 저항은 집합적인 정체성을 구축하고, 집합적인 목소리를 발전시키고, 사회적이고 정치적인 공간을 만들어나가는 등 다양한 범위에 걸친 실천들을 포괄한다. 운동이 스스로를 조직하는 방식 또한 문화정치에 있어서 중요한 훈련이 될 수 있다. 효과적인 변화를 위해서는 포용과 참여를 통해 다른 방식으로 '정치를 하는' 것이 필요하기 때문이다. 이러한 접근방식은 지배적인 구조와 과정의 배타적인 정치에 대해 직접적인 도전을 제기한다. 달리 말하면, 점차 배타적이 되어가고 동질성이 강요되는 세계질서에 대항하는 사회운동이 효과적인 참여를 옹호하고 다양성을 포용함으로써 전선을 구축하려고 한다면, 이러한 가치를 반영하는 내부적인 과정을 만들어가야만 한다. 포용과 다양성은 내부적인 의사결정 과정 속에서 획득되어야 한다. 운동의 변혁적 잠재력은 운동 내부의 권력관계뿐만 아니라 운동이 작동하는 사회적·정치적 맥락 속의 권력의 역학관계 양자 모두에 의해 크게 영향을 받는다.

특별한 정치적 순간

1993년 비아캄페시나가 등장한 이후에 신자유주의 세계화는 더욱 심화되었고, 저항운동도 이제는 훨씬 조직화되고 조율되었으며 가시적인 존재가 되었다. 이러한 운동들은 이제 세계사회포럼과 대륙별 포럼들처럼 스스로 대안을 논의할 수 있는 독자적인 국제적 공간을 확립하였다. 2001년 포르투알레그레에서 열린 세계사회포럼에는 1만 명 이상의 참가자가 모였다. 2002년에는 그 수가 5만 명으로 늘었다. 포럼의 기록은 계속해서 갱신되었다. 2003년에는 10만 명을 넘어섰고, 2005년에는 15만 명 이상이 되었다. 세계사회포럼의 대륙별 포럼들도 이제 전세계적으로 조직되고 있다. 지역, 국가, 국제 수준에서 저항운동들이 활발하며, 시민사회의 여러 부문들 간의 조정 역시 점점 더 나아지고 강력해지고 있다(Via Campesina, 2003a). 상이한 부문들 간의 참가가 강화되고 있고, 항의의 행동들은 같은 날 전세계 여러 지역에서 동시에 일어날 수 있을 만큼 분산되면서도 조율되고 있다.

    미국이 주도한 이라크 전쟁에 대항하여 글로벌 정의운동과 평화운동이 수렴되었으며, 수백만에 달하는 모든 계층의 민중들이 전세계 도시들의 거리에서 행진할 때 그것이 지닌 힘이 분명하게 입증되었다. 2001년 9월 11일 테러리스트들의 공격 이후에 강화된 안보조치와 전세계 여러 지역들에서 반대자들에 대해 (몇몇 경우에는 가혹한) 진압이 있었음에도 불구하고 저항은 여전히 강력했으며, 글로벌 정의운동이 거의 사라졌다는 『이코노미스트』의 2004년 예측 ─ 아마도 이들이 원했던 ─

에도 불구하고 오히려 저항은 점점 커져가고 있다.

분명 농민들의 시위도 약화되지 않고 계속되고 있다. 가령, 2002년 10월 말 중남미 농민단체와 토착민 단체들은 키토의 거리에서 범아메리카자유무역협정FTAA에 반대하고 협상가들과의 면담을 요구하는 행진에 참여하였다. 2003년 1월 13일 볼리비아 농민단체와 노동단체들은 FTAA를 거부하고 볼리비아의 천연가스를 미국과 칠레의 이익을 위해 넘겨주는 것을 거부하면서, 주요 도로를 점거하였다. 정부는 1만 명이 넘는 군대와 경찰병력을 동원하여 대응하였다. 그럼에도 불구하고 시위는 결국 산체스 데 로사다 대통령의 사임을 이끌어냈다. 멕시코에서는 2003년 농민단체들이 정부가 NAFTA의 농업조항을 재협상하도록 절박하게 촉구하는 가운데 단식투쟁과 대규모 시위 — 1950년대 이후로는 볼 수 없었던 — 를 통해 결집하였다. 2003년 2월 1일 인도에서는 학생들이 농민, 노동자 및 여타 사회운동가들과 함께 우타르프라데시 주의 알라하바드, 바라나시, 자운푸르시를 잇는 300km에 달하는 인간 사슬을 만들고, 초국적기업들에게 '인도를 떠날' 것을 요구하였다.

칸쿤에서 열린 WTO 제5차 각료회의 동안에 비아캄페시나는 아나키스트 조직인 블랙 블록Black Bloc 및 다른 도시 청년단체들과 새벽까지 협상을 해서 비폭력의 원칙을 준수하기 위해 많은 노력을 기울였다. 전 세계 농민들에게 WTO가 행사하는 폭력을 명백하게 반영한 사건인 이경해 열사의 죽음에 뒤이어, 비아캄페시나가 주도한 시위는 더욱 힘을 얻게 되었고, '칸쿤에서 WTO의 몰락'을 가져오는 데 기여했다. 비아캄페시나는 다음과 같은 보도자료를 발표했다(Via Campesina, 2003c).

제5차 WTO 각료회의는 (…) 완전한 실패로 끝이 났다. 9월 8일에서 14일까지 우리는 처음에는 국제농민·토착민 포럼의 틀 속에서, 그리고 후에는 협상가들이 모여 있던 컨벤션센터 안팎에서 열린 다양한 거리집회들을 통해 상당한 투쟁의 나날들에 참여했다. 농민과 토착민들의 행진은 (…) 이어지는 저항과 투쟁을 예고했다.

[2003년] 9월 13일 전세계에서 온 백 명의 여성들은 인내와 커다란 용기를 갖고서 컨벤션센터로의 진입을 가로막는 바리케이드를 조금씩 무너뜨렸다. 한국의 농민들은 거대한 군중들과 함께 이 같은 행동에 참여하였고, 굵은 밧줄로 벽을 넘어뜨렸다. 이 벽은 칸쿤에서 곧 몰락하게 될 WTO를 상징하는 것이었다. 수천의 경찰과 군대가 시위대들을 해산시키기 위해 그곳에서 대기하고 있었지만, 시위대들 중 그 누구도 이에 맞서려는 의도는 없었다. 우리의 비폭력적 대치는 경찰과 군대에 대한 것이 아니라 (…) WTO에 대한 것이다.

WTO의 몰락은 신자유주의 모델 내의 심대한 위기가 가져온 결과이다. 우리의 운동과 대안적 제안을 계속해서 더욱 강화하는 것이 시급하다. 개방적이고 투명하며 건설적인 대화를 창출하는 것이 우리의 투쟁 전략을 발전시키는 데 있어서 그 무엇보다도 필요하다.

2004년 9월 중순 비아캄페시나 대표단이 서울에 도착하여 한국의 전국농민회총연맹(전농)과 전국여성농민회총연합(전여농)과 함께 이경해 열사 추모식을 함께 하고 남한으로의 쌀 수입을 반대하는 대중집회에 참석하였다. 이러한 행동들은 폭력과 억압에 부딪혔다(Via Campesina,

2004e). 한 달 후, FSPI의 회원들은 인도네시아의 여러 지역에서 농민의 권리를 존중하고 진정한 농업개혁을 촉구하는 대중행진을 조직하여 전국농민의 날을 기념하였다(FSPI, 2004).

비아캄페시나는 또한 2005년 12월 홍콩에서 열린 WTO 각료회의에서도 강한 존재감을 드러냈다. 여기서 천 3백 명이 넘는 시위대를 구속하고 불법집회 혐의로 기소한 경찰의 신속한 행동과 충돌했다. 몇몇 홍콩 주민들도 비아캄페시나의 비폭력 행동에 동참하였다. 한 여성의 말처럼, "나는 당신들의 생각에 동의하고 당신들의 투쟁을 지지하기 때문에 행진을 같이 하는 것이다. 몇 년 전에 중국이 WTO에 가입하면서부터 중국의 농민들도 똑같은 문제에 직면하고 있다"(Via Campesina, 2005).

2006년 4월 17일 국제농민투쟁의 날에 비아캄페시나 회원단체와 연대단체들은 팔레스타인, 미국, 모잠비크의 거리를 점거하고, 농민들의 권리를 존중할 것을 요구하였다. 방글라데시와 브라질에서는 농민들이 다수의 토지점거에 참여하였다. 온두라스에서는 진정한 농업개혁을 요구하였고, 인도와 에콰도르에서는 전통적인 종자 장터를 개최하였다. 인도네시아에서는 FSPI가 쌀 수입을 강력히 거부하고 쌀 자급을 강조하기 위하여 전국 쌀 수확 축제를 비롯한 문화행사들을 개최하였다. 이탈리아, 스페인, 프랑스의 많은 시민들은 10년 전 있었던 브라질의 MST 소속의 소작농들의 학살을 추모하기 위하여 브라질 대사관 앞에서 집회를 열고 거리에서 '엘도라도: 10년의 불기소'의 종식을 요구하였다. 이처럼 평화적인 농민저항의 행동들은 끝이 없다. 그리고 비아캄페시나의 결성으로, 이제 농민들은 전세계의 동지들과 서로 연결되어 있다는 것을 기억하면서 이와 같은 지역의 노력들에 참여하고 있다.

에모리 스타는 "'빵의 문제'가 가장 중요한 사회문제"라는 크로포트킨의 말을 상기시키면서 자신의 반기업운동 연구를 마무리한다. 그는 오늘날의 맥락에서 "먹을거리를 경제와 공동체에 대한 분석의 핵심에 놓는 것은, 사람들이 환경문제와 경제문제를 다루도록 하는 중요한 방법"이라고 제안한다(Starr, 2000: 224). 인류가 먹을거리와 일상적으로 연결되어 있고 상호작용하기 때문에, 이는 또한 문화와 공동체의 근원을, 그리고 그에 대한 실제적인 위협을 잘 보여준다. 저항운동들이 공유재의 사유화, 작물의 GMO 강요와 산업계의 나노기술 진출, 방사선 조사 식품의 확대 시도, 다양한 무역협정 협상 등 그 어떠한 것과 싸우고 있든지 간에, 이 모든 투쟁들은 농업 그리고 먹을거리를 생산하는 농민들과 깊숙이 연결되어 있다. 우리 모두는 그러한 식량을 먹어야 하므로, 지상의 모든 개인들도 그러한 과정과 연결되어 있다. 우리 모두는 농민에게 의존하고 있다. '건강한' 농가를 만들려는 이들의 투쟁은 우리 모두에게 영향을 미친다.

전세계 시민들이 먹을거리 체계에 대한 불신을 점점 더 표출하고 있다. 유럽과 캐나다의 광우병 창궐과 영국의 구제역, 멕시코 옥수수의 GMO 오염, 미국의 E-콜라이 식중독, 가금류의 조류독감, 벨기에의 다이옥신 오염 등은 먹을거리 안전과 품질 관련 사안들에 대한 우려가 커지는 데 일조했다. 이러한 우려는 다시 대안적인 먹을거리 체계에 대한 관심을 증대시키고 있다. 유기농 시장의 기하급수적인 성장에서 나타나듯이, 지역에서 재배된 안전한 양질의 먹을거리에 대한 수요가 점차 커지고 있다.

이 같은 모든 조건들이 진보적인 농민단체들에게 중요한 정치적 계기가 된다. 특히 비아캄페시나는 이러한 전지구적인 농업 변화의 상이한 측면들에 대해 도전할 수 있도록 농민단체들을 지원하고, 국제적인 수준에서 농민운동의 선봉에 설 수 있는 전략적으로 좋은 위치에 있다. 오랫동안 우리는 관료들과 정부 대변인들, 세계 지도자들로부터 '세계화에 대한 대안은 없다'(TINA 신드롬)는 주문을 반복적으로 들어왔다. 이것은 '경제적 자유화'의 이름으로 진행되는 배타적인 개발모델의 세계화이다. 전세계 농민들이 얼마나 많은 상상력을 가지고 있는지, 그리고 그들이 세상은 어떠해야 하고 또 어떻게 될 수 있는지에 대한 다른 비전을 세계화하는 데 얼마나 적극적으로 동참하고 있는지 바라보는 것만으로도 힘이 솟는다. 세르반도 올리바리아 사베드라는 비아캄페시나의 활동을 평가하면서, 비아캄페시나의 회원단체들은 세계화와 그 영향에 대한 새로운 이해에 도달했다고 말한다.

우리들만 투쟁하고 있는 것이 아니라는 것을 우리는 알게 되었다. 세계화는 지역공동체 대다수의 빈곤화를 의미한다. 지구상의 모든 지역공동체들이 이 같은 경제적 세계화의 심대한 영향을 받으면서 압도 당하고 파괴되고 있다. 달리 말하면, 우리는 정의를, 지역공동체의 생존과 발전을 위한 투쟁을 세계화할 필요가 있다. 우리는 거대한 자본가들이 경제를 세계화하는 것처럼 지구상의 모든 가난한 지역공동체들에서 이러한 투쟁을 세계화할 필요가 있다.

아마도 농민의 상상력은 즉각적이고 실용적인 관심에 의해 이끌리는 경우가 많을 것이다. 결국 이러한 기업적 농업모델이 가져오는 일상적인 결과를 알고 느끼고 그 속에서 살아가는 것은 농민들이다. 그 어떤 곳의 농민도 독성물질이 가득한 산업화된 농장에서 날마다 일하기를 바라지는 않을 것이다. 정부는 미디어를 동원해 경제적 세계화가 수출 중대를 가져온다는 좋은 뉴스를 내보내도록 하면서도, 실제로 농가에서 일어나고 있는 일들을 탐사하려 하지는 않는다. 전세계 농민과 가족농의 일상과 생존이 위태롭고, 환경 역시 마찬가지다. 실제로 농가들의 존재 자체는 대안적인 농민주도적 발전에 달려 있다.

소작농이라는 존재의 의미

오래 전에 칼 마르크스는 농업자본주의와 함께 소작농들은 그냥 사라질 것이라고 예측했다. 오늘날 세계화의 우두머리들은 이들이 상업화된 대규모 농장들에 굴복하게 될 것이라고 기대하고 있다. 하지만 소작농들은 역사의 뒤안길로 사라지는 것을 완강히 거부하고 있다. 실제로 소작농과 소농의 멸종을 확실하게 하기 위해 고안된 개발모델에 직면하여, 비아캄페시나는 소작농과 소농의 의미를 재규정하고 있다. 국가 수준 및 대륙 수준의 단체들이 스스로 자랑스럽게 '소작농'이라는 단어를 포용하면서, '재소농화' 과정이 발생하고 있다. 이는 분명 많은 중남미 단체들이 1980년대 후반과 1990년대 초반에 만들어진 것에서도 드러난다.

FSPI나 KMP 같은 아시아 단체들도 분명히 자신들의 '소작농'이라는 정체성을 강조하고 있다. 비아캄페시나에 속해 있는 농민들은 대안적인 정체성을 자랑스럽게 선언하고 있다. 이들은 스스로를 '소작농들'로 선언한다.

유럽의 영어문헌들에서 '소작농'이라는 단어는 봉건제와 결부된 제한적인 의미를 갖는다. 식민주의의 맥락에서, 그리고 특히 다른 언어권에서는 그 의미가 확장된다. 따라서 프랑스어의 '페이산' paysan과 스페인어의 '캄페시노' campesino는 언제나 상당히 폭넓은 범주였다. 그러나 라틴아메리카의 '캄페시노'처럼 가장 폭넓은 용법을 갖는다 하더라도 소작농은 과거의 잔재처럼 비춰졌다. 이들의 종말은 자본가들에 의해, 국가계획가와 개발 계획가들에 의해, 그리고 사실상 농민 자신들만 제외하고는, 거의 모든 사람들에 의해 환영받았다. '소작농'을 다시 세우는 것은 저항의 행위를 대표한다. 네티 위베는 다음과 같이 말한다.

당신이 실제로 '소작농'의 뜻을 살펴본다면, 이는 '땅의 사람들'을 뜻한다. 우리 캐나다 농부들은 '땅의 사람들'인가? 물론, 그렇다. 그리고 그러한 용어를 되찾는 것이 중요하다. (…) 우리 역시 소작농이다. 그리고 우리를 구별해주는 것은 땅이며, 또 땅과 먹을거리 생산에 대한 우리의 관계이다. (…) 우리는 산업기계의 부속품이 아니다. 우리는 우리가 먹을거리를 기르는 장소와 우리가 먹을거리를 기르는 방식과 그곳의 날씨와 훨씬 더 긴밀하게 연결되어 있다. (…) 이를 둘러싼 용어가 중요하다. '땅의 사람들' ― 세계 도처의 소작농들, 〔그동안〕 우리 자신과 공통점이 거의 없을 것이라고 생각해왔던 수백만의 소규모 생계형 소작농들—은 그들을 규정하는 용어이며 동시에 우리를 규정한다는 것을 우리는 이제 이해하기 시작했다. (Edelman, 2003: 187에서 재인용)

비아캄페시나가 자신들의 이름을 지은 방식은 이 같은 비전을 잘 보여준다. 1993년 창립총회에서 영국의 대표단은 문자 그대로의 번역—Peasant Road 아니면 Peasant Way—이 부적절하다고 선언했다. 'peasant'에 붙어 있는 경멸적인 뜻 때문이 아니라 peasant가 영국 농촌에 사실상 존재하지 않기 때문이었다. 'farmer'와 같은 단어는 '우리가 대표하는 농업부문의 성격과 특징을 포착하지 못한다'는 이유로, 많은 다른 대표단들은 'peasant'라는 용어를 사용하는 것을 찬성했다고 준 보라스는 회상한다. 결국 타협에 도달했다. 대표단은 '비아캄페시나'를 영어로 번역하지 않는 방법을 택했다.

소작농민의 의미를 회복한 것은 아마도 비아캄페시나의 가장 중요한 성취 가운데 하나일 것이다. 당신이 소작농peasant이든, 페이산paysan이든 페이잔느paysanne[여성형—옮긴이]든, 캄페시노campesino든, 캄페시나campesina든, 소농small farmer이든, 농경자agricultor이든, 생산자productor이든, 농업노동자rural worker이든, 토착 농민indigenous peasant이든 그 어떤 것이든 관계없이, 이 모두를 비아캄페시나가 포용하였고 또 이 모두에 포용되었다. 비아캄페시나에 관여하고 있는 사람들은 이러한 용어들을 꼭 구분하지 않는다. NFU의 여성대표(2002~2005)였던 캐런 페더슨은 공식 모임에서 자랑스럽게 선언하였다.

우리를 둘러싼 언어는 시시각각 변화하고 있다. 역사적으로 우리는 '소작농' peasant이었다. 그리고 이 용어가 '퇴행적인 것'을 의미하게 되면서부터 우리는 '농부' farmer가 되었다. 요즘에는 '농부'가 비효율의 상징이 되면서 이제는 더욱 현대적이 되도록, 스스로를 그 대신 점점 더 거대해지는 땅을 감당할 수 있는 관리자나 사업가, 또는 기업가로 바라볼 것을 권장받는다. 음, 나는 농부이며, 또 소작농이다. 비아캄페시나에 참여하면서 나는 기업농 이웃들보다는 소작농들과 공통점이 더 많다는 것을 알게 되었다. 나는 소작농이라는 용어를 주장한다. 왜냐하면 나는 작은 것이 더욱 효율적이고, 사회적으로 지혜로우며, 지역공동체 지향적이라고 실제로 믿고 있기 때문이다. 소작농이란 존재는 우리가 건설하고자 노력하는 농업과 농촌공동체를 대표한다.

캐나다 NFU의 몇몇 회원들이 자신들의 소농적 뿌리를 발견한다면, 멕시코의 농민들은 이를 절대 의심하지 않았다. 가령, UNORCA의 대표자회의 대의원인 에밀리아노 세로스 나바는 다음과 같이 솔직하게 설명한다. "문헌상의 이런 논쟁은 (…) 지식인들에 의해 높은 추상 수준에서 만들어지는 것입니다. 농촌에서는 그러한 논쟁이 없습니다. 우리는 쭉 소작농입니다. 그것이 우리의 방식이기 때문입니다."

이는 정치화된 정체성이다. 이는 장소에 대한 깊은 헌신을 공유하고, 특정 땅 한 조각에 깊은 애착을 가지며, 모두가 특정 농촌공동체의 일원이며, 존재양식이 위협받고 있는 사람들을 반영하고 있다. '땅의 사람들'이라는 이러한 장소 기반의 정체성은 자신들이 땅 위에 존재할 권리를 갖고 있다는 신념을 반영한다. 이들은 먹을거리를 생산할 권리와 의무를 갖고 있다. 이들은 사회 전체 속에서 중요한 기능을 충족하는 권리를 갖고 있다. 이들은 활력 있는 지역공동체 속에서 살 권리와 이를 건설할 의무를 갖고 있다. 이러한 모든 요인들이 농민으로서의 이들의 독특한 정체성을 구성하는 필수적인 부분들을 형성한다. 오늘날의 정치화된 세계화 과정에서 국경을 넘나들면서도 지역성과 전통에 기초한 정체성을 표출하는 것은 매우 정치적인 행위이다.

비아캄페시나는 농민 주도적인 지위를 방심하지 않고 지켜오고 있다. 비아캄페시나의 모든 대표자들은 스스로 농사를 짓거나 아니면 농업단체들에 의해 선택되고 임명되거나 선출된 사람들이다. 이 운동은 NGO — 의도적인 몇몇과 의도하지 않은 몇몇 — 와 개혁주의적 농업단체, 국제기구들의 지속적인 침투에 성공적으로 저항해왔다. 종종 이들 기구들은 비아캄페시나에게 필요한 자금을 약속하면서 유혹하거나 의제를 재설정하게끔 시도하였다. 비아캄페시나는 회원단체 자격을 운동의 위상과 원칙에 공식적으로 동의를 표명하는 진정한 농민, 농촌여성, 농업노동자, 토착공동체 단체들로 제한한다. 도시에도 기반을 갖고 있는 농촌조직들의 경우에 비아캄페시나는 이들 단체들이 비아캄페시나의 대표단과 회의, 총회에 참여할 농촌 대표자를 파견하도록 권장한다. NGO는 회원이 될 수 없다.

이러한 방식으로 비아캄페시나는 먹을거리를 실제로 생산하는 사람들의 필요, 이해관계, 요구, 비전을 국제적 영역에서 분명하게 표출하고 굳건하게 자리매김하는 데 성공하였다. 이를 통해 국제적인 농업과 먹을거리 논의의 초점을 농업개혁, GMO, 종자의 통제와 소유권, 지속가능한 농업관행, 농촌에서의 인권과 성평등, 식량주권 보장을 위한 국제무역의 역할 같은 사안들에 맞추도록 하는 데 기여했다.

비아캄페시나의 소작농 정체성은 공유하는 문화에 대한 깊은 애착을 반영하는 것이다. 먹을거리의 생산하고, 거래하고, 준비하고, 소비하고, 축복하는 모든 활동은 농촌문화의 근본적인 측면들이다. 종자가 아마도 농민들이 가장 소중하게 여기는 자원일 것이다. 그리고 많은 경우 고도로 문화적이고 신성한 자원일 것이다. 비아캄페시나는 종자를 교환하는 문화적 의례에 정기적으로 참여한다. 수많은 국제회의장들에서 비아캄페시나 대표단들은 본국에서 종자를 가져와서 전세계 다른 지역 대표단들과 서로 교환한다. 로마에서 열린 제1차 세계식량정상회의에서 비아캄페시나는 '생산과 토지접근을 위한 권리'라는 제목과 '식량주권: 굶주림 없는 미래'라는 부제가 붙은 선언문을 배포하면서, 모든 참가자들에게 작은 씨앗꾸러미를 함께 나눠주었다. 비아캄페시나 회원들은 또한 도시에 흙을 한 트럭 싣고 와서 작은 땅을 만들고, 전세계에서 온 농민, 농촌여성, 토착민들이 모두 씨앗을 심는 상징적인 행위를 하였다. 비아캄페시나는 식량주권 NGO포럼의 말미에 전세계에서 수집된 종자를 나눠주고 대표단들은 종자의 신성함을 배가시켜주는 음악과 시를 들으면서 행사를 마쳤다.

비아캄페시나는 이러한 행동들을 수행하면서, 논의의 바탕을 다지는 데 기여한다. 생명의 원천인 종자를 나누고 교환하고 또는 상징적으로 심으면서, 비아캄페시나는 농민들의 일상적 현실 속에서 친숙하고도 근본적인 요소인 종자를 통해 농민들이 종자와 땅과 갖는 관계의 심오한 중요성을 다른 사람들에게 각인시켜 준다. 이러한 행동은 중요하면서도 매우 단순한 메시지를 시각적으로 각인시켜 준다. 세상의 농민인 우리들은 종자를 거두어 이를 심고, 이를 음식으로 바꾼다. 이것이 사회에서 우리의 역할이고, 이것이 진정한 기여이다. 우리는 진짜 민중, 진짜 이슈, 진짜 삶을 이야기하고 있다.

희망의 세계화

농민지도자들은 비아캄페시나로 인해 자신들이 비슷한 상황과 공동의 가치를 공유하는 훨씬 큰 공동체의 일원이라는 느낌을 받는다고 말한다. NFU의 프레드 테이트는 "하루의 끝자락에서 내 들판을 바라다보고 있으면, 나는 더 이상 나 혼자가 아니라는 것을 알게 된다"고 말한다. UNORCA의 로헬리오 알키시라스 보르고스도 이와 매우 비슷한 감정을 표현한다.

> 나는 비아캄페시나가 작은 모래알처럼 기여하고 있다고 생각한다. 우리는 이제 더 이상 세상 속에서 혼자가 아니기 때문이다. 비아캄페시나는 세상에 존재하는 지배관계를 변화시키는 데 기여하고 있다. 이제는 다국적기업들의 이익에 반대하는 목소리가 존재한다. 예컨대 이 행성에서 가장 고립된 자리에 있던 우리들은, 시애틀에서 벌어진 일이 계기가 되어,

비아캄페시나와 같은 조직들이 비전을 공유하고 있다는 것을 열린 눈으로 확인했다. WTO는 다국적기업의 이익에 복무하고 있고 이에 대해 우리는 반드시 맞서야 한다. 거리에서 우리는 이 같은 부정의를 전세계에 고발하였다. 비록 나는 시애틀에 있지 않았지만, 비아캄페시나의 일원인 나의 조직은 그곳에 있었고, 우리가 지역과 국가적인 경험을 통해 기여하고 있다는 것을 나는 알고 있다.

비아캄페시나의 목표는 농촌에 변화를 가져오는 것이다. 즉, 생계를 개선하고, 지역 소비를 위한 지역 먹을거리(로컬푸드) 생산을 증진하며, 민주적 공간을 열어주는 변화이다. 또한 땅의 사람들에게 자신들의 삶에 영향을 미치는 의사결정에 있어서 더 큰 역할과 지위, 이익을 부여해주는 변화이다. 비아캄페시나는 이러한 종류의 변화는 지역공동체가 지역의 생산자원에 대한 접근과 통제력을 더 많이 획득할 때만 일어날 수 있으며, 그 결과 사회적·정치적 권력을 획득할 수 있다고 믿는다.

비아캄페시나는 회원 공동체들이 외부의 힘들에 어떻게 큰 영향을 받는지를 인식하면서, 엄청나게 다양한 단체들 간에 연대와 단결을 구축하고 이들 단체들이 농업과 먹을거리에 대한 국제적인 논의에 참여할 수 있는 공간을 창출함으로써, 지역 및 국가 조직들의 강화를 지원하는 것을 전략으로 삼는다.

따라서 비아캄페시나는 끊임없는 긴장과 재확인의 환경 속에서 작동하고 있다. 이는 장소에 의해 규정받는 초국적 민중운동이다. 이는 대안적 목소리를 제공하고자 하는 데 그치지 않고 자신들의 삶을 위한 공고한 토대를 건설하기 위해 자신들 간의 연결고리들을 활용하고자 하는 전세계 참가자들의 운동이다. 그래서 이들은 변함없는 자신들의 준거점을 사용함으로써 정체성을 강화한다. 즉 씨를 뿌리고 수확하는 데 토대를 둔 이들의 일상생활이 그것이다. 이와 같은 착근성rootedness―여러 가지 다양한 함의를 갖고 있는―은 대안적인 현재와 미래를 상상하고 제시하기 위해 사용되고 있으며, 이는 곧 전통과 지역성의 중요성을 말살하지 않으면서 혁신과 전지구적 상호작용을 포용하는 대안적 근대성이다.

비아캄페시나는 농민과 소농들이 농업정책을 재규정하는 데 독특한 무대와 결정적인 역할을 갖고 있다고 주장한다. 왜냐하면 너무도 오랫동안 농촌과 먹을거리 정책이 가장 영향을 많이 미치는 사람들이 부재한 상태에서 발전되어왔기 때문이다. 정책과 외부의 힘이 '땅의 사람들'의 일상생활에 즉각적이고 직접적인 영향을 미치기 때문에, 이 같은 배제는 이제 더 이상 용인될 수 없다. 비아캄페시나가 배제로부터 출현하긴 했지만, 단순히 기존 구조 내에 포함되기 위해 싸운다는 것을 뜻하지는 않는다. 그러한 구조는 농민과 소농을 우선 배제하고자 하기 때문이다. 그 대신 비아캄페시나는 참여의 공간과 조건과 과정을 규정하고, 그 과정에서 농업에 영향을 미치는 구조를 지역적으로, 또 전지구적 차원에서 근본적으로 바꾸고자 한다.

그러한 구조 가운데 하나가 지배적인 '개발'의 모델이며, 비아캄페시나는 빈곤과 굶주림의 상존을 해소하기 위해 시행된 개발의 실패에 대해, 식량주권이라는 새로운 개념틀을 제시함으로써 대항해왔다. 그러나 비아캄페시나는 외부의 힘들이 식량주권을 강탈해가는 것을 방지하기 위해서는 이론적 토대를 규정하고 실제 정책에 적용하는 데 있어서 더 많은 작업을 해야 할 것이다. 가령, 농민들은 식량권과 생계, 생산자원(토지, 종자, 물)·발전·문화·성평등·민족·지식에 대한 소유권과 통제 간의 연관성을 다루고 있는 식량주권을 어떻게 그리고 있는가? 국제기구들은 식량주권이라는 목표에 대해 어떻게 반응하는가? 그리고 식량주권은 농민과 소농의 투쟁에 어떻게 기여하는가?

게다가 빈곤과 굶주림 문제를 심각하게 다루는 데 실패한 개발의 문제는 개발 자체의 개념화에 대해 근본적인 질문을 제기하도록 만든다. 전세계 빈민들의 75%는 농촌에 살고 있으며, 생존을 위해 농업에 의존하고 있다. 역사상 최초로 농민들은 비아캄페시나의 조직과 함께 집단적인 목소리를 갖게 되었다. 자신들의 세상에 대한 비전을 표출할 수 있는 능력은 개발의 실패를 설명하고 가능한 대안을 제시하는 데 기여할 새로운 연구들을 촉발할 것이다.

그러한 가운데 전세계의 비아캄페시나 회원단체들은 참여와 협력에서 참여 거부에 이르는 다양한 비폭력 집단행동에 나서고 있다. 이들은 동원과 직접행동이 수반된 협상에 개입한다(Via Campesina, 2000b). 그 과정에서 비아캄페시나는 정치적인 것을 재규정하고 있다. 먹을거리정의운동의 '먹는 것이 정치적인 행동이 되었다'는 선언과 마찬가지로, 비아캄페시나는 "우리 민중들을 위해 양질의 산물을 생산하는 것 또한 정치적인 행동이 되었다. (…) 이는 바로 세계시민이라는 우리의 정체성을 건드린다"(Via Campesina, 1999b: 1)고 단언한다. 비아캄페시나의 문화정치는 농민의 의미를 재규정하고, 지식을 재규정하며, 누가 지식을 규정하고 통제하는지를 다시 생각하도록 하고, 새로운 개념을 도입하며, 그럼으로써 국제적인 의제를 형성하는 데 기여한다.

비아캄페시나의 형성과 공고화 과정은 농민과 농가들이 경제 재구조화 과정 중에 단순히 말 잘 듣는 순응자들이 아니며, 또한 빈곤과 주변화의 증가에 직면하여 수동적인 희생자들이 아니었다는 살아있는 증거를 제공한다. 이들은 기업적 농업모델의 세계화에 대해 능동적으로 저항하였다. 실제로 농민들은 세 가지 전통적인 약자의 무기, 즉 조직, 협동, 공동체를 활용하면서 '개발'을 재규정하고 사회정의, 생태적 지속가능성, 농민문화와 농민경제를 존중하는 대안적인 농업모델을 건설하고 있다. 이는 소규모 농업협동조합, 지역 종자은행, 공정무역 벤처에서부터 전통적인 영농관행의 회복에 이르기까지 가능한 다양한 대안들을 수반하고 있다. 이는 또한 지역을 넘어 이러한 노력들을 국가적, 대륙적, 국제적 수준에서 작동하도록 연결시켜 줌을 뜻한다.

농민과 농민단체들은 비아캄페시나를 형성해 나가면서 효과적으로 초국가화하였고, 국제적 영역 속에서 성공적으로 공간을 창출해내었다. 비아캄페시나는 기업적 농업모델의 강요에 저항하는 노력 속에서 농민들의 요구와 대안을 표출하면서, 농민들의 목소리로 그 공간을 채우고 있다. 비아캄페시나와 더불어 경험하고 있는 연대와 단결은 아마도 우리 모두에게 가장 소중한 선물인 희망을 생산하고 있다. '또 다른' 농업이 가능하다는 희망 말이다. 실제로, 비아캄페시나는 우리들에게 변화는 가능하며, 대안적인 기획이 창출되고 있음을 상상할 수 있도록 해주고 있다. 이는 '투쟁을 세계화하고 희망을 세계화하자'라는 비아캄페시나의 구호 속에 분명히 포착되어 있다.

부록

부록A 니카라과와 캐나다 여성농민 간의 유사점과 차이점

부록B UNAG와 NFU에 소속된 여성들의 공동이슈와 공동투쟁

부록C 비아캄페시나 성평등 성명서

부록 A

니카라과와 캐나다 여성농민 간의 유사점과 차이점

경제적 유사점

- 일반적인 경제불안의 부정적 효과와 농업공동체의 경제위기
- 값싼 식품정책, 높은 투입비용, 생산물의 낮은 가격
- 훌륭하고 효율적인 생산자로서의 자부심
- 여성노동의 충분한 가치에 대한 인식 부족
- 동일 가치 노동에 대한 동일 임금 요구
- 여성 직업의 저임금 경향성
- 여성을 위한 신용의 낮은 접근성
- 생산력 있는 자산의 소유와 통제력에 따라 농민들 내부에 계급차이가 존재한다.

경제적 차이점

- 캐나다의 경제적 생존 요구는 니카라과만큼 심각하지는 않다.
- 캐나다의 경제적 생활수준이 더 높다.
- 캐나다는 기계화율이 높고, 니카라과는 여전히 수작업이 많다.
- 캐나다 여성이 니카라과 여성보다 토지에 대한 소유권과 통제권이 더 높다.
- 니카라과 은행은 채무관계로 농민을 압류할 수 없지만, 캐나다에서는 농민에 대한 압류가 일상적으로 발생한다.
- 캐나다에서는 농업개혁이 없다.
- 니카라과에 협동조합기업이나 국영기업이 더 많다. 캐나다에서는 개인농장이 가장 일반적이며, 기업농장은 거의 없다(약 5%).

사회적 유사점

- 농촌 아동에 대한 적절한 보호와 여성생산자를 위한 기타 지원 프로그램이 부족하다.
- 사회적 구조와 가치가 제한돼 있어 여성의 충분한 공동체 참여가 저해된다.
- 미디어의 정책결정 수준에서 여성 참여가 제한된다.
- 여성 보건에 영향을 미치는 모든 측면에서 참여권이 제한된다(예: 낙태권).
- 도시로의 이주, 탈농의 문제
- 가족, 생활, 아동 지원이 여성에 대한 지원보다 우선시된다.

- 두 사회 모두 남성중심적이다.

사회적 차이점

- 니카라과 여성이 관심사 표현에 대한 역량과 자기 확신이 더 크다.
- 여성의 조직화 수준이 니카라과에서 더 높고 통일성 있는 반면, 캐나다 여성의 조직은 파편적이다.
- 니카라과 여성들 사이의 신뢰의 수준이 더 높다.
- 니카라과 여성은 생기 있고 적극적이며 자기주도적이고, 스스로가 생각하는 선과 가족, 국가를 위한 변화들을 위해 헌신한다. 캐나다 여성은 냉담하고 자기효능감이 낮다.
- 캐나다 여성이 더 개인주의적이다. 니카라과 여성은 집단적 감성을 지녔다.
- 남성 지배의 문제가 니카라과에서 훨씬 공개적이며, 캐나다에서는 다소 미묘하고 감춰진 표현이 많다.

- 출처: '여성 농업학습여행'의 자료를 재구성함(Agriculture Study Tour, 1989: 5-8).

부록 B
UNAG와 NFU에 소속된 여성들의 공동이슈와 공동투쟁

차이 이해하기

- 캐나다는 세계에서 가장 부유한 국가군에 속하지만, 니카라과는 라틴아메리카에서 가장 가난한 나라에 속한다.
- 캐나다 농업은 기계화율이 높고, 대규모 자본투자를 요한다. 농장 규모가 점점 커지고 있으며, 탈농 인구가 늘고 있다. 니카라과 농업은 더 노동집약적이며 자본 투자에 덜 의존적이다.
- 캐나다에서 농민은 인구의 4%에 불과하지만, 니카라과에서는 전체 노동인구의 44%가 농업과 관련이 있다.

공동의 기반 인식하기

- 산업화되고 신자유주의적이며 수출지향적인 농업모델의 세계화가 유사한 방식으로 세계 전역의 농가에 영향을 미치고 있다.
- 농부들은 생산의 비용을 감당하지 못한다.
- 모든 곳의 농부들이 가격, 즉 비용 압박 때문에 화학물질 사용량을 늘리는 생산집약화로 내몰리고 있다.
- 소수의 사람들에 대한 토지 집중 현상이 심화되고 있다.

성평등 투쟁 공유하기

- 불평등한 젠더 관계
- 여성의 재생산노동을 고려하지 않고, 여성의 생산노동에 대해 동등한 가치를 부여하지 않으며, 공동작업에서 여성들을 훨씬 눈에 띄지 않는 작업에 배치하는 성별화된 노동구분
- 생산자원에 대한 불평등한 접근권과 통제권

- 출처: NFU-UNAG 여성연대위원회(연도 미상)의 자료에서 추출함.

부록 C
비아캄페시나 성평등 성명서

배경과 분석

농촌지역에서 발생한 급격한 변화들이 전세계 모든 농촌여성들의 경제와 문화와 삶 자체를 침해하고 있다. 비아캄페시나 안에서 우리는 여성과 어머니와 어머니 지구에 대한 이러한 위협을 분석해야 하며, 재생의 에너지와 정의와 희망으로 충만할 미래를 구성하기 위해 의식적이며 집합적으로 대응할 필요가 있음을 이해하고 있다.

세계화된 신자유주의 경제 아젠다는 자연과 문화와 공동체의 파괴 및 인간의 안녕이 파괴되는 것과는 상관 없이 기업의 이윤을 중대시키고 권력을 집중시키기 위해 설계되었다. 이러한 변화의 영향은 농촌지역에서 가장 첨예하다. 환경과 땅의 사람들에 대한 잔인한 착취를 수백만의 농민들이 일상에서 직접 경험하고 있다. 여성들은, 그녀들의 역사와 역할과 관계로 인해 남성 파트너들과는 다른 방식으로 이러한 변화의 영향을 경험한다. 따라서 포괄적이며, 정의롭고, 실행 가능한 장기적인 해결책을 만들기 위해 성평등에 관한 분석을 결합하는 것은 적절하고 필수적이다.

현재 지배적인 경제적 목표인 판매가능한 상품의 지속적인 생산 증대는 재생산보다는 산업적 생산에, 양육보다는 제조에, 사람보다는 이윤에 더 많은 가치를 부여한다. 이러한 목표는 자연세계와 인간사회 양자 모두에서 재생산과 재생가능한 힘들의 가치를 추락시킨다. 아이들의 양육자인 여성들은 이와 같은 신자유주의적 가치에 기초한 정책과 사회 변화에 의해 이중적으로 가치절하되고 취약해진다. 이러한 부정적인 변화는 종속과 침묵의 역사와 결부되면서 때때로 여성농민의 자긍심과 리더십의 기회를 갉아먹는다.

하지만 땅의 여성들은 건강하고 지속적인 농촌공동체를 건설하고, 땅을 돌보고, 진짜 장기적인 식량안보를 달성할 수 있는 열쇠이다. 농촌여성들은 가족과 지역공동체를 먹여 살리는 식량의 대부분을 생산한다. 역사적으로 그리고 현재에도 그녀들은 인간생존에 필수적인 생물다양성을 보호하고 증진시키는 책임을 담당해왔다. 그녀들이야말로 농촌문화의 고동치는 심장이다. 문화와 사회와 경제와 환경의 회복을 포함하는 진정한 농촌개발은 의식적이며 용기 있게 선도적 역할을 책임지는 농촌여성들에게 달려 있다.

원칙과 약속

1. 평등과 인권

1-1. 여성은 사회정치적 의사결정에서 충분하고 동등한 권리를 보장받는다. 완벽한 민주적 참여와 이러한 장에서 여성의 리더십에 대한 방해물은 체계적으로 제거되어야 한다. 여성의 관점과 리더십과 에너지는 정의로운 사회를 만드는 데 필수적이다.

1-2. 소작농과 농민조직들은 조직의 구조와 정책에서 여성의 핵심적 역할을 보장해야 한다. 우리 자신의 조직 안에서 여성에 대한 형평성과 완벽한 민주적 참여는 다른 모든 영역에서 우리가 투쟁해야 하는 사회정치적 형평성의 모델이 되어야 한다.

1-3. 우리는 농촌지역의 인권 침해의 종식을 요구한다. 종종 여성과 소녀들에 대한 성적·신체적 폭력을 포함하는 (남성) 농민의 위협과 폭압은 근절되어야 한다. 우리는 폭력적인 농민 이주와 농촌의 군대화를 강하게 반대한다. 군사적 갈등은 여성의 참여를 보장하는 협상 과정을 통해 해소되어야 한다.

1-4. 가정에서의 종속과 폭력의 경험으로 인해 여성의 신념과 자기효능감과 잠재력이 잔인하게 침해당하고 있다. 우리는 우리 자신인 여성들을 존중하고 가정 폭력과 억압으로부터 자유로울 수 있는 권리를 증진시킬 것을 약속한다.

2. 경제 정의

2-1. 모든 사람들을 지구적 경쟁으로 내모는 신자유주의적 경제모델은 여성농민에게 가장 불리하고 정의롭지 못하다. 이는 여성들에게서 식량을 키울

자원을 빼앗아, 여성 자신과 자녀들의 생존을 위한 불확실한 투쟁에 나서게 만든다. 이러한 경제모델은 농촌 이주, 가족과 공동체의 붕괴, 실업, 저임금, 경제적 노예화를 차례로 남긴다. 여성은 이러한 조건하에서 가장 심각하고 만연한 빈곤으로 고통당하게 된다. 이러한 변화로 인해 치러야 하는 비용의 가장 큰 몫을 여성이 감당해야 하기 때문에, 여성들이 경제의 재구조화에서 더 많은 역할을 가져야 한다는 점을 정의의 이름으로 요구해야 한다. 비아캄페시나는 현재 그러하듯 여성과 자녀들을 가장 마지막으로 밀어내는 대신, 그들의 요구에 우선순위를 제공하는 대안적 경제 재편을 요구하고 실현하는 방법을 이끌어내야 할 것이다.

2-2. 여성은 언제나 그리고 현재도 가족과 공동체를 위한 식량 조달에 대한 기본적 책임을 담당해왔다. 그러한 역할을 충족시킬 수 있으려면, 여성은 스스로 토지에 접근할 수 있는 권리를 가져야 한다. 우리는 여성이 안정적인 토지사용권을 획득하며 그녀들의 식량생산을 증진하는 데 요구될 수 있는 신용이나 교육기회에 대한 동등한 접근권을 가져야 한다.

2-3. 여성은 식량이나 약으로 활용하기 위해 다양한 변종 씨앗을 모으고, 선별하며, 전파하는 오래된 전통을 가지고 있다. 그들은 세계의 유전자원과 생물다양성의 1차적 수호자이다. 우리는 기업의 해적질과 유전자원에 대한 특허권을 반대한다. 여성의 전통 지식은 존중받아야 하며, 생물다양성을 보호하고 증진하는 중요한 역할을 지속할 수 있는 그녀들의 능력이 절대로 침해당해선 안 된다. 인류의 미래가 여기에 달려 있다.

2-4. 농업에 종사하거나 임금을 받고 농촌 서비스 부문에서 일하는 여성들은 남성 파트너들이 받는 것과 동일한 임금을 받아야 한다. 성별에 기초한

임금 차별은 여성에 대한 근본적인 부정의이다. 저임금을 받는 것과 더불어, 여성들은 종종 작업장에서 성적 학대로 인한 심리적·신체적 상해로 고통받고 있으며, 유해하며 종종 위험하기도 한 작업 조건을 견뎌야 하는 경제적 환경에 내몰리고 있다. 이것은 더 이상 용납할 수 없다.

3. 사회 발전

3-1. 우리의 농촌 발전 목표에는 단순히 산업적 생산물의 생산 증대보다는 인간사회의 진정한 개선과 발전이 포함된다. 우리는 모든 농촌 거주자들을 위한 개선된 교육을 포함하는 농촌 발전모델을 달성하기 위해 노력하고 있는데, 특히 남녀를 차별하지 않고 모든 어린이들에게 학교에 갈 수 있는 기회가 보장되어야 할 것이다.

3-2. 우리는 현재의 지구적 맥락에서 다국적기업들에 대한 노예적 의존에서 벗어나기 위해 연대와 평등한 상호관계를 건설해야 함을 잘 알고 있다. 기업의 공격에 저항하고 응집력 있고 재생적인 공동체를 건설하기 위해, 비아캄페시나는 모든 개인들의 자율성과 인격적 가치 및 수많은 소작농 공동체의 독특한 문화에 대한 존중을 약속해야 할 것이다.

3-3. 농촌여성은 적당하고 적절한 건강보호 서비스에 접근할 수 있어야 한다. 농촌지역에서는 기본 보건시설과 약국과 훈련된 전문가의 부족으로 인해 너무나 많은 불필요한 고통이 발생한다. 건강 서비스는 강제 불임이나 기업에 의한 아기 생산의 수용과 절대로 결합되어서는 안될 것이다.

3-4. 근대적 생산방식의 결과인 화학오염과 생물학적 오염 및 적절한 식수와

토양의 부족으로 인해 우리 자신과 가족의 건강이 점점 더 위협받고 있다. 유전자조작 종자와 식물에 대한 지구적 실험은 러시안 룰렛과 같다. 이러한 농업생산 행태는 우리의 삶의 질을 낮춘다. 경제적 세계화는 지속가능한 미래의 건설 가능성을 침해한다. 비아캄페시나는 생태계의 건강과 가족의 건강을 파괴하는 환경파괴에 대항하여 지속적으로 싸울 것이다.

행동계획

- 우리의 지역, 국가, 대륙, 국제 수준의 조직 안에서 모든 의사결정 과정에 성별 동등성gender parity을 달성하자.
- 비아캄페시나의 모든 위원회와 국제회의에서 여성대표 비중 50% 목표를 달성하자.
- 구체적인 훈련과 프로그램 참여를 통해 여성의 리더십을 수립하자.
- 여성뿐 아니라 남성을 위한 성평등 워크숍의 조직을 지원하자.
- 지역, 국가, 대륙, 국제적 소작농과 농민조직에서 여성의 의사결정 지위 참여를 보장하자.
- 더 나은 의사소통과 회의와 교류활동과 집합적 분석을 통해 비아캄페시나 운동 내에서 여성농민들 간의 연대 형성을 적극적으로 지속시키자.
- 성평등 이슈는 다음과 같은 비아캄페시나의 주요 주제의 모든 영역에서 통합되어야 한다. 농업개혁, 생물다양성과 유전자원, 인권, 식량주권과 무역, 농민 기반 지속가능한 농업. 이러한 이슈들에 대한 대중화 전략과 매스미디

어 캠페인을 개발하자.
- 모든 비아캄페시나 사업은 여성의 동등한 권리 존중을 보장하며 실행되어야 하고 그에 따라 평가되어야 한다.
- 비아캄페시나 조직에 참여한 모든 회원들은 성평등, 계급, 민속성의 관점을 개발하는 것의 중요성을 받아들여야만 하며, 이것을 자신들의 사고틀에 장착해야 한다. 젠더 간 불평등이라는 화급한 문제가 농촌에서도 해결될 수 있어야 한다.
- 비아캄페시나의 조직들은 농촌지역에서 의식 향상과 정치적 훈련의 장이 될 수 있는 문해훈련 프로그램을 개발하고 지원해야 한다. 비아캄페시나는 모든 여성과 남성을 위한 자유교육을 요구한다.
- 여성총회는 여성들이 형평성을 원한다고 밝혔다. 여성들은 남성을 극복하기를 원하는 것이 아니다. 형평성이란 여성이 사회적, 심리학적, 신체적, 경제적 지원을 요구한다는 것을 의미한다.
- 이러한 이유에서 비아캄페시나는 개선된 협의가 필요하며, 이를 통해 세계 전역의 조직들과 더 많은 상호작용이 이루어질 것이다. 개선된 협의를 보장하기 위해, 각 국가의 코디네이터들은 자신들이 각국에서 직면한 이슈들에 대한 해결책을 찾기 위해 공동으로 노력해야 한다. 이들은 또한 국제 수준에서의 업무력을 신장시키기 위해 훨씬 밀접하게 공동작업을 해야 할 것이다.

주요약어

ANEC	Asociación Nacional de Empresas Comercializadoras de Productores del Campo 농업경영인전국연합 (멕시코)
AoA	Agreement on Agriculture (WTO) WTO의 농업협정
ASOCODE	Asociación de Organizaciones Campesinas Centroamericanas para la Cooperación y el Desarrollo 협력과 발전을 위한 중앙아메리카농민단체연합
CAFTA	Canadian Agri-Food Trade Alliance 캐나다 농식품무역연맹
CEDPA	Centre for Development and Population Activities 발전과인구활동센터
CLOC	Coordinadora Latinoamericana de Organizaciones del Campo 라틴아메리카농촌단체연합
CNSTP	Confédération Nationale des Syndicats de Travailleurs Paysans 농업노동자연합전국연맹
COPA	Comité des Organisations Professionnelles Agricoles de l'Union Européenne 유럽연합농업전문조직위원회

CPE	Coordination Paysanne Européenne 유럽농민연합
dKMP	Demokratikong Kilusang Magbubukid ng Pilipinas (Democratic Peasant Movement of the Philippines) 민주필리핀농민운동
ECODEM	Coordinating Team for the Managua Declaration 마나과 선언 조정위원회
EHNE	Enskal Herriko Nekazarien-Unión de Ganaderos y Agricultures Vascos 에스칼헤리꼬 농민조합연대 (스페인 바스코지역)
EU	European Union 유럽연합
FAO	United Nations Food and Agriculture Organization 유엔식량농업기구
FIAN	Food and Information Action Network 식량정보행동네트워크
FSPI	Federation of Indonesian Peasant Unions 인도네시아농민조합연합
FTAA	Free Trade Area of the Americas 범아메리카자유무역협정
GATT	General Agreement on Tariffs and Trade 제네바관세협정
GFAR	Global Forum on Agricultural Research 세계농업연구포럼
GMO	Genetically modified organism 유전자조작생물
ICC	International Co-ordinating Commission of the Via Campesina 국제조정위원회
ICESCR	International Covenant on Economic, Social and Cultural Rights 경제·사회·문화적 권리에 대한 국제협약
IFAD	International Fund for Agricultural Development 국제농업발전기금
IFAP	International Federation of Agricultural Producers 국제농업생산자연맹
IMF	International Monetary Fund 국제통화기금
IPRs	Intellectual Property Rights 지적재산권
KMP	Kilusang Magbubukid ng Pilipinas (Peasant Movement of the

	Philippines) 필리핀농민운동
KRRS	Karnataka Rajya Raitha Sangha (Karnataka State Farmers Association) 카르나타카주농민연합
MMC	Movimento dos Mulheres la Camponesa 여성농민운동 (브라질)
MST	Movimento dos Trabalhadores Rurais Sem Terra 토지 없는 농민운동
NAFTA	North American Free Trade Agreement 북미자유무역협정
NFFC	National Family Farm Coalition 전국가족농연합
NFU	National Farmers Union of Canada 캐나다 전국농민연합
NOUMINREN	Japanese Family Farmers' Movement 일본가족농운동
OECD	Organization for Economic Cooperation and Development 경제협력개발기구
PAHO	Pan American Health Organization 범아메리카보건기구
PFS	Paulo Freire Stichting (Foundation) 파울로프레이리재단
ROPPA	Reseau des Organisations Paysannes et de Producteurs Agricoles de l'Afrique de l'Ouest 동아프리카 농민·농업생산자단체 네트워크
SAPs	Structural Adjustment Programs 구조조정프로그램
TRIPs	Agreement on Trade-Related Aspects of Intellectual Property Rights (WTO) 무역관련 지적재산권에 관한 협정
UNAG	Unión Nacional de Agricultores y Ganaderos 전국농목축업연합 (니카라과)
UNORCA	Unión Nacional de Organizaciones Regionales Campesinas Autónomas 지역별농민자치조직전국연합
UNCTAD	United Nations Conference on Trade and Development 유엔무역개발회의
UPANACIONAL	Unión Nacional de Pequeños y Medianos Productores Agropecuarios

		전국소농연합 (코스타리카)
WINFA	Windward Islands Farmers' Association	윈드워드아일랜드농민연합
WFS	World Food Summit	세계식량정상회의
WTO	World Trade Organization	세계무역기구

주註

제1장

1) 소작농의 역할에 대해서는 폭넓은 문헌들이 존재한다. 핵심적인 역사적 문헌들로는 Lenin(1954), Chayanov(1966), Moore(1966), Wolf(1966, 1969), Paige(1975), Scott(1976, 1985) 등이 있다. 좀 더 최근의 논쟁을 위해서는 무엇보다도 Bryceson, Kay, and Mooij(2000), Otero(1998), Bernstein and Byers(2001), Brass(2000a, 2000b, 2005)를 보라.

2) 여기서 에델만은 Kearney(1996)와 같은 연구를 가리킨다.

3) 가령, Moyo and Yeros(2005), Wright and Wolford(2003), Brandford and Rocha(2002), Edelman(1999), Petras and Veltmeyer(2001), Sinha et al.(1997), Brass(1995), Veltmeyer(1997, 2000), Starn(1999)을 보라.

제2장

1) 주요한 지역 간 무역협정에는 안데스공동시장Andean Community(과거엔 안데스협약Andean Pact으로 알려졌음-), 아시아태평양경제협력포럼APEC, 유럽연합EU, 남미공동시장MERCOSUR, 북미자유무역협정NAFTA, 남아프리카발전공동체SADC, 남아

시아지역협력연합SAARC이 있다. 범아메리카자유무역협정FTAA은 현재 협상이 진행 중이다.
2) 캐언즈 그룹은 첫 번째 모임을 한 장소의 이름을 따서 지어졌다. 오스트레일리아, 뉴질랜드, 캐나다, 아르헨티나, 브라질, 파라과이, 우루과이, 칠레, 콜롬비아, 코스타리카, 필리핀, 피지, 과테말라, 인도네시아, 말레이시아, 남아프리카공화국, 태국으로 구성되었다.
3) 디프티 세샤드리와 라하니 마니가 촬영하고 감독한 다큐멘터리 〈식량? 건강? 희망?〉 *Food? Health? Hope?*에 있는 프레드 퍼랙 박사와의 인터뷰에서 따왔다(Bangalore Talkies, India, 2000).
4) 하딘(Hardin, 1991, 1998)이 궁극적으로 자신의 기본 개념을 '공유지의 비극' tragedy of the commons에서 '관리되지 않는 공유지의 비극' tragedy of the unmanaged commons으로 바꿨다는 사실에 주의하자.
5) 캐나다의 식품사슬의 각 연계지점을 지배하는 고도로 집중된 기업 행위자 그룹들에 대한 시각적인 설명과 분석을 보려면 NFU(2000a)를 참고할 것.
6) 다수의 보고서가 여러 주에서 농부들의 자살 증가를 강조한다. 가령 Dandekar et al. (2005), Government of Andhra Pradesh(2004), Mohanty(2005), Mohan Rao(2004)를 보라.
7) 이 지점을 짚어준 비아캄페시나의 국제 운영사무국의 기술자문인 니코 버하겐에게 감사한다.

제3장

1) 미국농장단체연합이 언제 IFAP 멤버십에서 탈퇴했는지는 찾아내지 못했다.
2) 블록랜드(Blokland, 1993)의 콘서타시옹과 '일치된 소작농 연대'라는 개념은 비아캄페시나 '몽스 회의'를 위한 준비 문서 패키지에 포함되어 있었다. 콘서타시옹은 니카라과와 주변 중앙아메리카 국가들에서 지역 내전 후 재건 노력의 일환으로 등장하였다. 콘서타시옹은 세 가지 수준에서 작동한다. 1) 한때 공동의 이해관계가 있었던 상이한 계급들이 한데 모인 분야에서, 2) 상이한 영역에서 활동하지만 공통의 특성에 도달할 때, 3) 국가와의 콘서타시옹에 도달할 때. 1993년 논문의 확장된 버전을 보려면

Blokland(1995)를 참고하라.
3) 에델만은 중앙아메리카(Edelman, 1998a, 1998b)와 코스타리카(Edelman, 1999)에서 NGO와 소작농조직 간의 불편한 관계를 분석하였다. 베빙톤(Bebbington, 1998)은 안데스와 칠레의 농촌 부문에서 활동하던 NGO의 역할 변화와 그에 따른 정체성과 정당성의 위기에 대해 논했다. 타뎀(Tadem, 1996)은 필리핀에서 NGO와 민중조직 간의 관계의 역사를 추적하였다.
4) 2000년 블록랜드와의 인터뷰에서, 그는 당시 Agriterra라는 NGO의 사무국장이며 초기에 비아캄페시나에 제시했던 것과 동일한 비전을 가지고 일하고 있다고 밝혔다. 그의 설명에 따르는 Agriterra가 "남과 북 및 남과 남 협력을 통해 강력한 농민운동의 건설을 추구한다. 여기에는 교류활동, 조직들 간의 경험 공유, 정부 정책에서 농민의 이해관계를 더 잘 대변하기 위한 조직의 역량을 강화하는 것이 포함된다". Agriterra의 연례보고서(1999: 6)에 따르면, 이 조직은 "전문가 풀을 활용한 기술자문을 활성화하고, (대출, 보증, 위험감수투자를 포함하는) 금융보조를 개선시키고, 네덜란드의 농장과 협동조합에서의 견습제도를 촉진시키고, (국제농업을 중재하는) 공동 벤처를 출범시키고, 네덜란드 협동조합의 직접투자자본과 대중적 펀드뿐 아니라 자신의 자원을 가동하는 것"을 주요업무로 한다. Agriterra는 IFAP와 밀접하게 일한다. 당시 Agriterra의 이사회 의장(제라드 도언보스)은 IFAP의 의장(2000~2002)이었으며, 블록랜드(Agriterra의 사무국장)는 IFAP의 개발협력위원회의 부의장이었다.
5) 이러한 관찰은 몇 가지 이유에서 익명을 요구한 NGO 대표가 나와의 개인적인 대화에서 말한 것이다.
6) 원칙 헌장이 이미 성립되었음에도 불구하고, 제3차 국제회의 동안 비아캄페시나는 국제관계와 전략적 연대에 관한 내부 입장의 기본방침을 수립하였다. 여기에는 비아캄페시나의 전략, 원칙, 참여조건이 요약되어 있다.

제4장

1) 도하에 온 IFAP 대표단 명단의 농부들 44명 중에, 개발도상국 출신은 단 8명뿐이었다. 전체 리스트는 IFAP(2001)를 볼 것.
2) 제노바의 G8 시위에서 젊은 시위자 한 명의 사망 사건은 분명하게 FAO와 이탈리아 정

부로 하여금 세계식량정상회의의 연기를 결정하게 만들었다.
3) 사티아그라하Satyagraha는 '진정한 힘'을 의미하는데, 일반적으로 비폭력저항을 지칭한다.
4) 서더랜드는 IFAP에서 잘못된 지위를 가졌던 것으로 밝혀졌다. 당시 NFU의 의장이었던 위베(Wiebe, 2001)는 나와의 인터뷰에서 IFAP는 자유무역에 대해 일반적인 신뢰를 표명했지만, 협약 초안에 대한 몇 가지 의문점과 경고를 제기하기도 했다고 말했다.
5) '세계는 상품이 아니다' 선봉을 책임지며, 도하에서의 전략과 실천을 이끈 주요 조직들은 다음과 같다. 아랍 NGO 개발 네트워크, 지구의 벗 인터내셔널, 국제세계화포럼, 공공시민의지구무역감시Public Citizen's Global Trade Watch, 캐나다공의회, 포커스온더글로벌사우스, 비아캄페시나, 세계어민포럼.
6) 2001년 봄, 비아캄페시나와 '지구의 벗'은 무역, 농업, 식량주권에 관한 공동의 전략을 토론하기 위한 농민조직-NGO 간 회의를 요청하였다. 이 회의를 마친 후 '민중의 식량주권' 문서의 초안을 만들기 위한 후속 그룹이 구성되었다(Verhagen, 2001). '세계는 상품이 아니다 연합'에 참여한 조직들은 그 후 식량, 농업, 세계화에 관한 이슈들에 더욱 집중하기 위해 '민중의 식량주권 네트워크'를 구성하였다. 이 네트워크는 현재 'Agri-Trade 그룹(농업무역그룹)'으로 알려져 있다. '민중의 식량주권을 우선시하자 — 식량과 농업을 WTO에서 제외시키자' 캠페인은 Agri-Trade 그룹에 의해 발전되고, 비아캄페시나, COASAD, Collectif Statrégies Alimentaires, ETC 그룹(과거 RAFI), 포커스온더글로벌사우스, 푸드퍼스트/식량과발전정책연구소, 지구의 벗 라틴아메리카와 카리브 해, 지구의 벗 잉글랜드·웨일즈·북부아일랜드, GRAIN, 농업및무역정책연구소, IBON 재단, Public Citizen's Energy and Environment Program에 의해 출범하였다.
7) Kwa(2002)는 개발도상국의 WTO 협상가들의 수많은 개인적 의견들을 세밀하게 검토함으로써 WTO의 행태에 대한 깊이 있는 분석을 제공한다. 또 다른 설명을 참고하려면 *Focus on Trade*(2002), reports from the Coalition of Civil Society groups in Doha(2001a, 2001b), *Agence France Presse*(2001a), Joint Statement of NGOs and Social Movements(2002)를 보라.
8) 진정서에 서명한 단체는 다음과 같다. 옥스팜 인터내셔널, 농업과무역정책연구소(미국), 오스트레일리아 해외원조위원회, 환경과발전을위한 독일포럼, 연구와정보시스템

(뉴 델리), 캐나다국제협동조합위원회, RODI(케냐), 캐나다푸드그레인뱅크, German Watch, 국제젠더와무역네트워크-유럽, 개발행동을 위한 국제연대(브뤼셀).

제5장

1) 예컨대 미국은 성공적이지는 못했지만 캐나다밀위원회Canadian Wheat Board를 열 한 번이나 공격하였다. CWB가 벌칙의 형태를 고려할 만큼 국제무역의 도전과제는 언 제든지 위원회에 2달러에서 500만 달러까지 비용을 청구할 수 있다(White, 2002: 5). 최근 농민 신문들은 캐나다는 WTO협상의 최근 라운드에서 공급관리를 포기할 수 있 다고 제언한 관료가 있었다는 유출된 정부 문서에 관해 보도하였다(Wilson, 2002d: 3).
2) IPC에 대한 후속 설명과 분석은 IPC와 NFU 전국이사회 속기록과 같은 관련된 모든 NFU의 파일과 문서들에 대한 접근권으로 촉발되었다. 나는 또한 옥스팜의 지구농업 프로젝트 파일들도 검토했는데, 이 파일들은 다양한 IPC 활동들에 대한 상세한 정보를 제공한다.
3) 농업 신용 시스템의 재구성을 위한 UNORCA의 노력에 대한 논의는 데이비드 마이어 (Myhre, 1994)를 참고하라. 닐 하비(Harvey, 1990)는 1979~1990년 사이 멕시코의 농 민운동에 대한 훌륭한 분석을 제공한다. 농업정책의 변화와 소농의 자유화의 영향에 대한 깊이 있는 논의는 Barry(1995), de Ita Rubio(1994), Randall(1999), Comisión de Agricultura(2000), Public Citizen's Global Trade Watch(2001)를 참고하라.
4) 필리핀의 농민운동의 분열은 필리핀공산당, 전국민주전선, 민중의군대(NPA)가 포함 된 필리핀 좌파운동의 분열이란 구조에서 발생하였다. 이들 간의 투쟁에 대한 분석은 Rocamora(1993, 1994)를, KMP-dKMP 분열에 대한 간략한 개관은 dKMP(1993)를 참 고하라.
5) 다섯 개의 멕시코 조직은 각각 UNORCA, ANEC, AMUCSS(Asociación Mexicana de Uniones de Crédito del Sector Social), CIOAC(Central Independiente de Obreros Agícolas y Campesinos), CNPA(the Coordinadora Nacional Plan de Ayala)이다.
6) 유엔 기구의 재구조화의 일환으로 유엔인권위원단Commission on Human Rights 은 유엔인권위원회Human Rights Council로 대체되었다. 위원회의 첫 회의는 2006

년 6월에 열렸다.
7) 과학조사의 결과 멕시코 내 두 주(푸에블라와 오악사카)의 일부 오지에 있는 옥수수밭에서 유전자조작오염이 60%에 달했다는 사실이 밝혀진 직후인 2002년 초에, 국제적 논란은 폭발했다. 이 사건은 유전자조작 옥수수 재배가 불법인 나라에서 발생한 것이다. 전체 논의를 살펴보려면 FoodFirst Backgrounder(2002: 8, 2)와 멕시코 GM 옥수수 스캔들에 관한 공동 성명서 Joint Statement on the Mexican GM Maize Scandal(2002)를 참고하라.
8) 도리스 구티어레즈 드 헤르난데스는 프란시스코 모라잔 정부의 대체 의원으로 온두라스 국회에서 최초로 선출되었다. 2002~2006년 회기 동안 그녀는 같은 정부에서 국회의원으로 다시 선출되었다.

제6장

1) NFU가 이 프로젝트의 코디네이터였다. 다음의 관찰 내용은 비아캄페시나 여성워킹그룹(1999)이 기금지원자에게 제출한 최종보고서가 제공하는 정보를 가공해 만들어졌다. 이 프로젝트는 또한 세 번의 워크숍 각각의 발표집을 만들어냈다. 기술자문으로서의 임기 동안 나는 ICC 회의 이후 만들어진 이 워킹그룹의 첫 번째 회의에도 참석했었다. 나의 관찰에는 산 살바도르에서 개최된 회의에 대한 설명과 비아캄페시나 여성워킹그룹(1996)이 수합한 정보에 관한 보고서가 반영되었다.
2) 인터뷰와 자료에서는 몇 가지 차이가 있었다. 이 행사들 직후에 만들어진 내부 문서에는 여성총회와 CLOC 총회에 150명의 여성이 참가했다고 적혀 있는데, 이는 모든 대표의 44%가 여성이라는 것을 의미한다. 하지만 완벽한 대표단 리스트가 없는 상황에서 여기서 사용된 숫자는 공식 자료집에서 제공된 정보를 기초로 하였다. 제1회 라틴아메리카 여성농민총회와 CLOC의 제2차 총회에 대한 전체 자료집은 CLOC(1997)와 CLOC-Via Campesina(1997)를 참고하라.
3) 멕시코에서 열린 CLOC 행사의 최종 선언문에 따르면, 제2회 라틴아메리카 여성농민총회에는 180여 명의 여성이 모였다. CLOC 제3차 총회에는 전체 320명의 대표자가 참석하였다.
4) 다음의 관찰은 Asian Peasant Women's Workshop(1999)의 자료집에 대한 분석에

기초하였다.
5) 제3차 국제회의에서는 동유럽 지역을 서유럽과 통합하는 것이 결정되었고, 따라서 지역의 수는 8에서 7로 감소되었다.
6) 제3차 국제회의에서는 비아캄페시나의 주요 주제들 전부에 대한 토론을 실시하고 진전된 성명서를 만들었는데, 성평등은 그 주제 중 하나였다. 여성위원회의 코디네이터인 NFU는 지역, 국가, 대륙 수준에서의 토론을 위해 1999년 늦은 봄에, ICC와 여성위원회의 구성원들에게 1차 성명서 초안(스페인어, 영어, 프랑스어 버전)을 회람하였다.
7) UPANACIONAL은 두 통의 편지를 비아캄페시나에 보냈다. 첫 번째 편지는 날짜는 없지만 허리케인 미치에 대한 언급이 있다는 점에서 아마도 1999년 초에 작성된 것으로 추정된다. 두 번째 편지의 발송일은 2000년 9월 14일이다.

참고문헌

1차 자료

개인 인터뷰 (총 81회)

Alegría, Rafael, Via Campesina Operational Secretariat. 10 September 2000, Tegucigalpa, Honduras.
Alfonso Herrera, Ramos, co-ordinator, arts section, Sanzekan Tinemi. 23 March 2000, Chilapa, Guerrero.
Alquisiras Borgos, Rogelio, co-ordinator, arts and crafts section, Sanzekan Timeni. 24 March 2000, Chilapa, Guerrero.
Andrade Reyes, Jésus, staff-person responsible for commercialization, UNORCA. 24 February 2000, Mexico City.
Armenta Bojorquez, Héctor, president, Marcelo Loya Ornelas, Sociedad de Producción Rural. 26 April 2000, Guasave, Sinaloa.
Assadi, Mustafa, professor, Department of Political Science, University of Mysore. 20 November 2000, Mysore, Karnataka.

Basavaraj, G.V., working president, KRRS in Sagar Taluk. 13 November 2000, Goolihalli Village, Avinahalli.

Basavaraj, K.B., member of KRRS. 13 November 2000, Kerematha Village, Avinahalli.

Boisgontier, Christian, leader, Confédération Paysanne. 5 December 2000, Paris, France.

Blokland, Kees, director, Agriterra. 8 December 2000, Arnhem, The Netherlands.

Boehm, Terry, member, national board, National Farmers Union. 21 October 2000, telephone interview.

Borras, (Jun) Saturnino, former representative, KMP, and founding member, Via Campesina. 19 March 2001, interview by e-mail.

Cabrera López, Teresa, technical support to ARIC Independiente. 10 February 2000, Ocozocoautla, Chiapas.

Cabrera Rosales, Consuelo, former ASOCODE representative, Via Campesina Women's Commission. 27 April 2001, Guatemala City.

Carreon Mundo, Marcelo, leader, Organización de Ejidos de Productores Forestales de la Zona Maya. 29 February 2000, Felipe Carrillo Puerto, Quintana Roo.

Carrillo, Olegario, former national board member, UNORCA, and elected representative, state legislature of Sonora. 6 May 2000, Chilapa, Guerrero.

Cerros Nava, Emiliano, member, executive commission, UNORCA, Mexico. 23 February 2000, Mexico City.

Chautla Ramos, Brígida, co-ordinator, UNORCA's indigenous and human rights network. 17 February 2000, Mexico City.

Chemerika, Lisa, former participant and co-ordinator, CCAEP. 25 August 2002, telephone interview.

Choplin, Gerard, co-ordinatorm CPE. 12 December 2001, Brussels, Belgium; 11 October 2002, telephone interview.

Easter, Wayne, former president, NFU. 31 January 2002, telephone interview.

Encino Hernández, Porfirlo, member, executive commission, and national board member, UNORCA. 21 March 2000, Mexico City.

Flores Castro, Alvaro, president of executive committee, Sanzekan Tinemi. 24 March 2000, Chilapa, Guerrero.

Ganapathiyappa, H., president, Freedom Fighters' Association. 14 November 2000, Sagar, Shimoga.

Gangadhara, K.C., KRRS secretary, Shimoga District. 16 November 2000, Kachinakatte Village, Shimoga.

Gangadhara, K.T, state general secretary, KRRS. 13 November 2000, Shimoga.

Gómez Flores, Alberto, executive co-ordinator, UNORCA. 6 April 2000, Mexico City.

Gutiérrez de Hernández, Doris, technical assistant, Operational Secretariat of the Via Campesina. 18 September 2000, Tegucigalpa, Honduras.

Hernández Cascante, Jorge Luis, program co-ordinator, UPANACIONAL. 3 March 2001, San Jose, Costa Rica.

Hernández Jiménez, Raquel, secretary, executive committee, Sanzekan Tinemi. 23 March 2000, Chilapa, Guerrerro.

Hernández Libreros, José Francisco, responsible for communications, Organizacíon de Ejidos Productores Forestales de la Zona Maya. 28 February 2000, Felipe Carillo Puerto, Quintana Roo.

Hernández Salazar, Edith, responsible for managing supplies, Sanzekan Timemi. 25 March 2000, Chilapa, Guerrero.

Hilario Francisco, Diego, regional co-ordinator, UNORCA, Vera Cruz. 18 February 2000, Mexico City.

Hoff, Dena, national board member, National Family Farm Coalition. 22 October 2002, telephone interview.

Jaimes Chávez, Zohelio, leader, Coalición de Ejidos de la Costa Grande de Guerrero. 25 March 2000, Atoyac de Alvarez, Guerrero.

Kesteloot, Thierry, program co-ordinator, Oxfam Solidarité. 26 November 2000, Brussels, Belgium.

Ladrón de Guevarra, Ernesto, former staff-person, UNORCA. 25 February 2000, Mexico City.

LaPlante, Maxime, leader, Union Paysanne. 15 October 2002, telephone interview.

Ledesma Santos, Rosa, responsible for forestry improvement, Organizacíon de Ejidos Productores Forestales de la Zona Maya. 28 February 2000, Felipe Carrillo Puerto, Quintana Roo.

Magaña, Guerrero, Pedro, former regional co-ordinaror, UNORCA, Guanajuato. 13 March 2000, Mexico City.

Meenakshi, G.B., KRRS president, women's wing of Sagar Taluk. 13 November, Goolihalli Village.

Meneses, Luis, former executive co-ordinator, UNORCA. 7 March 2000, 5 April 2000, Mexico City.

Mungarro Garibay, Lina, co-ordinator, Asociación Mexicana de Mujeres Organizadas en Red (AMMOR). 13 March 2000, Mexico City.

Murrel, Roxanne, program co-ordinator, Oxfam-Canada. 5 February 2002, e-mail interview by author.

Nanjundaswamy, M.D., president, KRRS, and regional co-ordinator, Via Campesina. 8 November 2000, 9 November 2000, Bangalore, Karnataka.

Nicholson, Paul, leader, CPE, and regional co-ordinator, Campesina. 4 December 2000, Lekeitio, Spain; 22 February 2002, telephone interview.

Olivarria Saavedra, Servando, regional co-ordinator, UNORCA. 29 April 2000, Culiacán, Sinaloa.

Parameshwarappa, M., member, KRRS. 18 November 2000, Chinnikatte, Honnali Taluk, Davangere.

Pedersen, Karen, women's president, NFU. 21 June 2002, Cutknife, Saskatchewan.

Pilar López Sierra, Maria, researcher, CECCAM. 7 April 2000, Mexico City.

Prakash, T.N., associate professor, Department of Agricultural Economics, University of Agricultural Sciences, Bangalore, Karnataka, India. 3 November 2000, Bangalore, India.

Puttanaiah, K.S., president, KRRS. 2 November 2000, District of Mysore.

Qualman, Darrin, executive secretary NFU. 5 October 2001, Saskatoon, Saskatchewan.

Quevedo Castro, José Luis, secretary general, Comité Regional Campesino Autónomo de Guasave y Sinaloa de Leyva. 26 April 2000, Guasave, Sinaloa.

Rajashekara, T.K., general secretary, KRRS, Sagar Taluk. 14 November 2000, Thavarehalli Villa, Anadaspuram.

Rebollar Domínguez, Laura, technical team member, Asociación Mexicana de Mujeres Organizadas en Red. 8 February 2000, Mexico City.

Riqueño Sánchez, Filipa, secretary executive committee, Titakititoke Tajame Sihauame. 24 March 2000, Chilapa Guerrero.

Rutherford, Sally former executive director, Canadian Federation of Agriculture. 8 February 2002, telephone interview.

Santos Jiménez, Victoria Juana, co-ordinator, sustainable agriculture and women's programs, Organizacíon de Ejidos Productores Forestales de la Zona Maya. 2 March 2000, Felipe Carrillo Puerto, Quintana Roo.

Senapathi, K.B., KRRS president, Sagar Taluk. 15 November 2000, Karemtha Village, Avinahalli.

Serrano Castro, Rosa Isela, former president, Asociación Mexicana de Mujeres Organizadas en Red (AMMOR), and national board member, UNORCA. 2 May 2000, on the road from Sinaloa to Guerrero.

Shanmukhappa, Angadi, member, KRRS. 17 November 2000, Shikaripura, Shimoga.

Shivappa, G., member, KRRS. 18 November 2000, Shikaripura Taluk,

Shimoga.

Soto Ramírez, Marina, staffperson, Asociación Mexicana de Mujeres Organizadas en Red (AMMOR). 8 February 2000, Mexico City.

Storey Shannon, former NFU women's president. 6 October 2001, Saskatoon, Saskatchewan.

Suárez, Víctor, co-ordinator, ANEC. 6 April 2000, Mexico City.

Subbanna, K.V., member, KRRS. 18 November, Heggodu, Shimoga.

Thiesson, Stuart, former executive secretary, NFU. 4 October 2001, Saskatoon, Saskatchewan.

Tlacotempa Zapoteco, Albino, general co-ordinator, reforestation and natural resources, Sanzekan Timemi. 24 March 2000, Chilapa Guerrero.

Toner, Conrad, former NFU national board member. 6 May 2002, telephone interview.

Umapathiyappa, G., KRRS president, Shimoga District. 18 November, Sugoor Village, Simoga.

Valenzuela, Alfonso, former national board member, UNORCA, and representative elected to the state legislature, Sonora. 6 May 2000, Chilapa, Guerrero.

Valenzuela Segura, Benjamín, director, SEPRODAC, and national board member, UNORCA. 1 May 2000, Culiacán, Sinaloa.

Venegas, Holanda, secretary, Asociación Mexicana de Mujeres Organizadas en Red. 13 March 2000, Mexico City.

Verhagen, Nico, technical assistant, Via Campesina Operational Secretariat. 11 December 2001, Brussels, Netherlands; 27 February 2003, telephone interview.

Vidals, Velaria, treasurer, Asociación Mexicana de Mujeres Organizadas en Red. 13 March 2000, Mexico City.

Vuarin, Pierre, program co-ordinator, Fondation pour le Progrès de l'Homme. 5 December 2000, Paris, France.

Vuffray, Gérard, farm leader, Uni-Terre. 24 January 2002, telephone interview.
Wells, Stewart, president, NFU. 22 September 2001, Saskatoon, Saskatchewan.
Wiebe, Nettie, former president, NFU, and regional co-ordinator, Via Campesina. 16 November 1998, Calgary Alberta; 28 September 2001, Laura, Saskatchewan, 17 June 2002, Saskatoon, Saskatchewan.
Yam Moo, Dionicio, peasant. 1 March 2000, Felipe Carrillo Puerto, Quintana Roo.

집단 인터뷰 (총 4회)

Coalición de Ejidos of the Costa Grande de Guerrero. 25 March, 2000, Atoyac de Alvarez, Guerrero.
    Jardiel Jaimes Chávez, member, technical team
    Zohélio Jaimes Chávez, responsible for relations and management
    Leonides Donjuan Cuarca, president, co-operative el Sasanil
    Carmelo Martínez de Jesus, state co-ordinator, UNORCA
    Ignacio Serrano Radilla, responsible for communications
    Irinea Ocampo Bella, president, regional co-operative of loans and savings
    Ramón Millan Flores, responsible for information dissemination
Ejido Chichuahuita. 25 April 2000, Los Mochis, Sinaloa.
    Marco Antonio Quintero Félix, regional co-ordinator, UNORCA
    Elizardo Leyva Angelo, member and president, Comité 30 de Marzo
Organizacíon de Ejidos Productores Forestales de la Zona Maya. 1 March 2000, Felipe Carrillo Puerto, Quintana Roo.
    Olga Alguilar Che, responsible for the *traspatio* program

Diana Marcela Arceo Manrique, responsible for women's groups
María Yolanda Caamal Pachero, promoter
Union de Ejidos Emiliano Zapata. 27 April, 2000, Los Chinitos, Sinaloa.
Alejandro Sánchez Dominguez, ejido adminstrator
Isidro Morales Ramirez, former ejido president (1990-93)
Félix Luna González, current president
Octavio Sánchez Belerra, ejido member
Moisés Barajas Pérez, former ejido president (1989-92)
Juan Carlos Moreno Martínez, ejido member

기초 문서

비아캄페시나 정책 해설서 Via Campesina policy position papers, 1993-2003.
비아캄페시나 보도자료 Via Campesina press releases, 1993-2003.
ICC 사무국 회의록 Minutes of meetings and reports, Operational Secretariat for the International Co-ordinating Committee of the Via Campesina, held on:
21-25 February 1994, Lima, Peru
1-3 April 1994, Krakow, Poland
1-2 October 1994, Segovia, Spain
3-4 March 1995, Brussels, Belgium
8-11 October, 1995, Quebec City, Quebec
10-11 November, 1996, Rome, Italy
22 April 1996, Mexico City, Mexico
9-11 August 1996, San Salvador, El Salvador
8-9 November 1997, Brasilia, Brazil
16-20 May 1998, Geneva, Switzerland
1-2 November 1998, Dakar, Senegal

10-11 March 1999, Isarn, Thailand
27 November-3 December 1999, Seattle, United States
24-25 May 2000, Dresden, Germany
7 October 2000, Bangalore, India
31 January-1 February, 2001, Porto Alegre, Brazil
1-2 September 2001, La Habana, Cuba
10-12 January 2002 Paris, France.

라틴아메리카농촌단체연합(CLOC)/비아캄페시나 여성위원회 회의 및 워크숍 회의록 Minutes of meetings and workshops, Women's Commission of the CLOC/ Via Campesina, held on:
2-3 November 1997, Brasilia, Brazil
16-17 March 1998, Santo Domingo, Dominican Republic
13-17 April 1998, Tegucigalpa, Honduras
7-12 September 1998, San Salvador, El Salvador
10-11 June 1999, Kingstown, St. Vincent and the Grenadines
8-12 September 2000, Managua, Nicaragua.

비아캄페시나 여성위원회 회의록 Minutes of meetings, Women's Commission of the Via Campesina, held on:
6-7 August 1996, San Salvador, El Salvador
29 November and 3 December 1999, Seattle, United States
31 August 2001, La Habana, Cuba.

미간행 1차 자료

Alegría, Rafael. 2001. Letter from Rafael Alegría, Operational Secretariat of the Via Campesina to Silvio Mazarioli, member of Organizing Committee of the Global Peasant's Encounter, 15 May.
Asian Peasant Women's Workshop. 1999. "Proceedings of the Asian Peasant

Women's Workshop." Held on 11-13 August in Bangkok, Thailand.
ASOCODE. 1994. "Informe ASOCODE, Reunión de Seguimiento de la Via Campesina, Región Norte, Caribe y Centro América." 25 January, Tegucigalpa, Honduras.
Blokland, Kees. 1994. Letter from Kees Blokland to the NFU (Canada), June 3.
CLOC. 1997. "II Congreso Latinoamericano de Organizaciones del Campo." Memoria del Congreso, 3-7 November, Brasília. Sao Paulo: Secretaría Operativa de la CLOC.
CLOC—Via Campesina. 1997. "I Asamblea Latinoamericana de Mujeres del Campo: Mujeres del Campo Cultivando un Milenio de Justicia e Igualdad." Memoria de la Asamblea, 2-3 November, Brasília. Sao Paulo: Secretaría Operativa de la CLOC.
Coalition of Civil Society Groups in Doha. 2001a. "Civil Society Groups Call on Countries to Reject Power Politics at Doha and an Expanded Agenda." Press Release, 9 November. Received on-line via electronic list serve Qatar_coalition@yahoo.groups.
_____. 2001b. "WTO fails again: The first time was farce, the second time is tragedy." Report from the Coalition of Civil Society Groups in Doha, 15 November. Received on-line via electronic list serve Qatar_coalition@ yahoo.groups.
CPE. 1995. "Agriculture Européenne: pour un métier attractif, des campagnes vivantes, des aliments de qualité... changeons la politique agricole!" Communiqué de presse, Mai, Bruselles.
_____. 1997. "Report of the meeting CPE-NGOs." 4 June, Brussels.
Desmarais, Annette. 1994. "Organizing for Change: Peasant Women in Bolivia and Honduras." Unpublished research report. Ottawa, ON: Canadian Bureau for International Education.
Desmarais, Annette, and Nettie Wiebe. 1998. "Peasant Women on the Frontiers of Food Sovereignty." First Quarterly Technical Report

submitted to PROWID, 23 January Saskatoon, Saskatchewan: NFU.

dKMP. 1993. "Five-Year Rural Development Program, 1995-2000." Quezon City, Philippines.

EHNE. 1992. "Informe Estancia de la C.P.E. en Managua del 23-24-92 al 30-04-92." 30 April, Bilbao.

FAO Director-General. 2003. Letter from Jaques Diouf (FAO Director-General) to Antonio Onorati (International Focal Point of the NGO/CSO International Planning Committee), TCD-DG/03/55, 16 January, Rome.

Food Sovereignty Platform. 1999. "Placing Food Sovereignty before Commercial Interests." Position paper. Brussels: Food Sovereignty Platform.

GFAR. 2001. "Un Marco de Cooperación entre Via Campesina y el Foro Global de Investigación Agropecuaria (FGIA/GFAR)." Propuesta de cooperación mandada a la Secretaría de la Via Campesina, April, Rome.

IFAP. n.d. "International Federation of Agricutural Producers." IFAP promotional brochure, Paris: IFAP.

―――. 1998a. "Agricultural Trade: Concerns and Consensus among Farmers' Organizations." June, Paris: IFAP.

―――. 1998b. "Rural Poverty and Sustainable Development: A policy Statement by World Farmers." Available at ⟨www.ifap.org/about/wfcpoverty.html⟩ (accessed January 7, 2003).

―――. 2000a. "Some Key Issues for Farmers Concerning a New Round of Multilateral Trade Negotiations. A Policy Statement by Farmers' Worldwide." Results of the 34th World Farmers Congress, Hannover, Germany, May 31.

―――. 2000b. "World Farmers' Congress Report of the Constitution and Membership Committee." Results of the 34th World Farmers Congress, 28-31 May, Hannover, Germany. Available at ⟨http://www.ifap.org/about/wfcreport2000.html⟩ (accessed July 12, 2006).

_____. 2000c. Report of the Standing Committee on Agriculture in Developing Countries, Hannover, Germany, May 24. Available at ⟨http://www.ifap.org/about/wfcagdevelop2000.html⟩ (accessed July 12, 2006).

_____. 2001. "The Doha Agenda for a New round of Multilateral Trade Negotiations." Press Release, November 15. Available at ⟨www.ifap.org/news/nr151101.html⟩ (accessed January 12, 2003).

Joint Statement of NGOs and Social Movements. 2002. "International Civil Society rejects WTO Doha Outcome and the WTO's Manipulative Process." Statement released in January. Received on-line via electronic list serve agri-trade@yahoogroups.

Joint Statement on the Mexican GM Maize Scandal. 2002. Statement prepared for the FAO and the CGIAR. 5 February. Received on-line via electronic list serve agri-trade@yahoogroups.

KMP. 1988. "Position of the Philippines Peasant Movement (KMP) on the GATT Agricultural Negotiations." Presented by Jaime Tadeo to the International 'Trade and GATT Conference, December, Montréal, Québec.

_____. 1994. Letter from Nati Bernardino, Deputy Secretary General of the KMP to the Via Campesina. 19 July.

KRRS. 2002. "Bt cotton seeds set afire in Davangere." Available at ⟨http://www. krrsbucottonsetafire.8m.com/⟩ (accessed February 2, 2003).

Managua Declaration. 1992. "The Managua Declaration." Farmers' declaration issued in the framework of the II Congress of the UNAG, 26 April, Managua, Nicaragua.

Marzaroli, Silvio. n.d. Letter and invitational package sent on behalf of the Co-ordinating Committee to the Operational Secretariat of the Via Campesina.

NFFC and NFU. 2002. "Farm Groups from U.S. and Canada Unite on GM

Wheat Ban." Joint NFFC and NFU Press release, 17 April, Washington, D.C., and Saskatoon, Saskatchewan.

NFU. 2000a. "The Farm Crisis, E.U. Subsidies, and Agribusiness Market Power." Brief presented by the NFU to the Senate Standing Committee on Agriculture and Forestry, 17 February, Ottawa.

_____. 2000b. "National Farmers Union Policy on Genetically Modified (GM) Foods." Passed at the 31st Annual National Convention of the National Farmers Union, 19 November-2 December, Saskatoon, Saskatchewan.

_____. 2000b. " 'Free Trade' : Is it working for farmers?" Saskatoon, Saskatchewan.

_____. 2003. "Ten Reasons Why We Don't Want GM Wheat." Promotional pamphlet. Saskatoon, Saskatchewan.

NFU International Program Committee. 1996. "Minutes of the meeting of the NFU International Program Committee." 5-7 December, Saskatoon, Saskatchewan.

_____. 1997. "NFU International Program Committee Report on Activities (1996-1997)." 8 July, Saskatoon, Saskatchewan.

NFU-UNAG Women's Linkage Committee. 1990. "NFU-UNAG Women's Linkage Project. Project Proposal to Oxgam-Canada." Saskatoon, Saskatchewan.

_____. n.d. "Common Issues and Struggles." NFU Informational Publication, Saskatoon, Saskatchewan.

NFU-USA. 2002. "Farmers Anticipate Record Lows While Cargill Expects Record Gains." Press Release, January 17, Aurora: Colorado.

Nicholson, Paul. 1992. "Presentación de la CPE al Congreso de la UNAG." 25-26 April, Managua, Nicaragua.

_____. 2000. Address to the Third International Conference of the Via Campesina, 3-6 October, Bangalore, Karnataka.

Peoples' Food Sovereignty. 2001a. "WTO out of Food and Agriculture." Press release, November 6. Available at ⟨www.peoplesfoodsovereignty.org/new/statements.container.htm⟩ (accessed November 13, 2001).

―――. 2001b. "Priority to Peoples' Food Sovereignty ― WTO out of Food and Agriculture." Statement released on November 6. Received on-line via electronic list serve agri-trade@yahoogroups.

Paulo Freire Stichting (PFS). 1992a. "Follow-up to the Managua Declaration: Towards an Alternative Development Model. Proposal for a Methology." Document 1, June, Doetinchem, The Netherlands.

―――. 1992b. "Follow-up to the Managua Declaration: Towards an Alternative Development Model. Preparation for discussion: Employment as a starting point." Document 2, June, Doetinchem, The Netherlands.

―――. 1993a. "Follow-up to the Managua Declaration ― The Peasant Road towards development alternatives." Documents for the discussions in the Constitutive Meeting of the Preparatory Research Programme of Farmers' Organizations. Doetinchem, The Netherlands.

―――. 1993b. Letter of invitation from the PFS to peasant and farm organizations to attend the gathering in Mons. April 4.

―――. 1993c. "Memoir: Constitutive Meeting of the Peasant Road. Mons (Belgium) 15-16 May 1993." Doetinchem, The Netherlands.

Roppel, Carla. 1996. "Made to Order: Lifeforms and the New Science." A discussion paper for the NFU, Saskatoon, Saskatchewan.

Tadem, Eduardo. 1996. "Reflections on NGO-PO Relations." Paper presented at the NGO Parallel Forum to the II International Conference of the Via Campesina, 18-21 April, Tlaxcala, Mexico.

Union Paysanne. N.d. "Union Paysanne: pour une agriculture a dimension humaine et des campagnes vivantes." Organizational informational pamphlet, Montréal, Québec.

UNORCA. 2000a. "Agricultura Sustentable en la Zona Maya (Programa

Piloto)." Proposal to the Governor of the state of Quintana Roo, February Mexico D.F.

Via Campesina. n.d. Pamphlet on the Via Campesina. Office of the Operational Secretariat, Tegucigalpa.

_____. 1993a. "Mons Declaration: The Via Campesina Follow-up to the Managua Declaration." Reprinted in Proceedings of the II International Conference of the Via Campesina (1996). Brussels: NCOS.

_____. 1993b. "Rural Organisations of Via Campesina Demand Democratisation of World Trade Talks." Press Release, 4 December, Brussels: CPE.

_____. 1993c. "The Framework for Action to be developed as a follow-up to the Mons Meeting, May 1993." Brussels: CPE.

_____. 1994a. "Report of the co-ordinating commission from the meeting in Lima, Peru." Held during the First CLOC Congress, 21–25 February (Report dated April 11), Brussels: CPE.

_____. 1994b. "Via Campesina strongly opposed to GATT Agreement to be signed in Marrakesh and proposes concrete alternatives." Press release, 13 April, Brussels: CPE.

_____. 1994c. "Report of the Co-ordinator of the Activities Commission and 1994 Prosposals." Report prepared by Paul Nicholson, Brussels: CPE.

_____. 1994d. Letter from Paul Nicholson, General Co-ordinator of the Via Campesina, to the President of the PFS, 5 July, Brussels: CPE.

_____. 1994e. "Summary and Conclusions of the meeting of the Co-ordination Committee Meeting of Via Campesina." 1–2 October, Segovia, Spain. Brussels: CPE.

_____. 1995. "Minutes of the meeting of the Co-ordinating Commission of the Via Campesina held in Quebec City" 18–19 October, Saskatoon, Saskatchewan: NFU.

_____. 1996a. "Tlaxcala Declaration of the Via Campesina." Reprinted in

Proceedings of the II International Conference of the Via Campesina, Brussels: NCOS Publications.

_____. 1996b. "Proceedings of the II International Conference of the Via Campesina." Brussels: NCOS Publications.

_____. 1996c. "The Right to Produce and Access to Land." Position of the Via Campesina on Food Sovereignty presented at the World Food Summit, 13-17 November, Rome, Italy.

_____. 1996d. "Comments on the Final Declaration of the NGO Forum." Statement delivered on November 16 at the NGO Forum.

_____. 1998a. "Stop Agricultural Negotiations in the WTO: We Demand Food Sovereignty for all Peoples, Access to Land and the Right to Produce." Position of the Via Campesina on the WTO Ministerial Meeting, 17 May, Geneva, Switzerland.

_____. 1998b. "Via Campesina: A Three Year Plan: Strengthening the Via Campesina 1999-2001." Tegucigalpa, Honduras: Operational Secretariat of Via Campesina.

_____. 1999a. "Hoy 12 de octubre lanzamos una campaña global de reforma agraria." Press release, 12 October, Tegucigalpa, Honduras: Operational Secretariat of Via Campesina.

_____. 1999b. "Via Campesina Seattle Declaration." Position of the Via Campesina on the WTO Ministerial Meeting, 3 December, Seattle, United States.

_____. 2000a. Via Campesina press release at the GFAR, 23 May, Dresden, Germany.

_____. 2000b. "Draft Via Campesina Position Paper: International Relations and Strategic Alliances." Position discussed at the Third International Conference of the Via Campesina, 3-6 October, Bangalore, India.

_____. 2000c. "Via Campesina Gender Position Paper." Position paper approved at the Third International Conference of the Via Campesina, 3-

6 October, Bangalore, India.

_____. 2000d. "The Struggle for Agrarian Reform and Social Change in the Rural Areas." Position paper approved at the Third International Conference of the Via Campesina, 3-6 October, Bangalore, India.

_____. 2000e. "Food Sovereignty and International Trade." Position paper approved at the Third International Conference of the Via Campesina, 3-6 October, Bangalore, India.

_____. 2000f. "Bangalore Declaration of the Via Campesina." Declaration at the Third International Conference of the Via Campesina, 3-6 October, Bangalore, India.

_____. 2000g. "Biodiversity, Biosafety and Genetic Resources." Position paper approved at the Third International Conference of the Via Campesina 3-6 October, Bangalore, India.

_____. 2000h. "Proceedings of the Continental Women's Meeting." 3-12 September, Managua, Nicaragua.

_____. 2000i. "Draft proceedings of the First Women's Assembly of the Via Campesina." 30 September-1 October, Bangalore, India.

_____. 2001a. "Important mobilisations worldwide show strengthening movements against WTO." Press release, 12 November, Tegucigalpa, Honduras.

_____. 2001b. "Via Campesina Three Year Plan 2001-2003." Tegucigalpa, Honduras.

_____. 2002a. "Via Campesina will represent farmers and indigenous people's in the mobilization against the FTAA in Porto Alegre." Press release, 2 February, Tegucigalpa, Honduras.

_____. 2002b. "Civil delegation and Via Campesina meet Arafat in his besieged Head Quarters." Press release, 30 March, Tegucigalpa, Honduras.

_____. 2002C. "Palestine: The international pacifist civil company imposes its presence on Ramallah." Press release, 31 March, Tegucigalpa, Honduras.

_____. 2002d. "Via Campesina calls for mobilization in front of the Israeli Embassies and offices of the UN." Press release, 1 April, Tegucigalpa, Honduras.

_____. 2002e. "Via Campesina demands respect for the principle of food sovereignty and {the} right of Palestinian farmers to produce and to remain on their land." Press release, 4 April, Tegucigalpa, Honduras.

_____. 2002f. "The 40 of Moquata strengthen their presence and have sent out today, 11h00 a delegation to give testimonies and relaunch their demands." Press release, 22 April, Tegucigalpa, Honduras.

_____. 2002g. "Report on the participation in the 'Week of the landless' in South Africa." 24 August - 1 September, Tegucigalpa, Honduras.

_____. 2002h. Letter from Rafael Alegría to Bruce Moore, co-ordinator of the Popular Coalition to Eradicate Hunger and Poverty. 30 June, Tegucigalpa, Honduras.

_____. 2003a. "Draft Discussion Paper on Via Campesina Strategies and Action Plan." 7 February, Tegucigalpa, Honduras.

_____. 2003b. "Draft Discussion Paper on Via Campesina Issues." 26 March, Tegucigalpa, Honduras.

_____. 2003C. "We won in Cancún! The WTO was derailed!" Press release, 23 September, Tegucigalpa, Honduras.

_____. 2004a. "Fourth International Via Campesina Conference: Themes and Issues for Discussion." Via Campesina Operational Secretariat, Tegucigalpa, Honduras.

_____. 2004b. "Via Campesina in Geneva at Session of the Human Rights Commission of the U.N." Press release, 4 April, Geneva.

_____. 2004c. Declaration of the Via Campesina's Fourth International Conference, 14-19 June, Itaici, Brazil.

_____. 2004d. "Borrador de la Memoria de la IV Internacional de la Via Campesina." 14-19 June, Itaici, Brazil, Operational Secretariat of Via Campesina, Jakarta.

_____. 2004e. Letter to the President of South Korea and the Chairman of the National Assembly of South Korea, 17 September, Jakarta.

_____. 2005. "Hong Kong Citizens Show Support for WTO Protesters," Press release, 17 December.

_____. 2006a. "La Via Campesina women occupy a farm in South Brazil." Press release, 8 March.

_____. 2006b. "Statement from La Via Campesina in support to the women from Rio Grande do Sul (Brazil)." Press release, 24 March.

_____. 2006c. "37 people charged for the action against Aracruz." Press release, 26 April.

_____. 2006d. "Violations of Peasants' Human Rights: A Report on Cases and Patterns of Violence 2006," La Via Campesina: Jakarta. Annual report prepared by the Via Campesina. Available at ⟨www.viacampesina.org/main_en/images/stories/annual-report-HR-2006.pdf⟩ (accessed June 5, 2006).

Via Campesina Women's Working Group. 1996. "Report of the Via Campesina Women's Working Group Meeting." Held 6-8 August, San Salvador, El Salvador.

_____. 1997. "Peasant Women on the Frontiers of Food Sovereignty." Project proposal presented to PROWID/CEDPA, 29 August, Saskatoon, Saskatchewan: NFU.

_____. 1999. "Peasant Women on the Frontiers of Food Sovereignty: The Via Campesina Women's Working Group." Final report submitted to PROWID, June, Saskatoon, Saskatchewan: NFU.

Wiebe, Nettie. 2000. Letter from Nettie Wiebe to M.D. Nanjundaswamy, 16 August.

Women in Agriculture Study Tour. 1989. "Working Paper." Study Tour working paper, Saskatoon, Saskatchewan, NFU.

2차 자료

Agence France Press. 2001a. "Unfair Trade Creates Breeding Ground for Terrorism: NGOs." 10 November. Received on-line via electronic list serve Qatar_coalition@yahoogroups.com.
_____. 2001b. "South Korean Farmers Stage Violent Anti-Import, Anti-WTO Protest." 13 November. Received on-line via electronic list serve Qatar_coalition@yahoogroups. com.
Agriculture and Agri-Food Canada. n.d. "Canada's Agriculture, Food and Beverage Industry: Canada's Organic Industry." Suppliers and Products Fact Sheets. Available at ⟨http://ats.agri.ca/supply/3313_3.htm⟩ (accessed on July 15, 2006).
Agriterra. 1999. "International Co-operation Between Rural People's Organisation." *Agriterra Annual Report*. Arnhem, The Netherlands: Agriterra.
Ahearn, Mary Clare, Penni Korb, and David Banker. 2005. "Industrialization and Contracting in U.S. Agriculture." *Journal of Agriculture and Applied Economics* 37 (2): 347-64.
ALAI-Amlatina. 2000. "Congreso MST: Por un Brasil sin Latifundio." 10 August, Quito, Ecuador. Agencia Latinoamericana de Información — America Latina en Movimiento listserve (received August 10, 2000).
Allen Douglas, and Dean Lueck. 1998. "The Nature of the Farm." *Journal of Law and Economics* XLI (October): 343-86.
Alvarez, Sonia E., Evelina Dagnino, and Arturo Escobar (eds.). 1998. *Culture*

of Politics: Politics of Culture: Re-visioning Latin American Social Movements. Boulder, CO: Westview Press.

Amoore, Louise, Richard Dodgson, Barry Gills, Paul Langley, Don Marshall, and Iain Watson. 2002. "Overturning 'Globalization': Resisting Teleology, Reclaiming Politics." In B. Gills (ed.), *Globalization and the Politics of Resistance*. London and New York: Macmillan and St. Martin's Press.

Apffel-Marglin, Frédérique, and Stephen A. Marglin (eds.). 1990. *Dominating Knowledge: Development, Culture and Resistance*. Oxford: Clarendon Press.

_____. 1996. *Decolonizing Knowledge: From Development to Dialogue*. Oxford: Clarendon Press.

Araghi, Farshad. 1995. "Global Depeasantization 1945-1990." *Sociological Quarterly* 36 (2): 337-68.

Arcellana, Nancy Pearson. 1996. "Rural Women's Workshop Highlights: From the Fields of Home to the City of Rome." Proceedings of the Rural Women's Workshop, the NGO Forum, and World Food Summit Activities held in Rome, Italy, November 6-16. Manila: ISIS International.

Assadi, Muzaffar H. 1995. "Dunkelism and Peasant Protest in Karnataka: A View from Within." *Social Action* 45 (2) (April/June): 191-204.

Aston, T., and C. Philpin (eds.). 1985. *The Brenner Debate: Agrarian Class Structure and Economic Development in Pre-Industrial Europe*. Cambridge: Cambridge University Press.

Baden, John A., and Douglas S. Noonan. 1998. *Managing the Commons*. Second edition. Bloomington and Indianapolis: Indiana University Press.

Barraclough, Solon, Krishna Ghimire, and Hans Meliczek. 1997. *Rural Development and the Environment: Towards Ecologically and Socially Sustainable Development in Rura Areas*. Geneva: United Nations Research Institute for Social Development and United Nations Development Programme.

Barry, Tom. 1995. *Zapata's Revenge: Free Trade and the Farm Crisis in Mexico*. Boston, MA: South End Press.

Bartra, Roger. 1992. *The Cage of Melancholy*. Translated by Christopher J. Hall. New Brunswick, NJ: Rutgers University Press.

BBC News. 2004. "India PM pledge over suicide farmers." Available at ⟨http://new.bbc.co.uk/bo/pr/fr/-/2/hi/south-asia/3855517.stm⟩ (accessed June 19, 2006).

Bebbington, Anthony. 1998. "NGOs: Mediators of Sustainability/Intermediaries in Transition?" In J. Blauert and S. Zadek (ed.), *Mediating Sustainability: Growing Policy from the Grassroots*. West Hartford, CT: Kumarian Press.

Beckie, Mary Anne. 2000. "Zero Tillage and Organic Farming in Saskatchewan: An Interdisciplinary Study of the Development of Sustainable Agriculture." Unpublished Ph.D. dissertation, Division of Extension, University of Saskatchewan.

Bell, Beverly. 2002. "Social Movements and Economic Integration in the Americas." Citizen Action in the Americas Discussion Paper. Centre for Economic Justice. Available at ⟨http://www.americaspolicy.org/reports/2002/0211soc-mov_body.html⟩ (accessed February 2003).

Bello, Walden. 2003. "Reform of the WTO is the Wrong Agenda." *Food First Backgrounder* 6 (3). Oakland: Food First Institute of Food and Development Policy.

_____. 2001a. "Snapshots from Doha." *Focus on Trade* 70 (November). Bangkok: Focus on the Global South. (Also available at ⟨http://www.focusweb.org⟩.)

_____. 2001b. "Learning from Doha." Compilation of two presentations presented at the Our World Is Not for Sale coalition meeting, December 7-9, Brussels. Available at ⟨http://www.focusweb.org/publications/2001/learning-from-doha.html⟩ (accessed January 15, 2002).

_____. 2003. "The Road to Cancun: Towards a Movement Strategy for the WTO Ministerial in Cancun." Available at 〈http://www.focusweb.org/popups/articleswindow.php?id+308〉 (accessed January 20, 2005).

Berkes, Fikret, and M. Taghi Farvar. 1989. "Introduction and Overview." In F. Berkes (ed.), *Common Property Resources: Ecology and Community-based Sustainable Development*. Belhaven: London.

Bernstein, Henry, and Terence J. Byres. 2001. "From Peasant Studies to Agrarian Change." *Journal of Agrarian Change* 1 (1): 1-56.

Bernstein, William J. 2004. *The Birth of Plenty: How the Prosperity of the Modern World Was Created*. New York: McGraw-Hill. (윌리엄 번스타인 『부의 탄생』, 김현구 옮김, 시아출판사 2008)

Berthelot, Jacques. 2002. "Why NGOs/CSOs should reject the development box." Paper for discussion at the NGO/CSO Forum for Food Sovereignty, 10-13 June, Rome.

Berthoud, Gerald. 1992. "Market." In W. Sachs (ed.), *The Development Dictionary: A Guide to Knowledge as Power*. London and New Jersey: Zed Books. (볼프강 작스 『반자본 발전사전: 자본주의의 세계화 흐름을 뒤집는 19가지 개념』, 이희재 옮김, 아카이브 2010)

Beus, Curtis E. 1995. "Competing Paradigms: An Overview and Anaolysis of the Alternaive-Conventional Agriculture Debate." *Research in Rural Sociology and Development* 6: 23-50.

Biekart, Kees, and Martin Jelsma. 1994. *Peasants Beyond Protest in Central America: Challenges for ASOCODE Strategies towards Europe*. Amsterdam: Transnational Institute.

Blokland, Kees. 1993. "Concerted peasant alliances and 'concertation' with society." Paper presented at the Conference on Central American Peasant Organisation: Strategies Towards Europe, 22-23 April, Wageningen, the Netherlands.

_____. 1995. "Peasant Alliances and 'Concertation' with Society" *Bulletin*

of *Latin American Research* 14 (2): 159-70.
Blustein, Paul. 2001a. "Protest Group Softens Tone at WTO Talks." *Washington Post Foreign Service*, November 12.
_____. 2001b. "WTO Leader Cautions Against 'Protectionism'." *Washington Post*, November 9.
Bonanno, Alessandro, Lawrence Busch, William Friedland, Lourdes Gouveia, and Enzo Mingione. 1994. "Introduction." In A. Bonanno et al. (eds.), *From Columbus to ConAgra: The Globalization of Agriculture and Food*. Lawrence, KA: University Press of Kansas.
Bové, José. 1998. "Report from French Farmers." *Synthesis/Regeneration* 16 (Summer) Available at ⟨http://www.wtowatch.org/library/admin/uploaded-files/Report_from_French-Farmers_2.htm⟩ (accessed January 24, 2003).
Bové, José, and Francois Dufour. 2001. *The World Is Not for Sale*. Interviews by Gilles Luneau and translation by Anna de Casparis. London and New York: Verso.
Boyd, William, and Michael Watts. 1997. "The Chicken Industry and US. Capitalism." In D. Goodman and M. Watts (eds.), *Globalising Food: Agrarian Questions and Global Restructuring*. London and New York: Routledge.
Brass, Tom. 1995. *New Farmers' Movements in India*. London and Portland, OR: Frank Cass Publishers.
_____. 2000a. "Moral Economists, Subalterns, New Social Movements, and the (Re-) Emergence of a (Post-) Modernized (Middle) Peasant." in V. Chaturvedi (ed.), *Mapping Subaltern Studies and the Postcolonial*. London: Verso.
_____. 2000b. *Peasants, Populism and Postmodernism: The Return of the Agrarian Myth*. The Library of Peasant Studies. London and Portland: Frank Cass Publishers.

_____. 2005. "The Journal of Peasant Studies: The Third Decade." *The Journal of Peasant Studies* 32 (1).

Brush, S.B. 1996a. "Whose Knowledge, Whose Genes, Whose Rights?" In S.B. Brush and D. Stabinsky (eds.), *Valuing Knowledge: Indigenous People and Intellectual Property Rights*. Washington, DC: Island Press.

_____. 1996b. "Is Common Heritage Outmoded?" In S.B. Brush and D. Stabinsky (eds.), *Valuing Knowledge: Indigenous People and Intellectual Property Rights*. Washington, DC: Island Press.

Bryceson, Deborah, Cristóbal Kay, and Jos Mooij (eds.). 2000. *Disappearing Peasantries? Rural Labour in Africa, Asia and Latin America*. London: Intermediate Technology Publications.

Burdick, John. 1998. "Transnational Peasant Politics in Central America." *Latin American Research Review* 33 (3): 49-86.

Comisión de Agricultura. 2000. "Cuánta Liberalización Aguanta la Agricultura? Impacto del TLCAN en el Sector Agroalimentario." Camara de Diputados LVII Legislatura. México D.F.: Universidad Autónoma de Chapingo, CIESTAAM y Centro de Estudios para el Cambio en el Campo Mexcano(CECCAM).

Campos, Wilson. 1994. "'We Don't Need All Those NGOs': Interview with Wilson Campos." In K. Biekart and M.Jelsma (eds.), *Peasant Beyond Protest in Central America: Challenges for ASOCODE Strategies Towards Europe*. Amsterdam: Transnational Institute.

Capdevila, Gustavo. 2002. "NGOs Speak Out on Behalf of Poor Farmers at WTO." *Inter Press Service* June 25.

Chayanov Alexander. 1966. *The Theory of Peasant Economy*. Edited by Daniel Thorner, Basile Kerblay and R.E.F. Smith. Homewood, IL: Richard D. Irwin.

Christian Aid. 2001. "Master or Servant? How global trade can work to the benefit of poor people." Media report, November, London: Christian Aid.

Dandekar, A., Shahaji Narawade, Ram Rathod, Rajesh Ingle, Vijay Kulkarni, and Y.D. Sateppa. 2005. "Causes of Farmer Suicides in Maharashtra: An Enquiry." Final Report Submitted to the Mumbai High Court, Tuljapur: Tata Institute of Social Sciences, Rural Campus.

De Ita Rubio, Ana. 1994. *El Futuro del Campo: Hacia una Vía de Desarrollo Campesino.* UNORCA, México D.F.: Centro de Estudios para el Cambio en el Campo Mexicana and Fundación Friedrich Ebert Stiftung.

Desmarais, Annette Aurélie. 1991. "Mexican conference marks start of ongoing alliance of farmers." *Union Farmer* December.

_____. 2002. "The Via Campesina: Consolidating an International Peasant and Farm Movement ."*Journal of Peasant Studies* 29 (2) (January): 91-124.

_____. 2003. " 'The WTO... will meet somewhere, sometime. And we will be there' ." Part of a series of papers prepared for the project "Voices: The Rise of Nongovernmental Voices in Multilateral Organizations." Ottawa, ON: The North-South Institute. Also available at ⟨http://www.nsi-ins.ca/english/ pdf/Voices_WTO_Desmarais.pdf⟩ (accessed July 20, 2006).

_____. 2004. "The Via Campesina Women on the Frontiers of Food Sovereignty." *Canadian Woman Studies/les cahiers de la femme* 23 (1).

Dove, Michael. 1996. "Center, Periphery and Biodiversity: A Paradox of Governance and a Developmental Challenge." In S.B. Brush and D. Stabinsky (eds.), *Valuing Knowledge: Indigenous People and Intellectual Property Rights.* Washington DC: Island Press.

Duckworth, Barbara. 2001. "Alberta's ILO policy gets mixed reviews." *Western Producer,* July 12.

Ecologist. 1992. " 'Whose Common Future? A Special Issue." *The Ecologist* 22 (4) (July/August).

Economic Times. 2000. "Anything which is protected gets stifled." July 11.

Economist, The. 1999a. "After Seattle: A global disaster." December 11: 17-18.

_____. 1999b. "The non-governmental order." December 11: 18-19.
_____. 2000a. "Sins of the secular missionaries." January 29: 25-27.
_____. 2000b. "Survey: Agriculture and Technology." March 25: 1-16.
_____. 2001. "Seeds sown for future growth." November 17: 65-66.
Economist, The (US). 2004. "From anarchy to apathy: Anti-globalisation." 371: 14.
Edelman, Marc. 1998a. "Transnational Peasant Politics in Central America." *Latin American Research Review* 33 (3): 49-86.
_____. 1998b. "Organizing Across Borders: The Rise of a Transnational Peasant.
Movement in Central America." In J.Blauert and S. Zadek (eds.), *Mediating Sustainability: Growing Policy from the Grassroots*. West Hartford, CT: Kumarian Press.
_____. 1999. *Peasants Against Globalization: Rural Social Movements in Costa Rica*. Stanford: Stanford University Press.
_____. 2001a. "Toward an Anthropology of some New Internationalisms: Small Farmers in Global Resistance Movements." Paper presented at the American Ethnological Society and the Canadian Anthropology Society, 2-6 May, Montréal, Québec.
_____. 2001b. "Social Movements: Changing Paradigms and Forums of Politics." *Annual Review of Anthropology* 30: 285-317.
_____. 2003. "Transnational Peasant and Farmer Movements and Networks." In H.M. Glasius and M. Kaldor (ed.), *Global Civil Society Yearbook 2003*. London: Oxford University Press.
El Financiero. 2000. "México Globalizado." 7 (5443) April 2.
Ervin, Alexander, Cathy Hotslander, Darrin Qualman, and Rick Sawa. 2003. *Beyond Factory Farming: Corporate Hog Barns and the Threat to Public Health, the Environment, and Rural Communities*. Ottawa: Canadian Centre for Policy Alternatives.

Eschle, Catherine. 2001a. *Global Democracy, Social Movements, and Feminism*. Boulder, CO: Westview Press.

_____. 2001b. "Globalizing Civil Society? Social Movements and the Challenge of Global Politics from Below." In P. Hamel, H. Lustiger-Thaler, J.N. Pieterse and S. Roseneil (eds.), *Globalization and Social Movements*. Houndmills, Basingstoke and New York: Palgrave.

ETC Group. 2001. "Globalization, Inc: Concentration in Corporate Power: The Unmentioned Agenda." *ETC Group Communiqué* 71.

_____. 2005. "Oligopoly, Inc. 2005: Concentration in Corporate Power." *ETC Group Communiqué* 91.

European Union. 2001. "New WTO Round slap in the face for Isolationism." E.U. press release, November 14, Brussels.

Ewins, Adrian. 2002. "Special Report on the Saskatchewan Wheat Pool." *Western Producer* May 9.

FAO. 1974. "United Nations: Program of Action of the World Food Conference." Reproduced from United Nations Document E/5587. November 22.

_____. 1996. "Rome Declaration on World Food Security and World Food Summit Plan of Action." World Food Conference, November 13-17, Rome: FAO.

_____. 1998. "Universal Declaration of Human Rights: 50th Anniversary." Informational Pamphlet on the Right to Food, Rome: FAO.

_____. 1999. "Synopsis: The Multiple Roles of Agriculture and Land." Report of the Cultivating our Futures: FAO/Netherlands Conference on the Multifunctional Character of Agriculture and Land. Scoping phase, Rome: Sustainable Development Division of the FAO.

_____. 2000. "Agriculture, Trade and Food Security: Issues and Options in the WTO Negotiations from the Perspective of Developing Countries." Volume II, Country Case Studies, Commodities and Trade Division of the

FAO: Rome. Available at ⟨http://www.fao.org/DOCREP/033/x8731e/x8931e01a.htm⟩ (accessed January 14, 2003).

_____. 2001a. "States have an obligation to ensure that nobody dies of hunger — FAO Director-General Jacques Diouf." Press release, September 17, Rome: FAO.

_____. 2001b. "UN Food and Agriculture Organization (FAO) warns: Further slowdown in hunger reduction — In most developing countries the number of hunger even increased." Press release, October 15, Stockholm.

_____. 2002. "Declaration of the World Food Summit: Five years later." Conference held 10–13 June in Rome. Available at ⟨http://www.fao.org/DOCREP/MEETING/004/Y6948E.HTM⟩ (accessed January 15, 2003).

_____. 2004. *State of Food Insecurity in the World 2004*. Rome, FAO.

Feder, Ernest. 1978. "The peasant." *Latin American Research Review* 13 (3): 193–204.

Flitner, Michael. 1998. "Biodiversity: Of Local Commons and Global Commodities." In M. Goldman (ed.), *Privatizing Nature: Political Struggles for the Global Commons*. London: Pluto Press and TNI.

Florini, Ann M. 2000. *The Third Force: The Rise of Transnational Civil Society*. Tokyo and Washington DC: Japan Center for International Exchange and Carnegie Endowment for International Peace.

Focus on Trade. 2002. "Doha Special #2." No. 70. November, Bangkok: Focus on the Global South. Available at ⟨http://focusweb.org⟩ (accessed December 11, 2002).

Food First. 2002. "Genetic Pollution in Mexico's Center of Maize Diversity." *Food First Backgrounder* 8 (2) (Spring). Oakland: Food First Institute for Food and Development Policy.

Friedmann, John. 1992. *Empowerment: The Politics of Alternative Development*. Cambridge, MA. and Oxford: Blackwell.

Frontline. 2001. "Trade rounds and bounced cheques." Interview with V.P. Singh, *Frontline — India's National Magazine* 18 (24) November 24- December 7.

Frontline/World. 2005. "Rough Cut: Seeds of Suicide: India's Desperate Farmers." Aired on PBS. Available at ⟨http://www.pbs.org/frontlineworld/rough/2005/07/seeds_of_suicidlink⟩ (accessed June 19, 2006).

FSPI. 2004. "Report on National Peasant Day in Indonesia." September 24. FSPI: Jakarta.

Gibbs, Christopher, and Daniel Bromley. 1989. "Institutional Arrangements for Management of Rural Resources: Common-Property Regimes." In F. Berkes (ed.), *Common Property Resources: Ecology and Community-based Sustainable Development.* London: Belhaven.

Gills, Barry K. 2000. *Globalization and the Politics of Resistance.* Houndmills and New York: MacMillan Press and St. Martin's Press.

Goldman, Michael. 1998. "Introduction: The Political Resurgence of the Commons." In M. Goldman (ed.), *Privatizing Nature: Political Struggles for the Global Commons.* London: Pluto Press and TNI.

González, Gustavo. 2000. "Globalization's Impact: Rural Poverty on the Rise." *Inter- Press Service* November 29.

Goodman, David. 1991. "Some Recent Tendencies in the Industrial Reorganization of the Agri-food System." In W. Friedland et al. (eds.), *Towards a new Political Economy of Agriculture.* Boulder, CO: Westview Press.

Goodman, David, and Michael Redclift. 1991. *Refashioning Nature: Food, Ecology and Culture.* London and New York: Routledge.

Goodman, David, and Michael J. Watts (eds.). 1997. *Globalising Food: Agrarian Questions and Global Restructuring.* London and New York: Routledge.

Government of Andhra Pradesh. 2004. "Report of the Commission on

Farmers' Welfare." Report released by the Government of Andhra Pradesh, Hyderabad. Available at ⟨www.macroscan.com/pol/apro5/pol070405Andhra_Pradesh.htm⟩ (accessed July 2, 2006).

Green, Duncan. 2001. "The Rough Guide to the WTO." London: Catholic Agency for Overseas Development (CAFOD). Available at ⟨http://www.cafod.org.uk/policy/wto-roughguide.html⟩ (accessed January 14, 2003).

Handy, Jim. 1994. *Revolution in the Countryside: Rural Conflict and Agrarian Reform 1944-54*. Chapel Hill: University of North Carolina Press.

Hardin, Garrett. 1968. "The Tragedy of the Commons." *Science* 162: 1243-48.

———. 1991. "The Tragedy of the Unmanaged Commons: Population and the Disguises of Providence." In R.V. Andelson (ed.), *Commons without Tragedy: Protecting the Environment from Overpopulation — A New Approach*. Lanham, MD: Rowman and Littlefield.

———. 1998. "Extensions of 'The Tragedy of the Commons.'" *Science* 280: 682.

Harvey, Neil. 1990. "The New Agrarian Movement in Mexico 1979-1990." Research paper, Institute of Latin American Studies, University of London.

Heffernan, William. 1998. "Agriculture and Monopoly Capital." *Monthly Review* 50 (3) (July/August).

Heffernan William, and Douglas H. Constance 1994. "Transnational Corporations and the Globalization of the Food System." In A. Bonanno et al. (eds.), *From Columbus to ConAgra: The Globalization of Agriculture and Food*. Lawrence, KA: University Press of Kansas.

Heffernan, William, Mary Hendrickson, and R. Gronski. 1999. "Consolidation in the Food and Agriculture System." Report prepared for the National Farmers Union in the United States. Department of Rural Sociology, University of Missouri, Columbia, Missouri. Available at ⟨www.foodcircles.

missouri.edu/whstudy.pdf⟩ (accessed January 5, 2003).
Hendrickson, Mary, and William D. Heffernan. 2005. "Concentration of Agricultural Markets." Available at ⟨http://www.foodcircles.missouri.edu/CRJanuary05.pdf⟩ (accessed June 21, 2006).
Hindu. 2001. "KRRS activists destroy Bt cotton crop." (Shimoga Edition). January 3. Received on-line via electronic list serve viacam17april@yahoogroups.com.
Holt-Giménez, Eric. 2006. *Campesino a Campesino: Voices from Latin America's Farmer to Farmer Movement for Sustainable Agriculture.* Oakland: Food First Institute for Food and Development Policy.
ICRW (International Center for Research on Women) and CEDPA. 1999. "Food Sovereignty in Latin America and the Caribbean: Strengthening the Role of Peasant Women." Report-in-Brief. Washington, DC: ICRW and CEDPA.
IFAD. 2001. *Rural Poverty Report 2001: The Challenge of Ending Rural Poverty*. Oxford: Oxford University Press.
Intercambio. 1993a. "Conferencia de la FIPA en Guadalajara." Publication of the Paulo Freire Stichting (PFS) 1: 19-20.
───. 1993b. "Peasant Road Block?" Publication of the Paulo Freire Stichting (PFS) 2: 4.
Jazairy Idriss, Mohiuddin Alamgir, and Theresa Panuccio. 1992. *The State of World Rural Poverty: An Inquiry into Its Causes and Consequences*. New York: New York University Press.
Jelin, Elizabeth. 1998. "Toward a Culture of Participation and Citizenship: Challenges for a More Equitable World." In S.E. Alvarez et al. (eds.), *Cultures of Politics: Politics of Cultures*. Boulder, CO: Westview Press.
Karl, Marilee (ed.). 1996. "Partners for Food Security: The Role of Trade Union, Rural Workers' Organizations, Agricultural Producers' and Farmers' Association, Co-operatives, and Development/Advocacy

Organizations in Contributing to the World Food Summit and its Follow-up." Report produced for FAO, Rome: FAO.

Kay, Cristobal. 1995. "Rural Latin America: Exclusionary and Uneven Agricultural Development." In S. Halebsky and R. Harris (eds.), *Capital, Power and Inequality in Latin America*. Boulder, CO: Westview Press.

Kearney, Michael. 1996. *Reconceptualizing the Peasantry: Anthropology in Global Perspective*. Boulder, CO: Westview Press.

Kneen, Brewster. 1995. *Invisible Giant: Cargill and Its Transnational Strategies*. Halifax: Fernwood Publishing.

Korten, David. 1995. *When Corporations Rule the World*. West Hartford and San Francisco: Kumarian Press and Berrett-Koehler Publishers:

Kothari, Rajni. 1995. *Poverty: Human Consciousness and the Amnesia of Development*. London and New Jersey: Zed Books.

Kothari, Smitu, and Pramod Parajuli. 1993. "No Nature without Social Justice: A Plea for Ecological and Cultural Pluralism in India." In Wolfgang Sachs (ed.) *Global Ecology: A New Arena of Political Conflict*. London: Zed Books.

Kwa, Aileen. 2002. *Power Politics in the WTO*. Bangkok: Focus on the Global South.

Lang, Michelle. 2002. "Sask. Loses 26,000 ag workers." *Saskatoon Star Phoenix* February 23: 3.

Lappé, Frances Moore, Joseph Collins, and Peter Rosset, with Luis Esparza. 1998. *World Hunger: Twelve Myths*. Second edition. New York: Grove Press.

Lenin, Vladimir Illyich. 1954. *The Agrarian Question and the "Critics of Marx."* Moscow: Progress Publishers.

Leon, Irene. 1997. "I Asamblea Latinoamericana de Mujeres del Campo: Participación y Igualdad." *Servicio Informativo* November 26, Quito: Agencia Latinoamericana de Información (ALAI).

Lewontin, R.C. 1998. "The Maturing of Capitalist Agriculture: Farmer as Proletarian." *Monthly Review* 50 (3) (July/August).

Lyons, Murray. 2003. "Weed out GM wheat: NFU." *Saskatoon Star Phoenix* February 25: C5, C8.

Madeley, John. 2000. "Trade and Hunger: An overview of case studies on the impact of trade liberalization of food security." October, Stockholm: Forum Syd.

Mander, Jerry. 1996. "Facing the Rising Tide." In J. Mander and E. Goldsmith (eds.), *The Case Against the Global Economy: And For a Turn Toward the Local*. San Francisco: Sierra Club.

Marglin, Stephen. 1996. "Farmers, Seedsmen, and Scientists: Systems of Agriculture and Systems of Knowledge." In F. Apffel-Marglin and S. Marglin (eds.), *Decolonizing Knowledge: From Development to Dialogue*. New York and Oxford: Clarendon Press and Oxford University Press.

McBride, Lynne. 1998. "Farmers Union Active in International Debate." *National Farmers Union News* 45 (1).

McMichael, Philip. 2004. "Global development and the corporate food regime." Paper presented at the Symposium on New Directions in the Sociology of Global Development, XI World Congress of Rural Sociology, July, Trondheim, Norway.

Mies, Maria, and Veronika Bennholdt-Thomsen. 2000. *The Subsistence Perspective: Beyond the Globalized Economy*. London: Zed Books.

Milner, Helen V. 1988. *Resisting Protectionism: Global Industries and the Politics of International Trade*. Princeton: Princeton University Press.

Mittal, Anuradha, and Mayumi Kawaai. 2001. "Freedom to Trade? Trading Away American Family Farms." *Food First Backgrounder* 7 (4) (October 18).

Mohan, Giles, Ed Brown, Bob Milward, and Alfred B. Zack-Williams. 2000.

Structural Adjustment: Theory, Practice and Impacts. London and New York: Routledge.

Mohan Rao, R.M. 2004. *Suicides Among Farmers: A Study of Cotton Growers*. New Delhi: Concept Publishing Company.

Mohanty. B.B. 2005. "'We are Like the Living Dead': Farmer Suicide in Maharashtra, Western India." *Journal of Peasant Studies* 32 (2): 243-76.

Molina, Tania. 2000. "De la lucha campesina a la cosecha de votos." *La Jornada* Supplement: 8.

Monks, Vicki, Robert M. Ferris, and Don Campbell. 2000. *Amber Waves of Gain*. Washington, DC: Defenders of Wildlife.

Mooney, Pat Roy. 1999. "The ETC Century: Erosion, Technological Transformation and Corporate Concentration in the 21st Century." *Development Dialogue. A Journal of International Development Co-operation*. Dag Hammarskjold: Uppsala.

Moore, Barrington. 1966. *Social Origins of Dictatorship and Democracy*. Boston: Beacon.

Morton, Peter. 2001. "Trade Talks hold Hope for Poor." *National Post* (with files from *Reuters*), November 15. Received on-line via electronic list serve agimpact@iatp.org.

Moyo, Sam, and Paris Yeros (eds.). 2006. *Reclaiming the Land: The Resurgence of Rural Movements in Africa, Asia and Latin America*. London: Zed Books.

Murphy, Sophia. 1999. *Trade and Food Security. An Assessment of the Uruguay Round Agreement on Agriculture*. London: Catholic Institute for International Relations.

_____. 2002. *Managing the Invisible Hand: Markets, Farmers and International Trade*. Minneapolis: Institute for Agriculture and Trade Policy.

Myhre, David. 1994. "The Politics of Globalization in Rural Mexico:

Campesino Initiatives to restructure the Agricultural Credit System." In P. McMichael (ed.), *The Global Restructuring of Agro-food Systems*. Ithaca and London: Cornell University Press.

Nadal, Alejandro. 2000. *The Environmental and Social Impacts of Economic Liberalisation on Corn Production in Mexico*. Oxford and Gland, Switzerland: Oxfam GB and WWF International.

Netting, Robert. 1993. *Smallholders, Householders: Farm Families and the Ecology of Intensive, Sustainable Agriculture*. Stanford: Stanford University Press.

New Indian Express. 2000. "Quit India, farmers tell MNCs." September 27.

New Left Review. 2002. "Landless Battalions: The Sem Terra Movement of Brazil." Interview with João Pedro Stédile, *New Left Review* 15 (May-June): 77-104. NFU. 2002a. "NFU supports S.O.D." NFU *Newsletter*, September.

O'Brien, Robert, Anne Marie Goetz, Jan Aart Scholte, and Marc Williams. 2000. *Contesting Global Governance: Multilateral economic Institutions and Global Social Movements*. Cambridge, UK: Cambridge University Press.

O'Neill, Mark. 2002. "Grain farmers already feeling WTO squeeze." *South China Morning Post* January 29.

OECD. 2002. "Organic Agriculture: Sustainability, Markets and Policies." Proceedings from an OECD Workshop, Washington, DC, September. Available at ⟨www.oecd.org⟩ (accessed July 15, 2006).

Office of the Press Secretary. 2001. "President Supportive of New Round of Global Trade Negotiations." Statement by the President of the USA. November 14. Available at ⟨http://www.whitehouse.gov/news/releases/2001/11/20011114-8.html⟩ (accessed January 14, 2003).

Oloka-Onyango, and Deepika Udagama. 2000. "The Realization of Economic, Social and Cultural Rights: Globalization and Its Impact on the Full

Enjoyment of Human Rights." Preliminary report submitted in accordance with Sub-Commission resolution 1999/8. Report presented to the United Nations Sub-Commission on the Promotion and Protection of Human Rights, 52nd Session. Document #E/CN.4/Sub.2/2000/13.

Osava, Mario. 2000. "Farmers Protest Transgenic Grain Shipment." *Inter Press Service*, July 25.

Otero, Gerardo. 1998. *Farewell to the Peasantry? Political Class Formation in Rural Mexico*. Boulder, CO: Westview Press.

Oxfam International. 2002. *Rigged Rules and Double Standards: Trade, Globalization and the Fight Against Poverty*. Oxford: Oxfam GB. (Available at ⟨http://www.maketradefair.com/en/index.php?file=03042002121618.htm⟩ (accessed on January 20, 2007).

Page, Brian. 1997. "Restructuring Pork Production, Remaking Rural Iowa." In D. Goodman and M.J. Watts (eds.), *Globalising Food: Agrarian Questions and Global Restructuring*. London and New York: Routledge.

PAHO (Pan American Health Organization). 2002. "The Faces of Poverty: Malnourished, Hungry and... Obese?" Press information, August 1, Washington, DC. Available at ⟨www.paho.org/English/DPI/100/100feature 30.htm⟩ (accessed on January 17, 2003).

Paige, Jeffrey. 1975. *Agrarian Revolution: Social Movements and Export Agriculture in the Underdeveloped World*. New York: Free Press.

Parajuli, Pramod. 1996. "Ecological Ethnicity in the Making: Developmentalist Hegemonies and Emergent Identities in India." *Identities* 3 (1-2): 15-59.

Petras, James, and Henry Veltmeyer. 2001. *Globalization Unmasked: Imperialism in the 21st Century*. Halifax and New York: Fernwood Publishing and Zed Books. (제임스 페트라스 · 헨리 벨트마이어 『세계화의 가면을 벗겨라: 21세기 제국주의』, 원영수 옮김, 메이데이 2008)

Picard, André. 2002. "Growing obesity likely to strain health systems." *Globe and Mail* February 18.

Pollack, Aaron. 2001. "Cross-Border, Cross-Movement Alliances in the Late 1990s." In P. Hamel, H. Lustiger-Thaler, J. Nederveen Pieterse, and S. Roseneil (eds.), *Globalization and Social Movements*. Basingstoke, Hampshire and New York: Palgrave.

Pruzin, Daniel. 2002. "NGOs Welcome, Moore Says." *International Trade Reporter* 19 (1), January 3.

Public Citizen's Global Trade Watch. 2001. *Down on the Farm: NAFTA'S Seven-Years War on Farmers and Ranchers in the US., Canada and Mexico*. Washington, DC: Public Citizen.

Pugh, Terry. 1990. "Life on Canadian farm a new experience for youth." *Union Farmer* October.

_____. 1994. "Reversing the rural exodus through community development." *Union Farmer* December.

Qualman, Darrin. 2001. "Corporate Hog Farming." In R. Epp and D. Whitson (eds.), *Writing Off the Rural West*. Edmonton, AB: University of Alberta Press and Parkland Institute.

_____. 2002. "Farmers' Opposition to Corporate Globalization and Trade Agreements." Paper presented to the conference From Doha to Kananaskis: The Future of the World Trading System and the Crisis in Governance held in Toronto, March 1–3.

Qualman, Darrin, and Nettie Wiebe. 2000. "The Structural Adjustment of Canadian Agriculture." Paper prepared for the Canadian Centre for Policy Alternatives and the SAPRI/CASA Project, August. Ottawa: Canadian Centre for Policy Alternatives.

Racine, Jean-Luc (ed.). 1997. *Peasant Moorings: Village ties and mobility rationales in South India*. New Delhi: Sage Publications.

Rance, Laura. 2002. "Building farmers' knowledge key to farming's future." *Farmers' Independent Weekly* September 5.

Randall, Laura (ed.). 1999. *Reformando la Reforma Agraria Mexicana*.

México D.F.: Universidad Autonoma Metropolitana y El Atajo Ediciones.

Reinhardt, Nola, and Peggy Barlett. 1989. "The Persistence of Family Farms in U.S. Agriculture." *Sociologia Ruralis* 29 (3-4): 204-25.

Reuters. 2002. "ConAgra profit jumps 48 percent." *Western Producer* April 4.

Rist, Gilbert. 1997. *The History of Development: From Western Origins to Global Faith*. London and New York: Zed Books.

Robert, Jean. 1992. "Production." In W. Sachs (ed.), *The Development Dictionary: A Guide to Knowledge as Power*. London and New Jersey: Zed Books. (볼프강 작스 『반자본 발전사전』, 이희재 옮김, 아카이브 2010)

Rocamora, Joel. 1993. "The Crisis in the National Democratic Movement and the Transformation of the Philippine Left." *Debate: Philippine Left Review* 6 (March): 3-60.

_____. 1994. *Breaking Through: The Struggle within the Communist Party of the Philippines*. Manila: Anvil Publishing.

Roppel, Carla, Annette Aurélie Desmarais and Diane Martz. 2006. *Farm Women and Canadian Agricultural Policy*. Ottawa: Status of Women Canada.

Rosset. Peter. 1999. "The Multiple Functions and Benefits of Small Farm Agriculture." Policy brief 4. Oakland: Food First Institute for Food and Development Policy.

Rucht, Dieter. 1999. "The Transnationalization of Social Movements: Trends, Causes, Problems." In D. della Porta, H. Kriesi and D. Rucht (eds.), *Social Movements in a Globalizing World*. Basingstoke, Hampshire and New York: Macmillan Press and St. Martin's Press.

Sabean, David Warren. 1984. *Power in the Blood: Popular Culture and Village Discourse in Early Modern Germany*. Cambridge: Cambridge University Press.

Scholte, Jan Aart. 2001. "Civil Society and Democracy in Global Governance." Centre for the Study of Globalisation and Regionalisation (CSGR)

Working Paper No. 65/01, University of Warwick.
Scholte, Jan Aart, Robert O'Brien, and Marc Williams. 1998. "The WTO and Civil Society." Centre for the Study of Globalisation and Regionalisation (CSGR) Working Paper No. 14/98, University of Warwick.
Scialabba, Nadia. 2001. "Organic Agriculture Perspectives." Conference on Supporting the Diversification of Exports in Latin America and Caribbean Region through the Development of Organic Agriculture, Port-of-Spain, Trinidad and Tobago, October 8-10.
Scott, James. 1976. *The Moral Economy of the Peasant: Rebellion and Subsistence in Southeast Asia*. New Haven and London: Yale University Press. (제임스 스콧 『농민의 도덕경제』, 김춘동 옮김, 아카넷 2004)
_____. 1985. *Weapons of the Weak: Everyday Forms of Peasant Resistance*. New Haven and London: Yale University Press.
_____. 1998. *Seeing like a State*. New Haven and London: Yale University Press. (제임스 스콧 『국가처럼 보기: 왜 국가는 계획에 실패하는가』, 전상인 옮김, 에코리브르 2010)
Shameem, G. Parthasarathy. 1998. "Suicides of Cotton Farmers in Andhra Pradesh: An Exploratory Study." *Economic and Political Weekly* (March 28): 720-26.
Shiva, Vandana. 1993a. "GATT, Agriculture and Third World Women." In M. Mies and V. Shiva, *Ecofeminism*. London, New Jersey and Halifax: Fernwood Publishing and Zed Books. (마리아 미스·반다나 시바 『에코페미니즘』, 손덕수·이난아 옮김, 창비 2000)
_____. 1993b. "Homeless in a Global Village. In M. Mies and V. Shiva, *Ecofeminism*. London, New Jersey and Halifax: Fernwood Publishing and Zed Books.
_____. 1993c. "The Impoverishment of the Environment: Women and Children Last." In M. Mies and V. Shiva, *Ecofeminism*. London, New Jersey and Halifax: Fernwood Publishing and Zed Books.

_____. 1997a. "Economic Globalization, Ecological Feminism and Sustainable Development." *Canadian Women Studies/Les Cahiers de la Femme* 17 (2) (Spring): 22-27.

_____. 1997b. "The Enclosure of the Commons." *Third World Resurgence* 84 (August): 5-10.

Shukia, S.P. 2001. "The Doha debacle." *Frontline — India's National Magazine* 18 (24) (November 24-December 7). Available at ⟨http://www.flonnet.com/fl1824/18240170.htm⟩ (accessed January 24, 2003).

Sinha, S., S. Gururani, and B. Greenberg. 1997. "The 'New Traditionalist' Discourse of Indian Environmentalism." *The Journal of Peasant Studies* 24 (3).

Smith, Jackie. 1995. "Transnational Political Processes and the Human Rights Movement." *Research in Social Movements, Conflict and Change* 18: 187-221.

Stammers, Neil. 1999. "Social Movements and the Challenge to Power." In M. Shaw (ed.), *Politics and Globalisation: Knowledge, Ethics and Agency*. London and New York: Routledge.

Starn, Orin. 1992. " 'I Dreamed of Foxes and Hawks' : Reflections on Peasant Protest, New Social Movements and the Rondas Campesinas of Northern Peru." In A. Escobar and S. Alvarez (eds.), *The Making of Social Movements in Latin America*. Boulder, CO: Westview Press.

_____. 1999. *Nightwatch: The Politics of Protest in the Andes*. Durham: Duke University Press.

Starr, Amory. 2000. *Naming the Enemy: Anti-corporate Movements Confront Globalization*. Annandale, London and New York: Pluto Press and Zed Books.

Statistics Canada. 2001. "Canadian farm operations in the 21st Century: Farm numbers decline in all provinces." Agriculture 2001 Census. Available at ⟨http://www.statcan.ca/english/agcensus2001/first/farmop/01front.htm#

top〉 (accessed June 20, 2006).

Stevens, Christopher, Romilly Greenhill, Jane Kennan, and Steven Devereux. 2000. *The WTO Agreement on Agriculture and Food Security*. Economic Series No. 42. London: Commonwealth Secretariat.

Stirling, Robert. 1999. "Family Farming and the Politics of Sustainability." Presentation to the Annual Convention of the National Farmers Union, November 25, Saskatoon, Saskatchewan.

Storey, Shannon. 1997. "Organizing for Socioeconomic Change: Developing a Handbook for National Farmers Union Women in Saskatchewan." Unpublished MA thesis, Continuing Education, University of Saskatchewan.

Third World Resurgence. 1996a. "Food Security: The New Threats." *Third World Resurgence* 67.

_____. 1996b. "Globalisation of Agriculture and Rising Food Insecurity." *Third World Resurgence* 72/73.

Times of India News Service. 1998. "KRRS destroys Monsanto Cotton Crop in Raichur dist." November 29.

Torres, Filemon, Martin Pineiro, Eduardo Trigo, and Roberto Martinez Nogueira. 2000. "Agriculture in the Early XXI Century: Agrodiversity and Pluralism as a Contribution to Ameliorate Problems of Food Security, Poverty and Natural Resource Conservation: Reflections on Issues and Their Implication for Global Research." Executive summary of issues paper commissioned by the Global Forum on Agricultural Research (GFAR), Rome.

UNCTAD. 2006. "Tracking the Trend Towards Market Concentration: The Case of the Agricultural Input Industry." Report prepared by the United Nations Conference on Trade and Development (UNCTAD) Secretariat UNCTAD/CITC/COM/2005/16. Available at 〈http://www.unctad.org/en/docs/ditccom200516_en.pdf〉 (accessed July 3, 2006).

University of Guelph. "Guelph Transgenic Pig Research Program." Available at ⟨http://www.uoguelph.ca/enviropig/⟩ (accessed June 20, 2006).

Urrea, Luis Alberto. 1996. *By the Lake of Sleeping Children: The Secret Life of the Mexican Border*. New York: Anchor Books Doubleday.

USDA (United States Department of Agriculture). 1998. "A Time to Act. A Report of the USDA National Commission on Small Farms." January, Miscellaneous Publications #MP-1545, Washington, DC. Available at ⟨www.csrees.usda.gov/nea/ag_systems/pdfs/time_to_act_1998.pdf⟩ (accessed February 2003).

Vasavi, A.R. 1999. "Agrarian Distress in Bidar: Market, State and Suicides." *Economic and Political Weekly* 34 (32) (August 7): 2263-68.

Veltmeyer, Henry 1997. "New Social Movements in Latin America: The Dynamics of Class and Identity." *Journal of Peasant Studies* 25 (I): 139-69.

―――――. 2000. "The Dynamics of Social Change in Mexico and the EZLN." *Latin American Perspectives* 27 (5): 88-100.

Vivian, Jessica. 1992. "Foundations for Sustainable Development: Participation, Empowerment and Local Resource Management." In D. Ghai and J. Vivian (eds.), *Grassroots Environmental Action*. London and New York: Routledge.

Welch, Cliff. 2001. "Peasants and Globalization in Latin America: A Survey of Recent Literature." Paper presented at the XXIII International Congress of the Latin American Studies Association. September 6-8, Washington, DC.

Whatmore, Sarah. 1995. "From Farming to Agribusiness: The Global Agro-food System." In R.J. Johnson, P. Taylor, and Michael Watts (eds.), *Geographies of Global Change: Remapping the World in the Late Twentieth Century*. Oxford: Blackwell Publishers.

Whatmore, Sarah, and Lorraine Thorne. 1997. "Nourishing Networks: Alternative Geographies of Food." In D. Goodman and M. Watts (eds.), *Globalising Food: Agrarian Questions and Global Restructuring*.

London and New York: Routledge.

White, Ed. 2002. "N.D. farmers renew assault on CWB." *The Western Producer*, September 19.

Wiebe, Nettie. Forthcoming. "Women Reversing Desertification." *Canadian Woman Studies: les cahiers de la femme*.

Wilson, Barry. 2001. "Farmers take loans on their futures." *Western Producer*, July 5.

———. 2002a. "Is bigger better?" *Western Producer*, May 23.

———. 2002b. "Farmers borrow to expand, says farm lender." *Western Producer*, June 27.

———. 2002C. "Wilkinson ready to take world stage." *Western Producer*, August 29.

———. 2002d. "Gov't advised to compromise on supply management." *Western Producer*, September 26.

Wolf, Eric. 1966. *Peasants*. Englewood Cliffs, NJ: Prentice-Hall.

———. 1969. *Peasant Wars in the Twentieth Century*. New York: Harper and Row.

Wright, Angus Lindsay, and Wendy Wolford. 2003. *To Inherit the Earth: The Landless Movement and the Struggle for a New Brazil*. Oakland: Food First Institute for Food and Development Policy.

WTO News. 1998. "Asian and US Farmers Oppose WTO Ag Reforms." *WTO News* 1 (3) (March 3).

Yakabuski, Konrad. 2002. "High on the Hog." *Report on Business Magazine* September.

Yapa, Lakshman. 1996. "Improved seeds and constructed scarcity." In R. Peet and M. Watts (eds.), *Liberation Ecologies: Environment, Development and Social Movements*. London and New York: Routledge.

Ziegler, Jean. 2003. "Report by the Special Rapporteur on the Right to Food: Mission to Brazil." United Nations Commission on Human Rights, fifty-ninth session, January 3, Document #E/CN.4/2003/54/Add.1.

_____. 2004. "Report submitted by the Special Rapporteur on the right to food, Jean Ziegler, in accordance with Commission on Human Rights resolution 2003/25." United Nations commission on Human Rights, Sixtieth session, February 9, Document #C/CN.4/2004/10.

옮긴이의 말

땅의 사람들,
멸종되는 것이 아니라 희망의 증거가 되다

얼마 전 스스로를 '멸종위기 종'이라고 설명하는 미국의 젊은 농부 에릭 험의 저서 『농부의 아들, 땅의 아이』*Son of a Farmer, child of the Earth*라는 책을 접하게 되었다. 그가 책에서 인용한 통계 수치대로 2007년 기준으로 미국에서 감옥에 갇힌 범죄자의 수가 농민의 수를 훌쩍 넘더라는 사실에 기대어 보면 이 표현이 그리 틀린 말은 아닌 듯하다. 우리의 사정이라고 다를까? 2006년 언제쯤인가 농업정책의 최고책임자라는 사람의 입에서 "휴대폰 팔아 쌀 사먹자"는 주장이 나왔던 이 나라의 농민들은, 2010년을 지나 오늘에 이르는 동안 4대강 사업으로 멀쩡한 농지에 준설토가 쌓이고, 농가 귀퉁이에서 키우던 소들은 마을 어귀 어디쯤에 생매장시키는 장면을 눈 뜨고 지켜보며 늙어가고 있다. 여기의 사정이 더하면 더했지 덜하지는 않은 상황이다.

하지만 "언제나 객관적으로 비관적인 상황에도 불구하고" 역사의 뒤안길로 사라지는 것이 아니라 그 자체로 희망의 증거가 되고 있는 '땅의 사람들'의 모습을 우리는 종종 발견할 수 있다. 이 책은 바로 이 '땅의 사람들'이 국제적인 농민운동조직인 비아캄페시나를 통해 국제무대에 어떻게 등장하였고 무엇을 실천해왔는가를 보여주는 본격적이고 깊이 있는 안내서이다. 많은 근대주의자들의 예측과는 달리 전세계의 농민, 소작농, 농업노동자들은 멸종한 것이 아니라 비아캄페시나의 깃발 아래 모여들었고, 칸쿤과 제네바와 홍콩과 시애틀의 반세계화 운동을 앞에서 이끌어왔다. 세계화 시대에 오히려 '반세계화 운동'의 선두에서 농민들은 드라마틱한 존재감을 드러내온 것이다.

이 책의 저자 아네트 데스마레이즈는 현재 캐나다 레지나대학 국제연구 프로그램의 교수로 재직 중이다. 하지만, 그녀 자신은 여동생과 함께 직접 14년 이상 농사를 지었고, 1993년 비아캄페시나가 만들어지는 바로 그 순간부터 이 국제적인 운동에 직접 참여해온 당사자이다. 따라서 그녀는 매우 특별한 위치에서 비아캄페시나가 출범하고 발전해오는 과정을 관찰할 수 있었고, 이 운동을 만들어 온 국제적인 농민운동가들의 지지와 신뢰 속에서 이들의 목소리를 2003년 박사학위 논문으로 완성하게 되었다. 비아캄페시나라는 특별한 조직을 들여다볼 수 있는 그녀의 논문은 2007년 영어판으로 캐나다와 미국에서 출간되었고, 현재까지 5개 국어로 여러 나라에서 출간되면서 지속적인 주목을 받고 있다. 숱한 어려움 속에서도 꾸준히 전진하고 있는 비아캄페시나의 존재가 궁금한 사람들이라면, 이 책을 통해 그 궁금증을 어느 정도 해소할 수 있을 것이다.

번역서의 내용과 관련해 두 가지 사항은 짚고 넘어갈 필요가 있겠다. 우선 영어의 'peasant'라는 하나의 용어가 때에 따라 '소작농'과 '소농'으로 다르게 번역된 곳이 있음을 고백한다. 한국에서 소작농이 현재 존재하느냐의 논쟁 유무를 떠나 번역과 교정의 과정에서 용어의 통일을 기해야 하는 것은 아닐까 여러 차례 고민했으나, 정치화된 정체성으로서의 소작농이란 용어의 의미(자세한 설명이 궁금한 독자는 7장을 먼저 읽어도 좋겠다)를 살리기 위해서 소작농이란 용어를 주로 사용하였고, 의미를 해치지 않는 선에서 소농이란 번역어도 종종 사용하였다. 두 번째, 저자는 민중운동과 NGO 운동을 구분하며 후자에 대해 상당히 비판적인 시각을 책의 서두에서부터 드러낸다. 이러한 구분과 비판이 불편한 독자들도 있을 수 있겠지만, 비아캄페시나가 걸어온 역사의 궤적을 찬찬히 들여다보면 이 조직이 무엇보다 강조하는 것이 바로 '농민의 자기 결정의 권리'이며, 이를 지키기 위해 국제적인 NGO 단체들과 치열한 긴장의 날을 세워왔음을 알 수 있을 것이다. 독자들이 이 부분에 대한 오해로 책을 덮지 않고 찬찬히 이들의 역사를 있는 그대로 바라보게 되기를 희망한다.

비아캄페시나 안에서 한국의 위치는 매우 특별하다. 저자가 본문에서 두 번에 걸쳐 언급한 2003년 칸쿤에서의 고故 이경해 열사의 극적인 자결은 이 운동이 반WTO를 외치고 반세계화의 선두에 서도록 만들었다. 또한, 한국을 대표하는 농민단체 전여농과 전농은 비아캄페시나의 회원단체이며, 특히 추천의 글을 써 주신 윤금순 선생님은 비아캄페시나의 국제조정위원회의 임원으로 오랫동안 활동해오고 계신다.

모든 나라에서 농민들의 상황이 다 같이 어렵겠지만, 특히 4대강 사업과 배추파동과 구제역으로 인해 작년과 올해 한국에서 농민들의 상황은 점점 더 어려워지고 있어 마음이 좋지 않다. 그렇지만 지난 2월 한국에서도 신선한 희망의 기쁨이, 비록 찰나지만 찾아왔다. 불도저로 밀어붙이고 있는 4대강 사업 구간 중에서 유일하게 어떠한 공사도 진행되지 않았던 팔당 두물머리 열한 농가의 싸움이 법원의 소송에서 처음으로 승소했을 때의 바로 그 기쁨 말이다. 물론 현재는 그 싸움을 다시 무위로 돌리려는 개발의 논리가 무책임한 정부와 법원의 결정을 앞세워 벌금폭탄을 던지며 팔당의 농민들을 계속 괴롭히고 있다. 그러함에도 불구하고, 이러한 작은 희망들이야말로 땅의 사람들이 전진해왔고 앞으로도 전진할 수 있을 큰 힘이지 않겠는가.

적지 않은 시간과 노력으로 번역 작업을 함께 해준 동료들과 추천의 글을 써 주신 윤금순 선생님, 이 책의 출판을 맡아준 한티재 출판사에 감사의 말을 전한다. 번역자들에게 이 책의 번역 작업은 우리의 방식으로 '땅의 사람들'과 연대하는 과정이었다. 마지막으로 이 번역서가 정직한 노동으로 자연과 자기 자신과 도시의 수많은 소비자들을 서로 살리는 땅의 사람들에게 드리는 작은 희망의 선물이 되었으면 하는 바람을 덧붙인다.

2011년 5월 23일
옮긴이를 대표하여 엄은희 씀

지은이

아네트 아우렐리 데스마레이즈 Annette Aurélie Desmarais
아네트 데스마레이즈는 14년 경력의 여성농민이었다. 서섹스대학 발전학연구소의 '젠더와 발전 프로그램'에서 석사학위를, 캘거리대학 지리학과에서 박사학위를 취득하였다. 현재는 레지나대학 국제연구 프로그램의 조교수로 재직 중이다. 주요 연구영역은 식량주권, 세계화와 농업 변화, 농촌사회운동과 사회정의, 발전이론과 실제, 젠더와 국제발전 등이다. 지속적으로 국제농민운동인 비아캄페시나와 공동연구를 진행 중이다.

이 책 『비아캄페시나: 세계화에 맞서는 소농의 힘』은 챈드윅 앨거상과 리오넬 겔버상을 수상하였으며, 이미 프랑스어, 스페인어, 이탈리아어 등으로 번역 출간되었다.

옮긴이 (가나다순)

박신규 (전북발전연구원 여성정책연구소, 부연구위원)

항상 유목하는 정체성을 지녔는지 학부, 석사, 박사 과정의 전공을 달리하였고, 결국은 자신의 유목적 정체성과 유사한 결혼이주여성과 다문화에 관심을 지녀 「국제결혼이주여성의 이주경로별 사회적 정체성의 형성」이란 연구로 2009년 경북대에서 사회학 박사학위를 받았다. 현재는 전북발전연구원에서 여성교육사업과 다문화 관련 연구를 하고 있다.
주요 논문으로 「국제결혼이주여성의 정체성 및 주체성의 사회적 위치성에 따른 변화」(한국지역지리학회, 2008), 「여성농민의 사회적 정체성과 여성농민운동의 발전」(한국농촌사회학회, 2010)이 있고, 『사회학 개론』(정림사, 2010)을 공동 저술하였다.

엄은희 (부산대 한국민족문화연구소, HK교수)

자연으로의 여행을 사랑하고 지도 보는 것을 즐겼던 몸의 기억을 좇아 학부, 석사, 박사 과정 내내 '인간과 자연과의 상호작용'을 연구하는 지리학을 공부하였다. 2008년 「환경의 신자유주의화와 제3세계 환경의 변화」로 서울대학교에서 박사학위를 받았으며, 성공회대 연구교수와 iCOOP생협연구소 연구원을 거쳐 현재는 부산대의 인문한국연구사업 로컬리티 연구단에서 정치생태학과 사회적 경제를 주제로 연구를 진행하고 있다.
주요 논문으로 「반광산 지역 운동과 다중 스케일적 연대: 라푸라푸 광산 개발의 정치생태학」(공간과 사회, 2008), 「한국환경운동사의 재조명과 공명의 과제」(진보평론, 2009), 「공정무역 생산자의 조직화와 국제적 관계망」(공간과 사회, 2010), 「유럽 소비자협동조합의 기후변화 대응」(환경사회학회지, ECO 2010)이 있고, 뜻을 함께 하는 지인들과 『생태논의의 최전선』(필맥, 2009)과 『학교급식혁명』(이후, 2010)을 옮겼다.

이소영 (고려대 사회학과 연구교수)

권위와 투쟁을 넘어 만물의 조화를 꿈꾸는 에코토피아를 만들기 위해 고민하고 실천하는 대안운동과 대안문화에 관심이 많다. 영국 에섹스 대학교에서 테드 벤튼 교수의 지도하에 「Creating Ecotopia: Theory and Practice」(2007)로 박사학위를 받았다. 한살림의 모심과살림연구소 연구원, 부산대 생태유아교육사업단 연구교수를 거쳐 현재 고려대에서 일하고 있다.
주요 논문으로 「Korean Environmental Thought and Practice」(Environmental Ethics, 2008), 「지속가능발전을 위한 소비모델탐색」(한국사회, 2010), 「서구사회 에코토피아 사상의 발달에 관한 연구」(생명연구, 2010)가 있고, 『인드라망, 지금 여기의 에코토피아』(이매진,

2009)를 저술하였으며, 『지금 다시 생태마을을 읽는다』(그물코, 2011), 『지금 당장 시작해! 지구를 살리는 녹색실천』(아이세움, 2010)을 번역하였다.

허남혁 (충남발전연구원 책임연구원)
농식품지리학(agro-food geography) 분야에서 농식품체계(food system)와 대안농식품 네트워크(alternative food network)에 대한 주제를 연구하고 있고, 최근에는 로컬푸드와 학교급식 문제에 집중하고 있다.
저서로 『내가 먹는 것이 바로 나』(2008, 책세상)가 있고, 『학교급식혁명』(이후, 2010), 『로컬푸드』(이후, 2006), 『농업생명공학의 정치경제』(나남, 2007), 『굶주리는 세계』(창비, 2003) 외 농업과 환경관련 다수의 책을 따로 또 같이 우리말로 옮겼다.

비아캄페시나
세계화에 맞서는 소농의 힘

초판 1쇄 발행 2011년 8월 25일

지은이 아네트 아우렐리 데스마레이즈
옮긴이 박신규 · 엄은희 · 이소영 · 허남혁
펴낸이 오은지 **펴낸곳** 도서출판 한티재 **등록** 2010년 4월 12일 제2010-000010호
주소 706-821 대구시 수성구 범어4동 202-13 **전화** 053-743-8368 **팩스** 053-743-8367
전자우편 hantijaebook@daum.net **블로그** http://hantijaebook.tistory.com

ISBN 978-89-97090-00-6 03300
책값은 뒤표지에 있습니다.

이 책 내용의 일부 또는 전부를 이용하려면 반드시 저작권자와 한티재의 서면 동의를 받아야 합니다.
이 도서의 국립중앙도서관 출판시도서목록(CIP)은 e-CIP홈페이지(http://www.nl.go.kr/ecip)와
국가자료공동목록시스템(http://www.nl.go.kr/kolisnet)에서 이용하실 수 있습니다.
(CIP제어번호: CIP2011003141)